東亞民俗學稀見文獻彙編
第一輯

李朝實錄風俗關係資料撮要

風俗資料撮要　下　仁宗～高宗

今村鞆編譯

實錄熟語解題

年表

韓國漢籍民俗叢書

第十二冊

李朝實錄風俗資料撮要

仁宗～高宗

目錄

目次

仁宗實錄　卷一

事項	月	記事	出典
痘鬼餞祭	元年（乙巳）正月	○先王ノ上食典ヲ行フ。此前朔望奠別祭ハ大君ノ瘡疹（痘瘡）ヲ以テ行ハズ此ニ至リテ行フ。（快癒）	一オ
白衣黑笠ノ風 臣民喪服		○弘文館提學ハ卒哭後臣民ノ喪服ニ付テ啓ス。今國俗白衣ヲ着ルコト祖宗ノ朝ヨリ甚シ。竝ニ其笠ヲ黑トスル如キ平日ト頓ト差別無シ云々。	二オ―ウ
畫像奉安		○祖宗ノ朝皆御容ヲ畫ク。成宗ハ十二月昇遐翌年二月ニ追畫ス。大行大王モ今追畫スルコトトス。禮曹ノ啓ニヨル。	一三オ―ウ・一四ウ・一六オ―ウ
哀冊	閏正月	○大行大王ノ哀冊ヲ製ス。（以下喪葬ニ關スル記事略ス）	二〇オ―ウ
喪制不行 笠ノ奢美		○臺諫ノ啓。近來風俗奢侈喪禮ヲ知ラズ、喪服ト雖モ皆精細ヲ以テ尙シト爲ス。白草笠モ美ヲ尙ブ。一切禁斷ヲ請フ。	三二ウ
出殯送柩	二月	○大行大王梓宮發引。王ハ廬次ヲ出デ扶歩シテ行ク哭哀ヲ盡シ祇送ス。	三八オ―ウ
馳駱		○內醫院ハ王ニ馳駱ヲ進ム。	四三ウ
國喪冠服		○卒哭三年內中外ノ冠服一ニ世宗ノ朝ノ受敎ニ依ル。白衣、烏帽、黑角帶。	四六オ
虞祭		○諫ヲ斥ケ七虞祭ヲ行フ。	四九オ
開素		○百官皆開素ス。（二十九日）	五一ウ
		卷二	
妖尼入宮	四月	○憲府ノ啓。慈壽宮內ニ微賤ノ妖尼多數出入此レ內官ノ防禁嚴ナラザルニ由ル當ニ推考スベシ云々。（王ハ之ヲ推考勿ラシメタルニヨリ此啓アリ）	九ウ

項目	月	記事	出典
後宮爲尼		○講官右同ノ件ニ付啓ス。王本件ニ付テ問ヘバ右ノ尼ハ先王昇遐後祝髮尼トナリシ者也。	一〇ウ―一一ウ
禁酒		○酒ヲ禁ズ。	三四ウ
病ト方角		○王ハ中宮ト景福宮ニ移ル。病ニヨリ慈殿ノ命ニ從フ也。	三八ウ
山臺雜戲		○光化門外ノ左右山臺ノ上雜戲ヲ呈ス。山臺ノ設ケハ只天使ノ爲ナレバ天使ノ來ル時ニ爲セト王ハ曰フ。	三九オ
山臺	五月	○軍器寺建ツル所ノ光化門外ノ山臺崩レ人多ク壓死ス。臺諫ハ其當該責任者ヲ推センコトヲ啓ス。	五一ウ・五四オ―ウ
喫茶	六月	○王ハ大平館ニ幸シ天使ノ上馬宴ヲ親行ス。各座ニ就キ茶ヲ啜リ畢ツテ酬酢ノ禮ヲ行フ。	六四オ
禁厭白馬		○大內ヨリ教アリテ速カニ御乘ノ白馬三匹ニ鞍ヲ具シテ內庭ニ入レシム。巫覡ノ説ニ惑ヒ民間ノ如ク代命（王ノ病篤キ時也）スルモノ也。	七一ウ―七二オ
祈禱救病		○王病篤シ。大妃ハ命ジテ社稷、宗廟、昭格署及名山大川ニ禱ラシム。	七四オ
病ト方角		○王ノ病篤シ。大妃ハ外ニ移御セントス、之ヲ不可トスル者アリ遂ニ果サズ。	七五ウ―七六ウ
病ト移居		○中宮モ同上。王病アラバ內班院ニ移御スルノ例アリ。	七七オ
斷指救病		○王ノ病危急ナリ。中宮ハ指ヲ斷テ進メントス。此病證ニ益ナシト領相等止ム。	七七オ
王ノ昇遐		○王淸讌樓ニ薨ズ。	七八ウ
會哭		○百官勤政殿ニ會哭ス。成均館四學儒生等光化門外ニ會哭ス竟日不絕。閭巷ノ賤人幽閨ノ婦女亦奔走哭セザルナシ。	七九オ
死ノ禁忌		○大臣ノ請ニヨリ大妃ハ景福宮ニ移御ス。	七九オ

仁宗元年

○殯殿ヲ思政殿ニ設ク。此殿大内ニ近ク之ヲ殯殿トシタルコト古來例無シ。（以下喪葬記事略ス）

七九オ―ウ

四九七

卽位年（己巳）

明宗實錄　卷一

事項	月	記事	出典
葬期短縮	七月	○先王ノ葬期五ケ月タルベキヲ四ケ月ニ變更ス。	一四ウ
襚衣副葬		○大妃ハ仁宗ノ外梓宮ニ襚衣ヲ追納セシメントス。摠護使等ハ禮文ニ無キ所ナリ世祖ノ朝唯之ヲ爲セリ、厥後廢シタル時ト爲セシ昨トアリ、之ヲ不可トス。王ハ已ムヲ得ズ之ニ從フ。	一五オ―ウ
寃鬼成旱		○全羅道ニ於テ唐人ノ漂着者ヲ殺戮ス。王ハ之ヲ收瘞シ祭文之ヲ祭ラシム。全羅旱魃モ甚シキハ之ノ寃怨ニ由ルトスル也。	一〔illegible〕オ
葬期短縮		○仁宗ノ葬期ヲ四ケ月トセシハ、五ケ月ノ制ニ背クトシ弘文館ハ上書ス。	二四オ―ウ・二九オ―ウ・三六ウ―三八ウ
右同		○兵曹正郎等モ又右ニ付禮ヲ案ルモノトシテ上疏ス。其疏中ニ士ノ踰月葬、大夫ノ三月葬ノ定式力給セズ、又俗間ノ拘忌ニヨリ之ヲ早メ恬然怪ト爲サザル者多ク簡トナリ革ムベカラズト曰フ。	二七オ
開素		○王未寧ナリ、院相等開素ヲ請フ。慈殿ハ大行殯ニ在リ未ダ七七日ヲ過ギズ開素未安ト曰フ。王ハ同一意見ナリ。	九二オ―九九オ

卷二

事項	月	記事	出典
葬穴洩氣	九月	○葬穴ヲ穿ツ時ニ術家ハ八分日ノ陰氣ヲ洩スト稱シ一時中止ス、俗忌モ亦然リ。禮曹ハ之ニ依リ仁宗ノ陵穴ト尸ヲ穿ノ、ク八尺ヲ穿チシ時ニ此洩氣ヲ行フベク一時工事ヲ中止フ。	四八オ―ウ
風水思想	十月	○王大妃ハ金澍（術士）ノ言ヲ聞テ今井ノ砂ヲ停ム。（水氣アリシニ由ル）	九三オ

事項	月	記事	出典
國喪笠制		○卒哭ノ後白笠ヲ着ルカ、黑笠ヲ着ルカニ付テ議論アリ、黑笠トス。	五八オ
柩上覆衣		○靈駕發引光化門ニ至リ初メテ柩衣ヲ覆ハザルヲ覺リ之ヲ覆フ。	六五ウ―六六オ
卒哭		○仁宗ノ卒哭祭ヲ行フ。	七一ウ
開素		○百官皆開素ス。	八一オ
開素食肉		○卒哭後ハ肉ヲ食フノ例也。王ハ開素セズ。	八三オ―ウ
紅索結棺	十一月	○大棺ニ着衣セザリシトテ問題トナル。本件禮曹ノ啓中ニ匠人紅索ヲ持シテ別監等ヲ援ケ大棺ヲ結ブトアリ。本件ニ付入壙ノ時立會セル官官等ヲ審問ス。	八八ウ・八九オ・九二ウ
		○中宗ノ練祭ヲ景思殿ニ行フ。	九一オ
	元年（丙午）	卷三	
儒生上寺	正月	○王ハ先王陵寢ノ寺（例光陵ノ奉先寺、宣陵ノ奉恩寺等）ニ上リ儒生ノ讀書スルヲ禁ズ。懿淑公主齋宮ノ朔望祭ニ妨ゲアルニヨル。儒生淨土寺ニ至リ讀書スルモノノ科ヲ停ム。	二オ―ウ
右同		○憲府ハ儒生ノ上寺讀書スルコト其來ルヤ已ニ久シトシ、之ヲ禁ズルヲ不當トス。王ハ允サズ。	二ウ
殘酷殺人		○南部ニ牟少女人及二三歲ノ棄尸アリ九竅臍腹ニ炮烙ノ迹アリ。	六オ
無頼掾寺		○王ノ傳旨。淨土寺ハ初メ寺刹ニ非ズ公主ヲ葬ツテ後之ヲ以テ祭幕トナス而シテ久シク廢祀ス。無賴ノ徒憑籍シ儒生ノ恣行忌ム無ク寺ヲ以テ家ト爲ス。	七オ
雜戲		○詔使ハ大平館ニ至ルノ途次雜戲ヲ觀ル。	一二オ
茶禮		○王ハ天使ト慶會樓下ニ茶禮ヲ行ヒ、宴禮ヲ勤政殿ニ行フ。	一八オ

事項	月	記事	出典
琉球風俗	二月	○鮮人ニシテ琉球ニ漂着シ歸還ス、其國ノ風俗ヲ問フ。	一九オ—二〇
三ツ兒		○原州一產三子、梁山一產四子アリ。例ニ依リ米、太各十碩ヲ給ス。	二三オ
咀呪祈禱	三月	○史臣ノ記。尹元老ハ仁宗東宮ノ時潛カニ不軌ヲ畜ヘ咀呪祈禱、妖人ト通ジ壽夭長短ヲ筮占ス。	四〇ウ
風水思想		○王ハ買來ノ唐冊地理新書中ニ造成（家屋建築）ノ事アリ地理學ヲ招テ其切用カ否ヲ問ハノム。	五五オ
宗廟室制	四月	○禮曹判書ハ宗廟ノ室制ニ付テ啓ス。	五八ウ—五九オ・六一オ—ウ
胎室		○水川ノ胎室ノ石物打破ノ犯人捕ハル。	六七ウ
推卜兇兆		○李建陽ハ仁宗大漸ノ時算ヲ敲キ推卜ノ兇兆ヲ得タルヲ喜ブ。	六七ウ—六八オ
山臺儺禮	五月	○禮曹ノ啓ニヨリ祔廟（中宗）ノ時山臺結綵歌謠儺禮ノコトヲ除ク。成宗ノ祔廟ニハ右皆有リ、中宗ノ同上ニハ仁宗ノ喪中ナルヲ以テ皆行ハズ。	八八ウ
衣食奢侈		○講官ハ衣服飲食奢侈ノ弊此時ヨリ甚ノキハ莫ク生民ノ困弊之ニ由ルト曰フ。	八九ウ
五倫ノ道		○小民ニ五倫ノ道ヲ教誨スルノ方法ヲ磨練ス。	九二ウ
喪中結婚		○講官ノ言。今人母死ノテ父存ズルモノ三年內ニ成婚スル者アリ、禁ゼザルベカラズ。	九三ウ
喪中婚嫁		○喪中婚嫁スルノ風ヲ糾正セノム。	九三ウ
破殯移葬		○山陰ノ人出母ノ子ヲ以テ其父死ノテ奔喪セズ。潛カニ父ノ殯ヲ破リ棺ヲ剖キ尸ヲ出シ草席ニ包ミ山陰ニ移葬ス。拘囚三年、杖一百、徒三年。	九八ウ—九九オ

卷四

明宗元年

事項	月	記事	出典
練祭	七月	○仁宗ノ練祭ヲ擧行ス。	一オ
宗廟祔室		○大廟ノ神主ヲ仁政殿ニ移御ス。（宗廟祔室工作ニヨル）	四オ・ウ
冤鬼成祟		○史臣ノ記。林百齡ハ死ニ臨ミ人我ヲ殺サントスト（大獄ヲ羅織シ多數ノ人ヲ殺セシ其冤鬼）言フ。妻後日ニ野祭ヲ作ス、巫ノ言フ所亦斯ノ如シ。死後禍ハ鄰人ニ及ブ家ヲ賣リ他ニ移ル者多シ。	八オ
大風祭祀		○咸鏡道大風アリ王ハ香祝ヲ送リ安神祭ヲ爲サシム。	一二オ
廢寺		○淨業院廢寺ノ跡ヲ修理シテ先王ノ後宮タラシメントス。弘文館、諫院之ヲ不可トシテ上啓ス。（藉ルニ内人避寓トシテ王ハ命シテ修繕セシメシコト巻五。二十一頁裏ニ出ヅ）	一二オ－ウ
祭殿用氷	八月	○文昭延恩二殿ニ氷盤ヲ排設ス。	一四オ
婦人奔喪		○金光準曰ク古ヘ婦人百里ナラスシテ奔喪ス。子其親ノ屍ヲ撫スルヲ得ズ、蓋シ一タビ其屍ヲ撫セバ終身永慟ノ故也。	二〇オ
鄕約		○先王ノ朝呂氏鄕約ヲ行ハントセシモ遂ニ行ハズ。	二五ウ
術者入宮		○卜筮之術、不道ノ言ヲ以テ士大夫ノ家ニ往來スル者ヲ推鞫セシコトヲ憲府ヨリ啓シ請フ。右術者ハ慈殿、大殿ノ五柱ヲ公然推占ス。	二五ウ－二六ウ・二六ウ－二七ウ
鄕約		○三公ヲ召テ鄕約ノ事ヲ議ス。鄕約ハ趙光祖ヨリ行フ却テ弊アリ。	三一オ－ウ
宗廟竣功	九月	○宗廟ノ神位ヲ仁政殿ヨリ還安ス。（工事落成）	六〇オ
膽取犯罪	十一月	○漢城府ノ啓。仵作人等惡疾人ヨリ厚賂ヲ受ケ兒童ヲ誘致膽ヲ剖キ指ヲ斷ツ者アリ。兵曹ヲシテ窮治セシム。	八〇オ
祈雪祭		○冬暖カナリ。中宗嘗テ歲前祈雪ハ宋ノ仁宗ノ時ニモ有之リトシ行ヒシ此例ニヨリ祈雪ヲ行フ。	八六ウ

二年（丁未）

卷五

祔廟　正月　○禫祭ヲ行ヒ中宗大王及章敬王后ノ神主ヲ祔廟ス。　二オ

禁習樂　○閭閻ノ習樂ヲ禁ス。　七ウ

排佛思想　二月　○諫院ハ佛道ヲ排シ淨業院及殘留ノ圓覺廢寺ノ巍然トシ立テルヲ毀ツベキヲ啓ス、王允サズ。　二一ウ―二二オ

疫屍埋瘞　○疫癘ノ死者ヲ都城門外ニ委棄スル者多シ。王ハ傳シテ之ヲ瘞メシム。　三三オ

山臺儺禮　○王ノ傳旨。仁宗大王祔廟ノ時山臺儺禮ハ擧行セザラシム、歌謠ノ事ハ臨時之ニ處ス。　三八ウ

禁酒　○王ハ傳シテ一切禁酒セシム、旱ニヨル也。　三九オ

兒童祈雨　五月　○巷閭兒童ノ雨ヲ祈ル古ヨリ流傳ノ事ト雖其可ナルヲ知ラズ。特進官ノ進言。　五四ウ

疫屍燒却　○城中疫癘ニ死スル者多シ。仵作人等收瘞ニ勝エズ積屍之ヲ焚ク、臭城中ニ達ス。命ジテ推治セシム。　五五オ

原廟昭穆　○廟議。文昭殿ハ太祖不遷。昭二、世祖世宗。穆二、睿宗中宗。以上ノ外仁宗ヲ祔スベカラズト曰フ。同上ノ件。　五六オ―ウ・六一オ―ウ・六四オ―ウ

排佛思想　○宮内ヨリ崇佛ノ噂アリ。僧徒禁ヲ犯シ城中ニ出入ス。參贊官啓シテ禁斷センコトヲ請フ。　六五ウ

誕日進賀　○百官王ノ誕日ヲ進賀ス。　同

讖言　○特進官ノ言。國初木子走肖ノ讖アリ此ヲ樂章ト爲ス太宗命ジテ之ヲ革ム。昭格署ハ天ヲ祭ルヲ名トシテ設ク。（上壇ハ玉上皇帝、中壇ハ老子、下壇ハ閻羅王）。高　七〇オ―ウ

淫祀佛齋ノ革罷

項目	月	記事	出典
		麗ノ時ニ松岳、木覓、白岳等ニ祈恩祭アリ太宗之ヲ革ム。歳季山川ニ祈禱スル事猶存ゼシヲ世宗革罷ス。祝壽齋ハ世宗。忌晨齋ハ中宗之ヲ革ム。	
雨乞	六月	○雨多シ南北門ノ閉開ト徙市ヲ行フ。	八四オ—ウ
		巻六	
祈晴	七月	○晴ヲ祈ル。	三ウ
僧人課役	八月	○王ハ橋梁ノ役ニ僧軍ヲ使役スル勿ラシム。無智ノ徒上ヨリ崇佛スト喜躍ス故ニ其不可ヲ講臣ヨリ曰フ。	一〇オ
風水思想		○東大門外ハ祖宗ノ朝ヨリ人家ヲ遠ザク。今捍門山ノ來脉ヲ侵占スルヲ以テ撤毀セシム。	一一オ・一二オ—ウ
國俗尙佛		○講臣ノ言。國俗佛ヲ崇ブ、內(宮中)ヨリ爲ス佛事ノ爲ノ靡費多シ。	一四オ
祔廟	九月	○仁宗ノ位版ヲ祔廟ス。	一九ウ
功臣會盟	閏九月	○王ハ百官ヲ率ヰ會盟祭ヲ神武門ニ行フ。	三二オ
誕日豐呈		○大妃ノ誕日豐呈ヲ進ムルヲ停ム。	三七ウ・五一オ
會盟飮福		○功臣分軸宴、會盟飮福宴ハ樂ヲ用ユ。	三八オ
禁酒	十二月	○禁酒ノ令アルニ士大夫宴飮動樂豐時ト異ナル無シ。領議政等ヨリ垂簾ノ大妃ニ上言ス。	六三ウ・六四ウ
	三年(戊申)	巻七	
駙馬淫行	正月	○駙馬淸原君ハ今禁酒ノ時ニ娼妓ヲ率ヰ縱酒恣行。王ハ傳シテ本人及其交際者其妓	七ウ

事項	月	記事	出典
		ヲ推セシム。	
飢饉棄尸		○飢甚シ、人屍ヲ茂林中ニ棄ツ、犬之ヲ食ヒ山獸トナリ通行ノ病人稚兒ニ向ツテ群ヲ成シ搏ヲ食フ。	九オ
寡婦飢死		○士族ノ寡婦自カラ乞食スルヲ得ズ飢死スル者多シ王ハ傳シテ救恤セシム。	三六ウ
遊宴ノ禁		○三江ニ遊宴ノ人ヲ摘奸セシム。	四〇オ
飢屍埋瘞		○飢民ノ死屍ヲ埋瘞セシム。棄子及子ヲ樹ニ繫ケテ去リシ者ヲ收養セシム。	四五ウ
行使淫妓	三月	○冬至使宋福堅、金澔ハ往還ノ際荒淫度無ク官妓ヲ遼東ノ地ニ率行ス。屋馬轎ニ乘リ女妓ト其中ニ並ビ坐ス。憲府ハ之ヲ劾ス。	四七ウ
雨乞		○旱甚シ修溝、掩骼、埋胔ヲ行ハシム。	五三ウ
祈雨	四月	○雨ヲ山川ニ祈ル。宗廟社稷ニ同上。慶會樓池ニ同上。	六七オ・六九ウ・七一ウ
		卷八	
女寃成旱	五月	○講臣ノ言。旱乾極マル近ゴロ淑儀（王ノ妾）ヲ揀ブニヨリ禁婚ノ命アリ。之ニヨリ婚嫁ヲ得ズ必ズ私悶アラン。	一オ
祈雨		○五方龍神ニ祈雨祭ス。	二オ―ウ
功臣占妓		○大司憲ノ啓。功臣ニ京外妓ノ自占ヲ許ス爲メニ成才ノ妓遺ナシ。之ヲ改ム難カルベク奴婢ヲ任意擇占其額ヲ代充セシムベシト言フ。	三オ―ウ
祈雨		○講臣ノ言。兒童ノ祈雨ト巫女ノ祈禱既ニ遍シ雨至ラズ。宗廟社稷ニ再度ノ祈雨祭ヲ行フ。	五オ・六オ
女妓占畜		○憲府ハ外方女妓ヲ官ト士豪等占畜スル者多シ一切刷還センヲ請フ。王允サズ。	六オ―ウ

項目	月	記事	出典
誕日進賀	八月	○大殿ノ誕日百官進賀ス。初メテ樂ヲ用ユ。	八ウ
建宮年忌		○東宮ノ造成ニ付テ其都監ハ今年ヨリ癸丑ニ至ル吉年ニ非ズト曰フ。	三二オ
老人優遇	九月	○女老人ヲ勤政殿庭ニ宴ス。	四三オ
誕日進賀	十月	○王ハ百官ヲ率キ大妃ノ誕日ヲ陳賀ス。	四七オ
畫像埋却		○講官ハ歷代影幀ニ付テ言フ。太宗二十六軸アリ追畫ハ德宗ヨリ始マル。今皆褪色ス其腐朽セル者ヲ宗廟ノ後方ト山陵及文昭殿ノ北ニ埋瘞如何。王ハ文昭殿ノ北ニ埋瘞ヲ允ス。	四八オ―ウ
風水思想		○四山禁忌ノ處人家ヲ撤毀スルコトニ付テ摘奸ス。	五一オ―ウ
半陰陽ノ巫ヲ誅ス	十一月	○咸鏡監司ノ啓。吉州ノ人林性仇ハ兩儀ヲ倶ニ備フ嫁夫娶妻ス。舍方知ノ例ニヨリ幽絕ノ處ニ置キ人類ニ雜處セシメザルコトトス。（舍方知ノ件ノ要領記載アリ）	五三ウ―五四オ
右　同		○右林ハ巫覡ヲ以テ男女ノ服ニ變幻シ人家ニ出入ス諫院ノ啓ニヨリ之ヲ死刑トス。	五四オ―ウ
	四年（己酉）	卷九	
痘鬼厭祭	二月	○知經筵事ノ言。妖誕風ヲ成シ喪祭ヲ廢シ閭閻之間若シ疹疾ニ遇ハバ禁忌ト稱シ親喪ヲ擧ゲス祭祀ヲ廢スルノ例アリ。	八ウ
喪制立宗		○喪制太宗ノ法廢シテ行ハレズ。	同
屠牛ノ禁	三月	○殺牛ノ禁斷ヲ申明ス。	一三オ
衣服奢侈		○講官ハ衣服ニ唐物ヲ用ユルノ奢侈及婚姻ノ宴ノ奢侈ヲ云フ。右禁斷ヲ申明ス。	一四ウ・一五ウ・一七オ
親迎ノ禮	四月	○國俗婚禮ニ五禮儀親迎ノ禮ヲ行ハズ。男女幽閨ノ中ニ暗會第三日目ニ乃チ相見ユ。講官ノ言。	一九オ

事項	月	記事	出典
陰陽ノ書	七月	○王ハ陰陽冊ヲ内ニ入ル。	三〇オ
婢妓率來		○各邑ノ官婢女妓ハ守令タル者私スルコト及人擅ママニ率來ヲ得ザルハ屢申明アリ。此禁ヲ犯ス者アリ憲府ハ之ヲ嚴禁センコトヲ請フ。	六五オ－ウ
宮中崇佛	八月	○持平ハ内需司尙佛ノ事アリ寢陵ノ僧徒日ニ汎濫スルヲ曰フ。	六九オ
風水思想		○大妃ハ靖陵ノ主山不好ナリト政院ニ傳ス。	七二ウ・七七オ
儒佛軋轢 胡、僧	九月	○近來儒生陵寢ノ寺ニ紛擾ス其者等ノ科ヲ停メ上寺スルヲ得ザラシム。狂童ノ輩胡僧ヲ侵虐ス。	九二ウ－九三オ
儒佛相克		○成均館生員等ハ妖僧ノ首ヲ斬リ狂儒ノ罪ヲ赦シ儒生ノ上寺ヲ禁セザランコトヲ上疏ス。王允サズ。	九四ウ－九七ウ
風水思想	十月	○右議政等ハ靖陵ノ地ヲ審看ス同行ノ地官大抵皆吉ト曰フ。	一〇二オ
誕日進賀		○王ハ大妃ノ誕日ニ進賀ス。	一〇六オ
曲宴	十二月	○大妃ニ進豐呈ノ禮ヲ廢スル久シ、王ハ強ヒテ請ヒ遂ニ曲宴ヲ設ク。	一一四オ
娼妓贖身		○兩界ノ元居人及娼妓、官奴婢ハ一切贖身ヲ許サザル法ヲ立ツ。	一一四ウ
儒生上寺		○憲府ハ儒生上寺ノ禁法典ニ在レド先王ノ朝此ヲ實行セズ讀書ノ爲也。之ヲ禁ズル勿レト啓ス。	一一五オ－ウ
	五年（庚戌）	卷十	
進豐呈	正月	○王ハ思政殿ニ御シ豐呈ノ禮ヲ進ム。	一オ
奢侈 新來侵虐	二月	○諫院ハ奢侈ノ風ト新來侵虐ノ糾察スベキヲ啓ス。	四ウ
風水思想		○憲府ハ卒右議政ノ子等陰陽拘忌ノ説ニ惑ヒ遷葬ヲ計リ王ニ請ヒ其役ニ軍人ヲ使用	五ウ

事項	月	記事	出典
		シタル不可ヲ啓ス。	
儒生上寺		○諸山寺刹ニ立門樹標シ儒生上寺ヲ禁ズ。筵臣ハ紅門ヲ建ツルハ前古無キ所又先王寢陵ノ寺ニ非ザレバ從前儒生ノ上寺ヲ禁ゼズ。今悉ク禁ズルハ不可ナリト曰フ。	六オ
儒佛相克	三月	○王ハ政院ニ傳シテ右紅門禁標ノコト一切禁斷ス、儒生ノ陳疏ニヨル。	一〇ウ
排佛思想		○內外巨刹ニ內願堂七十九アリ。一切革罷シ禁標ヲ撤去センコトヲ諫院ヨリ請フ。王ハ允サズ。	一一オ
婚姻奢侈		○大司憲ノ言。曩時金安國禮判ノ時建白シテ定メシ婚嫁ノ宴ノ制設クル所三四器ニ過ギズ醮卺之三盃ヲ巡ラシテ止ム。其後奢侈弊習今ニ至リ甚シ。右政院ニ傳申明禁斷セシム。	一一オ・一五ウ
僧徒横行		○內需司ノ公文ヲ持シ僧ト號スル者甚ダ多シ。或ハ官員ヲ陵轢ス、或ハ民田ヲ奪フ。兩司ハ一切差スル勿レト啓ス。王ハ允サズ。	一二オ
排佛思想		○大司憲ハ諸山ノ寺刹ニ內願堂ト稱シ禁標ヲ立ツ古來無キ所茲ニ福ヲ求ムルノ不可ヲ曰フ。	一二ウ
庶女黜斥	五月	○兩司ノ啓ニヨリ庶女ヲ以テ貞夫人ノ封爵ヲ蒙リシ者ヲ削奪ス。	四一オ
地震解怪	六月	○社稷ニ地震ノ解怪祭ヲ行フ。	五〇オ
妓生官婢率來占畜	八月	○國法解弛シ六品ノ官、妓生ヲ家畜ス。外方官妓官婢但ダ名アリテ朝官率キ畜フ。僉使、萬戶、訓導及守令ノ知ル所ノ隣里人モ亦率キ來ル。妓生音樂ヲ習ハズ外方ノ官妓日ニ少ナシ。特進官ノ言。	七五ウ
風水思想	九月	○諫院ハ陰陽不經之說ニ拘ハリ東宮ヲ營造セザルノ不當ヲ啓ス。	八二オ
僧獻虎皮	十一月	○冠嶽寺ノ僧政院ニ突入シテ虎皮ヲ獻ズ。諫院ハ大變ナリトシテ窮治ヲ請フ。	九〇オ

事項	月	記事	出典
佛教公認	十二月	○王ハ命ジテ禪敎兩宗ヲ復立ス。（以下本件ノ不可ナルヲ論ゼル啓疏甚ダ多シ）	九四ウ
		卷十一	
右同	六年（辛亥）正月	○兩宗復立ニ關シ論啓スル者多シ。	一オ・ウ―二オ・ウ―四オ―ウ
王ノ迷信		○王ハ變非常考、諸天人祥異書等ヲ考シ亥ノ年ハ邊釁アリトシ、將帥ニ適任ノ人ヲ啓セシム	一ウ―二オ
守令崇佛		○侍講官ノ言。監司守令ニ僧ヲ尊信スル者アリテ僧徒ノ恣行ヲ禁制スル能ハズ。	二オ
排僧思想		○禪敎兩宗復設ヲ非トシ、上疏頻々タリ、王允サズ。大學ノ儒生聖廟ヲ空クシテ去ル。臺諫ハ總辭職、大臣ハ百官ヲ率ヰ之ヲ爭ヒ、百司事ヲ廢ス。	一一ウ・一五オ
賊僧滋蔓 兩宗復設		○去年十二月王ハ賊僧ノ滋蔓ヲ憂ヒ以テ兩宗ヲ復設ス。王ノ崇佛ニヨリ僧ト爲ル者漸ク多シ。	一五オ
儒佛相克	四月	○兩司ハ兩宗ノ忌晨齋ノ事ニ付テ啓ス允サズ。（以下本件ニ付テ論啓セル者甚多シ）	三七ウ・三八オ・三九オ・四〇ウ
新雨		○旱ナリ王ハ新雨セシム。	三九ウ
誕日停賀	五月	○中宮ノ誕日六曹ノ進上ヲ停ム。	五一オ
元子誕生		○元子生ル赦ヲ行フ。	五三ウ
產忌移居		○元子生レテ七日内ニ避寓ス。	五三ウ
僧衣ヲ凶トス	七月	○兵曹ノ啓。凶服ノ人闕門ニ入ルヲ得ズ。今ハ兩宗ノ僧緇巾緇衣ヲ以テスル宜シカラズ闕門外ニ肅拜セシムル如何。王ハ門外肅拜ハ不可ナリト云フ。	六四オ―ウ
		卷十二	

事項	月	記事	出典
內願堂	八月	○王ハ傳シテ新屬內願堂ノ寺刹ノ持音ハ姑ラク所在ノ本官ヲシテ名僧ヲ擇ンデ差セシム。	六ウ
婚姻奢侈	九月	○憲府ノ啓ニヨリ婚姻ノ奢侈ヲ禁ズ。	一六オ―ウ・一七ウ
府院君ノ暴行		○憲府ノ啓中、府院君景祿ハ路中ニ一女ヲ見其色ヲ悅ビ挽テ軺軒ニ上ス。其母之ヲ禁ズ景祿之ヲ亂打シ糞ヲ以テ其口ヲ塞ギ砂石ヲ其陰門ニ塡ム。	二二ウ
誕日進賀	十月	○王ハ大妃ノ誕日ヲ賀ス。	二六オ・二九オ
誕生曲宴		○元子ノ誕生ヲ以テ三殿ノ爲ニ曲宴ヲ慶會樓ニ設ク。	二九オ
祈寒	十二月	○祈寒祭ヲ行フ。	六三オ
同性愛ノ妖巫杖殺		○貴臣ノ妻妾ト交通シ男子ノ事ヲ假作シタル妖巫ヲ憲府ニ於テ杖殺ス。	六八オ
	七年（壬子）	卷十三	
宮中ト關係アル寺	正月	○兩司ハ啓シテ持音住持所往ノ寺三百九十五寺アルヲ言フ。	九ウ
寺刹汰去	二月	○遠方殘寺ノ中禪宗二十、敎宗三十九ヲ汰去ス。	一二オ
書院	三月	○講官ノ言。慶尙道豐基ニ紹修書院アリ高麗人安裕ノ舊居也一道ノ儒生相聚ル。（朝鮮ニ於ケル書院ノ初メ也）	二四ウ―二五ウ
崇佛取締	四月	○閭閻ニ新ニ佛像ヲ造リ佛事ヲ張ル者ヲ捕フ。	三五オ―ウ
新寺撤毀	五月	○憲府ヨリ八道ニ行移シテ新造寺刹ヲ撤毀セシム。之ニ依リ地方ニ於テ擅斷ニ寺刹ヲ撤毀スル者アリ。慈殿ハ政院ニ傳シテ撤毀スル勿ラシム。	四一オ
	八年（癸丑）	卷十四	

事項	月	記事	出典
籍田親耕 獻歌謠	三月	○王ハ東郊ニ先農ヲ親祭シ籍田ヲ耕ス。駕還ル儒生官妓歌謠ヲ獻ズ王ハ宣政殿ニ御シ百官ノ賀ヲ受ク。	二〇オ
半陰陽		○義州ノ人金成非ハ男人ヲ以テ假ニ女服ヲ着シ人家ニ出入淫行ス。之ヲ囚フレバ男女兩儀共ニ備ハル。王ハ刑曹ニ處置ヲ命ズ。	二一オ
僧儒軋轢		○全州歸信寺ノ僧百餘人成均館生ヲ毆打ス。之ヲ拿推ス。	二六オ
祈雨	閏三月	○王ハ雨ヲ禁中ニ禱ルコト三日、諱ミテ人ニ聞知セシメズ。	四三オ
右同		○直提學ヲ慶尚道ニ遣ハシ雨ヲ祈ラシム。社稷ニ雨ヲ祈ル。	四五オ・四六ウ
王前非禮	四月	○諫院ノ啓。侍衛ノ諸臣ハ盛暑ト雖モ揮扇セザルハ禮也。先日諸臣之ニ背ク者アリ其推考ヲ請フ。	四六オ—ウ
風水思想		○陰陽ノ説ニヨリ王ハ新設セシ新南小門ヲ塞グ。	四六オ—ウ
排斥道教		○講官ハ昭格署ニ親祭ヲ行フノ不可ナルヲ啓ス。	四八オ
樂器改造	六月	○掌樂院ハ樂器ノ久シクシテ損ゼルモノアリ、殘缺アリ、無キ者アリ。改造整備スベキヲ啓ス。	七六オ
		卷十五	
婚葬奢侈	八月	○王ハ諫院ノ啓ニヨリ婚姻奢侈（納采、衣裝、謁舅姑ノ酒果）ヲ禁ズ。又送死者返魂ノ時排果ノ高サ五六尺ニ至ルコトヲ禁ズ。	一七ウ
簪花 優戲	九月	○王ハ武科ノ五人ヲ取ル。命ジテ公服ヲ着セシメ簪花セシム。優人ヲシテ前ニ戯ヲ陳ゼシム。	二二ウ
耳掩制限		○憲府ノ啓ニヨリ耳掩及毛皮ノ頭具ノ分限等級ヲ定ム。笠ヲ着スル時ノ耳掩ハ堂下	三〇オ—ウ

官士族ハ鼠皮ト倭山獺皮。諸學官員醫律諸色軍士、庶孽、吏胥ハ赤狐皮、鄕山獺皮。工商賤隷ハ山羊皮、狗皮、猫皮、地獺皮、狸皮、兎皮。賤女人毛冠遮首亦商工賤隷ノ例ニヨル。

十月

婚姻奢侈

○婚姻奢侈ノ禁、納采饌品等ノ分限ヲ嚴ニス。 四三オ―ウ

僧儒相剋
後宮崇佛
鄕約
官妓私占
衣食住ノ奢侈

○幼學ハ上疏シテ時弊ヲ言フ。僧ト儒ノ軋轢。後宮ノ崇佛創寺。鄕約ノ法ノ申明。敬差官妓ヲ載セ公然列邑ヲ巡遊ス。衣服耳掩ノ奢侈僭越。喪葬婚姻ノ食物ノ奢侈。家舍ノ奢侈。以上三條士庶ノ分ヲ明ニシ法條ヲ立ツルコト。 四四オ―五〇ウ

九年（甲寅）

卷十六

二月

人柱

○史臣ノ記。近頃都下ニ妖言アリ、大闕造成ノ時二三歲ノ小兒ヲ柱礎ノ下ニ生瘞スト。成宗ノ末燕山ノ初ニ駙馬王子ノ第宅ヲ造ル時ニモ之レト同シギ妖言アリシ。 一三ウ―一四オ

三月

喪紀廢頽

○喪紀頽廢ス。王ハ京外ニ諭シ三綱行實ヲ印頒セシム。 二五ウ

禁酒

○凶年ニヨリ酒禁ヲ嚴行セシム。 同―二七オ―二九ウ

五月

近親姦淫

○齊陵參奉ハ亡父ノ妾ヲ蒸シ推治セラレ杖下ニ斃ル。 四八オ

星變減膳

○彗星見ハル。王ハ畏懼シテ減膳セントス。 四八ウ―四九オ

六月

旱災理獄

○王ハ八道ニ諭シ寃獄滯獄ナカラシム。 五一ウ

祈晴

○晴ヲ宗社山川ニ祈ル。 六二オ

卷十七

項目	月	記事	出典
祈雨	七月	○禮曹ハ雨無キニヨリ祈雨ノ方法ニ付テ啓ス。昭格署ニ祭ル。辰巖焚柴ハ爲サズ。	一二オ
星變避殿		○彗星已ニ滅セシト雖モ衆災連綿王ハ正殿ニ復セズ。	一九ウ
幼學稱	八月	○庶孽ノ仕路ニ通ズルヲ許スト雖モ幼學ト稱スルヲ許サズ。	三二ウ
巫風盛行 喪制廢頽	九月	○領事ノ上言。近來喪制大ニ毀レ巫覡之風大ニ行ハル。	三六ウ—三七オ
儒式喪葬行ハレズ 宰相崇佛	十月	○過期葬ラザル者アリ。禁忌ノ故ヲ以テ祭祀セズ。三年ノ喪ニ服セザル者多シ。宰相ノ家潜カニ水陸齋ヲ設ク。	四〇ウ
誕日進賀		○王ハ百官ヲ率ヰテ大妃ノ誕日ヲ賀ス。	四〇ウ
僧儒相剋		○僧人成均館ノ齋中ニ入ル。前古無キ所也ト諫院ヨリ啓シ竅覈スベキヲ言フ。王允サズ。後遂ニ律ニ照ス。	四八ウ—四九オ・五一オ
誕日進賀	十一月	○王ハ百官ヲ率ヰ大妃ノ誕日ヲ賀シ表裏ヲ進ム。	五二オ
變災停宴		○雉市ニ入ル。京師地震アリ。憲府ノ啓ニヨリ設宴ヲ停ム。	五八オ
排佛思想		○大司憲ハ慈壽宮、鍾樓、羅漢殿ヲ創造セシ不可ヲ論啓ス。	六二ウ
童子禳災	十二月	○王移御ノ時童男童女異服シテ禳災ノ爲前導セシコトノ不可ヲ諫院ヨリ論啓ス。王ハ古ヘヨリ有之改ムヲ須ヒズト曰フ。	七四ウ・七五オ
	十年（乙卯）	卷十八	
怨恨發墓	正月	○憲府ノ啓。近來人心頑暴少シク嫌怨アラバ人ノ父母ノ墳墓ヲ發ク。（此事全羅道ノ事也）	一オ
僧徒滋蔓	二月	○僧徒滋蔓シ內願堂多シ。僧ハ士族ヲ凌辱ス。	九オ
佛教盛大		○史臣ノ記。兩宗ヲ立テ願堂ヲ設ケテヨリ諸山寺刹金碧照耀都城ノ內梵聲相聞ユ。	一〇ウ

項目	月	記事	出典
		妖俗罪禍之說、[illegible]宮且宰亦之ニ和ス。	
		卷十九	
祈雨	七月	○禮曹ハ祈雨ニ付テ啓ス。	八ウ
雨傘	八月	○對馬嶋守ハ朝鮮ニ向フ海賊船一隻ヲ追ヒ之ヲ破リ斬首シ並ニ載スル所ノ朝鮮雨傘一柄ヲ送リ來ル。	一四オ
備式喪祭行ハレズ 痘鬼厭祭	十一月	○禮曹ノ啓。近來士大夫其住家ハ侈美ニスルモ家廟ハ營立ヲ急ガズ。且藏主褻慢。民俗多ク四節ニ拘忌シ時祀及忌祭廢シテ行ハズ。四隣入疫ノ時鬼神ヲ祭ル。士大夫ノ家疫ニ遇ハバ喪哭ヲ廢ス。右摘發治罪ノコト。	三二ウ
		卷二十	
	十一年（丙辰）		
玩妓	正月	○讀書堂官員讀書セズ聲妓ヲ耽玩ス、諫院ノ啓ニヨリ推考ス。	三オ
安僧之計	四月	○備邊司ハ僧人ニ嫁娶ヲ許シ安業セシメンコトヲ請フ。（濟州三邑空虛トナル之ニ入送ノ計也）王ハ騷擾ヲ慮リテ從ハズ。	二八オ―ウ
異風俗ノ部落	五月	○楊花渡ノ上ノ仍火嶋ハ別ニ一區ヲ爲シ祖宗ノ朝ヨリ豬羔羊ヲ放牧ス。嶋中ノ俗四五寸相婚シ男鰥女寡ハ同住セシム。水ヲ渡ルトキ男ハ女ヲ扶シ行ク。諫院之ヲ瀆亂ト爲シ嶋中ノ人家ヲ撤去シ他ニ移サンコトヲ啓シ王ハ之ヲ允ス。	三〇オ―三一オ―三二オ
變災謹愼		○彗星已ニ滅ス。沈源等ハ王ガ慬愼シテ簷下ニ御座スルノ不便ヲ言ヒ速カニ正殿ニ復センコトヲ請フ。王ハ近來衆災連綿トシテアリトテ從ハス。	三一オ
笠制 紬絹交織	六月	○憲府ハ今ノ笠制ハ簷端太ダ廣ク僧笠ニ近シ及綿絲雜織ヲ禁ゼンコトヲ請フ。王之	五九ウ

ヲ尤ス。

卷二十一

摘要	月	本文	出典
駙馬淫行	七月	○駙馬靈川尉ハ公主ノ面前ニテ婢子ヲ姦ス。	一オ
祈晴		○四門ニ晴ヲ祈ル。	一〇ウ
儒生上寺	九月	○往年儒生ノ奉恩寺ニ往ク者ヲ儒生上寺ノ禁ニヨリ決杖ス。時ニ諫院之ヲ爭フモカ及ハズ。	二八ウ

十二年（丁巳）

卷二十二

摘要	月	本文	出典
衣服奢侈	五月	○司諫ノ上疏。士族ノ家ニ宴會有ラバ錦繡絢耀一日ノ内屢服ヲ易ユ淫奢麗服。	九〇オ―七一ウ
庶女ハ妻ト認メズ		○三公ノ啓。宗親人ノ妾産ヲ娶テ妻ト爲ス者辛酉ノ年ヨリ之ヲ禁ジタレド習俗久シク今ニ比々有之士族ノ孽産ヲ妻ト爲ス者モ兩家媒聘禮ヲ成セバ之ヲ認ムベシ。	七三ウ

卷二十三

摘要	月	本文	出典
祈雨	六月	○祈雨ヲ行フ。	六ウ
晴乞	七月	○雨晴レズ。南門ヲ開キ北門ヲ閉ヅ。	一七ウ
進豐呈	八月	○大王大妃殿及王大妃殿ニ進豐ヲ呈ス。（世子册立ノ慶）	三〇ウ
冠禮年齡		○世子册封スト雖モ年幼ナルニヨリ禮冠ヲ着クベカラズトシ中宗ノ朝ノ例ニ依リ忠靜巾ヲ以テ着クベシト爲ス。史臣ノ記此巾中朝士大夫一時ノ特創ノモノ蘇軾ノ東坡冠ノ類ニシテ之ヲ非禮トス。	三二オ

十三年（戊午）

卷二十四

月	事項	記事	出典
正月	山臺結綵	○王ハ詔使ノ爲メニ設クル山臺結綵ヲ必ズシモ太巧ヲ要セストシ弊ナカラシム。	三オ
三月	火戯	○王ハ兩使ヲ慶會樓ニ宴シ魚ヲ觀、放火（諸色藥線火戯）ヲ觀ル。	一八オ
六月	宿娼ノ罪	○清原府院君ハ曾テ獻官トナリ不謹アリ。今誓戒ヲ受クルノ日宿娼留連ス。憲府ノ啓ニヨリ罷職トス。	四一ウ
	草葬	○寺奴死シ野ニ草葬ス。其家ノ犬其屍ヲ嚙破ル。	四二オ
十月	誕日進賀	○王ハ百官ヲ率キテ王大妃ノ誕辰ヲ賀ス。	六四オ
十二月	火山臺	○三十日王ハ忠順堂ニ御シ火山臺ヲ觀ル。火藥爆烈シ御座ノ幄次ニ飛ブ。	八二オ

十四年（己未）

卷二十五

月	事項	記事	出典
正月	進豐呈	○朔、王ハ大王大妃及王大妃ノ禮畢リ百官ノ賀ヲ受ケ大內ニ入リ豐呈ヲ兩殿ニ進ム。	一オ
四月	烈女旌表	○禮曹ハ啓シテ烈女ヲ旌表ス。（烈女ノ行狀ノ種々相ノ記アリ）	二七オ―二八オ
	風水思想	○王ハ風水說ニヨリ靖陵ヲ遷サントス。常人葬後不吉アラバ遷葬ス。	三二ウ―三三オ
	改葬更斂	史臣ノ記。禧陵遷葬ノ時、斂襲ヲ改ムルニ符籙ヲ玉體ニ用ヰ之ヲ艱解ス。	
六月	改葬反對	○弘文館提學ハ遷陵ノ不可ナルヲ啓ス。王允サズ。	四三ウ―四四オ
	外祖ノ喪	○禮曹ハ王妃父母ノ擧哀ノ儀ハ外祖父母ト同ジ。唯衰服三日ニシテ除キ俗ニ從テ麤布帶ヲ用ユルヲ啓ス。（右ノ不可ナルヲ論啓セシ者多シ略）	四六ウ
七月	祈雨	○三次祈雨ス。其他ノ祈雨。其祭文ニ王ハ親押セズ。名山ノ祭ハ專ラ道家ニ委ス	五三ウ―五五ウ

內願堂　十一月　○諫院ノ啓。兩宗復設後中外諸刹ノ內願堂ノ名稱大ニ聖朝ニ累ス。兩宗所屬ノ寺以外ノ寺刹住持、持音、維那ノ號ヲ稱シ諸宮家ノ願堂ヲ詐稱シ慈殿ノ諺書ヲ僞造云々。　七九オ－ウ

十五年（庚申）

卷二十六

宦官ノ妻淫行多シ　三月　○講官ハ宦官ノ妻ノ奸淫ヲ士族ノ妻ノ奸淫ト同ジク杖八十トスルハ未ダ便ナラズト云フ。　二一オ

排佛思想　○憲府ハ奉先殿ノ齋室ト梵宇ト連構セルハ不可ナリト云フ。　一四オ

贈取犯罪　五月　○人ノ病ヲ治スル爲メニ孩兒ヲ殺シ人肉ヲ割キ潜カニ井中ニ投ズ。王ノ言。　二四オ－ウ

祈雨　○祈　雨。　二四ウ

角觝　○東宮別監ハ路傍ニ角觝之戲ヲ見稠人ノ中ニ雜ハリ橫行ストト諫院ヨリ啓ス。　三九オ－ウ

妓妾ノ禁　六月　○王ハ傳シテ宗親ハ一切妓妾ヲ畜フルヲ禁ズ。　三八オ

忠孝ノ人　七月　○王ハ傳シテ忠孝遺逸ノ人成守琮外二十餘人ヲ任用シ又ハ重用ス。（其行狀ノ記アリ）　四四オ－ウ

風水思想　○禧陵ヲ遷ス日ヲ決定ス。文定王后邪說ニ迷フニ由ル。　四六ウ

世子嬪ノ揀定　○王世子ノ嬪ヲ定ム。史臣ノ記親迎セズ先ヅ宮中ニ入ル。時ニ禁婚セル處女皆大內ニ入レ王ハ之ヲ擇定ス。　四七オ－ウ

冠禮　八月　○王世子ノ冠禮ヲ右議政ト禮曹判書ノ二人ニ命賓シテ仁政殿ニ行フ。年十歲。　五二ウ

冠禮ノ賀　○王ハ仁政殿ニ百官ノ賀禮ヲ受ク。　五三オ

入學ノ禮　○世子入學ス。文廟ニ酌獻禮ヲ行フ。仁政殿ニ群臣ヲ宴ス。　五六ウ・五七オ

仲朔ノ宴　十月　○王ハ十六年來廢セシ功臣仲朔ノ宴ヲ仁政殿ニ行フ　六二オ

事項	月	記事	出典
男ノ接吻	十一月	○王酒ヲ賜フ。侍讀官ハ中使ト狎戯抱頭合口ニ至ル。附耳細語人皆其善諛ヲ目ス。	六五ウ—六六オ
一夫三妻		○捕盜大將ハ黃海道ノ賊ノ魁林巨叱正ノ妻三人ヲ獲ル。	六六オ
祈雪		○雪ヲ祈ル。	六六ウ
	十六年（辛酉）	卷二十七	
定親ノ禮	正月	○王ハ仁政殿ニ御シ王世子定親ノ禮ヲ行フ。卜盲人潜カニ謀リ嬪ノ生年月日ヲ改メ凶ヲ吉トス。	二ウ
納徵ノ禮		○王ハ仁政殿ニ御シ王世子嬪納徵ノ禮ヲ行フ。	三オ
嘉禮儀範	二月	○禮曹ハ王世子嘉禮ノ時ノ儀範ヲ啓ス。	七ウ
告期ノ禮	三月	○王ハ仁政殿ニ御シ王世子嬪告期ノ禮ヲ行フ。	九ウ
冊嬪ノ禮	四月	○王ハ仁政殿ニ御シ王世子冊嬪ノ禮ヲ行ヒ百官ノ賀ヲ受ク。	二二ウ
降嬪ノ議	五月	○嬪病體ナリ三公等ハ嬪ヲ降シテ良娣（妾）トシ更ニ別ニ嬪ヲ撰ブベキヲ上言ス。	三三ウ
孝友節義		○議政府ハ孝友節義ノ人十七人ニ褒賞ヲ請フ。（各其行狀ノ記アリ）	三七ウ—三八ウ
納徵禮	八月	○王ハ仁政殿ニ世子嬪納徵ノ禮ヲ行フ。百官陳賀ス。	五二ウ
告期禮		○王ハ右同上告期ノ禮ヲ行フ。百官陳賀ス。	五三オ
冊嬪廟告	九月	○王ハ王世子嬪ヲ冊スルコトヲ宗廟ニ告グ。	五五ウ
儺禮才人	十月	○王ハ本年ノ儺禮ヲ行フヲ命ジ京中男女才人ノ名ヲ抄啓セシム。	五九ウ
冊嬪禮		○王ハ明政殿ニ王世子嬪ノ冊禮ヲ行フ。	六一ウ
醮戒禮	十一月	○王ハ明政殿ニ王世子醮戒禮ヲ行フ。賀ヲ受ケ赦ヲ行フ	六五オ
豐呈儺禮	十二月	○王ハ史官ヲ分遣シ掌樂院義禁府ニ進豐呈及儺禮ノ習儀ヲ見セシム。史臣ノ記。右	六九ウ

事項	年月	記事	出典
儺禮 擲麟木戲		二禮ハ里巷鄙褻ナル俳優ノ戲ナリ之ヲ内庭ニ用ユ失甚シ。 ○三十日王ハ忠順堂ニ御シ儺禮ヲ見ル。古ヨリ此時ニ擲麟輪木（樗蒱博塞之類）ノ戲アリ。今亦侍臣等之ヲ擲ツ。	七〇オ
	十七年（壬戌）	巻二十八	
遷陵喪裝 經厲服	正月	○遷陵ノ時中外百官並ニ淺淡服、烏紗帽、黑角帶ヲ着ク。侍衛ノ百官及送迎ノ守令ハ白衣白布帽厲帶。我國ノ經厲服制中國ト同ジカラズ弘文館ヲシテ博考セシム。	九ウ
右同	二月	○右同件。	一四オ
曲宴	三月	○王ハ銀杏亭ニ世子嘉禮ノ爲ノ曲宴ヲ設ク。	一五ウ
酒禁		○旱氣甚シ酒禁ヲ令ス。	一六オ
胎峯	七月	○僧、胎峰ノ木ヲ斫ル王ハ守直ノ人ヲ治セシム。	二六ウ—二七ウ
宦官淫行 近親姦	八月	○宦者金ハ其養父ノ朴ノ生時ノ侍養女ヲ妻トス。且養母ヲ烝スルノ風聞アリ。王ハ傳シテ義禁府ニ下ス。	三一ウ
遷陵喪裝		○遷陵ニ付テ舊陵ヲ啓ク。此日王ハ養心堂ニ移御シ百官變服ス。	三三オ
慕火忌水		○内梓宮水氣アリ改メントス。	三四オ
内農作	十二月	○内農作ハ中例ヲ以テ之ヲ爲サシム。	四五ウ—四六オ
	十八年（癸亥）	巻二十九	
大臣奉佛	正月	○尹元衡領議政トナル。史臣ノ記。同人ハ日者ノ言ヲ慮リ僧ニ飯シ佛ニ施シ山ニ祭リ經ヲ誦ス。其家ノ大廳ヲ奉神ノ地ト爲ス。	三オ

事項	月	記事	出典
文廟焚香	二月	○王ハ文廟ニ幸シ焚香展謁ス。	九ウ
風水思想	三月	○王ハ三殿拜陵ノ時僧潛入シ靑龍ノ後岡臨壓ノ所ニテ事ヲ視ル。憲府ハ啓シテ重治ヲ請フ。王ハ允サズ。	一二オ
崇飲ノ風	五月	○王ノ言。祖宗ノ朝戒酒ノ文語アリ後世人心風俗日ニ不正崇飲風ヲ爲ス。內醫院公用ト稱シテ釀造ス。	二五ウ
風水思想	六月	○諫院ハ地理學前啣等ノ國都ノ山川形勢ニ付テ無稽ノ說ヲ唱ヘシヲ痛治スベシト啓ス。	三四ウ—三五ウ
右同	七月	○前典涓司直長ハ不絕妖誕ノ語ヲ用ヰ某山ノ路ハ吉、某路ノ坑ヲ塡メズンバ凶ナドト云フ。刑曹ハ之ヲ流刑センコトヲ請フ。	三九ウ
椒水浴	八月	○廣州ニ椒水ノ冷泉アリ都中ノ人往浴多シ。弊多キニヨリ之ヲ塡塞ス。	四七ウ
世子卒去 喪葬記事	九月	○王世子卒ス。百官哭臨白衣烏帽。（以下喪葬ノ記略ス）	六九ウ
忌死避居		○來十月六日四殿ハ他闕ニ移御ス。	七一オ
祈禱產兒	十二月	○內ヨリ潛カニ宦者ヲ外方ニ遣ハシ靈驗ノ山川ニ醮祭生子ヲ祈ル。又祀典外ノ靈驗ノ處ヲ聞セシム。	九〇オ
	十九年（甲子）	卷三十	
後宮而揀	二月	○王ハ政院ニ傳ヘテ異姓禁婚ノ家ノ良婦（庶孼ノ子）ヲ昌德宮ニ來ラシム。後宮ヲ選ブノ爲也。	三ウ
祈雨	三月	○中外ニ祈雨ヲ一齊ニ舉行セシム。	一九ウ
新房剝衣		○史臣ノ記。慶尙道ニ家ヲ棄テ失踪セル長子アリ十數年ニシテ達城ノ家ニ還ラントト	二〇オ—ウ

事項	月	記事	出典
		ス。其弟ハ兄ニ其資産ヲ渡スベキヲ慮リ悪意ヲ以テ其兄ヲ迎エ來ル途中ニテ面皮ヲ傷害シ僞稱ナリトシ大邱府ニ訴ヘ本人ハ囚ハル。本人ハ自己ノ眞ナルヲ證スベク其妻ヲ呼ビ左ノ事ヲ問フベシトス。日ク新婚ノ夜新房ニ於テ妻ノ衣裙ヲ脱カントス、其時妻ハ兩裙ヲ重ネタリ月事アリトシテ拒メリ。府尹ハ弟ヨリ賄ヲ受ケ此事ヲ調訊セズ弟ハ賄ニヨリ兄ヲ放免セシメ外ニ於テ之ヲ殺ス。	
祈雨	四月	○三次ノ祈雨ヲ行フ。内臣ヲ遣ハシ別禱雨ヲ祈ル。	二三ウ
半陰陽 香徒		○王ハ政院ニ傳シテ各司書吏書員各洞香徒中年少體中髯無ク常時行事荒唐ナル人ヲ探捜セシム。太宗六代ノ孫ナド訛言ヲ弄セシ者アリシ由ル。	二四オ
醫妓惑人		○醫妓妖艶人ヲ惑ハス。自今宗親等ノ色ニ淫シ酒ニ沈湎スル者ヲ王ハ傳シテ痛治セシム。	二六オ
宮中奉佛 宮中尚巫	八月	○史臣ノ記。内間（宮中ノコト）祈神奉佛、前ニ逾ユ。清淨懺悔ヲ以テ福田利益ヲ求ム。巫風是レ荒ミ降香絡繹タリ。	四〇ウ
儒佛軋轢 信佛盛行		○儒生黄海道神光寺住持ノ房ニ入リ之ヲ執ヘ毆打ス。兩宗復立ノ後宮禁ヨリ閭巷ニ至ル迄信佛祈福。王常ニ僧ヲ庇護ス。	四一ウ
誕日進賀	十月	○大王大妃ノ誕日ヲ百官進賀ス。	四九ウ
庶女ハ妻トナレズ	十二月	○宗親ガ孼産ヲ娶テ妻ト爲ス者、璿源錄内ニ妾トシテ載ス。之ヲ嫡母ト稱スベカラズ。尹漑ノ啓。	五五ウ—五六オ
	二十年（乙丑）	卷三十一	
宰相拜佛	正月	○領議政尹元衡ハ私第ノ後方別ニ一室ヲ構エ、神像三形ヲ置キ毎朝焚香再拜ス。	一オ

事項	月	記事	出典
僧儒軋轢	三月	○慶尙道ノ僧徒ト儒生軋轢ス。王ハ都會儒生ヲ内願堂ニ供饋セシムベカラスト命ズ。	七ウ
佛齋停止	四月	○楊州檜巖寺ニ無遮大會ヲ設ク。中使ヲ遣ハシ之ヲ止ム。	二一オ―ウ
大妃ノ薨		○大王大妃昌德宮ニ薨ズ。	二二オ
風水思想	五月	○摠護使ハ新陵ノ地ニ付テ啓ス。	三七ウ―三八ウ
忌死移宮	六月	○王大妃ハ桂山君ノ家ニ移ル。	四四オ・四六ウ
病ト六角	九月	○王病篤シ宮外ニ移御セントス重臣ヲ遣ハシ宗社、名山、大川ニ祈ル。	五七オ―ウ
	二十一年（丙寅）	卷三十二	
上元紙鳶	正月	○王ハ傳シテ曰ク上元ノ飛鳶ハ古ヘヨリアリ。平時ハ禁ゼズ今年ハ平時ニ非ズ。中宮外ニ在リ飛鳶多ク禁中ニ落ツ。五部ヲシテ推考治罪セシメヨ。俗傳ニ飛鳶落ル所ノ家其年必ズ厄アリト云フ。	八ウ―九オ
儒生淫祀ヲ燒ク		○中宮ノ命ヲ承ケタル承傳色ハ往テ開城松嶽山ヲ審シ城隍、月井、開城、大國ノ四堂ハ儒生ノ爲メニ焚カレタルコトヲ書啓シ王ハ之ヲ推考セントス。	一〇オ―ウ
巫風盛行		○右ニ關シ史臣ノ記。近來淫祠盛ニ宮中大小人金銀珠玉ノ飾ヲ競ヒ送リ、甚シキハ御冠服ヲ土木ノ像ニ被ラセ國本ヲ祈ルニ至ル。	一〇ウ
右同		○右ニ關シ政院ハ右儒生ノ處分ニ關シ考慮スベキヲ啓ス。妖巫張皇、傾家破產甚シキハ親死シテ葬ラサル者アリ。	一一オ―ウ
儒生庇護		○憲府右ニ付キ儒生ヲ拿推スル勿ランコトヲ啓ス。（以下此淫祠風俗ノ弊害ヲ啓シ儒生ヲ罪スベカラザルヲ論ズル者甚多シ。十八枚ノ裏迄）	一三オ

事項	月	記事	張
僧尼上寺	二月	○世祖ノ女懿淑公主ノ墓ノ朔望祭ヲ行フ。淨土寺（陵寢ノ寺ト同一ニ取扱ヘル）ニ僧尼多ク往キ出去ノ意無シ。王ハ之ヲ禁止セシム。	二〇オ
梅毒傳來 膽取犯罪		○士庶色ヲ好ミ淫瘡ヲ得ル者多シ。醫官人膽ノ効アルヲ教ユ。京中ノ人々ニ教ヘテ膽ヲ取ル者多シ。乞食瓢子ヲ持シテ食ヲ乞フ者四五年來一人モ無シ。此等皆殺サレ平民ニ及ブ閭閻兒ヲ失スル者頗ル多シ。	二六ウ
駝酪牛乳	三月	○史臣ノ記。我國弊多シ駝酪乳牛ヲ日次ニ分定ス。農畜盡ク斃レ民業ヲ失ス。	三五ウ
練服	四月	○練祭易服ノ制練布ヲ以テ冠ヲ作リ首絰負版辟領ヲ去リ衰衣ヲ仍用ス。之ヲ改メントセシモ謬例ニヨル。	四〇ウ
禪科廢罷		○王ハ傳シテ曰ク兩宗禪科公論ニ從テ革罷ス。（此レヨリ前兩宗ノ禪科廢罷ヲ論啓セル者甚ダ多シ）陵寢寺及有名巨刹ハ舊ニ依リ掛榜シ閑雜ノ人ヲ痛禁ス。	六二オ
王后ノ喪服		○百官ノ喪服、大王ニハ白衣三年王后ニハ練後從吉ノ古例也。文定王后ノ爲ニ群臣白衣三年ヲ終ヘントス。衆議之ニ同意セズ。	四一オ

卷三十三

事項	月	記事	張
國喪不恤	六月	○前主簿ハ國恤中娼妓ヲ姦淫ス。憲府ノ啓ニヨリ義禁府ニ於テ推考ス。	一オ—ウ
庶民崇佛 道教醮祭		○史臣ノ記。國俗唯釋ヲ崇ブ士大夫ノ家猶罕ニ奉ズ。道教ハ中外絕テ無シ、唯國家昭格署ヲ置キ位版ニ天神星宿ノ號ヲ刻ム其數千餘ニ至ル。	一ウ
內願堂		○憲府ハ啓シテ兩宗既ニ罷ム。內願堂ノ位田ヲ罷メンコトヲ請フ王允サズ。	九オ
監司淫行	十月	○史臣ノ記。前監司沈銓ノ條。良女ヲ得婢妾ト爲サントスルモ其女出デズ。銓ハ奴	五・オ

事項	月	記事	出典
俳優乞米		輩ヲシテ優美假面ノ衣ヲ着シ叭囉ヲ持シテ俳優乞米ノ戯ノ如クシ、其女ヲ外ニ出デシメ之ヲ捕ヘ竟ニ其欲ヲ遂グ。	
	二十二年（丁卯）	巻三十四	
救病祈禱	三月	○太妃ノ病革ル宗社山川ニ祈禱ス。	一五ウ
歌謠結綵	四月	○諫院ハ啓シテ祔廟ノ時館學諸生老人妓生等歌謠ノ事只奉軸セシメ結綵ヲ爲ス勿ラシメントシ、王ハ允サズ。	二〇オ
祈雨	五月	○旱災。盲、巫、童子等々ノ祈雨ヲ行フ。	二九オ
歌謠結綵	六月	○王ハ文定王后祔廟祭ヨリ還宮ノ時儒生老人妓生各結綵棚ヲ路傍ニ備ヘ歌謠ヲ奉ズ。王ハ教坊歌謠奉軸ノ處ニ駐輦時ヲ移ス。	四一ウ
彩棚 傀儡倡優		○史臣ノ記。綵棚ノ紀、[illegible]綾紗繒、門墻ヲ飾リ珠璣金玉楹桷ニ點綴ス。剪綵花草之妖、鸞走禽獸之狀爭フテ奇怪ヲ呈ス、文物ノ邦豈此傀儡倡優ノ戯有ランヤ。	四二オ
教坊呈才		○正言ハ教坊呈才一切ノ戯ヲ君上トシテ觀ルノ不可ヲ云フ。	四二ウ
彩棚雜戯		○詔使來ラントス迎詔ノ時綵棚聲樂雜戯ハ廢スベカラズト禮曹ヨリ啓ス。	四九オ—ウ
救病祈禱		○史臣ノ記。開獄放囚山川ニ祈禱等ノ事王ノ爲メノ祈命擧ゲザルナシ。	四七オ
		○王景福宮ニ薨ズ。	四九ウ

宣祖實錄　卷二

事項	年	月	記事	出典
雜戲呈才	元年（戊辰）	二月	○天使來ル詔勅ヲ迎フ。雜戲呈才人等奇技ヲ爲ス異觀殫記スベカラス。詔使輿ヲ駐メ之ヲ觀ル。	四ウ
几杖ノ宴		三月	○領相罷ヲ請フ、几杖ノ宴ヲ賜フ。	一三ウ
小祥佛齋		六月	○弘文館ハ上箚シテ明宗ノ小祥ニ寺ニ設齋スルヲ罷メンコトヲ請フ。王ハ其事ヲ慈殿ニ啓達セントロフ。	一八ウ
排佛思想		七月	○館ノ儒生ハ上疏シテ淨業院ノ革罷ヲ請フ。王ハ先王後宮ノ居ル所ナリト聽カズ。	二〇ウ
鄕約		九月	○中廟（中宗ノコト）呂氏鄕約ヲ行ハントス。	二二ウ
			卷三	
大妃素食	二年（己巳）	閏六月	○王大妃ノ開素ノ事ヲ以テ東西班二品以上全數闕ニ詣ル。先王ノ大祥ヲ過ギ且羸弱ナルニヨル。（本件ニ付テハ此前ヨリ數回ノ啓アリ）慈殿從ハズ。	三四オ
祔廟		八月	○王ハ明宗ノ祔廟祭ヲ行フ。動樂還宮百官賀禮ヲ行フ。	三七オ
新來侵虐		九月	○新及第者ヲ侵虐シ、汚泥ヲ面ニ塗リ名ケテ唐鄕ト云フ。衣冠ヲ裂キ汚水ノ中ニ推轉作ツテ鬼形ト爲ス。自今一切痛革、舊習ヲ踵グ者ヲ治罪スルコトトス。	四〇オ
天變憧愼		十月	○白虹日ヲ貫ク。王ハ正殿ヲ避ケ減膳ス。	四二オ
			卷四	
祈雨	三年（庚午）	四月	○王ハ祈雨祭ヲ社稷ニ親行ス。	四オ

疫鬼ノ祟		○兩司合啓。旱魃其他變災屢出スルハ乙巳、丁未、己酉ノ黨派的政變ニ多ク人ヲ殺戮セシ怨ナリトシ其時ノ人ノ官爵ヲ復シ籍沒ヲ還サンヲ請フ。王ハ當時ノ是非知ル能ハズトス。（以下同一ノ疏啓多シ略）	八オ―ウ
	四年（辛未）	卷五	
排佛思想	三月	○儒生ハ闢佛ヲ上疏ス。王ハ他日眞儒朝ニ立チ風俗隆美セバ異端自カラ衰フベシ、區々ノ議論ニヨリ誅僧毀寺ヲ爲サンヤト曰フ。	一ウ
	五年（壬申）	卷六	
耳環禁止	九月	○王ハ政院ニ傳シテ曰ク。身體髮膚之ヲ父母ニ受ク敢テ毀傷セザル孝之始也。我國ノ大小男兒必ズ其耳ヲ貫穿シテ環珥ヲ作リ之ヲ懸ク。識ヲ中國ニ取ル羞ヅ可シ。自今一切胡風ヲ痛革、京中ハ今月ヲ限リ實行從ハザル者嚴懲ヲ加フ。	一二ウ
鄕約	十月	○諫院ハ鄕約ヲ行ハンコトヲ請フ。王ハ俗ヲ駭カストシ同意セズ。	一八ウ
	六年（癸酉）	卷七	
胎峰	二月	○胎峰ノ守護ヲ謹マザル郡守等ヲ拿推ス。	九オ―ウ
救病祈禱	五月	○王大妃病革マル。神祇山川ニ祈禱ス。	二二オ
鄕約 洞契香徒	八月	○三公大臣ハ鄕約ノ事ヲ議シ之ヲ行ハンコトヲ請フ。左相ノ言我國ノ俗都下ヨリ鄕曲ニ及ブ皆洞隣之契アリ香徒ノ會アリ。	三二ウ―三三ウ
鄕約	九月	○呂氏鄕約三百件ヲ印進ス。	三五ウ

事項	年月	記事	出典
天變停禮	十二月	○白虹日ヲ貫ク。元朝ノ望闕禮及初九日ノ文昭殿大祭ヲ停メ正殿ヲ避ケ減膳ス。	六六ウ－六七オ
		卷八	
	七年（甲戌）		
鄕約	二月	○王ハ禮曹ニ傳シテ今民生憔悴セリ、鄕約ヲ行フニハ養民ヲ先トスベシ民生蘇復ノ後行フベシト曰フ。	一六オ
右同		○禮曹ニ傳シテ姑ク鄕約ノ法ノ施行ヲ停ム。	一六オ
近親姦罪	三月	○故縣監ノ妻其侍養子ト淫ス。府啓ニヨリ其侍養子ヲ獄ニ下ス。	二二オ
宮中造佛		○王ノ指命ニテ水銀黃蠟ヲ内ニ入ル。諫院ハ佛像ヲ新造スルモノト想像シ其不可ヲ啓ス。	二四ウ
誕日問安		○中殿ノ誕日ヲ以テ玉堂ハ問安ス。	二八ウ
尼ヲ囚フ	五月	○慈壽宮ノ尼佛事ニ託稱シ金剛山楡岾寺ニ奔往ス。司憲府吏ヲ遣ハシ淮陽ニ囚フ。	三三オ
黃白蠟燭		○王ノ言。黃蠟入内ニ付テ言議紛々タリ。義盈庫進排ノ燭ハ黃蠟ヲ純用スル故ニ煙多ク、故ニ白蠟（蜂蜜ノ蠟）ヲ和シテ燭ヲ造リ煙氣ヲ免レントスル也ト曰フ。	三三ウ
大妃信佛		○王ハ淨業院ヲ革罷セントスルモ、兩上殿ノ爲ニ行ヒ難シト曰フ。	三四オ
鄕約ト長幼ノ序		○禮曹ハ鄕約ノ中、民ニ長幼ノ禮ヲ敎ユルノ一條ヲ先ヅ行ハシコトヲ請フ。右實行ス。	三四オ－ウ・三六オ－三七オ
祈雨		○王ハ重臣ヲ遣ハシ雨ヲ風雲、雩祀、山川ニ祈ル。其他ノ祈雨。	三七ウ・三九ウ・四〇オ
雨乞	六月	○雨洽シ南大門ヲ開キ肅淸門ヲ閉ヂ市ヲ還シ皮鼓ヲ擊ツ。	四三ウ
	八年（乙亥）		
		卷九	

事項	月	記事	出典
大妃薨ズ	正月	○明宗ノ妃聖懿殿ハ通明殿ニ昇遐ス。（以下喪葬ノ記事略ス）	一オ
親喪啜粥		○三公ノ啓。祖宗ノ朝ノ舊例翌日粥ヲ進メ三日ニ進膳ス。	一ウ
風水思想		○山陵都監往テ山ヲ觀ル。	三ウ
右同		○左相ハ地官ト風水ノ人ヲ率ヰ新陵ヲ審定ス。	四ウ
一日哭數		○大臣等ハ王ニ一日四哭スルナカランコトヲ請フ。	同
駱粥		○三公ハ問安ノ後王ニ進膳ノ間駱粥ヲ時ニ飲用スベキヲ啓ス。	六ウ
宮中廬所		○三公ハ王ニ遽ニ廬所ニ往來スル勿レト啓ス。	八オ
除服		○憲府ハ恭懿殿ノ服ハ期年ニ至リ除クヲ啓ス。王允サズ。	九オ
王ノ素食	二月	○三公大臣醫官等ハ王ニ肉汁ヲ攝ランコトヲ請フ。王ハ允サズ。	一二オ—二〇オ
茶	三月	○王ノ煩熱ノ時醫官ハ茶ヲ進御セバ可ナリト曰フ。	二一ウ
祔葬		○仁順王后ヲ康陵ニ祔葬ス。	二三オ
	九年（丙子）	卷十	
三ツ兒	三月	○嶺南正兵ノ妻三兒ヲ産ム。王ハ米鹽醬藿等ヲ給ス。	三ウ
禁酒		○旱ニヨリ酒ヲ禁ス。	同
祈雨		○祈雨祭ヲ行フ。	同
雨乞	五月	○旱ニヨリ崇禮門ヲ閉ヂ肅淸門ヲ開ク。	五ウ
膽取犯罪	六月	○京外ノ人癘疾ヲ治スベク人肉及肝膽ヲ以テ藥ト爲ス。小兒ヲ誘致シ無人ノ處ニ殺シ腹ヲ剖リ膽ヲ取リ轉賣ス。林木ニ縛ラレ剖ラルル者山谷間ニ相望ム。壯男女モ單行セバ路ニ於テ此難ニ遭フ。右筵官ノ啓ニヨリ王ハ懸賞捕捉セシム。	七ウ—八オ

卷十一

事項	年月	記事	出典
麥飯免疫	十年（丁丑）正月	○癘疫熾ナリ、五日ニ牟飯ヲ喫セバ病ヲ免ルベシトノ訛言アリ。爲メニ牟價騰貴シ米ト等シク買ウヲ得ザル者アリ。	一オ
祈禳疫癘		○平安黃海疫癘熾ナリ。王ハ二道ニ官ヲ遣ハシ祭ヲ設ケテ之ヲ禳フ。	同
排儒思想		○沃溝鄕校ノ位版ヲ折破棄置ス。遣官之ヲ鞫ス。	同
疫癘謹愼	三月	○疫癘盛ナリ避殿減膳、禳祭ヲ擧行トス。	一ウ
祈廟		○祔大廟ノ祭（仁順王后）ヲ王ハ親行ス還宮ノ時動樂セズ。	同
社稷親祭	四月	○王ハ社稷祭ヲ親行シ飮福宴ヲ行フ。	一オ
家廟祭禮		○王ハ家廟ニ親祭ス。茶禮ヲ行フ。	五オ
救病祈禱	六月	○恭懿殿病篤シ。宗廟、社稷、諸名山大川ニ禱リ赦ヲ行フ。	七オ
右同	十一月	○右重ネテ行フ。	九オ
大王大妃ノ薨		○恭懿殿昇遐ス。（前々王ノ妃）（以下喪葬記事略）	九ウ
親喪三年		○王ノ喪ヲ三年ト定ム。	同

卷十二

事項	年月	記事	出典
老人開葷	十一年（戊寅）正月	○王ハ大妃ノ遺敎ニヨリ命招シ肉ヲ勸ム。	一オ
喪葬記事	二月	○大行大妃靈柩發引玄宮ヲ下ス。（以下喪祭記事略）	三オ
雷震慰安	六月	○文昭殿內ノ槐木ニ震ス。命ジテ慰安祭ヲ行フ。	一〇オ
廬墓三年短縮		○內醫ハ上疏シテ守廬終制ヲ請フ、王允ス。	一〇ウ

卷十三

年月	記事	出典	事項
十二年（己卯）三月	○君父ノ喪ヲ憚マザル孝陵監董官ノ爵秩ヲ追削ス。	一オ	喪中不愼
	○左相ノ言。民間多ク返魂ノ禮ヲ行フ此レニヨリ廬墓ノ俗遂ニ廢レ喪期益壞ル。	一ウ	返魂ノ禮 喪制紊ル
七月	○仁聖大妃ノ禫日百官陳賀セントス王從ハズ。	八オ	禫祭

卷十四

年月	記事	出典	事項
十三年（庚辰）五月	○兵曹正郎等多ク妓工ヲ率ヰ奉恩寺ニ投宿、先王陵寢ノ内反テ淫娛ノ所ト爲ス。罪笞五十贖。兵曹ハ之ヲ罷職センコトヲ啓ス。	三ウ—四オ	寺中淫妓
	○王ハ後宮二人ヲ定メ入宮セシメントス。史臣ノ記。我國ノ婚禮嚴ナラズ士大夫ノ處女ヲ宮中ニ聚會シ其ノ可ナル者ヲ視テ之ヲ定ム。甚ダ不可也凡ソ男女ノ際ヲ愼ミ婚姻ノ禮ヲ重ンズベキ也。先王ヨリ未ダ定禮アラズ。禮官之ヲ講究セズ。徒ニ淑儀ノミニアラズ。大婚ノ禮ニ至ツテモ亦然リ。	五ウ	成禮娶妾
	○諫院ハ右淑儀ガ先王外孫ノ家ニシテ七寸親ナリ、選ブ勿レト曰フ。	六オ	姻族ハ近親婚ス
七月	○正言ハ國家ノ藏氷頒出ノ際下吏之ヲ偸竊ノ弊アリ。西班及宗室例頒ノ氷ニ足ラズト曰フ。	一〇ウ	頒氷
八月	○平安軍人ノ妻三兒ヲ生ム王ハ米鹽醬ヲ給ス。	一四オ	三ツ兒
十二月	○王病癒ユ病ノ時諸處ニ祈禱シタル獻官ニ馬ヲ賜ヒ又加資ス。	二〇オ	救病祈禱

十四年（辛巳）

卷十五

事項	月	記事	出典
開素	正月	○王ハ六十喪禮ヲ成サズニヨリ母ノ殯ニ在ル洪暹ニ肉ヲ勸ム。	三オ
女樂勿用	三月	○兩司ハ日本使臣接見ノ時女樂ヲ用ユル勿ランヲ請フ。王ハ姑ク舊ニ依ルベシトス。	九ウ
妖言		○軍器寺ノ池水沸騰ス高サ丈餘。人言喧騰兵變ノ兆ト曰フ。	九ウ
宴樂ノ禁	四月	○凶歉ヲ以テ宴樂歌舞ヲ禁斷ス。	一〇オ
庶女妻タルヲ得ズ		宗親ガ妾產ヲ娶テ妻ト爲ス者璿源錄ニハ妾トシテ載セ封爵セズ。其他ノ妾ノ子ハ嫡母トセズ、其喪ニモ服セズ。	一四オ
一夫二妻	十二月	○（太祖京妻鄕妻ノ二妻アリ。鄕妻タリシ神懿王后ハ宗廟ニ祔セラレ陵モ健元陵ニ存在ス。京妻ナル神德王后ハ太祖ノ存命中貞陵ニ葬ラレシモ、二代定宗三代太宗ハ生母ニ非ズ加フルニ神德王后ノ出タル芳蕃等ヲ殺シタル關係ヨリ其陵ヲ楊州ニ移シ。此當時ハ祭祀モ爲サズ放棄シアリタリ）此貞陵ノ事ニ付テ正當ノ奉仕ヲ爲スベキ議起リ、三公兩院其他上疏論啓スル者頻々タリ。健元陵ノ神懿王后ノ碑ニハ明カニ次妃ト記セルヲ言ヘルアリ。	二一ウ―二二オ・二二ウ―二四ウ
	十五年（壬午）	卷十六	
右同		○右神德王后ニ關スル件ノ上疏。	一オ―ウ
	十七年（甲申）	卷十八	
祈雨	四月	○旱甚シ官ヲ遣ハシ諸處ニ祈雨ス。	四オ
右同	五月	○旱甚シ王ハ社稷ニ親祭ス。	五オ

項目	年	月	記事	丁
			巻十九	
馬肉食用	十八年(乙酉)	四月	○馬ヲ殺シ脯ヲ作リシ三水郡守ヲ義禁府ニ下ス。	一一オ
			巻二十一	
鄕約	二十年(丁亥)	正月	○院啓及司憲府ノ啓。呂氏鄕約ヲ廷議ヲ納レテ舉行ヲ請フ。王ハ允サズ。	一オ
祈雨		四月	○旱災切迫宗社、山川ニ祈ル。	七オ
誕日停賀			○大殿誕日權ニ賀禮ヲ停ム。	一八ウ
			巻二十二	
	二十一年(戊子)	五月	○宗系改正ノ事ヲ宗廟ニ告グ。(大明會典ニ太祖李成桂ヲ高麗ノ奸臣李任仁ノ後ナリト誤ッテ記サル之ヲ正スヘク國初ヨリ數回移咨シタリ玆ニ至テ初メテ訂正セラレタリ)	一二ウ
隕石		閏六月	○北兵使ノ啓。初二日穩城ニ火塊アリ、人體ノ如ク圓、方席ニ坐シ弓矢ヲ佩持セル如ク、空中浮飛北ニ向フ震雷ノ如シ風氣人面ヲ燻ス。異常變怪事トナス。	二二オ
			巻二十三	
官妓濫用	二十二年(己丑)	二月	○禮曹ハ啓シテ大小朝官父母獻壽ノ外、小小ノ設酌ニハ妓工ヲ一切定送サゼルコトトス。	二ウ
女樂勿用		八月	○日本使臣接見ノ時女樂ヲ用ユル勿レト府啓アリ。王ハ舊ニ依ラシム。	一〇ウ
薏苡食用		九月	○薏苡粥ヲ牛肉ト共ニ食ヒ死シタル者アリ。	一二オ

二十五年（壬辰）

卷二十六

亂前妖變 四月 ○是ヨリ先一鳥アリ灰色形鳩ノ如シ。十三日ヨリ夜禁林ニ鳴ク其聲各々禍ヲ逃レヨト言フ如ク甚ダ悲急ナリ。初メ鳴クノ日倭寇下陸（秀吉軍釜山上陸）ノ日也。此後王寢殿ニ坐ス西小池ニ靑虹見ハレ其氣王ノ座ニ及ブ。王避ケテ西坐スレバ氣西ニ向ヒ、東スレバ東ニ向フ。 三オ―ウ

國亂讖言 ○國初ノ僧人無學ノ讖記ニ壬辰ノ年國家事アルヲ言フ。童謠アリ壬辰正月ヨリ都中ニ行ハレ四月ニ至リ大ニ行ハル。 三ウ

宗社遷奉 五月 ○王ハ平壤ニ在リ。宗廟社稷ノ神主開城ヨリ來ル、永崇殿ニ奉安ス。 一一オ

祭供全滅 ○禮曹ノ啓ニヨリ文昭延恩兩殿ノ祭供及昭格署祭供ノ封進ヲ全滅ス。 一二オ

卷二十八

亂中狎婢 七月 ○史記ノ記。澈ハ身大臣ナリ三道ヲ體察ス。永柔ニ至リ縣婢ヲ見テ引テ狎坐シ詩ヲ賦シテ之ニ贈ル。「佳人欲問淸江事中夜戀君千里夢」云々。嗚呼君父播越宗社丘墟ノ時云々。 二八オ

卷三十

賊ノ掘陵 九月 ○泰陵（文定王后ノ陵）陵上賊ノ掘ル所トナル京畿觀察使馳啓ス。王ハ變服スベキヤ否ト問フ。 八オ

右　同 ○烏山都正寢陵ヲ奉審シ來ル一資ヲ加フ。 一八オ

誕日名日進箋方物	十月	卷三十一 ○禮曹ノ啓ニヨリ誕日及三名日ニ各道監兵使ノ進箋方物ヲ停止ス。	七オ
王子ノ喪	十一月	卷三十二 ○禮曹ハ五禮儀ノ註ヲ見テ王子ノ喪行ヒ難シト云フ王之ニ從フ。	四ウ
	二十六年(癸巳)		
廟社ノ禮ト謁聖	正月	卷三十四 ○司諫院ノ啓。廟社ノ禮尙未ダ擧行セズ而シテ先ヅ先聖ニ謁ス、體ヲ得タルニ非ズ云々。	二八オ
宗廟之寶		○宗廟各室金玉之寶(印)當時事急ニシテ賚シ去ルヲ得ズ地ニ埋ム。今掘リ來ル。禮曹ノ啓ニヨリ官ヲ差定シテ寧邊ニ送ル。	三一ウ
廟社遷奉		○禮曹ノ啓。前日避亂ノ時蒼黃ノ際廟社ノ主ヲ奉遷ス式ノ如キヲ得ズ。還都ノ時ハ永寧殿六室宗廟十室ハ當ニ腰輿ヲ作ルベシ社稷四位ハ二腰輿トスベシ。	三二オ
展謁廟社		○王ハ世子ト百官ヲ率キ社稷ノ主ニ展謁前後四拜ヲ行フ。又廟主ニ哭臨前後四拜禮。	三三オ
戰亡致祭		○禮曹ハ我國ノ將卒戰亡者ノ致祭。收復次第ニ擧行スベキヲ啓ス。	五一オ
太宗畵像 宗廟ノ寶	二月	卷三十五 ○禮曹ノ啓。太宗大王ノ睟容ヲ奉審スレバ盡ク腐朽。宗廟御寶ハ各室金銀玉三色ノ	一九オ

陵寢奉審

寶盝五十一顆皆存ズ。

○雲川君陵寢ヲ奉審シ報ズ。光陵ノ兩陵上ノ石物舊ノ如シ、丁字閣窓壁打破、齋室半燒、奉先殿ノ窓壁打破、影幀ハ一寺僧移安、康陵ハ陵上燒痕石物舊ニ依ル、丁字閣盡燒、泰陵ハ前面半掘、石欄半破。　四一ウ

三月

卷三十六　（王永柔ニ在リ）

廟社奉安

○王ハ傳シテ曰ク廟社主何レノ處ニ奉安センカ。（京城ヘ歸還ノ後ニ）政院ハ請フテ大內ノ後別室トス。（사實民家ニ奉安ス）　二十オ

陣亡慰祭

○備邊司ノ啓ニ中和一邑一人ノ附賊者ナシ。陣亡多ク數千慰祭ノ事既ニ行フ云々。　八オ

酒禁

○司憲府ノ啓ニヨリ闕內御供、天將接待外各衙門公私用酒ノ處一切禁斷。　八オ

廟社奉迎

○王ハ明日廟社主ノ來ル時（平壤ヨリ京城ヘ向フ）祇迎節次ヲ磨練セシム。　一五オ

廟社謁拜

○王ハ廟社ニ謁シテ四拜ノ禮ヲ行フ。　二四オ

薦新柑橘

○濟州牧使封進スル所ノ金橘ヲ宗廟薦新トス。　二四ウ

影幀移奉

○光陵參奉光廟ノ影幀ヲ奉ジ來ル。　二九ウ―三〇オ

四月

卷三十七　（王鼎川ニ在リ）

節死調査

○命ジテ八道ニ移文シ士女ノ死節者ヲ訪問ス。　一七オ

寢陵ノ禍

○京畿觀察使ハ宣靖二陵ノ禍、梓宮ニ及ベルヲ啓ズ。　一七ウ

右　同

○王擧哀號哭、已マズ。（以下本件ニ關スル奉審其他改葬、服喪、愼謹等等ニ關スル記事甚多シ略）　一七ウ―一八オ

徳嬪ノ死 月不明		○徳嬪（王ノ後宮壬辰ノ時殯ニ在リシモノ）ノ梓宮當初事勢蒼黄昌慶後苑ノ僻處ニ權埋ス。京城亂民闌入爭フテ成殯雜物ヲ取ル。	二三オ
三年ノ喪		○司諫院ノ啓。三年ノ喪ハ亂離ノ故ヲ以テ絶滅スベカラズ。末官庶人ハ父母ノ喪ヲ行フ者ナシ。宰臣武士ヲ除クノ外起復ヲ許ス勿レ。	二八ウ
		卷三十八	
衣食住祭ノ奢侈	五月	○兩司啓。國家凡百ノ制度務尙侈泰中國ニ過グ議者今日アルヲ憂フモノ久シ。陵寢祭祀ノ煩、先王壽山ノ多キ、宮室第宅ノ僭、衣服飮食ノ奢ハ民ヲシテ困瘁セシメ財力殫キテ此極ニ至ルヲ致ス。舊都ニ還レバ舊習ヲ革去シ一々儉約ニ從ハン云々。	二〇ウ
		卷三十九	
冠服制度	六月	○禮曹ハ冠服ノ制度ヲ啓ス。	一オ
風水思想		○京城復興ニ付テ王及大臣ハ地理ノ說誣ユベカラズトシ之ニ據ラントシ、劉員外ノ地理ニ通ズルヲ聞キ此人ノ意見ヲ問ハントス。	一九オ―ウ
復興營造		○王ハ先ヅ廟社ヲ營ミ次ニ建宮室、後ニ各司ニ及ブベシト曰フ。	二六オ
衣制		○禮曹ノ啓。劉員外ハ我國人ノ寬袍大袖ヲ見テ移咨シテ革メシメントス。兵部石尙書亦同一ノ事ヲ言フ。	二六オ
		卷四十	
衣制	七月	○八道ニ行會シ窄袖ノ衣ヲ着シ小帽ヲ持スルノコト九月一日ヨリ始メ行ハシム。	二オ

宣祖二十六年

事項	月	記事	出典
葬具制度		○禮曹ハ翣扇ノ制度ヲ啓ス。	二一オ
起　復		○大小ノ武臣皆ヲ起復セシム。	二八オ
		卷四十一	
男兵扮女	八　月	○備邊司ノ啓。天兵潜カニ京城ノ女人ヲ率シ男服ニ變着シ絡繹逐去ルト云フ。經略ニ移咨シテ之ヲ嚴禁セシム。	一三オ
風水思想		○經略ハ兵部ニ移咨シ相地ノ人ヲ送リ國都ノ地ヲ審定セシメントス。	一八オ－ウ
衣冠改革		○禮曹ノ啓。前ニ下令シ九月一日ヨリ大小人員或服反裏衣者褶衫シ、禁軍甄笠ヲ着ケ小袖袍ヲ衣ル、公私下賤ハ笠子ヲ去リ小帽衣小袖袍ヲ着クコト已ニ日久ニ習セリト云々。	五六オ－ウ
衣服招魂		○晉州城陷ルノ後本州ノ人不知者多ク屍體腐爛誰々ナルカヲ的知セズ。各人家ハ只衣服ヲ持シ招魂以テ去ル。	六一オ
		卷四十二	
戰亡祭祀	九　月	○王ハ京城ニ大駕入レバ壇ヲ設ケ京城ノ民ノ賊鋒ニ死セシ者ヲ祭ルベシ。又古ヨリ國ニ大事アラバ必ズ山川ヲ祭ル未ダ京城ニ入ラザル前國都三角、木覓、漢江ノ神ニ官ヲ遣ハシ祭ルベシト云フ。	二三オ
山川祭祀 右　同		○王ハ入都セントス。其前ニ壇ヲ設ケ牛耳山、碧蹄渡、松岳、紺岳、臨津、三角、白岳、木覓、漢江等ヲ祭ラシム。	二三ウ
哭臨宗廟		○禮曹ノ啓ニヨリ大駕入京ノ日、宗廟廢址ニ於テ哭臨スルコトトス。	二六ウ・三二ウ

風水思想	○王ハ術官ノ言ニ據リ還都ノ日ヲ定ム。	三三ウ
不淨門	○備邊司ハ警備上ニ付テ、東南城門ヲ閉閉シ出入者ヲ一々譏察シ但死亡人ハ必ズ小門ニ由ラシムルヲ啓ス。	三五オ
	卷四十三	
十月		
宗廟哭臨	○朔、王ハ碧蹄驛ヲ發シ夕入京貞陵洞行宮ニ入ル。王ハ慕華館ニ至リ皇恩四拜ノ禮ヲ行キ宗廟ニ至リ百官ヲ率キ哭臨ス。	一オ
文廟臨哭	○禮曹判書ハ命ヲ承ケ儒生四十五人ヲ率キ文廟ニ至リ哭ス。	同
戰亡致祭	○臨津戰亡將士ハ既ニ致祭セリ。碧蹄ノ天兵多ク死ス壇ヲ設ケ行祭ス。	同
屍骸埋置	○僧ヲ募ツテ京城內外及外方ノ死屍ヲ埋置セシメ、之ニ禪科或ハ度帖ヲ給セントス。	二ウ
禁日本語	○京中倭語ヲ禁ズ。	同
宗廟奉安	○宗廟ノ神位ヲ廟中ニ奉安ス。	三オ
喪制破棄	○都民ノ死スル者多キモ京都入城ノ日服喪スル者アラズ。王ハ之ノ光景ヲ見テ傳シテ禮曹ヲシテ服喪ニ應セシメ一々糾檢セシム。	八オ
	卷四十五	
宗社慰祭	○宗廟、社稷、永寧殿ニ慰安祭ヲ行フ。	八ウ
文廟位版	○禮曹ハ文廟正殿位版十五內文宣王以下位版十一無キヲ啓ス。禮曹ハ文廟設祭節次ヲ啓ス。	一一オ・一四オ―ウ

宣祖二十七年

宴禮進花	閏十一月	○天使ノ時ノ宴禮ニ進花ヲ爲サズ。	一一ウ
戰亡致祭		○備邊司ノ啓ニヨリ天兵ノ戰亡者ヲ各地ニ於テ祭ラシム。	六二オ
		卷四十六	
文廟位版	十二月	○禮曹ハ文廟五聖十哲ノ位版ヲ造リ畢レリ。日ヲ擇ンデ奉安ヲ啓ス。	二四オ－ウ
喪制廢棄		○史臣ノ記。變亂以來三年ノ喪行ハレズ士大夫喪制ノ何事タルヲ知ラズ托スルニ從軍ヲ以テ起復ス。飮酒食肉平生ト異ナル無シ誠ニ嘆ズベシ。	二五オ
		卷四十七	
	二十七年(甲午)		
餓屍山積	正月	○京城各所飢饉死亡者多ク城外ニ積ミ烏鳶犬彘群ガツテ食フ。備邊司ノ啓。	六ウ
		卷四十八	
喪制廢棄	二月	○王ノ言。還都ノ時京城民人ノ喪服ヲ着セシ者無キヲ異メリ。沈喜壽曰ク兵興ツテ以來喪紀廢墜或ハ托スルニ義兵ヲ以テ稱シ、任意起復或ハ親死シテ未ダ久シカラズ肉ヲ食フ常ノ如シ。倫紀斁レ毀ル。	一九オ－ウ
		卷四十九	
土室	二月	○飢民ノ留場ハ乃土室也。	九オ
		卷五十	

厲祭	四月	○備邊司ノ啓。（都城中兵革飢餓ニ死スル者寃氣薰發シ癘疫トナル近日死亡者多シ）ニヨリ禮曹ヲシテ城外數處ニ壇ヲ築キ厲祭ヲ行ヒ寃死ノ鬼ヲ慰メシム。	二二ウ
人頭賣買		○人頭ノ賣買行ハル、倭人ノ頭ニ擬シ功ヲ求ムル也。	二三オ
		卷五十一	
火葬	五月	○明ノ把摠死シ火葬ヲ行ハントス。王ハ傳敎シテ反覆開諭スルモ家丁ハ棺堅カラザルト、路遠キヲ以テ聽カズ。王ハ遂ニ渠ノ意ニ任ゼシム。	二オ
鷹師遣還		○王ハ司饔院ニ傳シテ鷹師ヲ今九月迄姑ク罷ム。上來ノ鷹師ヲ遣還歸農セシム。農月鷹ヲ捉フルハ穩カナラズ闕供ニ夏雉ヲ要セザルニヨル。	八オ
風水思想		○王ハ尹根壽ヲシテ風水ノ人ヲ得ントシテ宋經略ニ問ハシメシモ不得。南方ヨリ來リシ策士葉靖國此術ニ通ズルト聞キ、王ハ尹根壽ヲシテ國都ノ形勢等ヲ秘カニ問ハシム。海平府院君モ葉靖國ノ風水ニ通ズルヲ啓ス。	一二オ―ウ・二四ウ
釋奠		○禮曹ノ啓。各道各官鄕校完全ナル處釋奠祭ハ國學ノ例ニ依リ設行ス。	一八ウ
招魂虛葬		○王ハ德嬪ノ變云フニ忍ビス。（王ノ後宮亂ノ時假ニ葬ルモ其所在知レズ）古ハ人招魂シテ葬ル者アリ之ニヨルベキカ云々。李滉曰ク近日虛葬スル者多シ。（死屍無ク空ラニテ葬ルコト）王ハ遺衣ヲ以テ葬ムル可ナリト曰フ。	三五オ―ウ
		卷五十二	
風水思想	六月	○府院君李根壽ハ能ク陰陽風水ヲ解スル葉靖國（支那人）ヲ王ニ接見セシメントシ同人ガ京城ノ風水ニ付テ述ベタル處ヲ言フ。王ハ接見ヲ允サズ。	六オ―ウ

事項	月	記事	出典
職任ト家喪ノ輕重		○淸安縣監前ニ父喪ニ起復本職ヲ授ク。心ヲ民事ニ盡シ成績優良ナリ。今母ノ喪ニ遭フ起復セシムル如何ト忠淸監司ヨリ馳啓ス。史臣ノ記。三年ノ喪ハ天下ノ通經ナリ一國ノ安寧ニ係ルモ猶奪フベカラス。一縣ノ守宰起復ノ請ヲ爲ス、名敎ノ罪大ナリ。	一七オ
		卷五十三	
震龜	七月	○宣川震龜ヲ出ス。王ハ宗廟ニ薦メ而シテ後海ニ放ツベシト云フ。	五オ
宗社遷奉		○備邊司ノ啓ニヨリ、去壬辰ノ年大駕西行ノ日宗廟神位及社稷ノ位版ヲ各其司ヲシテ學樂院ニ移遷セシム。途中要輿陪持ノ軍士一時ニ潰散ス。其時擔擎セシ良人ヲ論賞ス。	二八オ―ウ
	二十八年（乙未）	卷五十九	
生祠位版	正月	○石尙書ト三大將ヲ祭ルニ生祠トスベキカ位版トスベキカニ付テ議アリ。	二オ―ウ
		卷六十	
喪紀廢絕	二月	○備邊司ノ啓。變生ズルノ初禮法地ヲ掃フ喪紀尤モ極メテ歇ル飮啜言笑平人ト異ナルナシ禮義ノ邦相率ヰテ禽獸ノ歸トナル云々。私自起復ノ者一々摘發スベシ。王ハ之ニ從フ。	一オ
科擧ト喪		○王ハ朝廷ノ命令ヲ以テ起復スル者ト雖モ科ニ赴カシムベカラズ。況ンヤ私自起復シテ科擧ニ赴クヲ圖ル者ヲヤ。講官ノ言。儒士ト雖モ喪ニ居リ禮ヲ以テスル人無	一三オ

シ。

喪紀廢絕　○史臣ノ言ニ喪制禮ニ從フ二百年、一朝兵禍ノ爲ニ紀ヲ喪フ。先ヅ服衰帶絰ヲ毀チ飲酒嚼肉ス。親ノ喪ヲ聞キ赴カザル者アリ。親ノ骸ヲ露シテ不葬ノ者アリ。　一三ウ

義冢設祭　○各道死亡人ノ尸骸ヲ收拾シ葬ツテ義塚ヲ爲リ別ニ祭ヲ設クルコト統制使ニ諭ス。　二〇オ

胎峯　○司諫院ノ啓。胎峯ノ役供億ノ費貲ナカラズ浮石ノ弊甚ダ鉅シ云々。　四三ウ

卷六十二

四月

茶禮酒禮　○沈遊擊ヲ接見スル時茶禮ヲ行フカ、酒禮ヲ行フカニ付テ議アリ。大抵茶禮ト酒禮ト異ナル所幾干モナシ云々。　一三オ—一四オ

接待妓樂　○天使義州ニ於テ罷宴ノ時娼樂ヲ用ユルヲ許セリ。京城ニテ宴禮ノ時樂ヲ用ユルコトトス。　二五オ

表筒ト袱　○王ハ政院ニ傳シテ。自前大后殿、中宮殿ノ表筒及袱ハ皆畫金袱、纓子ハ皆蔓牡丹ヲ畫ク、今何ゾ之ヲ爲サズ麤造ナルヤト曰フ。　三〇ウ

祈雨　○旱ニヨリ祈雨祭ヲ行フ。風雲雷雨、山川、雩祀、北郊等。　三一オ

祭祀用鷄　○各官ノ猪羊絕種、祈雨祭ニ雞ヲ以テ代用ス。　三四ウ

祈雨種々　○禮曹ノ啓。(1)楮子島畫龍及(2)慕華館池邊蜥蜴ノ祈雨ヲ行ハントス(1)ハ道流龍王經ヲ散失ス(2)ハ右池ハ屍骸塡滿且童衣ニ給スル靑衣無シ。都城閭閻ニ命ジ小瓶ニ楊枝ヲ揷シ香ヲ焚キ三日常行ノ例ニヨラントスルモ民間器具無シ云々。　三六ウ

卷六十三

賊ノ掘墓　五月

○慶尚左兵使ノ啓。近日倭兵黨ヲ作シ埋炭ニ托稱シ箭灘近處ノ墳墓ヲ發掘シ殉葬ノ物ヲ利ス丁々ノ聲處々相聞ユ。　一四ウ

卷六十四

恭嬪死尸不明　六月

○恭懐嬪ノ墓所ヲ發掘審視、僧人、相地官、醫員、醫女、僧人等ヲシテ見セシムルニ人骨ニ非ズト言フ。　三オ―ウ

庶民笠帽

○王ハ別殿ニ周易ヲ講ス　此時弘老ノ言、平安道在勤ノ時庶人ノ笠子ヲ禁ジ小帽子ヲ着セシム此事遂ニ行ハレズ。亂ヲ經ルノ後人民貧ニシテ小帽子モ辨ジ難ク露頭ニシテ行ク者多シ。王ノ言。蔽陽子ハ白笠也白笠頭ニ載クベケンヤ戰士ハ尤モ之ヲ着スベカラズ。平安道ハ一ニ華制ニ遵ヒ儒士ハ冠ヲ戴キ庶人着帽ス。禁令ヲ待タズ自カラ行ハル云々。　五ウ

宿娼ノ禁

○天使ハ票帖掛榜シテ（其一行ノ者ニ）私自宴會ト宿娼ヲ禁ズ。　一四オ

侍官宿娼

○承文院著作ハ洪州ニ東宮ニ侍衛ノ時、講院ノ直所ニ於テ娼妓ヲ潜宿ス。司諫院ノ啓ニヨリ罷職トス。　三一ウ

卷六十五

漢江祭壇　七月

○訓錬都監ノ啓。漢江ノ神祭壇及龍祭壇ハ倭兵壊ヲ掘テ破毀ス移設スベキカ、王ハ可トス。　一三オ―ウ

書院文弊

○王ハ政院ニ傳シテ書院ノ文弊アルニヨリ姑ク革罷セシム。　二〇オ

事項	月	記事	出典
新雨		○旱災ニヨリ新雨ヲ行フ。	同
		卷六十六	
宗廟營造	八月	○禮曹ハ大廟ノ神、權ニ閭閻ノ私家ニ安ンズ數年ノ中營作スベシト曰フ。	一〇ウ—一一オ
淫娼		○本國淫娼ノ唐人ノ南下ニ從ヒ行クヲ嚴禁ス。	一四ウ
陵祭廢止		○司諫ノ啓。兵亂以後陵寢無歿朔望焚香ノ禮専ラ廢シテ擧ゲズ。參奉受香ノ日偃然家ニ在リ。擲奸其弊ヲ祛ルベシ。	一五オ
		卷六十七	
馬上才	九月	○王ハ西郊ニ親臨講武ス。兒童ノ馬上才ヲ試ム入格賞アリ。	八オ
		卷六十八	
王妃奉還	十月	○司諫院ハ海州ニ在ル中殿ヲ速カニ涓吉奉還スベキヲ上疏ス。	二六オ
風水思想		○宗廟修造都監ハ宗廟ノ其基址主山ノ最高處ヲ倭兵深掘塹ヲ成ス風氣洩ル。此處先ヅ塡塞スベシト啓ス。	二七ウ—二八オ
		卷六十九	
陵內踐踏		○司憲府ハ訓鍊都監ガ打圍ノ時昌、敬二陵ノ内ニ入リ神宇ヲ踐踏セル罪ニヨリ罷職ヲ請フ。	一オ
妖言		○忠州月窪山ハ新都ニ好シト稱シ、又霧ヲ作シ縮地ノ術ヲ能クスル等妖言亂ヲ謀リ	二〇ウ—二一オ・二六オ・ウ

シ李成男ヲ推鞫廳ニ於テ鞫ス。

卷七十二

事項	年月	記事	出典
原廟位版	二十九年（丙申）二月	○文昭殿ノ位版ヲ江華ヨリ奉安シ假ニ移安所ヲ構フ。	四オ―ウ
風水思想		○宗廟鶯檣風氣洩ルル所土ヲ掩補ス。	四ウ・五オ―ウ

卷七十三

事項	年月	記事	出典
朝官服色	三月	○亂ヲ經テ朝官ノ衣冠服色區々トナル王ハ之ヲ一定セントス。	一ウ―二オ
放火救食		○觀象監ハ來三月十五日ノ月食ニ放火救食ヲ啓ス。	一二ウ―一三オ
屠牛ノ禁		○牛ノ屠殺與販多シ。王ハ之ヲ嚴禁セシム。	一九オ

卷七十四

事項	年月	記事	出典
宗廟木主	四月	○宗廟修造都監ハ兇賊埋土ノ處桑木主一位ヲ得タルヲ啓ス。	八ウ
滅賊祈禱		○江原監司ハ蔚珍ノ幼學ガ賊變以來松葉ヲ細剉粥ニ和シテ食ヒ毎日焚香天ニ祝シ倭兵盡殲ヲ三年間禱リシ特行ヲ啓ス。	一六ウ―一七オ
東宮服色		○禮曹ハ東宮ノ服色ニ付テ啓ス。	二二オ―二三オ
宗廟玉册		○宗廟舊基ニ玉册三十六箇ヲ得テ奉置ス。	二三オ
茶禮		○明使慕華館ヲ出デ、幕次ニ至ル、王ハ茶禮ヲ行ハントス。正使ハ唯茶ヲ命ジテ吃ス。	五四ウ

		卷七十五	
祈雨	五月	○旱ニヨリ中外山川ヲ祭ル。	一三ウ
産室排設		○王子嬪ノ産室ヲ排設ス。	二八オ
		卷七十六	
茶禮	六月	○王ハ葉遊擊ニ對シ南別宮ニ於テ茶禮ヲ行フ。各茶盃ヲ執テ飲遊ス。	一二ウ
亂中不愼ノ府使		○司諫院ノ啓ニヨリ縱酒動樂平時ト異ナル無ク府妓ヲ奸シタル成川府使ヲ拿鞫ス。	二七オ
		卷八十一	
宗廟神位ノ順位	十月	○禮曹ハ宗廟殿内神位ヲ大祭ノ時降殺シ行禮スルコトニ付テ啓ス。	五ウ―八ウ
		卷八十二	
藏胎	十一月	○王ハ傳シテ海州行宮ノ藏胎ヲ看審セシム。	三三ウ
		卷八十三	
鐵像淫祀	十二月	○平山山城内ニ高麗申崇謙ノ鐵像アリ。邑人私禱淫祀ヲ設ク。	一八オ
戰略卜筮		○王ハ別殿ニ御ス、淸正ヲ再航セシメザルヲ急務トス。路ニ伏ヲ設ケ不意ニ襲擊シ殺スニ如カズトシ、此事卜筮ヲ以テ決スベシト爲ス。	三一オ
王信卜者		○王曰ク、義州ニ占者アリ南山松栢恒茂不落ト此レ李如松、李如栢ノコト也云々。	三一ウ

標目	年月	記事	張
	三十年（丁酉）	卷八十五	
山川祭祀	二月	○三角、白岳、漢江等ノ祭祀文ニ付テ尹泂ハ啓ス。	一〇オ
公物與妓		○訓鍊都監郎廳ハ威勢ヲ以テ禁山ノ松ヲ伐リ公然娼妓ノ家ニ輸入ス。司諫院ノ啓ニヨリ罷職ス。	一一ウ
		卷八十七	
喪制廢絕	四月	○史臣ノ記。名流ノ中其父母賊ニ害セラレ復讐ヲ以テ命ヲ啣シテ出使、酒ヲ縱マニシ妓ヲ馱ス。喪中起復シテ從軍牛ヲ食フ平人ト異ナルナシ。軍中議シテ曰ク彼ノ讐ハ倭ニ非スシテ牛也ト。士大夫猶此ノ如シ況ンヤ軍卒ノ捐身敵ニ赴クヲ責ムルヲヤ。閭巷間愚夫愚婦ノ親ノ讎アル者其苦ニ堪ヘズ相率キテ隱ル復讎軍（新設親ヲ殺サレシ者ヲ以テ編成ス）一讎ヲ復セズ我產ヲ破リ家ヲ亡ボスト。	二九オ
武科ノ爲名器紊亂		○史臣ノ記。武科ニ上リシ士民中其父田ヲ耕シ其子之ヲ看役スル者アリ。或ハ亡父ヲ賤人トシテ上塚致祭セザル者アリ。武科ノ爲メニ名器紊亂ス。	三一ウ
新雨		○禮曹ハ新雨ニ付テ啓ス。	三三ウ—三四オ
世子入學		○日ヲ擇ンデ世子入學ノ禮ヲ行フニ決ス。	四三オ
		卷八十八	
世子入學	五月	○王世子入學ノ禮ヲ行フ。	七オ
喪中不愼		○喪中ニ在リ公然肉食シ舟師往來ノ時本府ノ妓生ヲ載去リ將士ニ媚悅セシ長興府使	三一オ

事項	月	記事	張
		ヲ獻納ノ啓ニヨリ罷職トス。	
		卷八十九	
三聖祠	六月	○文化錢山ノ三聖祠ハ（檀君桓因桓雄）高麗ノ時春秋及水旱ノ時祭リシ例ニヨリ之ヲ祭ランドス。王ハ同意ゼス。	一五オ
國變祀神		○王ハ傳シテ曰ク、古ヘ（支那ノコト）國ニ大事アラバ山川廟社ニ告グト。禮曹ヲシテ廟社山川ニ遍ネク致祭セシム。	一九オ
		卷九十	
右同	七月	○變ノ初遷都及還都ノ時山川ヲ祭ル。又廟社ト山川ヲ祭ル。（元均水軍敗戰ノ後）	一九オ
		卷九十二	
廟社奉遷	九月	○司憲府ノ啓。國ハ廟社ヲ以テ主トス廟社遷レバ國無シ東宮ノ廟社ヲ奉ジテ行ケルヲ召還スベシ。王ハ今奉還難シト云フ。	一五ウ—一六オ・一六オ—ウ・二一ウ・二二ウ
廟社奉安		○禮曹ノ啓ニヨリ日ヲ擇ビ廟社ヲ奉安スルコトトス。	三二オ—ウ
		卷九十三	
廟社奉遷	十月	○宗廟社稷還都ノ日中路奉迎シ入城後王ハ奠謁ノ禮ヲ行ヒ焚香四拜スルコトニ定ム。	三一オ—ウ
横屍埋瘞		○安城等ノ處横屍遍野。遺民、僧人ヲシテ埋置セシム。	三二ウ

事項	月	記事	張
欖蒲	十一月	卷九十四 ○提督接伴使ハ提督ノ動止ヲ啓ス。射ヲ輟メ飲酒欖蒲ヲ爲ス云々。	二四オ―ウ
	三十一年（戊戌）		
春祀	正月	卷九十六 ○軍門ハ官ヲ遣ハシ揭帖ヲ進ム（貞陵ノ行宮へ）蓋春祀也。	二オ
變怪疊出		○史臣ノ記。衰亂ノ世孛星其他北路郡縣變怪荐疊妖孼連リニ作リ人皆之ヲ畏ル。	三オ
放火救食		○觀象監ハ啓シテ放火シ月蝕ヲ救ハントス。	五オ
戰亡致祭		○蔚山ノ戰天兵及我國軍多ク死ス。政院ハ壇ヲ設ケ致祭スベキヲ請ヒ之ヲ行フ。	一〇ウ
號牌		○夫役百倍民逃散ス。腰牌ノ法ヲ行ハントスルノ議アリ。	一二ウ
馬神廟		○軍門ハ東征ニ馬多ク病死スト馬神廟ヲ建テ祭ラントスト禮曹ノ啓ニヨリ之ヲ允ス。	一六ウ
妓樂禁止	二月	卷九十七 ○六鎭及滿浦ノ外妓樂ヲ禁ズ。（官妓ノ廢罷）	三〇ウ
陵火慰祭	三月	卷九十八 ○健元陵、顯陵失火ノ變アリ慰安祭ヲ行フ。	二オ
		卷九十九	

月	事項	記事	出典
四月	戰亡設祭	○禮曹ハ愍忠祠及蔚山戰亡ノ祭ニ付テ啓ス。	二四ウ
	關王廟	○陳遊擊ハ關王廟ヲ建テ塑像ヲ設ケ祭ラントシテ工事ニ着手ス。	三〇オ－ウ
	王子沈醉	○王子臨海君ヲ罷職ス承召ノ時沈醉セシニヨル。	三一オ
		卷一百	
五月	關王廟	○一日天將ハ王ヲシテ關王廟ニ行禮セシメントス。（關羽ノ生辰ニ）關廟致祭ノコト我國未ダアラズトシテ躊躇ス。	一七ウ－一八オ
	右同	○王ハ關王ヲ親祭ス、遊擊庭戲ヲ設ク。	一八ウ－一九オ
	雨乞	○旱甚シ審冤、掩骼埋胔、修溝淨陌ヲ行フ。	二一オ
		卷百一	
六月	祈晴	○淫雨、晴ヲ祈ル。	七オ
	茶ト蔘茶	○楊大人曰ク貴國茶アリ何ゾ採取セザル。左右茶ヲ採テ來ル曰ク南原ノ所產也厥ノ品甚ダ好シ。王曰ク小邦ノ習俗茶ヲ喫セズ。楊曰ク貴國人蔘茶ヲ啜ル此湯也茶ニ非ズ。	二〇オ
		卷百二	
七月	鄉校位版	○忠淸監司ノ啓。報恩縣ノ校生、倭兵衝突ノ時五聖八賢ノ位版ヲ地ヲ掘テ埋置汚辱ヲ免レタリ其誠ヲ嘉スベシ云々。	一五オ

事項	月	記事	丁
		卷百三	
號牌	八月	○民ノ役ヲ避ケテ逃散スル者多シ、號牌ノ法ヲ行ハントス。	一五ウ
博奕飲酒 娼妓奸淫		○劉提督ハ王ニ對シ曰ク。此ニ來ル諸將日ニ博奕飲酒娼物ヲ論ジ奸醜ヲ爲ス余之ヲ非トス。乃チ宴禮飲酒ヲ受ケンヤト曰フ。	一六ウ
		卷百四	
行師設祭	九月	○政院ノ啓。古ハ行師先ヅ脤ヲ廟社ニ受ケ山川ニ虔禱ス。旗神馬祖祭ヲザルナシ。之ヲ行ハントス。軍門ハ關王海神等ヲ祭ル。	一四オ
		卷百六	
明將拉女	十一月	○宣傳官ノ啓。我國ノ女子賊窟ヨリ出來ル者提督其美ヲ聞キ之ヲ致シ男服ヲ着セシメ隨行ス。	一ウ―二オ
廢制帽子		○備邊司ノ啓。賊麾曆制ニ依リ小帽子ヲ着ルコト曾ヲ受敎之ヲ行フ、未ダ久シカラズ禁制弛ミ爭フテ笠子ヲ着ル。習俗變ジ難シ云々。	五オ
		卷百七	
禮葬停廢	十二月	○禮曹ノ啓。亂離以來禮葬一切停廢行ハレズ。	八オ
誕生致祭		○元孫誕生ス。捲草致祭ノ獻官ヲ宿德ヲ以テ多子ナル人ニ定ム。	一一オ
生祠		○明ノ經略刑玠ノ爲ニ生祠歌謠ヲ設ケシム。	二八オ

事項	年月	記事	出典
	三十二年（己亥）	卷百八	
元宵觀燈	正月	○姜遊擊曰ク中國ノ俗元宵ヲ以テ觀燈ス。此地想フニ亦之レニ同ジカルベシト彩燈籠鑿、錦袍ヲ獻ズ。	一ウ
戎服脱去冠帶復舊		○禮曹ノ啓、大小朝官二月晦日ヲ以テ限トシ冠帶復舊ノ事已ニ傳ヲ受ク。自今禁軍等ハ仍ホ戎服ヲ用ユルコトトセン。王之ヲ允ス。	六ウ～七オ
風水思想		○王ハ徐給事ニ京城ノ風水ニ付テ聞ク。	二〇ウ～二一オ
		卷百九	
明將詐功	二月	○史臣ノ記。劉綎新葬之屍ヲ發キ假ニ首級トス。	二三オ
		卷百十	
庶孽許通	三月	○史臣ノ記。許通ノ後庶孽之徒多ク科目ヲ以テ進ム。下賤皆科ヲ許ス先王ノ名分一朝地ヲ掃フ。	九オ
明將招巫		○劉提督ノ門ニ巫女出入ス。接伴使ハ巫女ハ國禁ニシテ城中ニ留ムベカラザルヲ言フ。劉罵テ曰ク、此巫女嘗テ董、陳兩衙ニ出入シ提督年歲ヲ問ヒ米ヲ擲テ其吉凶ヲ占フ、此レ人ノ知ル所你ガ輩何ゾ擋塞スルヤト。	一二オ
右同		○司憲府ノ啓。巫女黔德、二敬等陳、董兩都督衙門ニ出入シ多ク妖怪ノ事ヲ行フ。衙門伺候ノ官禁斷セズ公文ヲ出シテ招致スル者アリ。接伴使ノ推考ヲ請フ。	一三オ

事項	月	記事	出典
		巻百十一	
三ツ兒	四月	○金海居人一乳ニ子一女ヲ産ム。法典ニヨリ食物ヲ題給ス。	一ウ
百官冠帶不備		○禮曹ハ百官冠帶ノ設期明日ニ在リ。人ニ斗升ノ料ナク强ヒテ行ヒ難シト曰フ。	一六オ
戰功者ノ祠		○弘文館ハ李舜臣ノ祠ヲ立ツル件ニ付啓ス。新羅金庾信ノ祠江陵花浮山ニアリ。高麗姜民瞻ノ祠（丹兵ト戰テ功アリ）晉州ニアリ。吉再ノ祠善山金烏山下ニアリ云々。	二三ウ－二四オ
關王廟		○關王廟設立ノ事ニ付テ政院ニ傳教ス。	二五ウ
		巻百十二	
右同 風水思想	閏四月	○關王廟ノ事ニ付テ議アリ。東大門外ニ周旋ス。劉黄裳ハ我國ノ都城東邊虚ナルヲ以テ屋宇ヲ建テ深ク池ヲ鑿チ以テ地脉ヲ鎮スト言フ。此言我國ノ言フ所ト相合ス止ムヲ得スバ東門ノ外トスベシ云々。	六オ－ウ
俳優雜戯		○姜守備ハ王ニ請ヒ酒禮ヲ以テス。俳優雜戯ヲ呈ス王ハ優人ニ銀子ヲ給ス。	一五オ－ウ
		巻百十三	
關王廟	五月	○禮官ヲ遣ハシテ關帝廟ニ焚香ス。	八オ
		巻百十五	
城隍陰助		○管粮官ノ啓。京外ノ城隍、土地之神ヲ永ク祀典トセンコトヲ請フ。	一一ウ－一二オ

見出	月	記事	出典
關王廟ト風水思想	七月	○明將ノ內意ニヨリ更ニ一個ノ關帝廟ヲ建ツルノ議アリ。海平府院君ハ其地ヲ東大門外ニ相ス。國都靑龍低シ建廟之ヲ鎭スベシトノ說ハ前々ヨリアリ。	一〇ウ—一一オ

卷百十七

見出	月	記事	出典
明將生祠	九月	○邢軍門ノ畫像成リ當ニ生祠ニ掛クベシ。禮曹ハ李提督（如松）生祠堂節目ニヨリ每年春秋中丁月行祭スルヲ啓ス。	二オ—ウ
原廟位版		○亂ノ時文昭殿ノ位版ヲ江華傳燈寺ニ移ス。此位版屢賊ノ手ヲ經テ敗殘ス。之ヲ淨地ニ埋メ他日原廟復立ノ時更ニ作ルベシト禮曹ヨリ啓ス。	五オ
明將生祠		○王ハ傳シテ邢軍門生祠堂掛畫ノ日ノ祭文ヲ作ラシム。	一八オ
關王廟ノ水陸齋		○政院ハ關王廟ニ經理ガ水陸齋ヲ爲サントシ芙蓉香ヲ需ムルヲ啓ス。王ハ之ヲ送ラシム。	同

卷百十九

見出	月	記事	出典
惡漢唐裝	十一月	○司諫院ノ啓。都城無賴ノ徒唐服ヲ着唐人ヲ誘フテ都城內ニ搶掠ス。日暮後ニ人通行スルヲ得ズ。	一オ

卷百二十

見出	月	記事	出典
京娼率畜	十二月	○黃海都事ハ京妾ヲ率畜ス。司憲府ノ啓ニヨリ罷職ス。	一〇ウ
王ノ周易思想		○判任ハ古經周易ヲ進獻ス。王ハ予ハ此書ニ依リ陰陽消長ノ理ヲ觀、否泰相乘ノ機ヲ察セントストロフ。（王ハ此前後卽亂後ヨリ熱心ニ周易ヲ講ゼシメタリ）	一一オ

事項	年月	記事	出典
	三十三年（庚子）	卷百二十一	
春帖	正月	○經理萬世德、遊擊宋德隆ハ王ニ春帖ヲ送ル。州判林萬琦同上。	一オ—一ウ・三ウ—四オ・一〇ウ—一一オ
排佛思想 僧ノ畜娼		○成均館生ハ僧義嚴ガ娼ヲ畜ヘ州縣過グル所前呵後擁自肥ノ計ヲ爲ス云々。此僧ヲ特ニ優遇スルノ不可ヲ痛啓ス。	二一ウ—二二ウ
關王廟		○東關王廟ノ役鉅ニシテ未ダ成ラズ。	二八ウ—二九オ
		卷百二十三	
王子驕佚	三月	○史臣ノ記。壬辰ノ亂、二百年ノ禮樂文物淪沒君臣上下臥薪枕戈ノ日、王子驕佚行宮密邇ノ地ニ酣歌湛樂鼓吹流連沈酒ス云々。	三オ
		卷百二十四	
茶	四月	○王ハ李提督ノ館所ニ幸ス。王茶ヲ請フ。	一オ
		卷百二十六	
醫女類娼	六月	○王ハ醫女愛鍾ハ倡女ト同類タルヲ以テ妃ノ診候ノ爲闕庭ニ出入セシメズ。	一六ウ
救病祈禱		○中殿病危シ大臣等名山大川宗廟ニ禱ランコトヲ請フ。	一七ウ
喪葬記事		○中宮薨ズ。（本件ニ關スル喪葬祭ノ記事以下ニ多シ略ス）	一七ウ
		卷百二十七	

事項	月	記事	出典
吊禮茶湯	七月	○天將來吊ノ時ニ方リ茶禮ヲ行ハザリシコト禮曹ノ誤トス。史臣ノ記。禮文ニ吊畢茶湯ノ一節アリ。	一オ
王子淫佚		○殯側廬次ニ扱奸罪ヲ犯シタル順和君ヲ外方ニ竄ス。	二八オ
風水思想		○王妃ノ墓穴ニ付テ風水ノ議論アリ。右ニ關シ李恒福ノ言。私家ハ玄高祖ハ某處ニ葬リ子孫ハ地ヲ擇バズ其側ニ葬ル、王問フ閭閻ノ人葬ニ白虎ヲ用ユルカ。恒福曰ク皆之ヲ用ユ。	二九オ—三一オ・三五オ—四〇オ
國喪ト國祀		○禮曹ハ喪中ト大中小祀ノ關係ニ付テ啓ス。	三二ウ
		巻百二十八	
風水思想	八月	○王妃葬地ノ風水ニ關スル件。	四ウ・一八ウ—一九ウ
		巻百二十九	
右同	九月	○王妃ノ葬地ニ付テハ風水學上議論甚ダ多ク上疏上啓之ニ關スルモノ多シ。(百二十七卷、百二十八卷、百二十九卷、百三十卷ニ出タル風水學上ノ議論ハ詳細ニ渉リ其思想ト斯學ノ要綱ヲ窺フニ足ル資料多シ)	一オ・四オ—五ウ・六オ・七オ—九ウ—一〇ウ—一一オ・一一オ—ウ・一三オ・一三ウ・一六ウ
右同		摠護使(葬護ト同ジ)ノ啓。經亂ノ後術士知名ノ者散亡殆ンド盡ク。	
右同		右同、我朝三次ノ遷葬(英陵、禧陵、靖陵)皆人言ニ因リ行ハレタリ。	
		巻百三十	
右同	十月	○王妃墓地ノ吉凶ニ關スル件。	一オ—ウ—二オ・四オ—六ウ・七ウ—八オ・九オ—一〇オ・一三オ—一四オ・一七オ・二〇ウ・二一ウ—二三オ—二四ウ—二五オ・二五ウ

事項	月	記事	出典
產室排設		○世子嬪ノ產室ヲ排設ス。	二ウ
風水思想		○正言及掌令ハ國母ノ喪期五ケ月將ニ盡ントシ風水改卜ノ爲メニ遷延スルノ不可ナルヲ上言ス。	一一ウ—一三オ
葬時年克		○王ノ言。我國士大夫葬時年克ヲ忌ム。此例ヲ國葬ニ援クベカラズ。	一四ウ
		卷百三十一	
墓穴忌水	十一月	○墓穴水氣アリ用ユベカラズト山陵都監ヨリ啓ス。	一ウ・三ウ
風水思想		○陵穴風水ニ關スル件。（結局次項ノ如ク健元陵域ニ決定ス）	三オ—四オ
右　同		○領議政左右議政ハ健元陵ヲ審ス。啓シテ曰ク眞ニ天ノ壽山ナリ。俗傳國初建國ノ始太祖ハ無學ヲ率ヰテ累世用ユベキノ吉地ヲ爰ニ相ス。	六オ—八オ
右　同		○陵ニ關スル件。	九ウ—一〇オ・一二オ—ウ
山陵工事ノ怠慢		○內官ヲ遣ハシ山役ノ所ヲ摘奸ス。	一七オ
		卷百三十二	
明國術者	十二月	○備邊司ノ啓。葉靖國ヲ請留セシハ專ラ山家ノ術ヲ爲サントスルニアリ。其妖誕ノ術既ニ施シテ驗無シ之ヲ留ムルハ他日ノ憂ナリ罷遣セシムベシ。	六ウ—七オ
夫ノ喪服ヲ副葬ス		○禮曹ハ發引（王妃ノ柩）ノ日王ノ喪服ヲ內庭潔地ニ燒クベキヲ啓ス。之ヲ陵內ニ納ムルコトトス。御押ト內旨ハ內庭淨地ニ燒ク。	二二オ
		卷百三十三	
	三十四年（辛　丑）		

事項	月	記事	出典
卒哭	正月	○五日卒哭祭ヲ行フ。（王妃ノ）	七オ
國喪不愼		○司憲府ハ國恤卒哭未經ノ中ニ推牛設酒集客會飲セシ行司正ト山陵ノ役中酒肉ヲ設ケシ茂朱全義兩縣監ヲ劾啓シ罷職トス。	三〇ウ
		卷百三十四	
籍田粢盛	二月	○奉常寺ノ啓。東西籍田ハ耕作以テ粢盛ニ供ス。亂後荒廢シ六穀ノ薦新ヲ外貢ニ責ム。之ヲ復サンコトヲ請フ。	九ウ―一〇オ
地震解怪		○禮曹ハ地震ノ時解怪祭ヲ行キシ從前ノ例ニヨリ之ヲ行ハンコトヲ請フ。王ハ地動微ニシテ人知ラザルノ故ヲ以テ更ニ商酌スベキヲ命ジ、之ヲ行ハザルコトトス。（流星墜チシ爲メノ地震也）	一〇オ・一二オ
		卷百三十六	
敵將詛呪 風水思想	六月	○葉靖國出去ノ時（明人策士）慕華館ニ於テ雄鷄二ヲ賊酋ニ擬シ鐵釘ヲ兩眼ニ椓シ此方ニヨリ賊永ク來ラズト云フ右禮曹ノ啓。史臣ノ記。王ガ風水ニ惑ヒ同人ヲ留メシ不可ヲ記ス。	二ウ―三ウ
練主ノ規		○奉常寺ハ練主造作ノ規ヲ啓ス。	一一オ―ウ
虞主埋安		○禮曹ハ虞主埋安ニ付テ啓ス。	一三オ・ウ
		卷百三十七	
王族立廟	五月	○禮曹ハ順懷世子、恭嬪二位立廟ノ事ニ付テ啓ス。（王ノ內意ニヨル）	一一ウ―一二オ

宣祖三十四年

事項	月	記事	張
祈雨		○旱災ニヨリ審寃埋骨等々ヲ行ヒ山川ニ祈雨ス。	二二ウ
		巻百三十八	
衣服色制	六月	○禮曹ハ衣服ノ色ノ制ニ付テ啓ス。	七オ―八ウ
		巻百三十九	
衣香	七月	○諫院ハ尙方貿易ニ使用スル銀多シ之ヲ減ゼンコトヲ啓ス。（其品目中ニ王ノ用ユル衣襨ノ香薬アリ）	一九ウ
		巻百四十	
關王廟	八月	○東關王廟成ル。造成關係者ニ論賞ス。	二三ウ・二四オ
		巻百四十一	
右同	九月	○憲府ハ關王廟ノ築成ハ初メ國事ニ非ズ築怨三年ニシテ成ル賞命還收ヲ請フ。王ハ允サズ。（以下本件ノ不可ナルヲ疏啓スル者多シ略ス）	一オ
		巻百四十三	
起復任用	十一月	○李慶濬ヲ統制使ニ任用スベク備邊司ハ起復ヲ請フ、大司憲ハ此起復ノ處置ヲ不可トス。	二ウ
誕日獻饌		○王ノ誕日ニハ戚里ノ家多ク飲食ヲ獻ズルノ例アリ。王特ニ之ヲ禁ズ。	六オ

婚姻禁止		○王ノ妃ヲ撰ブベク中外一切ノ婚ヲ禁ズ。宗室ノ女、姓李ノ寡婦及庶孽下賤ノ者ハ此外ナリ。	七ウ
右　同		○右禁ニ背キ密カニ婚スル者アリ。已ニ納幣セシ人ハ禁ズル勿ラシム。	七ウ—八オ
		卷百四十六	
納妃儀禮	三十五年（壬寅）二　月	○禮曹ノ啓。五禮儀ニハ納妃ノ儀ニ付テ首ニ納綵次ニ納徵、次ニ告期、次ニ册妃、定親ノ禮ハ見出セズ事重大ナリ大臣ト議スベシ。	四ウ
定親ノ禮		○弘文館ノ啓。定親禮ハ唯大明會典ニ出ヅ、定親禮物ノ下ニ書シテ曰ク送于妃家ト其次ニ納徵ノ禮アリ此ヲ以テ之ヲ言ヘバ定親ノ禮ヲ以テ納采ノ禮ニ代ユルニ似タリ。何等ノ禮カ知ルベカラス之ヲ行フベカラズ云々。	一〇オ
大婚六禮		○禮曹ハ大婚六禮ノ日ヲ擇定スル事允下セリ。林氏通典ノ六禮ハ納采、問名、納吉、納徵、請期、親迎ナリ本國五禮儀ハ納采、納徵、告期、册妃命、使奉迎、同牢也。期ニ先ツテ先ヅ禮名ヲ定ムベシト啓ス。	一八オ—ウ
國喪ト國婚ノ關係		○禮曹ハ五禮儀ニヨリ國恤ト婚禮トノ關係ニ付テ啓ス。	二三オ—ウ
		卷百四十七	
明軍奸淫	閏二月	○禮曹ノ啓。天朝ノ人出來ル者我國ノ遊女ヲ奸ス、軍興ツテ以來娼女ヲ潛率シ民家ノ處子モ亦顧忌セズ。右禁ヲ嚴ニシ且前日唐軍奸スル女ヲ十里外ニ移送ス。	一三オ
		卷百四十九	

宣祖三十五年

事項	月	記事	張
齋宿攪亂	四月	○王散齋ノ日狂儒生ノ闕内ニ哭セル者アリ。（本件一問題トナリ疏啓セル者多シ略ス）	二オ—三ウ
親迎王妃		○嘉禮都監ハ丁丑ノ年ノ例ニヨリ王妃親迎ノ禮ヲ大平館ニ行フコトトス。	一九オ
		卷百五十	
信佛ト巫風熾也	五月	○憲府ノ啓。亂離ノ後人甚ダ怪ヲ好ム。男女少長トナク居士ト自稱シ服飾ヲ變ジ。鼓倡妖説衆散スル者ヲ禁ゼンコトヲ請フ。右ノ件京城ハ五部各道ハ觀察使ニ下諭ス。	二一オ
		卷百五十二	
納采ノ禮	七月	○王ハ冕服ヲ具ヘ納采ノ禮ヲ別宮ニ行フ。	一ウ
納徵ノ禮		○王ハ別殿ニ御シ納徵ノ禮ヲ行フ。	三ウ
廟見ノ禮		○親迎禮後妃ノ廟見禮ヲ行フベキカ否ニ付テ議アリ。	六ウ—七ウ
親迎王妃同牢ノ宴		○王ハ冕服ヲ具ヘ親迎禮ヲ王妃ノ館所（大平館）ニ於テ行フ。王館所ヨリ還ル。中宮入闕ス。同牢宴ヲ行フ。	八ウ—九オ
王妃受賀		○中殿ハ正殿ニ御シ内外命婦及百官ノ賀ヲ受ク。	九オ
		卷百五十四	
謁聖	九月	○王ハ文廟ニ謁聖ノ禮ヲ行フ。	三オ
		卷百五十五	

放砲救食　十月　○觀象監ノ啓ニ依リ今月十六日月蝕。前例ニヨリ南山ニ看候シ放砲救食スルコトトス。　四ウ

賀禮復行　○禮曹ハ啓シテ亂後草創、章服不備一切ノ賀禮廢シテ行ハザリシヲ今既ニ章服備ハル之ヲ行フコトトス。
正至誕日王世子百官朝賀儀、王世子嬪朝賀儀、正至會儀、中宮正至誕日命婦朝賀儀、中宮正至會命婦儀、中宮正至誕日王世子朝賀儀、王世子嬪朝賀儀、中宮正至誕日百官朝賀儀、正至生辰百官賀王世子儀、朔望王世子百官朝賀。　一一ウ—一二オ

巻百五十九

三十六年（癸卯）

産室排設　二月　○王ハ傳シテ中宮殿ノ産室ヲ排設セシム。　九ウ

巻百六十

王子拜陵　三月　○史臣ノ記。國初禮制濶略、王子ハ俗節ニ於テ擅ママニ園陵ヲ拜ス。

王子願堂　臨海君ノ願堂十五刹アリ。僧ハ却テ徵求ノ爲苦シム。　五オ—七オ

老人優遇　○承旨ノ啓。凡ソ人年滿八十以上ノ者及堂上官ノ妻七十ノ者ニ禮曹曾テ教ヲ奉ジ歲饌ヲ題給ス。上年已ニ行フ今年又之ヲ行ハン。王之ヲ允ス。　九オ—ウ

巻百六十一

救食　四月　○朔、日食王ハ禮房承旨觀象監官員ヲ率ヰ白衣闕庭ニ俯伏ス。香案空案ヲ東ニ設ケ水ヲ盛リ以テ之ヲ障リ五色ノ旗ヲ立テ鈎劍戟斧ヲ旗柱ニ縛シ各旗下ニ鼓ヲ設ケ日　一オ

臨月靜肅　老人優遇　王子婚禮　端午進扇　老人優遇　功臣立祠　祈雨　王妃分娩　產後禁忌　端午進扇

食ヲ救フ。

○中殿ノ臨月ニヨリ闕内ノ笞杖喧嘩一切之ヲ禁ズ。人敢テ高聲スル者無シ。（一オ）

○王ハ禮曹ニ命ジ大典惠恤ノ條ニヨリ堂上官致仕者及功臣ノ父母妻、堂上ノ妻年七十以上ノ者ニ本曹本邑ニ命シ月ニ酒肉ヲ致ス。（二オ）

○王ハ義昌君ノ婚姻ニ納采納幣ハ明日、親迎ハ日ヲ擇ンデ爲サシム。此吉禮王ハ今日中ニ急速進行セシム。史臣ノ記夫人ノ病垂絶遽ニ行禮ス庶人亦不可ナリ況ンヤ國君ノ子ヲヤ。（五オ・五ウ）

卷百六十二

五月

○政院ノ啓。端午進上、該曹擧行セズ更ニ承傳ヲ請フ。（此内ニ慶尚道ノ扇アリ）（七オ）

○判中樞府事ノ啓。國初ヨリ耆老所ヲ設ケ特ニ臧獲漁箭等ノ物ヲ賜ヒ年老宰臣ニ毎歳宴會以テ娛樂ス、二百年來ノ流傳也。兵亂ニヨリ廢シテ行ハレズ今舊ニ依リ行ハントス云々。（七オ・一ウ）

○故李舜臣ニハ朝廷命ジテ立祠賜額、每歳春秋降香致祭ス。（九ウ）

○祈雨祭ヲ行フ。更ニ祈雨ス。三角山ノ辰巖ニ柴ヲ焚キ祈雨ス。第三次ノ祈雨祭ヲ行フ。（一三オ・一四ウ・一五オ・一六オ）

○中殿ハ公主ヲ分娩ス。王世子議政等問安ス。（一六オ）

○中殿解產後七日内ハ禁忌ノ事アリ。王ハ軍機ノ公事ハ之ヲ行ハシム。（一六ウ）

○禮曹ハ端午進上物件ニ付テ啓ス。（其物件中蓑衣アリ）全羅道ノ白疊扇ハ三年ヲ限リ三百把ヲ減ズ、白疊扇一把ヲ油扇二把ニ代ユ。（二三オ）

宣祖三十六年

事項	月	記事	出典
咀呪殺人	六月	巻百六十三 ○私奴其主ノ判書ヲ詛殺ス之ヲ鞫ス。	三ウ
喪中奸淫	七月	巻百六十四 ○義州判官ハ一宗室ノ妾ノ夫ノ喪ニ服シ纔ニ斂葬ヲ過ギシ者ヲ潛奸往來シ、赴任ノ時公然率去ス。憲府ノ啓ニヨリ罷職トス。	六ウ
誕日問安		○王世子嬪ノ誕日。三館員問安、各賞賜アリ。	九オ
女ノ諱名	八月	巻百六十五 ○璿源錄校正廳ノ啓。婦女ノ名字ハ忌諱シテ書カズ。有識ノ輩亦曰ク母名祖母名ハ人ノ子書クニ忍ビズ。例大君王子及公主翁主内外諸孫始メテ生ルルノ後當子午卯酉ノ年ニ必ズ兒名年甲ヲ錄ス。	五ウ—六オ
衣食奢侈		○王ノ言。近ゴロ奢侈甚シク常人多ク匹段ヲ着ル。飲食爭フテ豐侈。宗廟未ダ建設セザルノ時人多ク張樂宴ヲ設ク。皆禁斷スベシ。兩班ハ綿紬ヲ着常人ハ木布ヲ着テ可也。	一四オ—ウ
右同 新來侵虐		巻百六十七 ○憲府ハ衣服飲食奢侈之習日ニ甚シ。又新來侵虐前ヨリ甚シ。之ヲ糾察スベキヲ這啓ス。	一九ウ

宣祖三十七年

事項	月	記事	出典
宗廟重建	十月	○備邊司ハ經亂十二年、宗廟ノ重建スベキヲ啓ス。	一二ウ—一三オ
		巻百六十八	
誕日問安	十一月	○大殿ノ誕日政院及二館問安ス。	二オ
		巻百六十九	
痘死ニ禮ヲ行ハズ	十二月	○痘疫ヲ以テ王子卒逝ス。（禮ヲ行ハズ）	一ウ
排儒思想		○慶尙義城縣鄕校聖殿內ノ鐵鎖ヲ折リ大聖以下ノ位版ヲ亂倒汚辱セシ者アリ。	二オ—ウ・三オ—ウ
	三十七年（甲辰）	巻百七十四	
端午賜扇	五月	○端午節ヲ以テ承政院、弘文館、實錄校正廳ノ官ニ特ニ酒饌及扇ヲ賜フ。	三ウ
祈雨		○久旱、雨ヲ漢江木覓山、三角山、山川、雩祀等ニ祈ル。	六オ—ウ
		巻百七十五	
會盟祭	六月	○八月十九日ヲ以テ功臣會盟ヲ行フコトニ定ム。	一七ウ
		巻百七十六	
陣亡祠祭	七月	○宣武祠ニ近臣ヲ遣ハシ致祭。天兵ノ祭壇ニハ京城ノ官ヲ遣ハシ外方ハ監司守令ヲ遣ハシ致祭皆京ヨリ祭文ヲ下送ス。武烈祠モ所在ノ官ヲシテ同上。	六ウ・七ウ・八ウ—九オ

巻百七十九

産室排設	閏九月	○中殿ノ産室ヲ排設ス。	二ウ

巻百八十

建築拘忌	十月	○観象監ハ宗廟ノ重建成造運ヲ擇ブ。甲辰乙巳丙午丁未等ノ年ハ不吉也、戊申申庚戌等ノ年吉ナリト云フ。王ノ言古ハ國ニ事アラバ小事ト雖モトス。	七オ
儺禮		○観象監ノ啓。毎年季冬ノ儺禮ハ平時ナラバ悉ク左右隊諸具ヲ備フ御所及空闕各所ニ大ニ之ヲ張ル。前年十二月二十七日逐疫ノ時ハ倡師及方相氏進排ス。王ハ倡師方相氏ハ略シテ之ヲ爲サシム。	三三オ

巻百八十二

妖言者	十二月	○平安道宣川郡ニ神人三人、聖人生佛ト稱スル者降誕セリト妖言ヲ唱フル者アリ之ヲ鞫ス。	一オ・一四オ

三十八年（乙巳）

巻百八十三

右同	正月	○宣川流布ノ怪誕ノ說流布シ遠近ノ人心ヲ驚惑ス。諫院ハ監司ノ請ニヨリ按律スベキヲ啓ス。	五ウ

巻百八十六

事項	月	記事	所載
醫女類妓	四月	○惠民署提調ノ啓。醫女ハ地方ヨリ徴シテ京ニ聚メ醫術ヲ敎ユル者ナリ。紀綱解弛之ヲ杯酌ニ招ク妓生ノ如シ。之ヲ禁ゼンコトヲ請フ。	八ウ
張樂ノ禁 衣服奢侈		○王ハ司憲府ニ命ジテ張樂、衣服ノ奢侈ヲ痛禁セシム。	一一オ
		卷百八十八	
衣食住ノ奢侈	六月	○諫院ノ啓。公卿貴戚ノ邸宅營造平時ニ踰ユ。飲食服用僭越度ナシ。奇花異石ヲ遠キヨリ致ス。	一四オ
白龍出現		○全羅觀察使ハ礪山郡守ノ呈ニヨリ今六月十三日申時淸明、白日白龍忽チ起リ、風雲起リ一家ヲ拔キ三歲ノ女子去ル處ヲ知ラズト啓ス。	一八オ
女ヲ以テ寇ヲ迎フ		○史臣ノ記。壬辰ノ亂城中ニ坐シ士族ニシテ倭賊ニ降リ其女妻ヲ以テ迎フ者アリ。	一八ウ
		卷百八十九	
喪中不愼	七月	○諫院ノ啓。監察全有亨ハ甲午ノ歲父ノ喪中脫衰シ闕ニ引對、私自起復飲酒啖肉ス。母ノ病死ニ、托スルニ染疾ヲ以テシ歛襲ノ事親見セズ。	三オ－ウ
崇飲食肉		○經筵講官ノ言。黃州公州殺牛甚多シ摘發懲治スベシ。時俗崇飲ヲ以テ事トス閭閻間樂聲絕ヘズ。	三ウ
近親姦		○史臣ノ記。紀綱敗レ淫風盛也、婿ヲ以テ妻ノ母ヲ烝ス萬古無キ變也。	二〇オ・二五ウ
監司自奉 守令餽遺		○憲府ハ奢侈ノ害ハ天災ヨリ甚シ。諸道營門自奉甚ダ侈也、托スルニ節日ヲ以テシ誇スルニ生日ヲ以テシ守令ノ餽遺多ク此事近ク謬例ヲ成ス。	三一ウ－三二オ

進豐呈	十月	卷百九十二 ○王世子ハ王ノ病恢復セシニヨリ進豐呈セントス。王ハ允サズ。	一オ
	三十九年（丙午）		
一夫二妻	正月	卷百九十五 ○妻アリテ妻ヲ娶リシ車天輅推鞫セラル。	一二ウ—一三オ
天使接待女ヲ不用 女人觀光禁止		○議政等ハ王ハ天使來ル時ノ接待ノ事ニ付テ議ス。 中路ノ接待女人ヲシテ雜役ニ從事セシメ男女混淆スルハ不可ナリ。女ノ執役ヲ禁ズベシ。女樂ヲ用ヰザルコト。 天使ノ館所ノ室ニ繞ラス屏風ヲ撤スレバ不塗ノ壁露見シテ陋也。 天使留京約十日間女人ニ觀光セシムベカラス。	一四オ—一七ウ
鰲山百戲 彩棚雜像		鰲山百戲ノ事ハ。大明會典ニモアリ帝命ヲ迎フルノ意ナリ ○司憲府ノ啓。詔使ノ來ル必ズ彩棚ヲ結ビ之ヲ迎フ、又輪車雜像（車ヲ竝ベテ其上ニ作リ物ヲナスコト）ノ設モ已ムヲ得ズ。	二三ウ
儒生冠服	二月	卷百九十六 ○王ノ言。我國ノ儒生冠服靑衿ハ碧色ヲ以テ之ヲ爲ル此色ハ間色ナリ唐人笑ハバ如何。沈喜壽ハ中朝ノ大學生モ同樣ナリト言フ。 卷百九十七	一一ウ—一二オ

宣祖三十九年　　五六八

事項	月	記事	出典
守令苛察	三月	○暗行御史ノ啓。寧越郡守ハ婚時ノ資トシテ宰牛シタル罪ニヨリ新婚ノ女子ヲ留メテ衙中ニ在リ。	一ウ—二オ
誕生賀禮		○禮曹ハ啓シテ大君誕生ノ賀禮ヲ行フ。	二ウ—三オ
		卷百九十八	
婦女觀光ノ禁止	四月	○天使ヲ迎フル習儀ノ日、城中士女觀光ノ爲駄轎連亘艶粧冶容混處別ナシ。王ハ石承旨ニ傳シテ迎詔ノ日ハ右一切痛禁士族ハ家長ヲ罪スルコトトス。	一一ウ
		卷百九十九	
祈雨	五月	○旱ニヨリ審冤掩骼等等ヲ行ヒ、三角、木覓、風雲雷雨、山川、雩祀等ニ祈禱ス。	二〇オ
		卷二百	
水陸大會	六月	○副承旨ノ啓。去五月二十八日僧俗輩愚民ヲ誘ヒ水陸大會ヲ彰義門外ニ設ケ士女奔波ス。（本件ニ關シ其不可ヲ論啓セル者甚多シ略） 史臣ノ記。僧俗主張ノ人ヲ治シ器物ヲ燒毀ス。此水陸ノ會諸宮家施主ト爲ル、男奴ト女僕ヲシテ帳ヲ設ケ觀瞻ス一言之ニ及バス。	一オ・ウ、二ウ・四ウ
排儒思想		○聖廟ノ壁ニ夜張燭シ雜書セシ者アリ。（此後本件ヲ大問題ナリトシ犯人ヲ捉フベク關係者ノ訊問ヲ行フ要領ヲ得ズ）	六ウ—七オ
女樂革罷 男樂代用		○掌樂院ノ牒呈。今次四十年陳賀ノ後ノ進宴ニハ女樂ヲ用ユベキモ女妓及管絃ノ盲人ハ亂後革罷ノ爲メ卒然辦ジ難シ。男樂ヲ用ヰン。	一〇ウ

衣服奢侈		○司憲府ハ王敎ヲ奉ジ奢侈ヲ禁ズ。自今堂上官ノ燕褻服ニ綾緞ヲ用ユル者、堂下官ノ白紬及草綠表衣ヲ用ユル者一切痛禁ス。	一二ウ―一三オ
		卷二百一下	
王子夫人ノ揀擇	七月	○王子夫人ノ候補者ニ士族婦女ヲ揀擇ス。此單子ヲ漢城府ヲシテ督納セシム。	二六オ
		卷二百二	
壽宴擇日	八月	○王ノ四十年上壽ノ宴。禮曹ハ日官ヲシテ日ヲ擇ンデ定メシム。	三オ―ウ
王子畜妓		○臨海君放恣非行多シ。成川ノ妓女ヲ累年還サザルアリ。	一九ウ
妓婢率畜		○諫院ノ啓。邦憲解弛シ有識ノ大夫法ヲ冒シ率畜（兩界ノ婢ト妓ト良女）スル者多シ。兩界ノ官物ト婢女ヲ帶來セシ官員二十一人ヲ推考セシム。	二二オ―ウ
		卷二百三	
祈雨	九月	○禮曹ノ啓。前例祈雨三日内ニ雨ヲ得レバ報祀ヲ行フ而シテ祭官ヲ論賞ス。	六オ
		卷二百六	
庶孽氏稱	十二月	○庶孽ガ氏ヲ稱シ越分ノ風アリ大臣ニ議セシム。	四ウ
	四十年（丁未）	卷二百八	
風水思想	二月	○王ハ政院ニ傳シテ。國初漢陽定鼎及景福宮營建ノ時必ズ術士相地ノ說ヲ論議セル	七オ

		モノアルベク、實錄ヲ考シ遺無ク書入セシム。	
宿娼ノ罪		○諫院ハ娼家ニ長臥セシ者ヲ監察ニ任ゼシヲ不可トシテ罷職ヲ請フ。	九オ
		卷二百九	
陵火慰祭	三月	○裕陵寒食祭ノ時炬火落チ山燒ク。禮曹ノ啓ニヨリ慰安祭ヲ行フ。	三オ
宗廟ノ制		○弘文館ハ支那歷代宗廟ノ制ニ付テ上言ス。	六オ―八オ
婚姻奢侈		○司諫之啓。近來奢侈之弊甚シ、其勢家ノ婚姻ハ國婚ニ擬シ、婦女朱屋轎ニ乘リ男女前導街ヲ塡メ、紅紫ノ袱ニ泥金ヲ以テ畫ク、前導者呵禁ス。	八オ
		卷二百十	
衣服禁制	四月	○朝官ニシテ禁ヲ冒シ着帽段褻服ヲ着セシ者、白紬單直領ヲ穿チシ者、草綠袂道袍ヲ着セシ者ヲ罷職トス。	一オ
宗廟制度		○弘文館ハ宗廟同堂異室ノ制ニ上箚ス。其他本件ニ關スル上啓上疏等。	五オ―六ウ・一〇ウ―一二オ・一三オ―ウ・一八オ
祈雨		○禮曹ハ祈雨ニ付テ啓ス。	二一オ
右同		○三角山祈雨祭ノ時典設司ハ帳幕ノ排設ヲ爲サズト獻官ヨリ啓ス。	二三オ
		卷二百十一	
祭祀起立ノ禮	五月	○禮曹ノ啓。宗廟ノ祭ハ唐禮ヲ以テシ久シク立ツ、我國ノ老臣久立ニ堪ユル能ハズ跪坐妨ケ無キニ似タリ。王ハ跪ヲ許ス。我國ノ俗ハ俯伏ヲ以テ禮トス。三公ノ意見ハ我國祖宗ノ朝ヨリ凡ソ祭ハ立ヲ以テ禮トス之ヲ卒カニ變ズベカラズ。	二〇オ―ウ

崇佛盛行		○憲府ノ啓。十年來人心邪肆男ハ居士ト爲リ女ハ社堂ト稱シ緇服乞食、其徒寔繁、山谷相望ミ道路彌滿聚會千百群ヲ爲ス。閭閻ノ間上下靡然飯僧供佛捨身設齋スル者多ク、士大夫或ハ傾心奉佛ス。淨業院、安逸院ノ舊基ニ女尼多ク作屋ス。	二ウ—三ウ・四ウ—五オ・五ウ
膽取犯罪		○王ノ言。人膽ヲ取リ中國ニ潜賣スルノ説アリ。捕盜大將久シク捕フルヲ得ズ但ニ罷職ノミナラズ獄ニ下シ重治スベシ。刑曹ニ命ジ重賞ヲ懸ケ捕フベシ。	六オ・七オ—ウ
閏月禁忌 闕內賭博		○正言ノ啓。閏月ニハ公事擧行スル勿レ。闕內侍衛ノ諸臣ハ十分敬謹セザルベカラズ、宣傳官入直ノ員博奕醉哦ス罷職スベシ。王ハ允サズ。	一五オ—ウ
		卷二百十二	
雨乞	六月	○旱。南門ヲ閉ヂ北門ヲ開キ皮鼓ヲ打ツ勿ラシム。避殿、減膳、撤樂。	四オ
		卷二百十七	
近親姦	十月	○同生ノ妹タル寡婦ヲ淫シ夫婦ノ如ク同居セシ義城縣監ヲ罷職トス。	三ウ
		卷二百十九	
挾娼聽歌	十二月	○設廳ノ時人ト飲酒シ娼ヲ挾ンデ歌ヲ聽キシ戶曹佐郎ヲ罷ム。諫院ノ啓ニヨル。	五オ
	四十一年（戊申）	卷二百二十	
建築祭告 上樑祝頌	正月	○禮曹ノ啓。古ヘ興作（建築）アラバ吉凶ヲトシ定メ神祇ニ告グ。今此禮ヲ行フニ及バザレド、上樑文ハ頌禱ノ意ニ出ヅ禮ニ關係ナシ、近日廟成ル上樑ノ日當ニ行	一一オ

右同

死期遺女　二月

王昇遐ス

葬衣

フ上樑文ハ頌禱ノ意ヲ以テ製スベシ。（宗廟成リシ時也）

○禮曹ノ啓。上樑文ハ蒙古ノ事例トスルニ足ラズ。古ハ築室ニ禱祝ノ事有ラザル無シ今大廟上樑ノ祝詞ハ爲サザルベカラズ。　一八オ－一ウ

卷二百二十一

○王病アリ重ジ。柳永慶ハ諸大臣ノ意ヲ以テ啓シテ曰ク古禮婦人ノ手ニ絶セズ大臣ノ意此ノ如シ故ニ敢テ啓ス。俄ニシテ哭聲内ヨリ外ニ達ス。　一ウ

○王貞洞ノ行宮ニ薨ズ。（以下誌文、哀冊文、喪葬祭ノ記事略）

○内殿ハ下教シテ曰ク。上ノ違豫年ヲ經ル衣樹已ニ措備ス。閉門ノ故ニ針線婢入ルヲ得ズ。明衣入ル。握手、幎帽、充耳ハ尺數アリ外造シテ入レシム。　二ウ

		宣祖改修實錄　卷一	
僭乘屋轎	即位ノ年（丁卯）七月	○王ハ勤政殿ニ即位ス。乳母屋轎ニ乘ジテ入謁ス、王其僭ヲ責ム歩シテ家ニ還ル。	二オ
葬期短縮 占卜葬日	九月	○明宗ヲ康陵ニ葬ル。明宗ノ喪十月ニ當ル日官ハ十月ヲ不吉トシ九月ニトス。生員ハ上書シテ之ヲ渴葬非祀トス。王大妃ハ吉凶ハ天命ニ在リ日官ノ言ハ取ルニ足ラザルモ凶日ヲ用ユルハ先靈ノ不安ヲ恐ルト曰フ。	三ウ—二オ
卒哭開素	十月	○明宗卒哭祭ヲ行ヒ百官開素ス。	四オ
國喪服裝		○明宗卒哭後命ジテ白笠ヲ行フ。國朝五禮儀、國喪既ニ卒哭スレバ朝臣ハ公會ニ烏紗帽、黑角帶ヲ權着シ白衣ヲ着ル、常時ハ白笠白帶ヲ着ク。	四オ
		卷四	
胎峯	三年（庚午）二月	○即位ノ初メ朝議舊例ニヨリ聖胎ヲ潛邸松林間ニ求メ得テ春川ニ移ス。其穴古藏ナリ、黃海ノ江陰ニ移ス正穴ニ非ズ又林川ニ移ス。胎經ノ說ハ支那ノ古方ニ非ズ羅麗ノ間ニ肇マル。中朝ノ古方ニ非ザル也。	一オ—ウ
風水思想		我國ノ規國葬ニ吉地ヲ擇ブ吉地ヲ得レバ士民ノ墳塋ヲ盡ク拔ク。	
祈雨	三月	○王ハ南郊祈雨壇ニ親祭ス。社稷ニ同上。	二オ・ウ
		卷五	
陵火謹愼	四年（辛未）八月	○康陵丁字閣火ク。王ハ百官ト素服五日。	三ウ
王嬪藁葬		○中宗ノ故嬪朴氏ハ宮人誣ヒテ詛呪スルトシ黜ケラレ遂ニ死ヲ賜ヒ藁葬ス。是ニ至	同

リ外孫上疏シ改葬禮ノ如クセシム。

卷八

事項	年月	記事	出典
國喪白笠	七年(甲戌) 正月	○國喪三年白笠ノ制ヲ献議スル者アリ、王ハ斷ジテ之ヲ行フ。	一六ウ
鄕約	二月	○王ハ命ジテ鄕約ヲ行フコトヲ中止ス。李珥王ニ勸メテ之ヲ停ム。	一九オ—ウ
中華文物ノ摸倣 飲宴奢侈		○質正官趙憲京師ヨリ還リ中朝文物ニ付テ啓ス。聖廟配享ニ關スル件。文官ノ衣制、儒巾帽子ノ制ニ我國ハ倣フベシ。我國ノ童男及女人ノ斂髮ハ㺚子ニ類ス改ムベキコト。我國耳掩ノ好尙侈大ナルコト。衣笠ノ制ヲ華制ニ遵フコト。飲食宴享ノ奢侈ナルコト。士大夫禮輯ヲ改ムベキコト。婚禮喪禮モ彼ニ倣フベキコト。	二八ウ—三九ウ

卷九

事項	年月	記事	出典
巫覡救病	八年(乙亥) 五月	○王后ノ大漸トナルヤ宗室堯卿ノ妻巫術ヲ以テ入內祈禳妖幻ヲ事トシ藥ヲ停ム、以テ大故ニ至ル。	三オ
胎室		○姦民郡守ヲ害セントシテ瑞山ノ明廟胎室ノ石欄ヲ破ル。	一五ウ
文廟毀傷		○唐津縣姦民訓導ヲ害セントシテ聖廟ノ位版ヲ破ル。	同

卷十一

事項	年月	記事	出典
救疫訛言	十年(丁丑) 正月	○八道癘疫熾ナリ。民間訛言アリ五穀ノ雜飯ヲ食セバ之ヲ禳フベシ、又玄牛ヲ殺シ肉ヲ食ヒ血ヲ門ニ灑グベシト。牛ヲ殺ス者多ク牛價湧騰ス。	一オ

事項	年月	記事	出典
厲祭		○近臣ニ命ジテ平安黄海ニ厲祭ヲ行フ。	同
宮中咀呪		○王ノ寵アリシ恭嬪金氏病革マルニ及ビ王ニ訴フ。宮中我ヲ仇トスル者我隻履ヲ取リ吾ヲ咀呪シ我ヲ病マシムト。祖宗ノ朝ヨリ金姓ハ木姓ヲ害ストシテ選女ノ時之ヲ外ヅス。王ノ三嬪ハ皆金氏ナリ。	同
救病祈禱	十月	○恭懿大王妃不豫ナリ。王ハ廷臣ヲ分遣シ山川ニ祈禱ス又囚ヲ放ツ。	四オ—ウ
	十三年（庚辰）	巻十四	
女樂排斥	正月	○仁聖王后祔廟飲福宴ノ時舊例ニヨリ女樂ヲ用ユ。此事五禮儀ニ載セアラズトシ三司爭フ王竟ニ聽カズ。	一オ
後宮宮外ニ分娩ス		○祖宗ノ壼法太ダ嚴ニ、後宮孕メバ外宅ニ送リ産ス。金氏鄭氏産ニ卒ス。王之ヨリ後宮孕メバ闕内ニ産セシム此事此時ヨリ始マル。	四ウ—五オ
	十四年（辛巳）	巻十五	
遷陵	二月	○三公六卿往テ靖陵ヲ審ス。是ヨリ先明廟ノ朝妖僧普雨久シク奉恩寺ノ住持トナル請フテ中宗ノ陵ヲ寺側ニ移シ其寺ヲ隆重ナラシム。文定王后尤之ニ惑フ也。此陵地卑ク江水漲ル故ニ遷陵セントス。	三オ
	十五年（壬午）	巻十六	
妖祟		○寧越郡ニ妖孽アリ官吏多ク暴死ス。人以テ魯山君ノ祟トナス。朴忠元郡守トナリ之ヲ祭ル後恙無ク妖説息ム。	同

事項	年月	記事	出典
放逸不羈 奇矯ノ行	六月	○進士柳克新ハ放達ノ行ヲ爲ス。衆徒酣飮蒿里ノ曲ヲ作ル悲哀吁唱ス。又童々ノ曲ヲ作ル蓋シ一世ヲ孩視シ公卿ヲ嘲弄ス。或ハ笑ヒ或ハ哭ス有名ノ士多ク之ニ趣ク。	二ウ
		卷十七	
良賤辨刷	十六年（癸未）四月	○慶源ノ公屬玉婢嶺南ニ逃レ歸ス死シテ八十餘年ナリ玉婢人ノ妾トナリ冒良ス已ニ久シ。子孫皆士族ニ嫁スル者數百千人ニ至ル。敬差官崔顒一切之ヲ驅刷ス。其士族ノ婦トナル者往々自決ス。漢江ヲ渡ル時哭聲天ニ漲ル國中玉婢ノ亂ト稱ス。崔顒未ダ幾クモ無ク血ヲ嘔テ暴死ス人應報トス。	六オ―ウ
		卷十八	
葬列炬火	十七年（甲申）正月	○吏曹判書李珥卒ス。市民小民皆往テ吊ス涕ヲ出シテ曰ク民生福ナシ。發靷ノ夜遠近會送炬火天ニ燭シ數十里絕エズ。	一オ
		卷十九	
社稷位版	十八年（乙酉）八月	○王ハ社稷ヲ親祭ス、位版亡シ倉卒虛位ヲ設ケ事ヲ行フ。後ニ大ニ之ヲ搜シ壇墻ノ樹下ニ得ル。守僕ガ署官ヲ陷レントシテノ所爲也之ヲ誅ス。	一ウ
		卷二十三	
國脈讖言	二十二年（己丑）十月	○鄭汝立謀叛ノ事アリ。其徒黃冠道服兩湖ニ轉行ス。是ニヨリ前百餘年民間ニ「木	一〇オ―一三オ

事項	年月	記事	出典
		子亡奠邑興之」ノ讖アリ。汝立ハ妖僧義衍ト謀テ之ヲ玉版ニ刻シ智理山石窟中ニ藏ス。	
		國初ヨリ讖說アリ。連山縣鷄龍山開泰寺ノ基ハ乃チ他ノ代鄭氏ノ都スル所ナリト汝立之ヲ利用ス。	
		卷二十五	
同姓不婚	二十四年（辛卯）五月	○王ハ尙主ノ駙馬ヲ揀擇ス。禮曹ニ傳敎シテ選中姓李ノ者ナシ之ヲ取ルモ妨ゲン。又曰士大夫ノ家ヲ見ルニ此事ヲ嫌ト爲サズ獨國婚ニ此雜說アリ。世宗ノ朝李淑儀アリ。云々廷議ハ同姓娶ルベカラスト曰フ王ハ姑ク之ヲ置カシム。	一六オ―ウ
		卷二十六	
宮中奉佛	二十六年（壬辰）三月	○世子嬪尹氏卒ス。生前供佛ヲ事トス王憐ンデ之ヲ禁ゼズ。	一ウ
百官戎服	四月	○王ハ百官ニ命ジ戎服セシム。	六オ
蒙塵ト位版		○王西幸ス。宗廟各室ノ印寶皆棄ツ。文昭殿ノ位版ハ守官埋置ス。	七オ
右　同	五月	○時ニ廟社主ヲ開城穆淸殿ニ奉安ス。王西向ス仍テ之ヲ瘞ム。王寶山ニ至ル禮曹參議奉出シテ來ル。	九オ
女人騎乘		○王開城ヨリ西ニ向フ。貞惠翁主尙幼ニシテ騎ヲ備フル能ハズ。	同
宗廟有怪		○賊宗廟ヲ燒ク。秀家初メ此中ニ處ス夜間怪多ク從卒暴死ス。	九ウ
二陵發掘	十二月	○倭兵宣靖二陵ヲ掘ル。	四四オ

卷二十七

二十六年（癸巳） 十月

還都祭告　廟墟哭禮
○王京師ニ還ル。貞陵洞月山大君ノ宅ヲ行宮トス。（王昇遐迄此行宮ニ居ル）中外ニ使ヲ遣ハシ香ヲ山川ニ降シ日ヲ擇ンデ宗廟ノ墟ニ哭ス。　一八オ

戰亡祭祀
○碧蹄戰亡ノ天兵ヲ祭ル　同

屍體埋却
○僧ヲ募テ都城內外ノ屍骸ヲ瘞ム。　同

禁倭語
○命ジテ倭ノ窟室（城中ニ屯シタル各將石ヲ積ンデ城室ヲ作ル）ヲ撤ス。民間ノ倭語ヲ禁ズ。　同

卷二十八

二十七年（甲午） 正月

飢饉喰人
○諸道大ニ饑ユ京畿ト下三道尤甚シ、人相殺シテ食ム。　一オ

四月

右同
○右同上。　四オ

卷三十四

三十四年（庚子） 六月

醫女類妓
○王妃朴氏薨ス。藥房ハ醫女愛鍾ヲ以テ入診セシメントス王曰フ愛鍾ハ是娼女軒岐ノ術アルモ內庭ニ出入スベカラズ。　四ウ

卷三十五

三十五年（辛丑） 九月

風水思想
○懿仁王后ヲ裕陵ニ葬ル。初メ抱川ニト兆ス功役半ノ時術官不吉ヲ上疏ス。遂ニ命ジテ健元陵內ニ改トス。　五オ

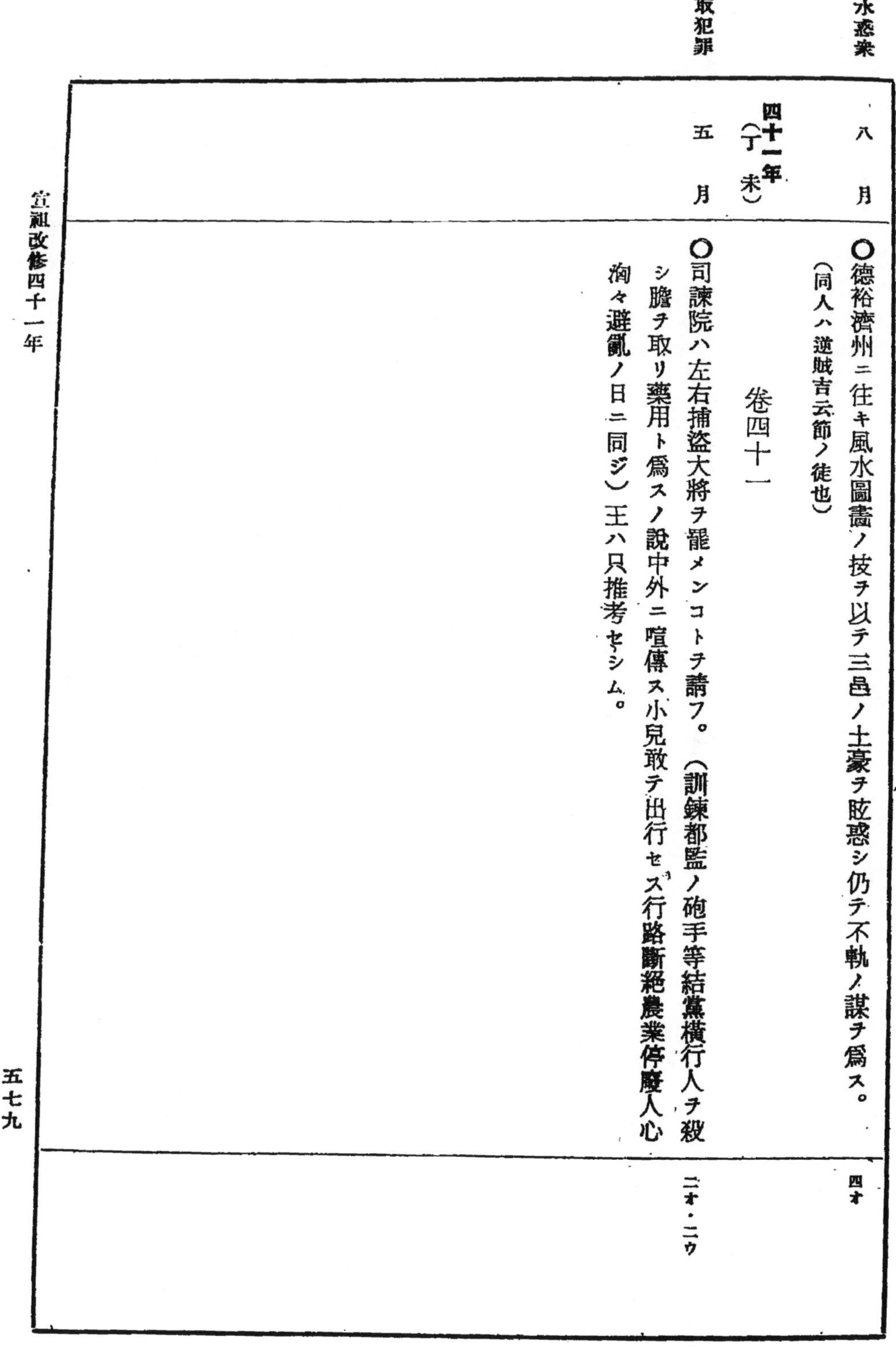

風水惑衆	八月	○德裕濟州ニ往キ風水圖畵ノ技ヲ以テ三邑ノ土豪ヲ眩惑シ仍テ不軌ノ謀ヲ爲ス。 （同人ハ逆賊吉云節ノ徒也）	四オ
	四十一年（丁未）	卷四十一	
膽取犯罪	五月	○司諫院ハ左右捕盜大將ヲ罷メンコトヲ請フ。（訓鍊都監ノ砲手等結黨橫行人ヲ殺シ膽ヲ取リ藥用ト爲スノ說中外ニ喧傳ス小兒敢テ出行セズ行路斷絕農業停廢人心洶々避亂ノ日ニ同ジ）王ハ只推考セシム。	二オ・二ウ

	卽位ノ年（戊申）	光海君日記　卷一　（原本ニハ枚數ナシ影印本ニ頁ヲ付ス一册ヲ通ジテ頁數ヲ付ク故ニ卷毎ノ頁數ニ非ズ）	
喪葬記事	二月	○二月二日卯時沐浴丙時襲。（以下喪葬祭記事略ス）	五
風水思想		○禮曹判書等地理學ト共ニ往テ葬地ヲ健元陵内ニ審視ス。（陵地ニ關スル件疏啓多シ略）	一九・四一・六一
白丁		○陰謀ノ疑獄アリ之ヲ審問ス。推鞫廳ハ才人白丁ノ賊黨ニ武臣名將某々等出入ノ形止アリ云々ト啓ス。	七三
食牛ノ禁、喪制廢絶、盲卜		○昭敬大王（宣祖）行狀。内人牛肉ヲ食フ王ハ致シテ重究ス。還都ノ時王ハ喪服ヲ着セル者一人モ無キヲ見テ喪制ヲ勸行セシム。物怪アリ天將我國ノト者ヲ求ム王ハ一箇ノ瞽師天理ヲ知ランヤト曰フ。	九七オ
		卷二	
風水思想	三月	○山陵ノ件。金山ニ木生（金木ハ五行説）ノ人ヲ葬レバ子孫九年内ニ絶亡。大行王之ニ該ル。山陵未ダ福地ヲ得ズ。	一七九・二一三
		卷三	
祈雨	四月	○旱ニヨリ祈雨祭ヲ行フ。	一六五
		卷四	
埋棺順序	五月	○禮曹ノ啓。梓宮山陵ニ至リシ後還奠ノ時ト玄宮ヲ下ス時ニ主葬梓宮官ハ輪轝ヲ以	二〇五―二〇六

テ梓宮ヲ捧ケテ行。右議政ハ則チ梓宮將ニ玄宮ニ卽ク時巾ヲ捧ケ梓宮ヲ進拂ス並ニ棺衣ヲ拂フ。玄宮ヲ下ス時再ビ棺衣ヲ整フ、玄宮鎖閉ノ後土ヲ覆フ九鍤。

卷五

六月　○大行梓宮發引申時陵所靈幄殿ニ次ス。司憲府ノ啓。路祭ノ祭饌撤去ノ時各司ノ下人及軍人等靈幄ニ攔入シ撤饌ヲ爭ヒ戰場ノ如シ。其當該責任者ノ推鞫處分ヲ請フ。　二一七

卷八

名日端午ノ封進

九月　○王ハ傳シテ壬辰以後封進ヲ停メタル八道及開城府ヨリスル三名日端午方物ノ封進前例ニ依ラシム。　二一七

卷十一

牛馬宰殺ノ禁

十二月　○漢城判尹ハ牛馬宰殺ノ禁行ハレズ國恤初喪ノ時處々宰殺ス士族ノ家亦之ニ與ルアリト啓ス。　二三

元年（己酉）正月

溫床野菜

○大臣冬月大土室ヲ作リ其中ニ種菜シ其味ノ新ヲ取ル。朝夕進供シテ寵ヲ取ル。　二四

陵上石物

○司諫院ノ啓。穆陵ヲ奉審スルニ陵上屛風石ハ滿石破碎折裂、遊魂石、籠臺石皆動退ス、皆山陵ノ役ニ破ル。治罪ヲ請フ。　一三三・一三四・一四九・一九五

卷十四

事項	月	記事	
儒服倣華	三月	○儒生ノ巾服華制ニ依ルコト詔使來ル迄ニハ猝カニ備ヘ難キモ限ヲ定メ行ハシメヨト王ハ傳ス。	三七
右同		○禮曹ノ啓。儒生巾服ノ件ハ王ヨリ期限ヲ定メ傳敎スルヲ便トス。百官ノ朝服革帶大帶ノ制モ汲々變更ニ及バズ。迎詔ノ時ハ姑ク前ニ仍ルベシ。	四九
國恤不愼		○國恤ノ時南別宮ノ近所ニ於テ唱歌ノ聲アリ王ノ御所ニ徹ス。王ハ命ジテ會飲唱歌ヲ禁セシム。	六九
奢侈		○王ハ奢侈ノ害ハ天災ヨリモ甚シ此弊一日甚シト曰フ。	九四・九五
		卷十五	
明兵奸娼	四月	○王ハ傳シテ曰ク、天朝ノ人出來ル者我國ノ遊女ヲ奸ス曾テ未ダアラズ。軍興ッテヨリ以來大兵布滿將士潜カニ倡女ヲ率ヒ民間ノ處子ニ至ル。是皆譯官ノ縱誤ニヨル、今次天使ノ時右ノ如キコトハ先朝ノ下敎ニヨリ嚴斷スベシ。	九九
楊貴妃之畫		○日本國送リ來レル楊貴妃ノ屛風ハ褻慢君子見ルベキノ物ニ非ズ。受クベカラズ之レヲ却クルモ不可ナレバ釜山ノ館中ニ留置スベシト諫院ヨリ啓ス。	一四一
		卷十六	
茶禮	五月	○天使ヲ庭下ニ迎エテ茶禮ヲ行フノ後中杯ノ禮ヲ行フ。六宰各杯ヲ行テ止ム、又杯ヲ行ウ。王ハ慕華館ノ帳殿ニ幸ス、天使至ル茶禮ヲ行フ行杯儀ノ如シ。	一九
一夫二妻		○慶尙左水使虞候蔣復琬ハ高彥伯ニ阿附セントシテ其子已ニ妻アルヲ知ッテ其女ヲ嫁ス。	二二－二三

事項	月	記事	頁
祈雨		○禮曹ノ啓。諸處ノ祈雨已ニ行フ五次。南北門ノ閉開ハ詔使ノ行期近ク行ヒ難シ。更ニ宗社、龍山、朴淵等ニ祈ラン。	二七
一夫二妻		○高彦伯二妻ノ件。	三三・三四
		巻十八	
祈雨		○旱災、祈雨祭ヲ累行ス。	七九
喪制不行	七月	○司憲府ハ父ノ喪ヲ行ハザル成均學祿ノ竄黜ヲ請フ。	一〇九・二〇五
		巻十九	
書院祭祀	八月	○禮曹ハ玄風道東書院ハ平時春秋享祭及家廟祭設行ノ時祝文ヲ行フ。此祭文ニ「以恭承朝命」トセシメ又ハ別ニ祭文ヲ降スベシト曰フ。王之ニ從フ。	二三五
祈雨		○京畿旱災朝官ヲ遣ハシ祈雨。	二二七
右同		○祈雨ノコト。	二二八—二二九
		巻二十二	
誕日ノ祭	十一月	○禮曹ノ啓。今ノ士大夫禮ヲ好ムノ家ト雖モ誕日（亡父母等ノ）ノ祭ヲ行フ者少ナシ。	二〇五
		巻二十三	
彩棚儺禮	十二月	○王ハ祔廟ノ彩棚儺禮ヲ停止セシハ何王ノ時ナルヤヲ禮曹ニ問ハシム。	一五

右同　○禮曹ハ右ニ關シテ啓ス。祔廟ノ時軍器寺儺禮ヲ進メ、耆老儒生敎坊ハ各歌謠ヲ進メ、街巷結綵闕門左右ニ綵棚ス。綵棚ノ禮ハ先朝皆停止ス。右ノ中耆老儒生ノ歌謠ト街巷ノ結綵ハ先朝ニモ行ヘリ、今回モ亦之ヲ行フハ已ムヲ得ザルベシ。　二三

胎室　○胎室改封ノ時ノ觀象監提調以下諸官ニ加資或ハ馬、米、布ヲ賜ヒ論賞ス。　三八

卷二十五

二年（庚戌）

國喪謹愼ノ奇特者　二月　○禮曹ハ國喪ノ時官門ニ至テ擧哀シ成服シ別ニ一間ノ室ヲ造リ朔望設奠怠ラザル金溝ノ七十五ノ老人及務安ノ私奴年八十先王昇遐ノ日ヨリ衰麻ヲ蒙リ朝夕臨哭セシ右二人ノ篤行ヲ啓ス。王ハ褒典ヲ行フベシト曰フ。　一八九

準近親姦　○陜川ノ士人父ノ妾ヲ烝シタリト其兄ヨリ告グ。官ヲ遣ハシ拿來審理ス。　一三六・二

卷二十六

冠禮　三月　○禮曹ハ世子ノ冊封ニ付テ冠禮ヲ行ハズ童髺ト便服トヲ以テスベシト啓ス。　二一三

女樂排斥　○司憲府ハ女樂ヲ設クル勿レト啓ス。王ハ女樂ナクバ豐呈ノ禮落莫ナリ閭閻ノ匹夫モ亦親ヲ悅バス事アリ煩執スル勿レト曰フ。其他女樂ヲ用ユル勿レト云フ上疏上啓。　五八・六二―六三・七七―七八・八二・八九・九九―一〇五・一二三

王母追尊　○王ハ私親タル恭嬪金氏ヲ追尊恭聖王后トシ陵ヲ成陵ト曰フ。　一三一

卷二十七

國恤不愼　閏三月　○司諫院ハ此禫服未ダ除カザル時ニ於テ新榜生ノ家ニ倡優戲技ヲ呈スル百端、撃鼓　一三三―一三四

事項	月	記事	出典
		ノ聲處々喧藹才人ニ至ツテハ綵裙笄飾等ノ物華美ヲ極ム之ヲ禁ゼンコトヲ請フ。	
儒生巾服		○儒生ノ巾服ヲ華人嗤笑スルニヨリ華制ニ改メントス。禮曹ハ此事盛事ナルモ今士子貧殘太シ木綿紅團領亦備フル能ハズ。藍紬ヲ衣ト爲シ靑紬ヲ縁ト爲シ紗裏巾ト爲スハ費多クシテ辨ズルヲ得ザルヲ啓ス。	一五九・一七一
結綵獻軸		○禮曹ハ啓シテ祔廟ノ時ノ結綵ヲ止メ歌謠ヲ獻ズルコトハ獻軸ニ止メシメントス。王ハ必ズシモ禁ゼズ參酌宜シキニ隨ハシム。	一六三—一六四・一七二・一七五
女樂排斥		○弘文館ハ(1)王母追尊ノ不可ナルト(2)女樂ヲ用ユルノ不可ヲ上劄ス。王ハ(1)ハ顯親ノ至情不可ナシ。(2)ハ予一人ノ耽樂ニ非ズ祖宗以來ノ事廢スベカラズト曰フ。	二〇三—二〇五
		卷二十八	
祔廟還御	四月	○王ハ宣宗大王懿仁王后ヲ祔廟シ。睿宗德宗ノ廟主ヲ永樂殿ニ遞遷ス。	二三三
右同		○祔廟祭ヲ行ヒ賀ヲ受ケ赦ヲ行ヒ飮福宴ヲ行フ。	二三五
		卷二十九	
首飾耳掩	五月	○王ノ傳。命婦ヲ會スルノ時入參ノ人ノ服飾ハ平時ハ即長衫首飾ヲ用ユ。今ハ則期迫リ措辦ニ難シ壬寅ノ例ニヨリ凉耳掩唐衣ヲ以テ之ヲ戴着セシメ入侍セシムベシ。	一九オ
入學ノ禮		○王世子入學ノ禮ヲ行フ。	一六ウ
冠禮		○禮曹ハ王子冠禮ハ一ニ五禮儀ニ依ルコトヲ啓ス。	七五

事項	月	記事	頁
		卷三十	
祈晴	六月	○王ハ晴ヲ祈ラシム。	八九
準近親姦罪ノ誣告		○義禁府ハ父ノ妾ヲ烝シ妹ヲ殺シ口ヲ滅シタリト虛構シ大臣ヲ陷レントセル者ニ付テ啓ス。	一一四
祔廟冠禮		○王ハ傳シテ祔廟ノ時捧軸及中殿冊禮ノ時、世子冠禮ノ時ノ傳教官ヲ賞ス。	一二〇
天使館所禁賤女		○天使ノ館所近處ニ下賤ノ女人ヲ一切禁斷ス。	一二一
		卷三十二	
後宮親擇	八月	○王ハ傳シテ淑儀トスベキ處女ノ單子ヲ督納セシム。	三五—五三
		卷三十五	
號牌	十一月	○王ハ號牌ノ事ヲ曰フ。李廷龜ハ號牌ノ事ハ節目多ク之ヲ爲ス易カラズ國ニ新法アラバ必ズ多ク騷擾スト曰フ。	一三—一四
右同		○司諫院ハ號牌ノ法ヲ施行シ無賴ノ輩ノ混迹ヲ防クベシト啓ス。	二一—二二
右同		○全羅監司ノ啓。號牌ノ施行ハ當今ノ時情已ムヲ得ズ。列邑擧行ニ付テハ或ハ武學ノ屬或ハ某軍ニ願入スルアリ。小民山中ニ逃避スル者アリ。期限ト節目ヲ緩ニスベシト云フ。	二五
右同		時ニ市井ノ富民圓木牌ヲ帶ブルヲ欲セズ。宮禁ト交通百方罷ムルヲ計ル。	
右同		○號牌廳ハ其制式ト記入方及烙印等ニ付テ啓ス。	二六

見出し	年月	記事	頁
誕日進賀	三年（辛亥）	〇王世子ハ百官ヲ率ヰ大妃殿ニ誕日ヲ進賀ス。	三五
賭碁		〇王ハ嬖姬辛氏ト日ニ賭碁シ公事ヲ視ズ。	三六
宴會呢娼 妓生乘馬		〇新宰宴會ノ處公然逐娼甚ダ淫縦ナリ。其宴會ニ至リ私スル所ノ娼ヲ呼出シ密カニ馬ヲ並ベテ走ル者アリ。	三六—三七
衣物奢侈		〇王ハ奢侈ヲ好ム。服飾儀物華麗ナラザルハ無シ内人ノ衣服ノ彩緞錦ヲ北京ニ貿フ。豐呈ノ妓工衣服皆錦繡ヲ以テシ公ヨリ備給ス。	五一
號牌		〇王ハ八道觀察使ニ諭シ號牌ノ事設百年以來有ラザル所外方騷擾アリ。號牌廳事目ヲ減改セルコトヲ列邑ニ諭サシム。	七一—七二
右同		〇號牌ニ關スル件。	七三
		卷三十六	
右同	十二月	〇號牌施行ニ關スル件。	九七・一一七・一二三・一四七—一四九—一五〇—一五一・一六一—一六二・一八一—一八二
闕内香室		〇校書館副正ノ上疏。祭祀ノ嚴ニスベキヲ言フ。特ニ香室ヲ闕内ニ置クハ香ハ降神ノ物ナレバ也ト曰フ。	一二三—一二六
後宮親擇 處女禁婚		〇中外處女十一歲ヨリ二十歲迄ノ單子ヲ捧ゲシム。士大夫ノ家多ク隱蔽ス。闕ニ詣ル者僅ニ二十人王親揀ス。猶督出セシム。	一二七
官妓私用		〇掌樂院ハ上司衙門ニ妓樂定送ノ弊ヲ禁ゼンコトヲ請フ。時ニ公卿士大夫惟ダ耽樂歌舞是レ事トシ淫醜ノ風日ニ滋シ。	一五六
		卷三十八	

事項	月	記事	頁
號牌	二月	○號牌廳ノ啓。號牌ノ一事ハ國家ノ大擧措ニ係ル弛廢多日功役未完四月ノ限已ニ迫ル云々。	八九
		巻三十九	
陵墓石物	三月	○封陵都監ノ啓。東西諸陵ノ圓形ヲ用ヰ商議磨錬ス。墳形大小元ト定制ナシ。（以下文武石距離、墳徑、墻、石虎等ノ記アリ）	一一九—一二〇
		巻四十三	
迷信移御	七月	○慈殿昌德宮ニ移御セントス。此歲五鬼ニ當ルヲ以テ年ヲ延バス。	一二五
宗廟慰安		○大風雨宗廟內ノ松仆レ神井ヲ破ル。禮曹ハ啓シテ慰安祭ヲ行フ。	一六七
		巻四十四	
世子定嬪	八月	○朴自興ノ女朴氏ヲ世子嬪ニ定ム。	一八五—一八六
		巻四十五	
官妓私用	九月	○司憲府啓。近來閭閻爭フテ遊宴ヲ尙ブ。唯妓樂ヲ定送（官妓ノ私用）スルヲ能事ト爲ス。該官手ヲ束ネ隷業暇無シ（掌樂院ニ於テ音樂ヲ敎習スル時間ナシ）承傳中禁一再ナラズ。當該官ノ推考ヲ請フ。	三三—三四
		巻四十六	

吉凶拘忌 宮中淫祀	十月	○王ハ左道ニ惑ヒ吉凶拘忌ノ說ヲ信ズ。法宮ニ直チニ移御セザルモ此輩ノ言ヲ用ユ。神ニ仕ヘ萬般ノ事之ニ取ラザルナシ。淫祠ヲ新闕慶運宮ニ行ヒ缶鼓ノ聲外ニ聞ユ。都民相語ッテ曰ク死シテハ鬼トナルベシ御厨膳ニ飽クヲ得ン。	九四
號牌		○號牌廳ノ啓。京中士大夫ハ來十一月二日、士庶以下ハ同十五日、中道ハ十二月一日、遠道ハ十二月二十日ヨリ佩持ノコト。各道監司ノ處ニ發馬行會ノコト。	一〇一
服色黑紅		○司憲府ハ啓シテ世子冕シテ親迎ノ禮ヲ行フニ付テ陪從官ノ服裝ノ事ヲ陳ブ。禮曹同上。我國ノ服色ハ黑衣ヲ以テ稱シテ時服トシ紅衣ヲ以テ稱シテ常服トス。	一一五—一一六
親迎醮戒 盥饋諸禮		○世子親迎ノ日臨軒醮戒ノ辭ヲ王ヨリ親敎セズ敎官ヲシテ傳告セシム。世子嬪盥饋ノ禮ヲ大造殿ニ行フ。（右傳告ノ事失禮トシテ論啓セル者多シ）	一二一
		卷四十七	
城門樂書	十一月	○兵曹ノ啓。崇禮門ハ迎詔ノ門也左右石面ニ無賴ノ人雜書成畾縱橫ス。之ヲ拭淨シ今後犯人ヲ推囚セシム。	一七一—一七二
		卷四十八	
號牌	十二月	○號牌佩用ノ期日ヲ延期ス。	
	四年（壬子）	卷四十九	
墳墓掘去	正月	○徐敬德ノ墓ヲ拔掘スル者アリ未ダ幾クナラズシテ成運ノ墓ヲ拔掘ス。犯人ヲ必捕セシム。	七オ

光海君四年

事項	月	記事	頁
號牌		○號牌已ニ始メテ之ヲ爲ス。實効ヲ收ムベク良民ガ勢家ニ投入スルコト十分申明嚴禁スベシト王ハ傳ス。	七五―七六
右同		○王ハ傳シテ曰ク。予中夜之ヲ思フニ號牌ノ法民ニ便ナラザルヲ想フ。儒生及無辜白徒私賤ニ佩ビシメザル如何。	一〇六
		卷五十二	
婢娼同物	四月	○鄭汝立ノ獄ニ連類ノ官婢嚩春鶯ノ供ニ我ハ本官ノ婢也娼ヲ以テ業ト爲ス。黃赫强要シテ妾トナス云々。	一四〇
號牌		○諫院ハ號牌ノ停止ヲ請フ。	一四七
衣服奢侈		○獻納ハ衣服奢侈ノ禁行ハレズ。賤者公然紬ヲ着、堂下官或ハ改メテ裡衣ト爲シ、或ハ絹ヲ以テ褡護ト爲ス、堂上官綾緞ヲ以テ褻衣ト爲ス右嚴禁ヲ請フ。	二〇五
誕日陳賀		○大殿誕日ナリ王世子ハ百官ヲ率キ陳賀ス。推鞫ヲ停ム。	二一三
箕子廟		○平壤箕子廟ニ崇仁殿ノ號ヲ付シ子孫鮮于氏ヲシテ其殿監ヲ世襲ス。	二一八オ
		卷五十四	
關王廟祭	六月	○東南ノ二關王廟ハ天朝大官ノ創建ニ係ル其ノ祭禮ハ纛所ノ例ニ依リ毎年春秋驚蟄日ニ遣官設行ス。此日壁書汚壞ノ處ヲ修理セシム。	二
		卷五十五	
號牌	七月	○號牌ヲ罷メントスルノ議アリ。速カニ罷メテ經費ヲ省クニ如クハナシト號牌廳ハ	一二七

右同		啓ス。 〇號牌廳ノ啓。號牌停罷ノ事已ニ允下トナル。	一五二
		卷五十七	
宴會揷花	九月	〇王ハ指揮黃應暘ト接見ノ時酒間承旨進花シ揷ヲ請フ王之ヲ揷ス。兩司竝ニ都承旨ハ之ヲ失體トナス。	七・八
進花揷冠		〇李恒福ノ啓。君臣ノ通宴及上壽ノ宴ニ王ヨリ揷花ノ擧アリ。	一七
風水思想		〇政院ノ啓。引儀李懿信ハ疏ヲ呈シ國都ノ氣衰フ交河吉地ナリ等怪誕ノ說ヲ唱フ。人心洶々タリ嚴斥其罪ヲ正スベシ。	五九
		卷五十八	
進酌儀例	十月	〇禮曹ハ平時進酌ノ例ヲ啓ス。（盃數）	二二五
上壽ノ宴		〇王ハ仁政殿ニ御シ上壽ノ宴ヲ受ク。王世子及群臣上壽賀ヲ稱ス。	二二八―二二九
		卷五十九	
風水思想	十一月	〇術官李懿信ハ都城ノ地ノ王氣衰ルニヨリ交河ニ建都スベシト上疏ス。王ハ禮曹ニ下ス。 高麗ノ末妖僧妙淸松都ノ基業衰ヘタリトシ西京（平壤）ニ移都セシメントシテ亂ヲ起ス云々。妖說ニ宗廟ノ主脉緊要ノ所山脈ヲ截斷スト臣等風水ヲ解セズ大臣ト議シ處置如何ト禮曹ハ啓ス。	七七―八〇

事項	月	記事	頁
吉日移居		○禮曹ハ啓シテ昌德宮ニ移御ハ吉月日ニ拘ハル勿レト曰フモ九月二十七日、十月四日、十一月四日ヲ最吉トス之レニヨリ裁行セヨト曰フ。	八五
風水思想		○禮曹ハ宗廟基地ノ風水說ニ付テ啓ス。	一一九―一二〇
		卷六十	
右同	閏十一月	○司諫院ハ術官李懿信ノ妖言ヲ斥絕シ人心ヲ安定スベキヲ上劄ス。	一三三
		卷六十一	
厲祭	十二月	○疫癘熾ナリ王ハ傳シテ祀典所在ノ處祈禱セシム。	二一七
右同		○禮曹ノ啓ニヨリ北郊厲壇、宗社、山川ヲ祭ル。	二三三
	五年（癸丑）		
		卷六十二	
風水思想、	正月	○昌德宮改築成ル。王ハ同宮ハ魯山燕山廢立ノ宮ナリシヲ意トシ、密カニ地官ニ問フ。曰ク右ノ如キハ帝王ノ家免ガレザルノ變ナリ宮殿ノ吉凶ニ關セズ、唯ダ都城ノ地氣衰フ速カニ王都ヲトスベシト云フ。之レニヨリ王ハ交河ニ別宮ヲ建テントスルノ意動ク。	一
右同		○王ハ交河ニ別宮ヲ建テントシ軍事ニ托シ秘密ニ備邊司ニ傳シ往審圖形シ來ラシム。	五
右同		○右軍機ニ關係ナシトシ政院ハ之ヲ罷メンコトヲ請フ。本件ニ關スル停罷意見。	九・一一―一二・一七・二一・二四・三一・三三・三五・三九―（下略）
準近親姦		○府院君ノ婢妾ハ其女婿ト潛奸ス司憲府ハ之ヲ鞫ス。	一三

光海君五年

事項	月	記事	卷頁
內人ヲ姦スルノ罪		○永柔縣令ハ御ヲ經タル內人ノ家ニ歸レル者ヲ妾トシ率往シタルコトニヨリ、司憲ノ啓ニヨリ拿鞫セラル。	四三
		卷六十三	
陵火謹愼	二月	○恭陵火ク王ハ百官ト變服三日奉審改修ス。	五一
準近親奸		○任㚟ニ死ヲ賜フ。舅ノ妾ヲ奸シタル罪ニ依ル。	五九・六〇
		卷六十四	
會盟歃血	三月	○王ハ齋戒シ夜半諸功臣ト白岳下ニ會盟ス。昌德宮ニ還御シ功臣ニ敎軸畫像其他ヲ賜フ。（天ヲ祭リ血ヲ歃ツテ盟ヒ署名スルモノナリ）	一二三—一二四
		卷六十六	
明火强盜	五月	○明火ノ强盜黑衣ノ者三十餘人都城至近ノ地ニ入リ人物ヲ殺害シ家ヲ火テ去ル。	
庶子憤怨		○徐羊甲ニ加刑。絕シテ甦ル（宣祖ノ子タル大君ヲ擁立シ不軌ヲ謀リシ黨類）常ニ曰フ盡ク庶孼ヲ聚ムレバ何ゾ三百ニ止マラン十萬ニ至ルベシト。此漢ハ八道庶孼ノ魁也云々。羊甲ヲ鐵物ノ市路ニ轘刑ス。	一二三—一二七
咀呪		○王ノ傳。宮人等懿仁王后ノ陵上大ニ咀呪ノ災ヲ作ス罪惡大也。（以下咀呪ニ關スル件ハ王ヲ亡キ者トシテ大君璜ヲ擁立セントセシ事件也。大妃ノ父ニ死ヲ賜フ等殺サレシ者多シ。本件ハ黨爭ノ陰謀ヨリ担造セラレシ疑アリ）	一二九

五九三

卷六十七

事項	記事	出典
	六月	
女人乘馬 幽靈風說	○衿川ヨリ仁川ニ向フ途上一屋轎アリ朱簾ヲ垂レ女騎之ヲ導ク中ニ有髷ノ男子アリ云々楊根郡守狀報ス。時ニ金宗瑞（靈魂）女轎ニ乘リ西小門ニ出入ストノ風說アリ。（金宗瑞ハ世宗ノ忠臣世祖ニ殺サル）	三五
盲女卜術	○盲女高成ノ供。士族常人日ニ我ヲ邀ヘテ問命ス。同人ノ卜術ハ頗ル靈驗アリ闕內及諸戚里宮家招トセザル無シ。	三八―三九
咀呪	○高成ノ供。咀呪ノ曲折ハ大君乳母ノ處ニ聞キタリ。王ハ曰ク宮中多ク咀呪ノ事アリ。鼠、狗、蟾、鳩等或ハ全體ヲ斫キ或ハ眼ヲ去リ、足ヲ斷チ祈禱咀呪ス云々。	四〇
巫女逮捕	○王ハ大君ノ處ニ往來ノ巫女ヲ皆捕ヘシム。	四七オ
國巫	○水連介年七十國巫ト號ス。	六三
咀呪	○應壁ノ供。穆陵上及宮中皆物ヲ埋メ咀呪ヲ行フ。	六五・六七・六八・六九
右同	○穆陵上ニ生猫ヲ埋置ス皆巫女高成ノ所爲ナリ。成陵上咀呪ヲ行フ。	六七
右同	○別監等大君ノ宿處ニ入リ畫像ヲ紅段ニ畵キ針ヲ以テ目ヲ刺シ竄穴ニ埋置ス。盲人張順命同參シ縫線ス。金山寺ニ生馬一匹ヲ以ヲ咀呪シ祈禱後深澤ニ投ズ。白雄狗一介其四足ヲ斷チ大妃殿ノ後庭ニ埋置ス。大妃ノ內人生鷄ヲ捉ヘ其一目ヲ縫ヒ飼フニ朱砂眞珠ヲ以テシ紅袱ニ包ミ大殿ニ向テ放ツ。	同
宮中祈巫	○大君ノ衣服居處ハ歲時ニ祈禱多ク常度ニ過グ。	八五
廢王子	○璘出宮ノ時大妃抱持別ルルニ忍ビス。（大君璘ヲ廢シテ庶人トシ喬桐ニ安置ス）	八五

光海君五年

項目	月	記事	頁
巫女救病公認	八月	卷六十九 ○活人署ニ巫女案アリ。巫女ニシテ活人署ニ移寓スル者アリ。	七八
月食停鞠	九月	卷七十 ○月食ニヨリ鞠ヲ停ム。	一三五
厲祭		○疫癘盛ナリ癘壇ニ禳祭ヲ行フ。病息マズ王ハ傳シテ更ニ行ハシム。	一四〇
女樂儺戲		○王ハ女樂儺戲ヲ好ム。承旨任就正之ヲ知テ每ニ大擧動ニ遇フ每ニ請フテ必ズ之ヲ行フ。	一五五
處子揀擇	十月	卷七十一 ○慶平君ノ婚ニ處女ヲ擇ブベク闕ニ詣ラシムハ大禮ニ非ズト之ヲ停メンコトヲ裵大維等啓ス。司諫院右同。王允サズ。	三・九
痘瘡禁忌 厲祭		○禮曹ノ啓。天行斑疹(痘瘡)盛也。或ハ禁忌ニ拘ハリ治療セズ坐シテ其死ヲ視ル。醫書印頒ヲ請フ。王ハ許ス。厲壇ニ更ニ祈禱セシム。此疫俗稱唐疫又癘疫ト稱ス。此ヨリ每年流行虛歲ナシ伏尸相望ム。人ハ殺戮强魂(不軌陰謀事件ニヨリ殺サレシ多數ノ者ノ)ノ致ス所トス。	四九
處女揀擇	十二月	卷七十三 ○王ハ淑儀(妾)ヲ三タビ揀擇スルニ付テ處女ノ禁婚ヲ行ハシム。期日ニ處女ヲ闕	一五八

五九五

ニ詣ラシム。

解禁婚　○義禁府都事許徽ノ女ヲ淑儀ニ定ム。禁婚ヲ解ク。（此時王ノ後宮五人アリ）　一八七

卷七十四

六年（甲寅）

墳山掠奪　正月　○前府使鄭士信ハ人ト爲リ邪毒。先祖ノ墓ニ托稱シ訟ヲ起シ士大夫及庶民ノ墳山ヲ謀奪ス。　五

卷七十七

祈雨　四月　○旱災甚シ禮曹ハ啓シテ祈雨ヲ行フ。　二五

膽取犯罪　○近日都城内外人膽ヲ取ルノ賊恣行ス。王ハ傳シテ捕治セシム。　四一

祈雨祭儀　○禮曹ハ風雲雷雨ニ祈雨親祭ノ儀註ヲ啓ス。後竟ニ行ハズ。　五一—五二

旱災因寃　○中樞府判事及司憲府ハ旱災ハ寃怨ニ因ル。獄ヲ愼シ速カニ諸獄ヲ完了スベキヲ啓ス。　五七—六三

祈雨　○王ハ社稷ニ祈雨祭ヲ親行ス。　八七

各門結綵　○詔使來ル。宮城各門ニ結綵スルコト等一切行ハズ。　一一〇

卷八十一

闕内咀呪　八月　○王ハ傳シテ曰ク。罪人烈伊（先朝ノ侍妃）ハ金闓ト同惡外間ニ通書シ内庭ニ祈禱妖邪兇慘ノ事掩ヒ難シト金闓ノ例ニヨリ死ヲ賜フ。癸丑ノ變ヨリ宮人ノ訊鞫スル者其數ヲ記ヘズ、今ニ至リ囚獄尚多ク死ヲ賜フ。　一二五・一四五

七年（乙卯）

正月

卷八十七

咀呪 ○王ノ言。逆賊金應璧ノ陳述・本年二月韓尙宮ハ盲女ヲシテ穆陵上ニ讀經咀呪ス、其時五穀飯三器ヲ用ユ連伊ハ銀耳ヲ持ス。夜半出去猫ヲ埋ム。又經文ヲ大紅緞埋置ノ處ニ讀ム云々。闕內ニ咀呪ス云々。人形ヲ紙ニ畫キ目ニ針ヲ刺シ竈底ニ埋ム。活狗ヲ殿內松林內ニ埋ム。金色ノ猫ノ眼ニ針ヲ刺シ烟突ニ納ル。櫻樹上ニ鼠ヲ割キ之ヲ掛ク。其他白雄狗、猪ノ畵、死鼠、死猫、大口魚、死鵲等ヲ使用十六種ノ咀呪ヲ行ヒ兩殿兩宮ヲ害セント謀ル云々。
（右ハ柳永慶ガ大君璜ヲ擁立ノ爲密カニ內ニ通ジ妖ヲ行ヒシ事件也） 八六ー九三

卷八十八

三月

放砲攘邪 ○宮內妖變アリ大內東宮ニ於テ辟邪ノ爲メ砲手二十名ヲ入レ連日放砲ス。政院之ヲ止メンコトヲ啓ス。王聽カズ。 一四五ー一五一

拘忌移宮 ○王ノ昌德宮移御ニ付テ禮曹ハ四月二日ヲ吉日トシテ擇啓ス。 一五三

雨乞 ○旱ニヨリ審寃、修溝渰、陌、掩骼等ヲ行フ。 一五五

處女揀擇 ○王ハ傳シテ淑儀ヲ揀ブベク十一歲ヨリ十八歲ニ至ル處女ノ單子ヲ捧入セシム。士大夫ノ隱匿出サザル者ハ重律ヲ以テス。 一六三

咀呪 ○兩司ハ合啓シテ咀呪作孽ノ事アルニヨリ、速カニ新宮ニ移御ヲ請フ。 一六三

方角拘忌 ○王ノ傳。世子ノ五鬼ハ艮方ニアリ何レノ門ヨリ入ルベキカ吉方ヲ觀象監提調ト地官ト聚會一同看審セシム。 一六五

方角拘忌		○王ハ傳シテ昌德宮移御ノ日、世子ハ小新西門ヨリ金虎門ニ入リ還リハ敦化門ヨリ出シム。	一七九
		卷八十九	
拘忌移宮	四月	○王ハ昌德宮ニ移御ス。（宮中妖變多キニ由ル）	一
祈雨		○王ハ祈雨祭及審寃、修溝、掩骸等等ヲ速カニ行ハシム。	六九
右同		○同上。	七五
右同		○同上社稷ヲ親祭ス。	一一七
放砲攘邪		○王ハ軍器寺ニ傳シ來月一日ヨリ三日間昌德、昌慶二宮及東宮ニ放砲セシム。	一九五
		卷九十一	
山臺儺禮 結綵獻歌	六月	○祔廟ノ後還宮ノ時山臺、儺禮、儒生耆老教坊歌謠、街路結綵ノ例アリ。禮曹ハ啓シテ之ヲ省略センコトヲ請フ。王ハ傳シテ大抵皆之ヲ爲サシム。儺禮ハ舊例天使ノ時ノ輪車雜像ヲ用ユ。	一七五・一八一
娼妓歌謠		○掌樂院ハ教坊歌謠ノ事期日切迫各司ヲ促督シ工匠ヲ召集シ儺禮廳ノ例ニヨリ速ニ施行スベシト啓ス。	一八七
		卷九十二	
風水思想	七月	○修繕都監ハ宮闕ガ風水學上不合ナルヲ啓ス。	二三七—二三八
妓生服裝		○掌樂都監ハ樂學軌範ヲ考シ、沉香山ニ用ユル妓生百名、祔廟後諸司獻軸ト飲福宴	二七三

光海君七年

		ニ用ユル件及妓生ノ服裝、進豐呈ノ時ノ同上ノ件ニ付テ啓ス。	
		卷九十四	
風水思想	閏八月	○王ハ朴尙義ヲシテ宮基ノ山脈ヲ往審セシム。	一三三
		卷九十五	
山車花隊 獻歌謠	九月	○王ハ宗廟ニ親祭シ王系修正（李朝太祖ヲ高麗ノ逆臣李信任ノ後トシ明ノ會典ニ記セルコトヲ修正ノコト）ノ誥命ヲ告グ。還宮ノ時耆老、儒生、妓坊軸ヲ獻ジ稱頌。妓坊ハ倡優山車花隊ヲ以テシ侈巧ヲ極ム。王ハ輦ヲ駐メ終日之ヲ觀ル。	二〇六
		卷九十六	
地方官淫行	十月	○司憲府ノ啓。西原縣監日ニ醉酗邑妓ヲ奸ス罷職ヲ請フ。	七
		卷九十七	
風水思想	十一月	○景福宮基地ヲ看審セシム。	五五
		卷九十八	
處容鶴舞	十二月	○王ハ明春親蠶後勞酒宴ノ時、女妓ハ沈香山ト鶴舞ヲ呈スベシ。平時內庭ノ處容ヲ觀ル時ニモ亦鶴舞アリ、男樂ナリト雖モ女妓ニ之ヲ敎習セシムベシ云々ト傳ス。	一六一

事項	年月	記事	頁
	八年（丙辰）		
		巻百一	
風水思想	三月	○王ハ風水ニ惑ヒ交河ニ新宮ヲ營マントシテ果サズ。更ニ仁王山下ニ新宮ヲ營マントス。	一八二
右同		○領議政等ハ右ノ件未安トス。王ノ此ノ意ハ狂僧性智ノ言ニ出デシモノ也。	一八三―一八四
		巻百二	
結綵獻歌	四月	○政院ノ啓ニヨリ宗廟親祭（祖宗ノ宗系改正誥命）還宮ノ時儒生老人ノ獻軸、街路橋梁屛門ノ結綵等ノ節次ヲ講定セシム。	二五五・二五七
		巻百三	
山臺獻歌	五月	○掌樂院ノ啓。謁聖還宮ノ時敎坊ノ歌謠ハ上年祔廟ノ時ノ例ニ據リ擧行ス。前年所用ノ山色已ニ變ジ花色亦衰フ云々。	一一二
獻歌		○宗廟親祭還宮及謁聖還宮ノ時儒生獻軸ノ件。	三
呈才		○同上、呈才等ノ件。	六・二八・四三
端午進扇		○王ハ傳シテ端午進上ノ油扇ヲ全羅慶尙監司ニ上送セシム。	三三
雜戲獻歌		○宗廟親祭王還宮ノ時、館學ノ儒生、老人、妓生歌謠獻軸、王ハ輦ヲ駐メ雜戲ヲ觀ル。	五五
老人優遇		○戶曹ノ啓。老人優遇ニヨリ加資又每月酒肉ヲ賜フノ件。	九一

		卷百六	
儺禮	八月	○政院ノ啓。儺禮ノ事ニ付テ啓下巳ニ久シ軒架等ノ物匠人無クシテ尙ホ役ヲ始メズ。儺禮廳ノ推考ヲ請フ。	二一—二二
圜丘郊祀		○王ハ傳シテ圜丘ニ殿ヲ作ル其樣式ヲ舊例ニ依リ參酌善造セシム。且郊祀ノ日迫レリ諸儀節急ニ議定セシム。	四四・四五
儺禮雜像		○戶曹ハ呈才ニ用ユル鶴羽、白鵝羽、烏羽ノ事及儺禮廳ノ雜像、註之廣大等ノ物、軒架雜像ニ付テ啓ス。義禁府同上。各道ヨリ戲子來ラズ發馬督促セシム。	五八—六二
郊祀		○弘文館ハ郊祭ハ天子ノ行フモノナリトシ南郊ノ親祀ヲ罷メンコトヲ請フ。其他ヨリモ同上。王允サズ。	六〇・七三・七九—八一・八八
儺禮		○右邊儺禮都監ハ儺禮設備ノ事ニ付テ啓ス。	七九
郊祀		○郊祀停止ニ付テ三司合啓ス。王ハ冒寒ノ故ニ托シ之ヲ見合ハス。	九九
		卷百七	
處女揀擇	九月	○王ハ來二十六日外方ヨリ上來ノ處女ヲ闕ニ詣ラシメ揀擇スルコトニ定ム。	一三一
		卷百八	
上壽宴禮	十月	○院前啓。上壽禮宴ノ時法殿ニ於テ女樂ヲ用ヰ倡妓ヲシテ玩戲ヲ呈スル勿ラシメヨ。王ハ女樂ハ祖宗朝ヨリ有リトシテ允サズ。	一八一
命婦進花		○王ハ傳シテ內外命婦勸花麤造無形ノ事怠慢アリト當該官ヲ推考セシム。	一九一

事項	月	記事	頁
宴床裝飾		○王ハ傳シテ大殿宴床用ノ絲花鳳ヲ內殿ニ移用スルトノ事ハ不可ナリ更ニ新造スベシト當該官ノ怠慢ヲ推考セシム。	同
風水思想		○王ハ術官等ニ仁王山下ノ地ヲ相セシム。	一九九
處女揀擇		○王ハ傳シテ處女ノ三回ノ揀擇初ノ二回ノ如クナラズ。病ト稱シ入ラザル者ノ家長ヲ推考セシム。	二一三―二一四
		卷百十	
右同	十二月	○王ハ傳シテ曰ク。子女ハ隱スベキノ物ニ非ズト處女揀擇ノ時牢諱出サザリシ三人ヲ重究推考シ、其處女ノ單子ヲ捧入セシム。	六三
	九年（丁巳）	卷百十一	
春幡	正月	○王ハ今番ノ春幡子ハ麁造無比ナリトシ提調各官員下人ヲ重キニ從リ推察セシム。	一四五
風水思想		○風水僧性智等差備內ニ出入ス。王ノ土木妖說ヲ好ムニ依ル。	二〇〇
會飲射侯ノ禁		○二十四日。王ハ傳シテ今明日ヨリ三淸洞及山間水曲ニ會飲射帿スル事ヲ一切嚴禁ス。王ハ匿名書ニ熒惑セラレシニ由ル。	二三五
		卷百十二	
官妓私用	二月	○王ハ士大夫ノ恣行飲宴ヲ嚴禁シ上司衙門ガ役工ノ定送ヲ爲サシムルコトヲ禁ズ。且妓生ノ免賤免役ヲ擅ママニ爲ス勿ランム。	六五―六六

三月

卷百十三

舞童　○学樂院ノ啓。祖宗ノ朝平時ノ樂工八百餘名亂後僅ニ三百餘名トナル。其中年少ノ兒童四十餘名舞佾齊ハズ各官ヨリ上送チ請フ。　一〇ウ

宮門結綵　○王ハ傳シテ影幀京城チ過グル日崇禮門ニ結綵チ爲サシム。　一二五－一一六

大內妖變　○大內方ニ妖變アリ移ルベキ處無シト雖モ王ハ姑ク駐御ス。　一五九

卷百十四

盲卜入宮　○王酷ク卜筮祥禨等ノ事チ好ム。盲卜三人宮禁ニ出入ス晝夜承命節無シ。微細ノ政務モ占筮チ以テセザルナシ。　一八三

國忌不憧　○國忌ノ日內弓房ニ妓生チ挾ミ唱歌飲酒セシ司鑰弓人等チ推考ス。　一九一

風水思想　○史臣ノ記。木妖（土木建築チ迷信ニヨリ連リニ起セシチ指ス）大ニ作ル。怪鬼輩性智、騈龍ノ鼓唱ニ出ヅ。　一九九

卷百十五

五月

風水思想　○仁王山下ニ新營ノ宮殿チ新闕ト稱ス。　四ウ

端午進扇　○慶尚左兵使ハ端午ノ扇チ進ム。甚麁造ナリ王ハ傳シテ推考セシム。　一一

建築拘日　○繕修都監ハ正殿開基ノ時術官ノ言ニ異同アルモ吉辰チ用ユベキチ啓ス。　三七

卷百十六

不淨門　六月　○大妃殿ノ尚宮一人死ス。東小門ヨリ出デシム。　九三

風水思想　○王ハ風水ニ惑ヒト僧性智ノ言ヲ聞キ仁王山下ニ新宮ヲ建テントス。　九七・一一九

祈雨　○祈雨ヲ舉行ス。　一四九

卷百十七

風水思想　七月　○王ノ傳。仁王山下ノ新闕ハ文用性智ノ言ヲ取リ、西別宮ハ金馹龍ノ言ヲ取リ、營造スベシ。　一八四

風水思想　○前日喪人金自點ノ疏ニ、青龍寺ハ祖宗ノ朝ノ內願堂ナリト。王ハ其前山ニ人ノ入葬スル勿ラシム。　一九三

卷百十八

右同　八月　○王ハ慶德宮ニ一樓閣ヲ造リ大池ヲ鑿リ中ニ一嶋ヲ築キ東方ヲ鎮壓セントス。　一三

解禁婚　○王ハ淑儀二人ヲ揀擇シ其餘ノ處女ニ婚ヲ許ス。　一七

卷百十九

獻歌　九月　○漢城府ハ宗廟親祭還宮ノ時儒生耆老獻歌謠ノ事ニ付テ啓ス。　八五

歌謠呈才
官妓率畜　○禮曹ハ告廟大禮ノ時敎坊歌謠呈才ノ事ニ付テ平安道ノ妓生歌謠ヲ善クスル香蘭、文香等ヲ上京ノ事及士大夫畜娼シ大禮ニ出サザル者ヲ懲サンコトヲ啓ス。　八七

彩棚優戲　○王ハ大廟ニ告祭ス。還宮ノ時彩棚香山、優倡百戲ヲ大路中ニ陳ス、輦ヲ駐メ終日之ヲ觀ル。司諫院ハ諫メテ速ニ還宮スベキヲ啓ス。　一〇五

事項	月	記事	出典
百官陳賀		○王ハ正殿ニ御ス。王世子ハ百官ヲ率キ陳賀ス。百官ニ加資シ赦ヲ頒ツ。	一〇六
飲福宴		○司諫院ハ飲福宴ニ女樂ヲ用ユルノ命ヲ還收ベキヲ啓ス。王ハ允サズ。	一〇八・一〇九
雜像優戲		○王ハ傳シテ曰ク、國ニ大慶有ラバ雜象ヲ陳シ優戲ヲ設ク祖宗ヨリ二百年來流來ノ禮ナリ。駐韓之ヲ觀ルヲ不可トシテ路上ノ啓不當ナリ。	一一七
		○同上ノ件ニ付司諫ハ辯疏ス。	一一九
笠帶僭用		○掌令ノ啓。昨日朝報ヲ見レバ禁軍等絲笠犯禁ノ事アリ。近來市井ノ販夫下賤尊卑ノ分ヲ紊リ、笠帶其他ノ服飾分ニ越ユ。	一二七
妓生待令		○掌樂都監ノ啓。今月初七日內習儀ノ時妓生ノ中不進ノ者アリ云々。妓生皆開門ヲ待チ闕下ニ至リ闕庭ニ待令ス解語花一人來ラズ禁囚ヲ請フ。	一七五
		卷百二十一	
佛儒反目	十二月	○風水僧性智ハ國事ノ爲勞アリトシ堂上ノ實職ヲ授ク。館學儒生一同西宮ノ罪ヲ論啓シ廢シテ庶人ト爲サンコトヲ請フ。	六二・一一九一二 三・二〇〇・二〇一
咀呪		罪一、妖巫ヲ崇信シ呪祝ヲ要ス、陵上ニ骴ヲ埋ム、肉片ニテ烏鳶ヲ散飼ス。二、子ノ璣ノ貴キヲ欲シテ厭勝ヲ行フ、狐骨木人ヲ宮中ニ瘞ム、凶讐ヲ引テ妖經ヲ誦ス、聖上臨御ノ後巫祝咀呪雞狗羊猪ノ尸ヲ宮庭ニ投棄ス虛日ナシ云々。	
	十年（戊午）	卷百二十三	
廢大妃	正月	○大妃ノ尊號ヲ貶シ大妃ノ二字ヲ去リ西宮ト稱ス。國婚ノ時ノ納徵納幣等ノ文書還出、御寶徽旨標信等ヲ出ス。（大妃ヲ廢スベキ上疏ハ此時迄甚多ク百數十ニ及ブ黨爭ヨ	二〇五

		リ出タルモノ也）	
		卷百二十六	
建築埋炭	四月	○新闕營造都監ノ啓ニヨリ埋炭郎廳ヲ論賞ス。	一四一
端午進扇		○王ハ傳シテ兩南監司ニ油扇各五百把、慶尙左右兵使ニ各三百把、全羅兵使ニ四百把、兩南監司ニ漆扇各一百把ヲ五月内速カニ上送セシム。	一九七－一九八
誕日進上		○王ノ傳。誕日各殿ニ政府進上ノ表裏麁劣袱色淺シ。該司ノ色吏ヲ推考セシム。	二〇三
		卷百二十七	
祈雨	閏四月	○旱災ニヨリ山川祭及盲巫ノ祈雨ヲ行フ。	九八
		卷百二十八	
拘忌移宮	五月	○王ノ言。大内ニ故（人ノ死）アリ慶運宮亦妖變アリ移御スルヲ得ズ。仁慶宮ノ役何ゾ已ムベケンヤ。	一四六
避厄移居		○王ハ傳シテ曰ク、近來大内妖變絶ズ入直上下ノ人連續病死ス、舊例如此ノ時ハ移御ス。士大夫ノ家内少シク事故アラバ小民ノ家ヲ驅逐シテ移避ノ所ト爲ス。	二一三
		卷百二十九	
起復吉服	六月	○起復ノ人ノ吉服法典ニ例アルカ更ニ調査シテ啓セヨト王ハ傳ス。	七
起復經署		○禮曹ハ起復ハ喪禮ノ大變ナルモノ武臣輩名經署セザレバ法典ノ本意將ニ此レヨリ	七三－七四

事項	月	記事	頁
		毀レント啓ス。王ハ經署シ難シ施ス勿レト傳ス。（時ニ淸國滿洲ニ勃興シ朝鮮ハ兵備ニ急ナリ）	
携娼醉拏		○右承旨ノ啓。國家近日三淸洞ニ設祭スルニ方リ遊嬉無賴ノ人ヲ禁止セルニ娼ヲ挾ンデ醉拏ヤル者アリ王ハ重治セシム。	七九—八〇
		○王ハ昭訓（妾）ヲ揀ブベク處女ノ單子ヲ捧入セシム。	一三三
		卷百三十	
王ノ寵人	七月	○祖宗ノ朝淑儀ハ三人ヲ過ギス今五人アリ其外ニ昭容二人尙宮三人アリ爭媚姤寵ス。	二〇四
		卷百三十二	
上壽宴	九月	○王ハ仁政殿ニ御シ上壽宴ヲ受ク。女樂ヲ設ク十酌ヲ行フ夜ニ入リテ罷ム。	二三三
		卷百三十三	
擧子榮親榮墳	十月	○義禁府ハ科擧ノ擧子榮墳榮親ト稱シ京城ヨリ其故鄕ニ才人ヲ率ヒ去ルコトヲ禁ジ山主、才人ヲ並ニ重治セシコトヲ請ヒ王ハ之ヲ允ス。大禮前ニシテ才人ノ缺乏スルニ由ル。	五三
		卷百三十四	
儺禮	十一月	○王ハ傳シテ儺禮ノ諸具善藏セズ腐敗ヲ致セリト。今後保存ニ注意スベキヲ曰フ。	一五七

事項	月	記事	頁
咀呪	十二月	卷百三十五 ○持平ノ啓。福同ト稱スル者アリ詛呪ヲ善クシ闔閭ニ出入シ內人トモ交遊ス。其所持ニ凶畫、女服、女飾等ノ物甚ダ多シ云々。	二二二—二二三
咀呪 半陰陽		○宮妾甚多クシテ相妬忌シ咀呪大ニ起リ兇穢ノ物寢室ニ滿ツ。王妃病有リ醫云フ邪祟ノ中ル處ト。福同ハ本ト陰陽俱ニ備フルノ人或ハ巫トナリ、或ハ覡トナル云々憲府之ヲ囚ウ。	二二三—二二四
巫女咀呪		○刑曹及左右捕盜廳ハ巫女莫介ヲ推問シテ闕下咀呪ノ事ハ巫女愛介之ヲ爲セルヲ啓ス。	二三一
右同		○禮曹ノ啓。妖賊福同ハ言フ、咀呪ノ物尙ホ闕中ニ在リ盡ク掘取ルベシト。	二三一
右同		○福同初メ鞫セラルル入宮ニ及ビ咀呪ノ物ヲ掘取シ祈禱ヲ行フ、王之ヲ寵貴ス。梨峴宮ニ禱祀ヲ設ケ神魂ノ圖畫ニ祈ル又列聖位ノ鹵簿、儀杖、衣服ヲ設ク。福同日夜歌舞神ヲ娯マシム又國內山川ヲ禱ル。號シテ福同ヲ聖人房トナス。	二三一—二三三
	十一年（己未）		
咀呪	正月	卷百三十六 ○三司合啓。妖巫福同ヲ鞫センコトヲ請フ。王ハ金貴人ノ咀呪ノ事發覺ヲ恐レ之ニ	五五
半陰陽		從ハズ。福同ハ宮禁及士大夫ノ家ニ出入ス巫ヲ名ト爲シ實ハ男子也。	一
敗戰謹愼	三月	卷百三十八 ○備邊司ノ啓ニヨリ西師敗衂（明軍ニ應援シ淸軍征討ノ爲滿洲ニ出師セルモノ）ニ	一八〇

ヨリ減膳撤樂ス。

卷百三十九

事項	月	記事	頁
處女揀擇	四月	〇王ハ傳シテ昭訓トスベキ處女ノ單子ヲ京外官ニ督出セシム。	一九七
畵像奉遷ト郊祭		〇世祖ノ影幀ハ開城ヨリ江華ニ、太祖ノ影幀ハ水原ヨリ江華ニ奉安ス。其京ヲ經ル時郊外ノ親祭ヲ行フコトニ定ム。	二〇五
風水思想		〇京城大火、鐘樓燒ク。王ハ傳シテ風水僧性智ニ問ヒテ舊基ニ作ラシム。	二六一—二六二
招魂虛葬		〇備邊司ノ啓ニヨリ金應河（滿洲ニテ戰死者）ノ妻尹氏ハ招魂故山ニ虛葬セントス應河ハ戰功多シ人夫祭需ヲ給ス。	二六三

卷百四十

事項	月	記事	頁
戰死立廟	五月	〇戰亡ノ將金應河ニ立廟ス。	一三—三一

卷百四十四

事項	月	記事	頁
宮中妖變	九月	〇慶德宮ニ鬼魅ノ變アリ。新宮ニ速カニ移御スベキヲ營造都監ヨリ啓ス。	二
儺戲雜像		〇告廟親祭ノ時軒架雜像改修ノコトヲ儺禮都監ヨリ啓ス。改修ノ役軍ハ前例ニヨリ兵曹ヨリ給ス。呈戲才人ハ期前行會上送セシム。發馬行移シ上送ヲ督促スベシ。	五・三一
祭祀用茶		〇柳忠立ハ別殿親祭ノ祭文ヲ考スルニ酒ヲ用ユルモノニハ「淸酌庶羞」ト云ヒ、茶ヲ用ユルモノニハ「蘋藻」ト云フト啓ス。	七
雜像呈戲		〇宗廟親祭還宮ノ時ニ軒架シテ雜象呈戲ヲ行フ勿ランコトヲ司憲府ヨリ啓ス。	三二

事項	月	記事	頁
獻軸		○王ハ宗廟ニ齋宿ス。三更王ハ大室ニ詣リ行祭、平明始メテ畢ル日出デ還宮ス。王還宮ノ時儒生、耆老、倡妓等獻軸ス。王戲ニ耽ツテ午後還宮ス。	四〇・四一
飲福宴		○王ハ仁政殿ニ御シ飲福宴ヲ行ヒ女樂ヲ張ル。	四五
曲馬		○馬上才ノ人ヲ試取ス。	四九
		卷百四十五	
祈晴	十月	○晴ヲ祈ル。	一四一
		卷百四十七	
家法不嚴 婦女淫蕩	十二月	○都承旨ノ啓。近來國綱弛ミ人法ヲ恐レズ。宰臣ノ女子公然人ト奸シ山谷ニ遨遊ス。士族ノ妻宣淫忌ムナシ。都下外方成女出入シ人ノ呵禁スル無シ。其女ヲ生佛ト誇稱シタル僧ト奸セシム家廟ニ告ケズ之ト成禮セシム。此等當該者ヲ鞫センヲ請フ。	二一五
風水思想		○元宗大王（追尊）薨ズ。光海君最モ之ヲ忌ム又仁嬪ノ葬地ヲ大吉トシ常ニ人ヲシテ窺覘シ之ヲ構害セントス。	二九七
	十二年（庚申）	卷百四十九	
儺禮戲子	二月	○義禁府ノ啓ニヨリ儺禮ノ戲子ヲ上送セザル全羅、慶尙、公洪、黃延、江原ノ監司ヲ推考ス。	一〇五

山臺雜戲	三月	卷百五十 ○王親耕ノ禮ヲ東籍田ニ行フ。還宮ノ時軒架山臺雜戲、沈香山、女妓獻軸ノ處駐輦終日之ヲ見ル。弘文館及三司諫ムレド聽カズ。	一五五
親蠶	四月	卷百五十一 ○親蠶ハ大禮ナルニ外命婦一人ノ入參無カリシ。王ハ之ヲ推考セシム。	二二五
祈雨	五月	卷百五十二 ○旱災ニヨリ王ハ祈雨セシム。	一五
死屍掩埋	六月	卷百五十三 ○外方ヨリ上來セシ飢民、軍士(飢饉アリ一方對淸關係ヨリ軍士ヲ徵ス)餓死多シ。未ダ死セサル前都民曳出シ溝壑ニ投棄ス。僧性智或ハ某人ヲシテ死屍ヲ淨處ニ葬置セシムベシト王ハ傳ス。	一三九
妖言		○妖言アリ士大夫居民爭フテ家舍ヲ賣ル。	一七一
賜花賜酒	七月	卷百五十四 ○王ハ殿試及第者ニ賜花賜酒ノコト詳察シ行ハシム。	一八七

事項	月	記事	番號
女子乘轎	八月	卷百五十五 ○右承旨ハ空名帖前後相望ム（宮殿營造其他國費多端ニヨリ賣官ス）如此ンバ市井ノ女ノ夫人ト稱シ屋轎ニ乘ルモ誰カ之ヲ禁ゼン尊卑混亂ニ至ラント啓ス。	二六五
彩棚		○王ハ詔使ヲ迎フベク彩棚ヲ造設セシム。	二八七
山臺構造	九月	卷百五十六 ○詔使ヲ迎フル綵棚ハ前ニハ左右造名春山夏山秋山雪山ヲ設ケ毎山、上竹三、次竹六、長八十尺柱木四十八柱、山臺役軍二千七百名云々禁府ヨリ啓ス。王ハ省略設備セシム。	六一八
官妓敎習	十一月	卷百五十八 ○掌樂院ノ啓。本院ノ屬妓工ノ捧足（各其地方ヨリ納ムル手當）積年未捧飢寒切身滿庭呼訴ス。速ニ上送セシメン云々。此ヨリ前外方各官妓ヲ京中ニ聚メ掌樂院ニテ敎習歌舞以テ進豐呈ニ備フ。壬辰亂後廢セシヲ王之ヲ復ス。	一六七
癘祭	十二月	卷百五十九 ○城中癘氣熾ナリ王ハ癘祭ヲ行ハシム。	二三一
儺禮		○王ハ季冬ノ儺禮ハ祖宗ノ朝ノ例、十月ハ皆十一月整備シ十二月之ヲ習フ今後舊例ニ依ルベシト命ズ。	二四三

事項	年月	記事	頁
救疫祈祭		○疫癘甚シク王ハ廟社及名山大川ニ祈ラシム。	二五五
		卷百六十	
	十三年(辛酉)		
右同	正月	○城中疫癘熾ナリ重臣ヲ遣ハシ宗廟、社稷、名山大川ニ祈ラシム。	二一・五〇
		卷百六十一	
舞童	二月	○王ハ天使來京ノ時ノ舞童ノ冠服ヲ改造セシム。	六三
準近親姦		○司憲府ハ父翁ノ妾七人中二人ヲ奸シタル監察ノ仕版ヲ削ランコトヲ請フ。	九七
		卷百六十五	
街山優戲	五月	○王ハ宗廟親祭後還宮ノ時輦ヲ住メ街山ノ優戲ヲ觀ル。	八九
雜戲獻軸		○老人、妓生歌謠軸ヲ獻ズ。還宮ノ時雜戲前導棚車牽曳ノ人地ニ仆レ斃ル。	九〇—九一
		卷百六十六	
咀呪 喪中食肉	六月	○孝陵參奉ハ柳潚ノ兄弟ノ亂倫己ノ惡ヲ掩ハントシテ妻ヲ黜ケ婢ヲ殺シ、妬忌變シ咀呪ノ禍ヲ生ジ父母諸姪繼デ死ス。三年喪中飮酒食肉ス大逆不道ノ罪ニ置クベシト啓ス。	一五七
右同		○右ニ關スル件。	一七六—一七七
儺禮雜像		○左右儺禮廳ハ經費節約ノ主旨ニヨリ前ニ用ヰシ宗廟告祭還宮ノ時ノ雜像等ヲ用ヰントス。	二一六—二一七

戲子上送	九月	卷百六十九 ○義禁府ノ啓。呈技ノ戲子ノ割リ付ハ專ラ全羅道ニ多ク六百名ニ至ル。今此追崇大禮ノ時他ニモ下諭スベシト啓ス。	一八
右同		○兵曹ハ左右儺禮及沈香山ニ必要ナル戲人割付ノ事ニ付テ啓ス。	三〇—三一
雜戲		○宗廟大追崇親祭還宮ノ時王ハ雜戲ヲ見ル。司憲府ハ之ヲ不可トシテ速還ヲ請フ。	一三七
飲福宴	十月	卷百七十 ○王ハ仁政殿ニ御ス飲福宴ヲ進ム。妓工前進呈才ヲ進ム。	一三九
儺禮戲子		○王ハ傳シテ左右儺禮廳ノ戲子ニ規定ノ米布ヲ給シ、尙前例ニ依リ三百六十名ニ綿布各一匹ヲ給ス。	一四五
社稷親祭		○四更王ハ社稷壇ニ詣リ行祀ス。仁政殿ニ飲福宴ヲ行フ。	一七九—一八三
	十四年(壬戌)		
徵討妓髮	二月	卷百七十四 ○濟州牧使ハ貪贓殘虐邑妓ノ頭髮ヲ擢取シ宮禁ニ獻遺シ以テ首飾ノ用トナス。民之ヲ視ルコト虎ノ如シ。備局ハ辭遞スベキヲ啓ス。	一四三
儺禮		○來三月監軍ヲ迎フル時天使ノ時ト同ジク儺禮ヲ設クルコトニ決ス。禮曹ノ啓ニヨル。三月望日迄ニ地方ヨリ入送セシム。(俳優ノコト)	一六九—一七〇
妓生私用		○掌樂院ノ啓。亂後ヨリ各官ノ奴婢散亡殆ンド盡ク。妓生樂工ノ選集ニ艱難ス云々。今後政府禮曹ト雖モ壽慶宴外一切定送ヲ許ス勿レ。唐官留館ノ時ハ壽慶宴ニ	一七五

		モ許ス勿レト曰フ。	
		卷百七十九	
官妓率畜	七月	○士大夫盡ク名妓ヲ畜エ掌樂院ノ命アルモ出サズ。大禮ノ時其妓ヲ出サザル者ヲ重治ス。掌樂院ノ啓ニヨル。	四三
妓生乘馬		○司僕提調ノ啓。一別監ハ馬牌ヲ持シ來リ立馬並ニ丘人ヲ督ス。給スレバ妓生騎去ス痛治後弊ヲ絶タン。	五三
		卷百八十二	
風水思想 僧徒入宮 妖巫宮家ニ出入ス	十月	○副承旨ノ啓。妖僧性智ノ說ニヨリ王ハ營建ヲ興シ民怨ンデ其僧ノ肉ヲ食ハントス。世子ノ春宮ニ緇徒出入ス。仁慶廢宮ニ胡僧誦經拜佛寺刹ノ如シ。妖巫福同ハ男子ヲ以テ女服ヲ着テ宮家ニ出入ス。	九
倡優百戲		○王ハ大廟親祭還宮ノ時輦ヲ住メ沉香山倡優百戲ヲ耽觀ス。	一七
飮福宴		○王ハ仁政殿ニ百官ノ賀ヲ受ク。仁政殿ニ飮福宴ヲ行フ妓樂ヲ殿內ニ陳ス。	一七・二一
儺禮		○王ノ傳旨。季冬ノ儺禮ハ是周家ノ盛禮ナリ。戶曹ハ推諉價布ヲ出サズト云フ准數之ヲ給スベシ。	五七—五八
		卷百八十四	
壽宴	十二月	○王ハ壽宴ヲ仁政殿ニ行フ。	八五
日ノ拘忌		○王ハ日ノ吉凶ニ拘忌シ迎勅ノ日ヲ延期ス。時ニ捧勅シテ明使開城府ニ到着セリ。	一四六・一四八

王ハ同所ニ滯留セシム。

卷百八十六

十五年(癸亥)

醫女同妓
王子畜妓

二月 ○內殿上壽宴ニ妓生現員百三十三名醫女四十四名隊伍ノ妓八十名內儀仗ニ十五名外儀仗ニ二十三名朱杖棒持ハ各司ノ婢子ヲ以テ充ツルモ七十九名不足スルコトヲ掌樂都監ヨリ啓ス。且大君王子等率畜ノ妓ヲ出サシムルモ尙ホ外方ノ妓ヲ上送セシムベシト啓ス。 八七

誅尙宮

三月 ○尙宮金介屎ヲ誅ス。同人ハ反正ノ時方ニ淨業院ニ佛供ス變ヲ聞テ民間ニ逃匿ス軍人之ヲ斬ル。 一三一

廢王

○大王大妃ノ命、光海ヲ廢シテ庶人ト爲ス。 一三三

元年（癸亥）

仁祖實錄 卷一

風水思想 卜妖僧	三月	○僧性智誅ニ伏ス。風水術ヲ以テ名ヲ得前王ヲ惑ハシ土木ヲ興セシニ由ル。	一四ウ
妖巫 半陽陰		○罪人福同捕ヘラレ其時撃殺サル。巫覡妖術ヲ以テ衆ヲ惑ハシ、女服變着宮禁ニ出入宮人ト混處恣行淫穢セシニ由ル。（半陰陽）	同
女巫咀呪		○慈殿ハ賓廳ニ下教シ内人十四人ト女巫秀蘭介ノ罪ヲ正サシム。大妃ニ惡名ヲ加ヘ其宮人三十餘名ヲ誣告シ闕内及先王ノ陵ニ凶物ヲ埋置シ御容畫ヲ射又辱シム。	一五ウ
賜樂劍舞		○金瑬ニ王ヨリ犒師賜樂アリ。將士ヲシテ劍舞セシメ懽ヲ極ム。	一七ウ
溫突		○政院ノ啓。内外宮中ノ溫堗ニハ制アリ今ニ至ツテ日ニ滋蔓ヲ極ム。	二九オ－ウ
沈香山 儺禮		○禮曹ノ請ニヨリ王ハ命ジテ沈香山ヲ通衢ニ燒ク。前朝告廟親祭ノ時儺禮ヲ設ケ軒架雜像及沈香山ヲ造リ民力ヲ虛費セシニ由ル。	三二オ
衣服僭着		○朝講ノ時侍讀官ノ言。前朝ノ時奢侈風ヲ爲シ僕隷下賤皆僭衣ヲ着ス今ハ脫シテ着セズ毀ルルニヨル。	三三オ
冠禮		○禮曹ハ王世子冊禮ノ前ニ冠禮ヲ行フヲ請フ。	三五ウ
結綵獻軸		○祔廟親祭ノ時結彩ヲ除去シ只獻軸ノ禮ヲ行フコトヲ禮曹ヨリ啓ス。王ハ命ジテ之ヲモ停ム。	三六オ
祈雨	四月	○王ハ雨ヲ社稷ニ祈ル。	五六ウ
		卷二	
風水妖術	五月	○金馹龍ヲ誅ス。風水ノ妖術ヲ以テ廢王ヲ惑ハシ宮闕ヲ建造セシニ由ル。	三ウ

僧徒入城 騎馬僭乘		○朝講ノ時王ノ言。禁ヲ冒シ僧ノ城中ニ出入スル者アリ。祖宗ノ朝儒生ノ騎馬ヲ禁ズ今ハ奢僭甚シク市井ノ徒モ亦乘馬ス。	六オ
雨乞		○旱ニヨリ審理寃獄ヲ命ズ。	一〇オ
牌	七月	○將ニ號牌ヲ行ハントシテ果サズ。時ニ朝議之ヲ行フニ決シ已ニ設廳、勘定事目ヲ設ク。水災ニヨリ明年ニ延期ス。	二四オ
妖術惑人	八月	○諫院ハ李光瀋ハ幻妖ノ術ヲ挾ンデ人ヲ惑ハス不軌ヲ圖リシ迹顯著ナリ推鞫ヲ請フ。	三三オ―ウ
		卷三	
婚禮奢侈	九月	○諫院ノ啓ニヨリ諸宮家、士大夫、民庶婚姻ノ奢侈ヲ痛禁ス。	一ウ
右同		○講官ハ公主ノ吉禮奢侈ヲ極ムルヲ曰フ。	二オ、
宮中巫祀		○講官ノ言。大妃殿ニ左道神祀ノ事アリ門内帳ヲ設ケ宮人劍舞ヲ爲ス。王ノ切諫ヲ請フ。	三オ
家舍踰制		○講官ハ公主ノ家、制ヲ超ユルヲ言フ。	三オ
官妓入宮		○弘文館副提學ノ上疏。敎坊ノ女樂掖庭ニ喧咽ス。	六ウ
屠牛ノ禁		○屠牛ノ禁ヲ申飭ス。	九オ
禁釀酒 巫覡		○諸道ニ下諭シ釀酒及巫覡ノ事ヲ禁ズ。	同
儺禮	閏十月	○詔使ノ時儺禮ノ停否ヲ大臣三公ニ問フ。簡便ニ従テ之ヲ行フ。	一六ウ
衣服奢侈		○講官ハ衣服上下紊亂奢侈、禁斷スベキヲ啓ス。	一六ウ―一七オ
新來侵虐		○憲府ノ啓ニヨリ各衙門新進侵虐ノ弊ヲ嚴禁ス。契軸酒肉無數徵辨貧窶ノ人仕ヘザ	一九ウ

處女揀擇		ルニ至ル。 ○王子夫人タルノ處女ヲ揀擇ス。多ク宮家ト婚ヲ忌ミテ單子ヲ出サズ。漢城府ハ五部ノ盲人ヲ聚メ推卜ノ時ニ知リシ處女ヲ告ゲシム。	三一オ
		卷　四	
茶啖	二年（甲子） 二月	○王ハ李适ノ兵迫ルト聞キ蒙塵ス。途中漢江畔ニ於テ王及中殿大妃殿ニ南原府使ヨリ茶啖ヲ備エ以テ進ム。	二一オ
右同		○王ハ天安ニアリ茶啖ノ時ニ非ズトシ、大妃殿ノ外供進セシメザラシム。	二四オ
宗廟慰祭		○王還都ス。直チニ大廟ニ至リ神主ヲ奉安シ慰安祭ヲ行フ。	三三オ
		卷　五	
秘戯彫刻	三月	○毛文龍ノ差官毛有俊ハ李适ノ賊平ギシヲ賀シ綾緞等ノ物四十種ヲ呈ス。中ニ春意ト名クル一物アリ象牙ニ裸體婦人ヲ刻ス、褻慢無禮トシ差官ノ處ニ還送ス。	一六ウ
妖術	四月	○諫院ハ妖術ヲ挾ンデ不軌ヲ謀リシ李光澔ヲ梟示スベシト啓ス。	二九オ
雨乞		○大旱ナリ、諫院ハ一二日内ニ太社ニ親行祈禱スベキヲ啓ス。王ハ德ヲ修ムルヲ本トシ後祈禱スベシトシ先ヅ減膳、撤樂、審寃ヲ行フ。	四九ウ―五〇オ
		卷　六	
社會制裁	五月	○嶺南ノ俗、モシ罪ヲ得ル者アラバ一郷ノ者任意家ヲ毀チ郷ヲ黜ク、今他道ニ滋蔓ス。自今之ヲ痛禁律ヲ以テスベシト憲府ノ啓エヨリ王ハ之ニ從フ。	一ウ―二オ

事項	月	記事	出典
新雨		○王ハ雨ヲ社稷ニ祈ル。香祝ヲ遣ハシ黄海道ノ名山大川ニ祈ル。	四オ
進豐呈		○大司諫ハ王ガ慈殿ニ進豐呈スル時妓工ノ數ヲ減ジ其他簡略ニスベキヲ啓ス。	七オ
骸骨致祭		○王ハ令シテ黄海道戰亡骸骨ニ酒食ヲ設ケ慰靈致祭シ之ヲ葬ラシム。	一〇ウ
新雨	六月	○祈雨ノ後甘霖連下雨澤洽シ。王ハ正殿ニ復ス。	一一ウ
第宅踰制		○諫院ノ啓。大君以下ノ第宅祖宗以來造給ノ例アリ云々。公主ノ邸ノ制ニ超ユルヲ曰フ。	同
衣食儉約		○王ハ政院ニ下敎シ衣服、飲食、車馬、宮室ノ事先ヅ宗室、公卿、大夫ヨリ儉約ヲ行フベキヲ曰フ。	三三オ
京妓廢罷	七月	○王反正ノ後京妓ヲ廢ス。慈殿復位ノ禮ノ豐呈ノ爲慶尙監司ニ命ジ地方妓生ヲ上來セシメントス。王ハ之ヲ停ム。	三六オ
豐呈女妓	八月	○講官ト司憲府ハ豐呈ノ女妓ガ紅丹ヲ裝フコト銀花粧ヲ用ユルコト及朱簾ヲ用ユルコトノ不可ヲ曰フ。王ハ閭閻ノ家ニモ慶宴ニ葦簾ヲ用キズ云々ト曰フ。	四四オ
		卷七	
巫女入宮	九月	○大司諫等ノ上箚。巫女ノ最妖怪ナル者反正ノ後邊地ニ長流ス。赦ニ因リ京ニ還リ復タ宮掖ニ通ズルノ風聞アリ。楡店寺ノ僧人本宮ニ潜投シテ冒圖印文云々。	八ウ
進豐呈		○禮曹ハ豐呈ノ儀注ニ付テ啓ス。	一一ウ―一二ウ
瓦屋防火	十一月	○平壤城内大ニ瓦窑ヲ設ケ漸次閭閻ノ草屋ヲ瓦屋ニ易エ防火ノ爲メニセンコトヲ備邊司ヨリ啓ス。	二八ウ
衣服奢侈		○司憲府ハ衣服奢侈ノ禁ヲ申明シ、此禁ヲ冒セル中樞府事ノ罷職ヲ請フ王ハ推考セ	二九オ

陵火謹愼		シム。	
		○智陵上失火、莎臺階砌延燒ス。王ハ減膳、撤樂、朝市ヲ停ム百官淺淡服ニ變服、慰安祭ヲ行ヒ推鞠ヲ停ム。	三四オ
氷庫	十二月	○江上ノ居民西氷庫ヲ焚ク。（夫役多キ恨）	五一ウ
	三年（乙丑）	巻八	
盲卜入宮	正月	○中宮ハ大妃ノ命ヲ以テ祈福ノ爲盲人ヲ興元門内ニ入レントス。兵曹佐郎拒ンデ入レズ。	一三オ
冠禮		○王ハ元子ノ冠禮ヲ景賢堂ニ行フ。	一三オ～ウ
世子吉禮		○禮曹ハ世子嬪ヲ擇ブベキ（世子十四歳也）ヲ啓ス。	一四ウ
祭祀加減		○講官ノ言。我國ノ祭祀ハ李适ノ亂後加減ス。士大夫ノ家貧ト雖モ朔望祭ヲ家廟ニ行フ況ンヤ國家ヲヤト。王ハ之ニ依リ爲セト曰フ。	一五ウ
陵火謹愼	二月	○火昌陵ヲ燒ク。王ハ減膳、撤樂、朝市ヲ停ム。百官素服ス。	二一オ～ウ
巫稅	三月	○王ハ命ジテ濟州大靜ノ巫男巫女ノ稅布ヲ蠲ク。大靜ノ神祀革罷シテ久シキニ因ル。	三六ウ
		巻九	
大石崇拜	四月	○忠淸結城縣ニ大石海中ヨリ移ルアリ。僧尼ノ輩神ト爲シ宇ヲ建テテ祭リ徼福ノ地トナス。遠近ノ人來リ大石ヲ見ル。	三三ウ
號牌	七月	○王ハ軍籍紊亂ニヨリ號牌ヲ行ハントシテ其意ヲ八道ニ下ス。	四〇オ

事項	月	記事	出典
處女揀擇	九月	卷十 ○禮曹ノ啓。處女ノ禁婚已ニ許婚ノ命アリ。世子ノ嘉禮急グベシ。更ニ八道ニ命ジ處女ノ單子ヲ捧入セシメン。王ハ世子年幼ナリ姑ク徐ロニスベシト曰フ。	一オ・二オ
會盟祭		○夜三更王ハ會盟祭壇ニ幸シ祭ヲ行フ。	六ウ
宗廟樂章		○禮曹ハ宗廟ノ樂章ニ付テ啓ス。	一五オ―一六ウ
號牌	十月	○王ハ忠淸道觀察使ヲ引見ス。號牌ノ弊ヲ上言ス。	一六オ
幼者窆葬		○刑曹判書鄭佝州ニ在リ上疏解職ヲ請フ。亡子ノ窆葬ヲ名トス。	二八ウ
誕日進賀		○百官王ノ誕日ヲ進賀ス。	三九オ
庶孽許通	十一月	○王ハ大臣及二品以下ヲ招キ庶孽許通ニ付テ議ス。	四〇オ
祈禱救病	十二月	○慶運宮病劇シ。重臣ヲ遣ハシ山川ニ禱ルコトニ付テ王ハ大臣ニ議セシム。大臣等ハ例無シトス王遂ニ行フ。	四六オ
號牌		○號牌廳ノ啓。佩牌ノ期限ハ初メ丙寅正月ニ定ム。之ヲ京ハ三月一日ニ、外方ハ四月一日ニ改定シ此後佩ビザル者一々摘發ス。	四九ウ―五〇ウ
	三年(丙寅)	卷十一	
喪葬記事	正月	○啓運宮卒ス。(以下喪葬記事略)王ハ之ニ對スル三年ノ喪ヲ行フベキヤ否ニ付テ問フ。(王位ヨリ言ヘバ三代前ノ宣祖ノ嬪・私的ニハ生母)行フコトニ決ス。唯王ガ宗廟山川ヲ祀ル時ニ於テ其喪トノ關係ニ付テ疑點アリ。	五オ―ウ―五ウ―六オ
陵火謹愼	二月	○昌陵々上失火ス。慰安祭ヲ行フ。王ハ正殿ヲ避ク百官素服三日。	二七ウ

三ッ兒		○私奴一産三兒食物ヲ題給ス。	三六ウ
門外哭送		○禮曹ハ發引ノ時、城門外ニ王ガ哭送スルノ不可ヲ論ズ。從ハズ。	四六ウ
		卷十二	
副葬品	三月	○禮葬都監ハ明器、服玩、樂具ハ今方ニ造作セルヲ啓ス。	六ウ—七オ
號牌		○號牌ノ法行ハレズ無牌ノ者多シ。王ハ政院ニ下教シテ之ヲ有司ノ失トシ推考セシム。	一八ウ
宴席冠ニ花ヲ挿ム	四月	○延接都監ハ天使宴享行酒ノ時天使ト一様ニ宰臣ハ挿花スベキヲ曰フ。王ハ之ヲ爲ス勿ラシム。	二二ウ—二三オ
風水思想		○金浦園（啓運宮ノ墓）壙中石アリ命ジテ建元陵右岡ニ移トス。地家ノ制殺法ヲ用キ改メテ吉日ヲ擇ブ。	二七オ
右同		○諫院ハ風水ノ説ハ聖人ノ道ニ非ズ。此事ヲ上言シ葬ヲ遷延セシメシ沈命世ノ推考ヲ請フ王之ニ従フ。	三〇オ
號牌		○備局ハ號牌ニ期限ヲ定メザリシ爲外方ノ奸民法ヲ犯ス今年七月一日ヲ限リトシ自首スルモ饒貸スル勿ラシムルヲ請フ。	三〇オ—ウ
		卷十三	
鄕約	六月	○王ハ鄕約ノ法美ナラザルニ非ザルモ人心不淳行ハレ難キヲ恐ルト曰フ。	一ウ
雨乞		○旱災ニヨリ王ハ寃獄ヲ審理セシム。	二オ
號牌	閏六月	○王ハ敎シテ號牌ノ法ハ專ラ省弊均役ヲ主トス。民ノ懸倒ヲ解ク一日ヲ急グ有司ノ	一五オ

項目	月	記事	出典
		怠慢ヲ推考スベシト命ズ。	
右同		○號牌廳ハ啓ス。祖宗二百年中廢ノ規ナリ之ニヨリ東方百許萬散亂ノ民ヲ東勒ス其事重シ云々。	一八ウ－一九オ
行錢ノ法		○戸曹ハ京城街衢兩旁ニ酒店ヲ許シ官ヨリ酒ヲ給シ錢ノ用ヲ知ラシムル一端トスベキヲ啓ス。	二八オ
宗廟樂章		○禮曹ハ大廟樂章ヲ制進スベキ王命ニ付テ答啓ス。	三〇ウ－三四オ
僧徒女犯	七月	○憲府ハ山僧數人閭閻ニ出入廢朝ノ內人ト相奸ス。中ニ奴妻及保母尙宮アリ之ヲ鞫センコトヲ請フ。	四〇オ－ウ
		卷十四	
胎室	八月	○禮曹ハ大殿胎室奉審造成ノコト及大殿ト王世子ノ胎藏淨土寺ノ前峯ニアルヲ啓ス。王ハ唯守直ヲ置キ樵牧ヲ禁ズル勿ラシム。	一ウ－二オ
號牌		○刑曹參判ハ號牌ノ役民怨ノ多キヲ啓ス。	八ウ－九オ・一八オ－ウ
右同	十月	○無牌者任意横行法令解弛スルヲ以テ王ハ京外嚴飭セシム。	三二オ
校生ト學生	十一月	○憲府ハ校生ノ身分ガ世族ナラズ只稍平民ニ勝リ士族ニ及バザル者ナリ。云々士族ノ子弟ノ學生ト混同、落講者定軍ノ不可ヲ云フ。(校生沿革ノ記アリ)	四二オ－四三ウ
號牌		○號牌ノ件。	四三オ－ウ
老人優遇	十二月	○王ハ政院ニ敎シテ年八十以上ノ堂上ニ食物ヲ題給セシム。	五一オ
號牌		○號牌ニ關スル件。	五二オ

事項	年月	記事	出典
風水思想	五年（丁卯）正月	卷十五 ○崔鳴吉ハ還葬ノ時ノ道路（木覔山脈ノ餘氣タル山）ヲ萬人ノ力ヲ以テ鑿ツハ思ハザルベカラズト啓ス。	五オ—ウ
喪祭ニ婦人臨行		○憲府ハ古ヨリ未ダ帝王ノ家ノ喪祭ニ婦人臨行ノ例ナシ之ヲ停メンヲ請フ。王ハ允サズ。	五ウ
百官戎服		○王ハ明日ヨリ百官ニ戎服ノ命ヲ下ス。	八ウ
起復命令		○王ハ宗室中守喪ノ人ニ起復ヲ命ズ。	九ウ
茶啖		○王出都江華ニ逃レントス。（清兵ノ侵入）金浦ニ至ル民弊ヲ慮カリ各宮ヲシテ茶啖ヲ設クル勿ラシム。	一八ウ
宗廟位版		○播越ノ中、宗廟ノ位版ヲ江華ニ奉ズ。	二一ウ
金國ト盟誓祭	三月	○三日夜四更王大廳ニ出デ焚香告天ノ禮ヲ行フ。金人牛馬ヲ宰シテ血骨ヲ器ニ盛リ共ニ兄弟ノ國タル誓ヲ行フ。	五〇オ
		卷十六	
宗廟慰祭	四月	○王江華ヨリ還宮直ニ宗廟ニ慰安祭ヲ行フ。	九ウ
兒童遊戲 劍槍相角	六月	○備局ノ啓。宣祖大王戎務ニ鋭意ス。閭里ノ兒童嬉戲率ユルニ劍槍ヲ以テ相角ス。	四二オ
祈晴		○淫雨多シ王ハ祈晴祭ヲ行ハシム。	四五ウ
國婚調度	七月	○王ハ命ジテ嘉禮ノ時ノ需用眞珠一千六百六十枚ヲ減ジ、器皿全減、衣服帷帳大半減、唯法服ト禮幣ヲ減ゼズ。	五四ウ

		卷十七	
納徵ノ禮 告期ノ禮	十一月	○王ハ崇政殿ニ出デ王世子嬪納徵ノ禮ヲ行フ。同告期ノ禮ヲ行フ。	四二ウ
號牌		○兵曹ハ號牌ヲ既ニ罷メシ後ハ京外ノ民任意那移シ勒スル能ハズ。軍士匠人等逃亡スルヲ啓ス。	四五オ
廟告嘉禮	十二月	○世子ノ嘉禮ヲ宗廟ニ告グ。	四七オ
册禮		○王ハ崇政殿ニ世子嬪ノ册禮ヲ行フ。	四八オ
醮禮		○王ハ世子ヲ崇禮殿ニ醮ス。仍ホ嘉禮ヲ行フ。翌日陳賀頒敎ハ權停ス。	五四ウ
	六年（戊辰）	卷十八	
朝見ノ禮 侍女騎馬	正月	○王世子嬪朝見ノ時輦後ニ侍女騎シテ隨フ崇政門ニ入ル。	一オ—ウ
結綵雜像	二月	○詔使將ニ來ラントス。迎接都監ハ啓シテ輪車雜像結綵ノ事ハ百年ノ舊規也廢スベカラズ。中國ノ藩王ハ迎詔ノ時必ズ綵棚ヲ用ユト曰フ。	二〇オ
術士定配ノ地域		○諫院ハ術士ノ罪有ル者邊邑ニ定配セズ、其意アリ。罪人南應徹ハ久シク倭國ニ在リ倭ト相習フ南邊ニ置クベカラズ。他道僻邑ニ配スベシト啓ス。	二四ウ
祈雨	四月	○禮曹ノ啓ニヨリ、三角、木覓、漢江、風雲、雷雨、山川、雩祀等ニ祈雨祭ス。旱太甚ニヨル。	五一オ
		卷十九	
畫像還安	八月	○江陵集慶殿影幀ノ還安祭ヲ行フ。	二〇ウ

會盟歃血	九月	○王ハ功臣ト北嶽ノ下ニ一壇ヲ築キ會盟血ヲ歃ル。	二二オ
三ッ兒	十月	○平安道郭山ノ民一男二女ヲ産ス。王ハ命ジテ食物ヲ給ス。	二三ウ
	七年（己巳）		
		卷二十	
老女優遇	正月	○百歲以上ノ女（兩班ノ）ニ封爵ヲ施ス。	二オ
陵上莎草	三月	○健元陵上ノ草ハ太祖ノ遺敎ヲ以テ北道ノ靑薍ヲ以テ莎草トシ此陵古クヨリ莎草ヲ改メズ。雜木繁茂シ根ハ陵ニ近ク、之ヲ拔クヤ否ヤニ付テ論究ス。	一六ウ—一七オ
衣服奢侈	閏四月	○講官ノ言。近來奢侈也。壬辰年前老宰臣ト雖モ錦緞ノ常服アラズ、今ハ堂下官亦濫着ス云々。	二四オ—ウ
雨乞 酒禁		○大旱。避殿、減膳、放釋輕囚、中外ニ酒禁ヲ申嚴ス。	二八ウ
祈雨	五月	○王ハ雨ヲ社稷ニ禱ル。	三一オ—ウ
		卷二十一	
椒井入浴	七月	○慈殿、仁慶宮中ノ椒井ニ沐浴ス。王ハ承旨ヲシテ問安ス。	一一ウ
號牌	九月	○摠戎使ハ京畿號牌男子八萬八千、束伍軍一萬五千、江都束伍軍二千六百ト點檢シテ啓ス。	二三オ
誕日豐呈	十月	○慈殿ノ誕日近シ。王ハ三公六卿ニ下敎シ此民生飢饉ノ時豐呈ヲ受クルノ意無ク之ヲ爲サザラシム。	三三ウ
誕日進賀、	十一月	○慈殿誕日ナリ。王ハ百官ノ陳賀ヲ允サズ。	四〇ウ

	八年(庚午)		
		卷二十二	
風水思想	二月	○原州牧使ノ啓。風水ノ說ハ虛誕ニ非ズ。士大夫ノ家ノ墓穴水泉ノ患アラバ必ズ改トス。穆陵ニ水浸アリ改葬スベキヲ云フ。	一〇オ―ウ
雷震慰祭		○宗廟大門外柳木ニ雷震ス、慰安祭ヲ行フ。	一一ウ
風水思想		○相地人及朝士之地術ヲ解スル者ヲ招集シ穆陵遷葬ノ事ヲ議ス。	一六ウ
ヲ同	三月	○海昌君等ハ三公ト穆陵遷葬ノ吉地ヲ啓ス。	一八ウ
右同		○觀象監同上。	一九オ・ウ
進豐呈		○王ハ仁慶宮ニ進豐呈ヲ行フ。九酌ニシテ罷ム。	二一オ
婚姻奢侈	四月	○王ハ近來婚姻ノ禮甚ダ奢侈ナリ嚴禁スベシト曰フ。	二三ウ
妓樂ノ必用性		○兵曹判書ハ妓樂ハ俗樂ナリ之ヲ停ムルヲ請フ。王ハ妓樂ハ豐呈、天使接待、客人宴享ニ必用ナリ罷ムベカラズト曰フ。	二九オ
風水思想	五月	○摠護使ハ健元陵第二岡ヲ檢審シ風水學上ヨリノ理說ヲ述ブ。諸大臣ハ其地相ニ付テ啓ス。窺峯ノ說ハ未ダ嘗テアラズト曰フ。	三八オ・ウ
		卷二十三	
排風水說	七月	○前判官ハ地相學ノ不稽ナルヲ言ヒ之ニ依リ遷葬ヲ行フノ不可ヲ論啓ス。	八オ―ウ
風水思想	八月	○崔鳴吉ハ國陵ノ風水學上ヨリノ地位ニ付テ各陵ニ關スル資料ヲ啓ス。	一五オ―ウ
處女揀擇		○憲府ハ選嬪ノ命ヲ寢メンコトヲ請フ。	一六ウ
排佛思想	九月	○保寧縣ニ淫祀廟ニ入リ孔子、曾子、孟子、安裕ノ四位版ヲ燒ク。之ヲ改造シ慰安	三〇ウ

		祭ヲ行フ。	
祈晴	十一月	○晴ヲ社稷ニ祈ル。	三七ウ
誕日進賀		○王大妃ノ誕日王ハ百官陳賀ノ禮ヲ停ム。	三九オ
排風水說		○憲府ハ沈命世ガ術士ノ言ヲ信ジ遷陵ノ事ヲ上疏シタル罪ヲ論ズ。	四〇ウ—四一オ
右同	十二月	○玉堂上劄右同一ノ件。	四二ウ—四三オ
	九年（辛未）	卷二十四	
讖說陰謀	二月	○沃川ノ人變ヲ告グ。風水說讖記等ヲ種トシテ僧侶ト不逞ノ徒鷄龍山ニ地ヲ相シ都ヲ立テ擧兵ノ陰謀ヲ廻ラス。事見ハレ誅ニ伏ス。	八オ—一二オ
眞殿火災謹愼慰祭	四月	○太祖ノ眞殿タル江陵ノ集慶殿火ク。王素服三日哭ス。慰安祭ヲ行フ。	一四オ—ウ
祈雨		○大旱祈雨祭ヲ行フ。	一九ウ
右同	五月	○王ハ社稷ニ親祭祈雨ス。	三〇ウ
右同		○王南郊ニ齋宿シテ翌日曉ニ祈雨ス。	三七オ
巫女淫祀		○憲府ハ巫女ノ淫祀スル者多クハ事宮家ニ關係アルヲ啓ス。	四〇オ
		卷二十五	
時計		○時計、千里鏡等支那ヨリ入ル。	五ウ
祈晴	八月	○雨止マズ四門ニ禜祭ス。	一一オ
嘉禮奢侈第宅奢侈		○副提學等ノ上劄。王子ノ吉禮侈靡珍異ノ寶貨ヲ私貿ス。甲第祖宗ノ制ニ踰ユ。	二六オ
老親ノ爲設宴有弊	十月	○憲府ノ啓。近來士大夫中老親ノ人アラバ契ヲ結ビ設宴一歲再行ス、一切禁斷ヲ請	三五ウ

		フ。（賭博ノ親分ガ爲ス花會ノ如キモノ）	
書院弊害	十二月	○禮曹ハ近來書院太ダ多ク弊端アルヲ曰フ。	五三オ
	十年（壬申）		
		卷二十六	
推卜謀反	正月	○推卜ノ盲人變ヲ告グ。其陰謀ニ付依頼セラレ推卜セシニヨリ内情ヲ察知セシナリ。	六オ－八ウ
衣服奢侈	二月	○講官ハ衣服ノ奢侈ヲ曰フ。	一〇オ
排儒思想	四月	○鐵原ノ郷校奸民ノ燒ク所トナル。王ハ府使ヲ罷黜スル勿レ以テ惡習ヲ矯ムベシト曰フ。	三一ウ
茶	五月	○王胡使ニ茶ヲ賜フ。	四二オ
祈禱救病	六月	○大妃病篤シ。王ハ命ジテ山川社稷宗廟ニ禱リ、寃獄ヲ審理セシム。	四九ウ
喪葬		○大妃仁慶宮ニ薨ズ。（以下常例喪葬ノ記事略ス）	五一オ
		卷二十七	
風水思想	七月	○禮曹等諸術官ト大妃ノ陵地ヲ審視シ健元陵ノ傍ニトス。	三ウ－四オ
國恤急婚		○國恤ノ初士夫ノ家婚ヲ急グ。諫院ハ啓シテ一々摘發家長ヲ罪スルヲ請フ。	四ウ
宮中咀呪	十月	○大臣二品以上ノ啓。王違豫已ニ久シ今宮中詛呪ノ變アルヲ聞ク云々。宮人玉只等僻處ニ設祭祈禱ス。内人愛丹燃燈シ關王廟ニ往ク。僧巾數十ヲ裁作シ之ヲ笥ニ盛リ大妃殿ノ寢室ニ置ク。同人ハ白猫ノ頭及兒頭ヲ持シ埋置ス云々。僧巾ヲ裁ツハ宮中ノ風ナリ云々。	二六オ－二七オ

事項	年月	記事	出典
避呪移宮	十一月	○大臣等王ノ移御ヲ請ヒ王ハ翌日世子ノ書筵廳ニ移ル。大臣等ハ闕内ニ留ルヲ不可トシ梨峴宮ニ移御ヲ請ヒ王之ニ従フ。	二七ウ
詛呪	十一月	○禮曹參議ノ啓。近世閭閻詛呪ノ變アリ人多ク之ニ惑フ。	三〇オ
	十一年（癸酉）	卷二十八	
詛呪ノ祟	正月	○王違豫久シ宮中ニ於ケル詛呪ノ祟タルヲ疑フ。邪祟ヲ治スト云フ鍼醫ヲ招キ燔鍼ヲ受ク。	二ウ
妖術鍼醫	三月	○大司諫ハ殿下怪誕ヲ斥クコトニ朝野欽仰セルニ妖術ノ鍼醫ニ祿ヲ與ヘ之ニ惑フハ甚ダ不可ナリ之ヲ黜クベシト啓ス。	一二オ
右同		○玉堂上箚同上ノ事ヲ論啓ス。	一二オ—ウ
雷震慰祭		○仁政殿ニ震ス。	三七オ
右同	七月	○健元陵松木ニ震ス。禮官ヲ遣ハシ慰安祭ヲ行フ。	三七ウ
解謹慎	八月	○禮曹ノ啓ニヨリ九月一日ヲ以テ正殿ニ復シ常膳ニ復ス。	四一ウ
毛皮耳掩	九月	○王ハ命ジテ百官ニ貂鼠ノ耳掩ヲ賜フ。	四五オ
陵上莎草	十二月	○禮曹ハ各陵ノ摘奸ヲ行フ。陵上莎草ニ付テ莎草ト云フモ種別アリ眞ノ莎草ハ獨リ慕華館ニ存ズルモノヲ指ス。山陵ノ古規毎年寒食ニ只蓬艾ヲ去ル莎草枯損スレバ修改ス。古今ノ禮書未ダ墳墓必ズ某草ヲ用ユルノ文ナシ。以上ニヨリ陵上ノ莎草雜草改ムル勿レト啓ス。	六一オ—六二オ
	十二年（甲戌）	卷二十九	

項目	月	記事	出典
救食	二月	○月食アリ街巷官府救食ノ爲メノ鑼ヲ鳴ラザス。政院ハ啓シテ當該官員ヲ推考ス。	五ウ
武烈祠位版		○平壤武烈祠ハ壬辰東征ノ時天將五員享祀ノ所也。丁卯ノ變畫像亡失ス。之ヲ位版トスルコトトス禮曹ノ啓ニヨル。	五ウ
陵ノ石物	四月	○禮曹ハ陵ノ石物排設ニ付テ啓ス。	一四ウ－一五オ
祈雨	五月	○旱甚シ祈雨祭ヲ行フ。	一七ウ
儺禮結綵	八月	○八月十日宣祖妃ノ祔廟ノ日儺禮歌謠結綵等爲スヤ否ニ付儒生耆老ノ歌謠及街巷ノ結綵ノミ施行スルコトニ定ム。	三〇ウ－三一オ

卷三十

項目	月	記事	出典
違式祔廟	八月	○宣祖ノ子（追尊元宗）ヲ突然王ヨリ祔廟スルコトヲ決定施行セントス。政院臺諫其他大臣各司等等其名分ノ正シカラザルヲ以テ罷メンコトヲ論啓ス。（辭職ヲ請ヒ兩司空シキニ至ル）	一オ－以下
結綵歌謠	閏八月	○王ハ禮曹ニ命ジ仁穆王后祔廟ノ後陳賀ノ禮ヲ行フヲ停ム。彩棚結綵、歌謠、方物ヲ停ム。	一三オ－ウ
飮福宴		○右祔廟ヲ行ヒ仁政殿ニ飮福宴ヲ設ク。	一四ウ・一七オ
土穴住居 鹽無シ		○義禁府ハ罪人配處ニ付テ三水ハ人ノ居ル處ニ非ズ。居民土窟ヲ以テ家ト爲シ鹽醬ヲ得ズ木根ヲ掘テ食フ云々ト啓ス。	一八オ
王ノ溺宴	九月	○王ハ丁卯變後頽落セシ魚水堂ヲ修葺シ置酒畫船ヲ作リ諸宮家ヲ招聚シ遊宴女樂歌舞ス。宦寺ニ命ジ外人ニ洩ス勿ラシム。人皆之ヲ知ル。	二六ウ
始行用錢	十一月	○始メテ錢ヲ行フ。流行スルヲ得ズ。人不便トス。	三五オ

項目	月	記事	出典
曲馬	十二月	○倭使（對馬ノ使）藤智繩ハ馬上才數十人ヲ求ム、關白（德川ノコト）ノ之ヲ觀ントスルニヨル。入送スルコトニ決ス。	四三オ—ウ
咀呪		○捕盜廳ノ啓。近來人心薄惡咀呪ノ變處トシテ無之ハナシ、一例、水口門外ニ二女人ノ屍ヲ覓メ刀ヲ以テ其頭ヲ割キ之ヲ持去ル捕ヘテ審問スレバ姤婦ノ所爲也。	四四ウ—四五オ
	十三年（乙亥）	巻三十一	
曲馬	六月	○倭人馬上才ノ入送ヲ請フ。	三九ウ
新恩優戲	十月	○憲府ノ啓。近來新恩及第生帶ブル所ノ優人金線笠剪綵花段絹裏衣ニ非サレバ歡ラズ。富勢ノ家恣意僭越貧寒ノ士力ヲ竭シ慕效産ヲ破ル。王ハ之ヲ禁ズ。	六一ウ
家舍僭越		○憲府ハ近來家舍僭越ナルヲ啓ス。王ハ今後申明嚴禁セシム。	六四オ
葬喪	十二月	○中殿ハ大君ノ喪ヲ以テ驚キ病劇シク産室廳ニ薨ズ。（以下葬喪記事略ス）	七〇オ—ウ
春帖迎祥		○國恤ヲ以テ王ハ命ジテ春帖迎祥ノ詩ヲ停ム。	七九オ
	十四年（丙子）	巻三十二	
陵地選擇陰陽者同行	正月	○山陵ノ地ヲ擇ブ時宦者ノ偕ニ行ク例此時ニ始マル。	一オ
牛乳粥		○王ノ病ニ藥房ヨリ酪粥ヲ進ムルノ例アリ。	二オ
祭享用造花	二月	○憲府ハ啓シテ祭享ニ造花ヲ用ユル勿ランコトヲ請フ。國難ノ時奢侈ヲ戒ムルノ趣旨ヨリ出ヅ。此後祭ニ綵花ヲ用キ推考セラレシ者アリ。	一四ウ—一五オ
訛言	四月	○民間訛言アリ大行王妃發引ノ日變アルベシト。城中ノ人閉戶藏匿、家産ヲ移搬スル者アリ。	一八ウ

事項	月	記事	出典
啓殯		○大行王妃啓殯ノ禮ヲ行フ。翌日陵所ニ至ル。	一八ウ
祈雨		○大旱。祈雨祭、審冤ヲ行フ。新陵ヲ設クル時ニ古塚ヲ掘去リ骸骨ヲ掩ハザル者アリ之ヲ掩ヒ致祭ス。	一九ウ
衣服奢侈		○前制書ハ天旱ニ付テ衣服奢侈ノ弊ヲ日フ。	一九ウ—二〇ウ
良妻幷産		○麗朝良妻幷産ノ法ナシ故ニ一時ノ權臣富一國ヲ傾クルモ奴婢ハ少數也。	同
良賤ノ別		○王ハ奴ノ良妻父ニ從フノ法ハ莫大ノ變通ナリトシ議處セシメントス。	二〇オ
給資助婚	五月	○筵臣ノ言ニヨリ、士族ノ女貧ナル者ニ給資助婚ノコト經亂後行ハザリシヲ復タ行フ。	二三ウ
扇子分賜		○安州ノ軍兵ヲ犒フタメニ王ハ扇子三百七十把ヲ分賜ス。	二八ウ
		卷三十三	
咀呪	十月	○義禁府ノ啓ニヨリ咀呪ノ罪人ヲ（女）産後ニ行刑ス。	三〇オ
老人優遇	十二月	○王ハ歲饌衣資ヲ京、外年老宰臣ニ頒賜ス。	四一オ
祈晴		○雨雪交々下リ止マズ。王ハ世子ヲ率ヰ晴ヲ後苑ニ祈ル。（王淸兵ヲ避ケ南漢城ニ在ル時）同上重臣ヲ遣ハシ城隍ニ祈ル。	四六オ
祭溫祚王		○禮曹ノ啓ニヨリ南漢城ハ溫祚定都ノ地ナリトシ溫祚（百濟ノ始祖）ノ神ヲ祭ル。	四六ウ
	十五年（丁丑）	卷三十四	
畫像親祭	正月	○今奉安シアル（城内寺刹ヨリノ）崇恩殿ノ御容ニ王ハ親祭冥祐ヲ祈ル。更ニ日ヲ擇ンデ溫祚王ニ祈禱ス。	五ウ

事項	月	記事	出典
神位奉安	三月	○宗廟列聖ノ神位奉安ノ時（蒙塵ノ時埋却セルモノ）敦化門ニ祇迓陪往ス。	三六ウ
祈雨	閏四月	○京師大旱祈雨祭ヲ行フ。	四八ウ
位版改造		○山川海瀆諸神位版亡失、改造ス。	同
神主還安	五月	○列聖ノ神主ヲ大廟ニ還シ王親祭ヲ行フ。	五四オ
奢侈禁制 墳墓石物		○禮曹ノ啓ニヨリ奢侈禁制ヲ定メ中外ニ諭ス。 衣服。女ノ頭具。婚姻ノ時ノ納幣、酒饌。葬具墳墓石物、望柱石ヲ庶人ニ禁ズ。	五四ウ
宣武祠		○宣祖初メテ宣武祠ヲ立ツ。其祀廢ス。禮曹ノ啓ニヨリ更ニ祭ヲ行フ。	五九ウ—六〇オ
		卷三十五	
煙草	十一月	○故相金尙容ノ子光煥、光炫ノ上疏。父南草ヲ吸フテ失火（江華城ノコト）スト傳エラルルモ父ハ平生南草ヲ悪ミ未ダ嘗テ口ニ近ケズ。	三三オ
鮮清交婚		○王ハ大臣等ト侍女婚媾（清國ニ遣ハスモノ）ノ事ヲ議ス。各邑各司ノ婢子ヨリ姿色アル者八人ヲ選ム。宰列ノ者ハ其庶女又ハ家人ノ女ヲ己ノ女トナス。	三五ウ
女人騎乘	十二月	○王ハ廟社ノ主ヲ載スル所ノ馬ニ婢僕騎來ノ說アリトシ承旨ニ聞ク。	四一オ
屠禁不行		○王ノ言。國法行ハレズ私家ノ屠殺禁ズル能ハズ。	四二ウ
	十六年（戊寅）	卷三十六	
避呪移宮	正月	○上年十月王ハ變ニヨリ正殿ヲ避ク。禮曹ノ啓ニヨリ今日還御ス。	一ウ
癩病人ヲ燒キ殺ス		○淸州ノ人癩病ニ罹ル。其子傳染ヲ恐レテ山ニ結幕シテ置キ其妻ト同謀草ヲ積ンデ之ヲ燒キ殺ス。本件疑獄トナル。	一一ウ

事項	月	記事	出典
妻妾ノ別	三月	○江華ノ變（清兵ノ侵入）士人ノ妻ト女ノ擄セラレシ者多シ。其妻ヲ擄去セラレシ者ガ後娶シタル時後娶ノ者ヲ妻トスルヤ妾トスルヤノ別及擄セラレシ者還リ來シ時ノ待遇（賊ニ汚サレシ者モアリ節ヲ守リシ者モアレバ）等ニ付テ論究ス。（此後士大夫ノ子弟皆改娶シ再合スル者無カリシト云フ）	二三ウ―二四ウ
處女揀擇		○中殿虛位久シ。王ハ命ジテ女子ヲ擇選セントス。士夫ノ家應選者無シ。王怒テ下敎シ漢城府堂上ヲ先ヅ罷メ推セシメントス。	二五オ―ウ
祈雨		○黃海道雨ナシ山川ニ祈ル。	二八ウ
右同		○旱甚シ禮曹ハ啓シテ祈雨祭祀舊法ノ中幾分ヲ改ム。	二九オ―ウ
右同	五月	○雨ヲ三角、木覓、漢江ニ祈ル。	三五ウ
右同		○社稷ニ雨ヲ祈ル。	四三オ
		卷三十七	
處女入送	七月	○各司婢子ノ諸道ニ在ル者ヲ選ビ瀋陽ニ入送セシム。	四オ
烟草流行	八月	○甲子我國人潛カニ南靈草ヲ以テ瀋陽ニ入リ淸兵ニ捕エラル。壬戌以來人之ヲ服セザル無シ。客ニ對シ輙ク茶飮ニ代フ或ハ之ヲ烟茶ト云ヒ又烟酒ト云フ。世ニ妖草ト稱ス。	一三オ―ウ
納采ノ禮	十一月	○王ハ冕服ヲ具ヘ明政殿ニ御シ納采ノ禮ヲ行フ。	二九ウ
納徵ノ禮		○同上納徵ノ禮ヲ行フ。禮曹ハ嘉禮ノ吉日ヲ更ニ日官ニ問フ。	三一オ・ウ
奠雁ノ禮		○王ハ奠雁ノ後、主婚者四拜スベク。奉雁ノ禮ハ主母ノ爲ス所ニ非ズ、前ニ府夫人奉行ノ例アリト曰フ。	同

事項	月	記事	出典
親迎ノ禮 同牢ノ宴	十二月	○王ハ王妃ヲ親迎シ同牢ノ宴ヲ行フ。	三四オ
	十七年(己卯)	卷三十八	
溫祚王祠	二月	○祠ヲ南漢山城ニ立テ溫祚王ヲ祭ル。	九ウ
烟草	三月	○憲府ノ啓。上使尹暉ハ奉使謹マズ轎中ニ南草ヲ藏シ鳳凰城人ノ爲メニ發覺ス。推考ヲ請フ。	一八ウ
祈雨	五月	○旱災。宗廟社稷ニ祈雨ス。王ハ山川海瀆祭後飲福宴ヲ行フノ議ヲ止ム。	二四ウ・二七オ
官妓私夫	六月	○憲府ノ啓。國家官妓ヲ設立シテ其定夫ヲ禁ジ其私畜ヲ得ザラシムルノ本ハ使客ヲ慰悦セシムル爲ナリ。然ルニ京娼ハ私夫ノ匿ス所トナル數足ラズシテ巫女ヲ搜括シテ之ニ充テ、近頃ハ又人妻ヲ奪テ之ニ與ラシム。	三六オ
		卷三十九	
咀呪	八月	○雞鳴吉ノ進言。宮中咀呪ノ變アリ、王病アリテ移御スベシト鍼醫ノ言ニ從フベシ。兩司モ又之ヲ言フ。王ハ移御ノ處ナシト曰フ。	一二ウ
咀呪	九月	○王ハ命ジテ推鞫廳ヲ義禁府ニ設ケ咀呪ノ罪人ヲ鞫ス。宮人ハ巫ヲ率キテ花階ヲ掘ル。中尙宮ハ不淨(月經)アル者ハ出ヅベシト言ヒシ云々。	一三ウ
右同		○推鞫廳ノ啓。詛呪ノ物、御處十四處、東宮十二處、仁慶宮二十六處、慶德宮四處ニ埋ム。忠臣ノ記。內殿一二人ト盲人ト妖巫ト表裏煽動ニヨル。	一五オ
茶		○王胡使ヲ見ル。撤茶後環刀ヲ贈ル。	一八オ
巫女騎馬 王族信巫	十月	○推鞫推問ノ事ヲ記シタル中ニ內人巫女騎馬往來ス。巫女ハ永安君子女ノ病ノ爲メ	一九ウ

事項	年月	記事	出典
		神祀ヲ行フ云々。	
妖巫、咀呪		○兩司合啓。金尙宮ハ妖巫ト接ス。咀呪ノ變ニ知情ト否トヲ問ハズ金尙宮ハ外ニ黜クベキヲ請フ。王ハ從ハズ。	二二オ
咀呪		○淸使其乘馬ヲ義州ニ留ム其馬死ス。義州ノ人ソノ皮肉ヲ割取シテ鬼神ニ禱ル。淸使ハ己ヲ咀呪スベク城隍ニ禱リシトシテ怒ル。	二六オ
摩尼山神		○祠ヲ江華摩尼山ニ建テ山神ヲ祭ル。	二六ウ
	十八年（庚辰）	卷四十	
端午進扇	閏正月	○禮曹ハ端午進上ノ扇子ノ數ヲ亂前ノ如ク增加センコトヲ請フ。王ハ允サズ。	七ウ
煙草	四月	○南草ノ禁淸國近時最重シ。國禁亦重キモ犯禁者多シ、潛來輸出者ハ死刑ヲ以テ之ヲ問フコトトス。	二一オ
祈雨	五月	○大旱ナリ。宗廟、社稷及北郊ニ雨ヲ祈ル。審理寃獄ヲ行フ。	二八ウ
右同	六月	○雨ヲ宗廟、社稷ニ祈ル。	三〇ウ
	十九年（辛巳）	卷四十一	
右同	四月	○旱甚シ靈湫神嶽等ニ重臣、侍臣ヲ遣ハシ祈雨ス。	一三ウ—一四オ
右同	五月	○同上木覓ニ祈雨ス。	一九ウ
害虫禳祭	六月	○慶尙永川ニ蝗害アリ。設壇行祭之ヲ禳フ。	二三オ
	二十年（壬午）	卷四十三	

三ツ兒	四月	○順天ノ民一産三男、王ハ米ヲ賜フ。	一〇ウ
	二十一年（癸未）		
		巻四十四	
旱災禁鼓	四月	○王ハ旱災ニヨリ正殿ヲ避ケ減膳シ且皮鼓ヲ撃ツ勿ラシム。	一三ウ
咀呪		○闕内咀呪ノ事覺ハル。趙貴人寵ヲ専ラニス尙宮李氏怨ヲ懷キ宮女ニ命ジ咀呪セシム。	同
疫病委棄		○癘患盛ナリ病者ヲ出シテ無人ノ地ニ置キ死スル者甚多シ、米鹽ヲ給シ之ヲ救フ。	一四ウ
咀呪	六月	○大司憲ハ右咀呪ノ罪人ノ首惡ナル者（暗ニ李尙宮ヲ指ス）ヲ有司ニ付シ以テ正法セザルヤト曰フ。	二二ウ
右同	七月	○宮中咀呪ノ變アリテヨリ關係者トシテ誣告セラレ或ハ司法官ノ取扱振ニヨリ閭閻ノ間其禍ヲ酷被スル者多シ。事宮中ニ係ルニヨリ當該官タルヲ嫌避スルニヨル。	二四オ
	二十二年（甲申）	巻四十五	
星變亂兆	正月	○土星月ヲ食ス、術者ハ大臣謀叛ノ兆ナリト云フ。	一オ
疫病委棄		○癘疫アリ外方ヨリ來ル者病メバ主人衢路ノ間ニ委ス。備局啓シテ之ヲ活人署ニ委セシム。	一ウ
風水思想 昭格署復設意見	二月	○前承旨崔有淵ハ上疏シテ景福、昌德等ノ宮殿地理ノ不合ヲ云フ。又昭格署ヲ廢シテ祀ラザルタメニ國事多難ナルヲ云フ。	六オ
排斥風水		○憲府ハ啓シテ右ノ疏ヲ妖忘トシ同人ノ推考ヲ請フ。王ハ罷職ヲ命ズ。	六ウ－七オ
救疫癘祭		○八道疫癘盛也備局ハ祖宗ノ朝棘城大疫ノ時。文廟ニ祭文ヲ親製シテ祭リ疫癘息	七ウ

事項	月	記事	丁數
		ス。近臣ヲ三道ニ遣ハシ名山大川ヲ祭ラシムベシト曰フ。王之ニ從フ。	
祈雨	五月	○近侍ヲ遣ハシ雨ヲ五處ノ山川ニ祈ル。	二八ウ
		卷四十六	
	二十三年（乙酉）		
書院類似團體ノ弊	正月	○嶺南ノ士習儒名アル者及名官ハ祠ヲ立テ儲穀以テ會集遊談ノ地トス。朝廷亦禁ズル能ハズ。	一ウ
癘祭	二月	○王ハ命ジテ香ヲ江原道ニ送リ癘祭ヲ設行ス。	三オ
茶		○淸使入ル。國書ニ歲貢ノ物品中茶一千包等ヲ減ズトアリ。	九オ
葬喪	四月	○王世子卒ス。（葬喪ノ記事略）	二三オ
風水思想		○觀象監ノ啓。看山ノ行急ナレド在外ノ術官未ダ上來セズ。先ヅ京術官ト健元陵左岡外二處ヲ看審ス。	二九オ
右同	五月	○觀象監ハ術官ト葬地ヲ觀ル。	三二オ―ウ
衰服公除		○百官ノ衰服ヲ公除ス。	三二オ
葬法ト墓ノ設備		○墓所都監ハ隔灰槨宮ノ例ヲ用ユルコトヲ請フ。王允サズ。其他石物紅門等ニ關スル件。	三二ウ・三三オ
風水思想 墓地占奪		○諫院ノ啓。近來巨家大族風水ニ惑ヒ人ノ葬地ヲ奪フ、之ヲ懲サンコトヲ請フ。	三三オ
風水思想 墓ノ設備		○王世子ノ葬地ノ風水等ニ關スル件。及其構造設備ニ關スル件。	三三ウ・三四オ・四二ウ―四三オ・四五オ―四六ウ
咀呪	六月	○王不豫ナリ之ヲ詛呪ニ關セリトス。能ク邪祟ヲ治スルト云フ者ニ燔鍼セシム。	四七オ
發引		○王世子ノ梓宮發引ス。越エテ四日高陽ニ葬ル。	四七ウ
卒哭		○二十七日王世子ノ卒哭祭ヲ行フ。	四八ウ

事項	月	記事	出典
茶	閏六月	○清廷歳貢ヲ減ズ。（茶一千包アリ）	五四オ
妖巫ノ言 錦繡ノ祟	七月	○妖巫アリ世子北京ヨリ買來リシ錦繡祟ヲ爲ス。速カニ水火ニ投ジ神ニ謝スベシト云フ。	六〇オ―ウ
咀呪	八月	○宮中咀呪ノ事發覺ス。王ハ命ジテ姜嬪ノ宮女二人ヲ囚獄シテ鞫セシム。	六四オ
庶孽許通	九月	○王ハ庶孽許通ノ法ヲ申明ス。	七一ウ
樂人敎習		○禮曹ノ啓。亂後樂工樂生被擄殺サルル者モ多シ。廟社文廟山川ノ祭ニ樂ヲ用ユル能ハズ。年豊ヲ待テ樂工樂生ヲ肄習セン。	七四オ
世子入學		○王世子入學ノ禮ヲ行フ。	七九オ
因病避家	十月	○兩司ハ內殿違豫久シ。其空闕ニ移御セシ不可ヲ言フ。閭閻士大夫ノ家、病ニ因リ寓ヲ避クル者アリ云々。	八〇オ
禁酒	十二月	○歳饑ニヨリ禁酒ス。	九八オ
	二十四年（丙戌）	卷四十七	
姜嬪ニ死ヲ賜フ	三月	○廢世子ノ妃姜嬪ニ死ヲ賜フ。	二六ウ
三ツ兒	五月	○慶尙固城ノ民一產三女米肉ヲ賜フ。	四六オ
咀呪	六月	○廢王世子嬪姜氏（前ニ死ヲ賜フ）ノ件ニ付取調ヲ續行ス。內人ノ供稱。小兒ノ死屍ノ胸ニ「伏願龍王水神垂憐濟度云々」ト記シテ川ニ投ズ。	四八ウ
廟樂再興	九月	○亂後廟樂久シク廢ス。王ハ明年春享ヨリ復タ樂ヲ行フコトトス。	五七オ
會盟歃血		○王ハ會盟壇ニ幸シ誥朝行祭ス。血ヲ歃テ誓文ヲ讀ム。	五七ウ

事項	年月	記事	出典
百官冠帶	二十五年(丁亥) 正月	卷四十八 ○始メテ百官冠帶ノ制ヲ復ス。(從前戎服ヲ着セシメタリ)	一オ
衣服奢侈		○持平ノ啓。近來奢侈甚シク輿臺ノ徒(コシヲ舁ク人夫)モ錦緞ヲ着ル。君家貴近ノ家謹マズ。	一オ－ウ
婚姻奢侈	三月	○諫院ハ奢侈風ヲ爲シ士大夫ヨリ庶人ニ至ル迄婚姻ノ時飮食、衣服、饌品豐盛ナルニヨリ一切禁斷摘發治罪ヲ請フ。	七オ
咀呪		○丙申ノ初宮人辛生ハ逆姜(王世子廢妃)ト最モ親シク。乙酉咀呪ノ獄起ル、王復タ招問ス。闕內ニ於テ咀呪ノ爲人骨銅人等ヲ埋メシ處ヲ告グ。	一四オ－ウ
右同	五月	○王ハ下敎シテ闕內咀呪ノ物ヲ埋メシヲ掘出セシ跡ニ新土ヲ以テ補フ。	一七ウ
右同	六月	○王ハ昌慶宮咀呪ノ變アリシニヨリ昌德宮ニ移御セントシテ之ヲ修理セシム。	二三ウ
右同	八月	○史臣ノ記。當時凶埋ノコト昌慶ノ大內ノミナラズ仁慶、慶德兩宮皆不乾淨ナリ今又世子宮中凶穢ノ物ヲ掘得ル尤多シ。	二九ウ－三〇オ
右同		○王ハ下敎シテ宮中咀呪ノ物ヲ掘得タル盲人等ヲ賞ス。	三〇オ
王ノ崇佛	十二月	○王ハ毎歲祭物ヲ俗離山ノ寺僧ニ送リ設齋佛供セシム。	四六オ
官妓私姦	二十六年(丁酉) 三月	卷四十九 ○憲府ハ關西節度使ガ到任ノ後私ニ營妓ヲ奸シ勅使ノ詬辱ヲ受ケシコトノ鞫罪ヲ請フ。王從ハズ、遞職ス。	八ウ
咀呪		○修理都監ハ儲承殿ノ外廊簷下同西南隅々ニ朽人骨、乾鵲、衣服、灰等ノ物ヲ掘得	九オ－ウ・一〇オ

項目	月	記事	出典
		タリ。辛生ヲ招キ之ヲ問フ曰ク此レ逆姜ノ所爲也、我久シク此ニ居ラザルベク後ニ來ル者（後ノ王世子妃ヲ指ス）ニ祟ラセント云ヒシト曰フ。舊土ヲ去リ新土ヲ補フ。	
處女揀擇	誕三月	○王ハ慶春殿ニ幸シ崇善君ノ爲ニ處子ヲ擇ブ。	一四オ
咀呪		○王ノ言。埋兇ノ物海草ノ如キハ是譯輩ノ覓給スル所ナラン。又曰逆姜瀋ヨリ還ル時（王世子ト共ニ人質トシテ奉天ニ行ク）寺刹ノ金佛ヲ取リ來リ因ッテ不吉ヲト說ス。	一四ウ・一五オ
右同	四月	○修理都監ハ儲承殿秋景苑東墻底ニ腐骨數斗及木ヲ刻ンデ人形ト爲セシ者ヲ掘得タリ。	一六ウ
誕日問安		○王世子誕日。百官問安禮ヲ行フ。	二〇ウ
祈晴	六月	○祈晴祭獻官等ニ賞賜ス。	二五ウ
白衣白冠	十月	○王ハ大臣ヲ引見ス。王ノ言。我國ノ俗好ンデ白衣ヲ着ル近ゴロ士大夫好ンデ白毛冠、白毛ノ帽子ヲ着ル。喪人ノ白ヲ蒙ル者ト異ナルナシ吉兆ニ非ズ禁絶スベシ。義州府尹ニ命ジ白冠帽ヲ貿來スル者一切禁斷スベシ。	四一ウ
衣袖廣濶		○同上。王ノ言。我國人衣袖甚ダ濶シ用兵ニ妨アリ軍人ヲシテ其衣袖ヲ窄クセシムベシ。	四四ウ
	二十七年（己丑）	卷五十	
星變	正月	○朔、太白晝見ユ。史臣ノ記。太白ノ三元ノ日ニ見ユルハ最モ畏ルベシ。	一オ
風水思想	三月	○禮曹ノ啓。地家ノ說、水口ノ一石ハ萬山ニ敵スト。都城內第宅ノ營造ニ石ヲ伐ル	一三ウ

者アリ漢城府ヲシテ嚴禁セシメン。

祈雨　四月　○大旱ニヨリ祈雨祭ヲ行フ。 一七オ

五月　○王昌德宮ニ昇遐ス。 一九オ

斷指進血　救病祈禱　呼復　○王危篤ノ時王世子血ヲ進ムベク指ヲ斷ツ斷骨セズ、流血淋漓。社稷宗廟ニ祈禱ス。大行ヲ床ニ移ス東首。內侍二人殿屋ニ昇リ三タビ上位ヲ呼ンデ復（魂ヲ一旦呼返ス意）ス。 二〇オ

孝宗實錄 卷一

事項	年月	記事	出典
誕日異祥	卽位ノ年（己丑）五月	○王誕辰ノ時、是夕白氣アリ寢室ニ入リ久シクシテ散ズ。	一オ
幼時異祥		○王嘗テ室ニ有リ五彩アリ壁ヲ繞ル。靈龜出見ス其狀甚ダ巨ナリ。	同
斷指進血		○仁祖大漸ノ時王ハ手指ヲ割キ出血以テ進ム。	一ウ
嗣位奉告		○大臣ヲ遣ハシ嗣位ヲ宗廟、永寧殿、肅寧殿、社稷ニ告グ。	二ウ
國恤服制		○禮曹ハ啓シテ國喪卒哭後百官ノ冠服ノ制ヲ定ム。	三オ
風水思想		○仁祖ノ陵ヲ術士ノ言ニ依リ定ム。他ノ術士其地ヲ不可トシテ更ニ多クノ術士ヲ聚メ之ヲ議セントス。	三オ―ウ
宮命巫事		○宮中ヨリ大行大王ノ爲昭格洞ニ巫事ヲ行ハントス。右參贊之ヲ不可トシテ上啓ス。	一〇オ
葬喪ノ禮	六月	○工曹參判ハ前王喪葬ノ禮ニ五禮儀ヲ引キ私見ヲ啓ス。（五禮儀ト從前行ヘルモノトノ關係及五禮儀ノ定メノ當ト否ヲ詳細ニ論ズ。論旨聽クベキモノアリ）	一〇オ・二一オ―二八オ
祭享揷花		○諫院ノ啓。祭享ノ時剪綵花ヲ爲リ紅紫交映ス非禮ノ甚シキ者也。佛事ハ胡俗也哀素ノ中ニ此ヲ行フベカラズト之ガ禁ヲ請フ。王ハ揷花ニ已ニ國俗ヲ爲ス煩論ヲ必セズト答フ。	三三ウ―三四オ
山陵虞祭	八月	○禮曹ノ啓。再虞祭ヲ山陵ニ行キ魂殿ニ安神祭ヲ行ハズト決定セシヲ不可トス。	三六ウ―三七オ
發引途上 門橋設祭		○發引及返虞ノ時宮門、城內橋梁等ニ祭ヲ設ケシヲ闕門及長川大橋ニノミ祭ルコトトス。總護使ノ啓ニ由ル。	三九オ

卷二

祖奠路祭　九月　○梓宮發引祖奠ヲ行ヰ慕華館前ニテ路祭ヲ行フ。　五オ

陵上虞祭　○王ヲ長陵ニ葬ル。玄宮ヲ下スノ時初虞祭ヲ行フ再虞祭ヲ山陵上ニ於テ行ヰ、三虞ヲ永思殿ニ於テ行フ。(以下七虞祭迄ヲ行フ其他喪葬記事略ス)　八ウ

歸還被擄婦女問題　十一月　○變亂ノ時士族婦女ノ失行者ハ(淸人ニ拉セラレ汚サレシコト)其家長ヲシテ還畜セシメ改娶(其夫ノ更ニ後妻ヲ要ルコト)ヲ許ス勿ラシム。傷風敗俗之ヨリ甚シキハ莫シ。還畜ヲ許ザズ改娶セシムベシト王之ニ從フ。　三五ウ

卷三

元年(庚寅)

國婚ヲ考婚ヲ急グ　早婚ノ風結婚禁止　三月　○國婚アルヲ考ヘ士大夫婚嫁ヲ急グ。(王子年十歲、公主一ハ十一歲、一ハ九歲)士夫ノ子女八歲ヨリ十二歲迄ノ婚ヲ禁ゼントス。　二三オ―ウ

卷四

老人優遇　五月　○王ハ百歲以上ノ老人ヲ調査シ食衣ヲ給セシム。　四オ・五オ

祭日蝕日ノ拘忌　六月　○禮曹ノ啓。大祭ハ上祀散齋四日致祭三日。中祀(文廟諸山川祭)散齋三日致祭二日。各司散致齋日拘忌ヲ以テ坐衙スルヲ得ズ。(公務積滯故ニ致齋ノ日ノミ坐衙セズ)忌辰祭及無時別祭ハ前一日ト行祭之日坐衙セズ。日食月食ナレバ此日坐セズ是古ヨリノ遵行ナリ。　一一オ

祈雨　七月　○社稷祈雨祭ニ樂ヲ用ユ。(王ノ服喪中ニテ議論アリシモ遂ニ用ユ)　三八オ―ウ・三九オ

事項	月	記事	出典
		卷五	
清ニ送ル侍女	十月	○清國ノ請求ニヨリ其侍女トシテ數人ヲ送ラントス。禮曹ハ士大夫ノ庶女ノミヲ送レバ先方ニ知ラレテ不都合ヲ生ズベク故ニ其中一人ハ正當ノ處女ヲ送リ其餘ハ娼賤（妓妾出ノ者）ヲ送ラン云々。	一二ウ
因病移宮	閏十一月	○王大妃久シク安寧ナラズ。通明殿ニ移御ス。又舊都摠府ニ移御ス。	二八ウ
侍女送還	十二月	○淸ノ攝政王病死ス。侍女タルベク送リシ者ヲ中路ヨリ還ス。	二九ウ
	二年（辛卯）	卷六	
祈雨	五月	○大臣ヲ遣ハシ祈雨祭ヲ行フ。王ハ社稷ニ同上。	三三ウ・三六ウ
		卷七	
祔廟祭	七月	○仁祖大王仁烈王后ノ祔廟ヲ行フ。	三オ
冠禮	八月	○王ハ宣政殿ニ御シ王世子ノ冠禮ヲ受ク。而後ニ王世子ハ王大妃、王妃ニ朝謁ス。	一九ウ
册封王妃		○王ハ仁政殿ニ王妃張氏ヲ册封ス。	二一オ
宗廟樂章	九月	○掌樂院ハ宣祖ノ廟樂章ヲ定メンヲ請フ。	二八ウ—二九オ
宴床排花		○王ハ嘉禮ノ時ノ内外命婦ノ床排ノ花朶一百枝ヲ減ズ。	二九オ
納徵ノ禮	十月	○王世子嬪納徵ノ禮ヲ行フ。	三二オ
世子嬪ノ册封	十一月	○王ハ仁政殿ニ世子嬪ヲ册ス。	四三ウ
咀呪		○宮中咀呪ノ事アリ。闕内ニ骨ヲ埋メ古棺ノ木片ヲ以テ佛ヲ造テ祝ス。巫ト宮女之	四四オ—ウ

右　同		ニ關係ス。王ハ之ヲ囚ヘテ鞫セシム。大內及麟坪大君ノ家其他ニ凶穢ノ物ヲ多ク埋置スト云フ。	
		○兩司ノ啓。凶穢ノ物或ハ暗封或ハ散ジ或ハ大妃殿及大殿ニ埋メ汲水、禱祝、封標出納ノ狀名人ノ供辭ニ出ヅ。先ヅ貴人ノ爵號ヲ削ルベシ。王從ハズ。	四四ウ
避呪移宮	十二月	○兩司ノ請ニヨリ王ハ他殿ニ遷ル。	四五ウ
咀　呪		○右咀呪關係者ノ供述ニ、奴ニ能ク人骨ヲ得ル者アリ、小兒ノ頭骨及兩手ヲ贈レバ萬金ヲ以テ酬キント云ヒト云々。又兒猫及兒白鷄ヲ殺シテ暴乾シ霹靂木、（落雷シタル木）塚上木及產後七日內ノ兒衣ヲ送ラシメ之ヲ用ユ。	四九オ
	三年（壬辰）	卷八	
冊封竹冊	正　月	○王ハ敎シテ世子嬪ノ竹冊ハ凶死人ノ書ク所タルヲ以テ改書セシム。	六ウ
咀　呪	二　月	○昌慶宮修理ノ時凶穢之物（咀呪物）ヲ採取ス甚多シ。	二四ウ
咀　呪	三　月	○右咀呪ノ討逆畢リ此ノ顚末ヲ淸廷ニ奏ス。（其文）昭媛趙氏ハ國王父子ヲ害セントシテ女僕僧尼兇徒ト結ビ咀呪ヲ行フ。（其用キシ物前記ノ外ニ）死人ノ頭骨手足齒牙屍肉ヨリ屍汁ヲ取リ棺木ヲ潰シテ研磨之ヲ用ヰ、昭媛ノ女孝明翁主ハ齒牙ヲ裙帶ニ結ビ骨屑ヲ粧奩ニ藏ス。	二七オ—二九ウ
祈雨祭文	四　月	○王ハ祈雨祭文中ニ躬ヲ責ムルノ辭ナキヲ見テ之ヲ加エシム。	四三オ
祈　雨		○王ハ重臣ヲ遣ハシ山川等ニ祈雨ス。	四六オ
咀　呪		○造佛咀呪ニ關係ノ僧相繼デ戮ニ就ク。近寺ノ僧徒奔竄逃匿ス。	四九ウ
祈　雨		○王ハ社稷ニ祈雨ヲ親祭ス。	五〇ウ

事項	月	記事	出典
右同		○王ハ南郊ニ祈雨ヲ親祭ス。	六一オ
		卷九	
椒井入浴	七月	○王大妃ハ將ニ仁慶宮椒井ニ浴セントス。王ハ同宮ハ山谷深キニヨリ先ヅ打圍シ禽獸卒發ノ患ナカラシム。	二ウ―三オ・三ウ
右同	八月	○王大妃ハ仁慶宮ニ浴椒ス是夕還宮ス。同上。	七オ
戒酒禁酒		○晝講ニ於テ知經筵曰ク世宗ノ朝李荇ニ命ジ戒酒ノ文ヲ作テ中外ニ頒ツ。宣廟又禁酒ノ令ヲ申ス。近來士大夫崇飲多シ。王ハ曰ク近來少年ノ名官必ズ放飲ス飲マザル者アレバ譏笑ス云々。王ハ諸院ノ壁ニ戒酒ヲ書セシム。	八ウ
日光山ノ香爐	九月	○東萊府使馳啓。倭使日光山供佛香爐等ノ物ノ鑄造ヲ請フ。之ヲ送ルコトトス。	一二オ
報祀祭		○壬辰亂後報祀祭ハ一モ行ハズ禮曹ノ啓ニヨリ復タ之ヲ行フコトニ定ム。	一三ウ
犯禁冒葬	十一月	○晝講ノ時特進官ノ言。都城外禁山内ニ法ヲ冒シ埋葬スル者數千ナラズ。朝廷發掘ノ令アリ之ヲ奉行セバ白骨一時ニ暴露シ號寃天ニ徹セン。王ハ將來申禁シ姑ク置カシム。	三九ウ―四〇オ
奢侈爲風		○前判書ノ上疏。卿士夫ヨリ下市井ノ輿臺ニ至ルマデ奢侈。屋壁ノ塗外國ノ菱花ニ非ザレバ用キズ云々。其他被服、馬及婚姻、飲食ノ奢侈ヲ禁抑センコトヲ請フ。	四五オ
	四年（癸巳）		
		卷十	
禁酒 官衙茶時	正月	○前領議政ノ上箚。上ノ禁酒一再ナラズ盃ヲ舍ツルヲ以テ高致ト爲ス者或ハ有之ン。而シテ茶時ノ坐（坐ハ官廳ニ勤メ居ル・コト）ハ其近家惟ダ茶時ニ赴クノ便ニ	一〇オ

六四九

スル所也。甚ダ晩ク或ハ食後緩々トシテ往ク者アリ云々。

事項	月	記事	出典
攘疫設祭	二月	○黃海道疫癘盛ナリ近侍ヲ遣ハシテ設祭祈禳ス。	三二オ
右同		○京城、坡州、豐德同上。	三二ウ
因病避居	五月	○王不豫一月ニ近シ。三公ハ此闕ノ修治未ダ久シカラズシテ還御穢氣ノ未ダ盡キザルモノモアラン前御ノ處ニ復移セヨト曰フ。凡ソ人病有ラバ亦且移居シテ之ヲ避ク。	四九オ

卷十一

事項	月	記事	出典
宮中巫禱	七月	○領中樞府事ノ上箚。閤門起居俗節ノ酒食猶謬習ニ從フ。闕內ノ出入者ニ信符ヲ給シ兵曹ヲシテ門戶ノ禁ヲ嚴ニセシムレバ祈禱巫覡、規外ノ織染等ノ事宮庭ヲ汚ス無ケン。	二ウ
咀呪		○光州人宋[illegible]ノ庶母其兄ヲ咀呪シテ殺ス。[illegible]ハ兄ノ雠トシテ庶母ヲ殺ス。	一三オ
祈雨		○雨ヲ宗廟、社稷、山川ニ祈ル。	同
右同	閏七月	○禮曹ハ立秋ノ前祈雨ノ規ナキヲ啓ス。	一四オ
祈雨祭器		○山川祭品、親祭ノ時ノ祭器ヲ禮曹ハ請フテ新鑄ス。	二一オ
宮女撰擇 民間急婚	九月	○國法宮女ハ各司ノ婢ヨリ選ビシヲ此時良家ノ女ヲ選入セントス。民間騷擾十歲以上爭フテ婚嫁ス。	四三オ

卷十二

事項	月	記事	出典
雷變	十月	○左議政ハ冬雷ノ變ヲ以テ咎ヲ引キ免ヲ乞フ、王ハ允サズ。	四五オ

五年（甲午）

事項	月	記事	出典
三ッ兒	正月	○洪清道ノ民一産三女米ヲ賜フ。	三オ
服轎家舍ノ奢侈		○領敦寧府事ハ奢侈ノ弊、婚衣乘轎ノ事及宮禁奢侈、公主新造第宅ノ過制ヲ曰フ。	五オ―ウ
宮女撰擇 民間急婚		○宮女選入ニヨリ民間早婚行ハル。	九オ
老人優遇	二月	○士族庶人年老者ニ加資ス。	一二ウ
		卷十三	
三ッ兒	九月	○三陟ノ民一胎三男、命ジテ米ヲ賜フ。	一六オ
	六年（乙未）		
		卷十四	
殿牌破毀	正月	○羅州殿牌破毀ノ變アリ邑號ヲ下シ縣トス。	三オ
癘祭	三月	○全羅慶尙疫癘盛也壇ヲ設ケ致祭ス。	一六ウ
宮中巫禱		○王ノ言。成廟違豫ノ時內裡ニ巫禱ヲ設ク、當時多士、諸巫ヲ逐ヒ供具ヲ打破ス。成宗之ヲ罰セズ云々。	三七オ
三兒		○平壤府民一產二男一女、王ハ命ジテ食物ヲ賜フ。	四一オ
		卷十五	
孝子烈女	七月	○禮曹ハ中外ノ孝子烈女六十餘人列錄旌閭或ハ贈爵復戶以テ衰俗ヲ礪マスヲ請フ。王之ニ從フ。（各其篤行各樣ノ記アリ）	八ウ
		卷十六	
	七年（丙申）		

咀呪	正月	○憲府ノ啓。近日世道不淑人心漸惡、咀呪置毒ノ獄八道ニ環ン嘗ニ百人ノミナラズ。按獄十年決セザルアリ卽趂處決セシムベシ。	五ウ
祈雨	閏五月	○王ハ祈雨祭ヲ行フ。	三四ウ
五ツ兒	六月	○都城ノ民一胎產五女。	四一ウ
		卷十七	
淑水入浴	七月	○王ノ言。慈殿浴椒ノ日內殿及世子嬪隨駕ス。	一ウ
	八年（丁酉）	卷十八	
衣服ノ制 笠帽 高麗左衽	正月	○王ハ大臣ヲ引見シ衣服ノ制ヲ上言セシム。前朝（高麗ノコト）士大夫四角ノ笠ヲ着ク今喪人ノ着ル方笠也。鄭夢周始メテ中原ヨリ紗帽團領ノ制ヲ傳フ。帽子ハ涼臺太ダ廣濶ニシテ門戶出入ニ妨ゲアリ法府ヲシテ禁ゼシムベシ。近來衣服ノ制前朝ニ異ナリ袖甚ダ廣濶ナリ長キハ地ニ委ス。道袍ノ制壬辰後ヨリ復タアリ。前朝ノ衣冠未ダ左衽ヲ免レズ。	二ウ－三オ
歲星		○日官ハ歲星ノ所在ヲ察セズ王ハ推考セシム。	四ウ
祈雨	四月	○宗廟、社稷ニ祈雨ス。	二八オ
端午帖子	五月	○王ハ端午ノ帖ヲ製進スル勿ラシム。	三一オ
祈雨		○宗廟、社稷、山川ニ祈雨ス。	三二オ
馬轎	六月	○憲府ノ啓。一士族ノ婦女江上ヨリ馬轎ニ乘ジ入來ス。禁軍二人毆打轎ヲ夾ム云々。	五四オ

事項	年月	記事	出典
書院ノ弊		○忠淸監司ハ書院濫設ノ弊ヲ啓ス。	五三オ―五五ウ
		卷十九	
右同	七月	○玉堂上箚シテ書院ノ弊ヲ論ズ。	一オ―四ウ
	九年（戊戌）	卷二十	
老人優遇	四月	○王ハ老人ニ酒食ヲ賜フ。且九十九歲以上ノ老人ヲ調査シ特ニ加資且衣肉ヲ賜フ。	一九ウ―二〇オ
禁酒	八月	○禁酒ス。	三一ウ
衣服飲食ノ奢侈	十月	○大司諫ハ奢侈ノ弊ヲ陳啓ス。士族ノ家錦繡ヲ衣甚シキハ輿臺ノ僭アリ。駭クベキ者ハ釵釧衫裳ノ制宮中高髻四方一尺云々。	四二オ
右同		○玉堂上箚。近來閭巷侈靡ヲ競ヒ衣服飾用飲食器玩遠物ヲ貴ブ云々。	四五オ
婚葬奢侈	十一月	○禮曹ノ啓。婚喪服飾ハ上卿大夫ヨリ庶人ニ至ル迄先王ノ制アリ。近來綱紀解弛侈靡甚シ之ヲ科罪シ饒貸セザランコトヲ請フ。王之ニ従フ。	四七オ―ウ
	十年（己亥）	卷二十一	
鬼魅ノ祟	正月	○海州牧使奸民ノ害ニ遭フ。監司ハ之ヲ鬼魅ノ祟トシテ（祠宇ノ木主ヲ偷マル）啓聞ス。憲府ハ其謂レ無キヲ啓セシニヨリ其罪ヲ正サンヲ請フ。	三オ
鰥寡孤獨救恤		○歲首ニ鰥寡孤獨ノ者ニ特ニ食物ヲ賜フ。	三ウ
地震解怪	二月	○蔚珍縣ノ地震ス、命ジテ解怪祭ヲ行フ。	一二ウ
崇飲ノ弊	閏三月	○憲府ハ士大夫ノ崇飲痼弊トナレルヲ啓ス。	二六オ

事項	月	記事	出典
王前醉態		○禮曹判書扶醉失儀ス。罷職ヲ請フ。	
妖言		○居士ト稱スル一老人ハ曰ク。國家今年五月災禍アルベシ草屋ヲ作ッテ景福宮舊址ニ移御シ災禳スベシト請フ。	三五オ
婦女遊山	四月	○憲府ノ啓。士太夫ノ婦女相與ニ聚會南山ニ遊ビ或ハ三淸洞ニ至リ。尼舍ヲ遍覽ス。其家長ヲ罪スルヲ請フ。王之ニ從フ。	四〇オ－ウ
發塚拾骨		○平壤判官ハ風水渺茫ノ說ヲ聽キ信ジ。大同江畔ヲ發掘シ衆塚ノ朽骨ヲ集メ埋メ或ハ水ニ投ズ民怨甚シ。憲府ハ推考ヲ乞フ。	四二ウ
喪葬記事	五月	○王大造殿ニ昇遐ス。（以下喪葬記事普通ノモノ略）	四三オ
屍口含飯		○領議政ハ殯殿ニ至リ含飯行禮ス。	四三ウ

顯宗實錄 卷一

事項	卽位ノ年（己亥）	記事	出典
茶禮	五月	○大行王殯殿ニ晝茶禮ヲ行フ。（以下喪葬記事普通ノモノハ略ス）	一オ
收斂用氷		○收斂ニ付時盛暑ナリ槃氷ヲ掌ル者憂トス。	二オ
屍體綁絞		○小斂ノ時内侍一人衾ヲ執絞ス斂畢リ絞ヲ垂レ結バズ。宋時烈ノ意見ナリ、此事前例ニ無キ所トシテ議論アリ。閭閻識禮ノ家當ニ結ブノ際只一二絞布ヲ留メテ愛敬ノ意ヲ存ズ云々。	二ウ
梓宮尺度		○梓宮ノ尺度不足ナリ。	三オ
屍體位置		○大斂ノ時布絞先後易置ス。當該官ヲ推考ス。	五オ
女人ヲ帳ノ巾ニ置ク		○諫院ハ宮城扈衞ノ日女人ヲ帳幕ニ留メ置キシ訓局別將ノ仕版ヲ削リ去ルヲ請フ。王ハ先ヅ罷メテ後推考セシム。	八ウ
地官不實		○看山ノ地官私ヲ挾ンテ實告セズ。王ハ嚴飭ス。	一〇オ
風水思想		○禮曹判書等ハ葬地ヲ審觀ス。山陵都監ハ陵地ヲ地官並風水ニ精シキ士人ト審定セントス。	一〇ウ
國喪不愼	六月	○西原縣監ハ酗酒班ニ列ナリ哭ス。果川縣監ハ成服ノ麻帶常制ト違フ。憲府ハ劾啓シテ右仕版ヲ削ルト罷職トヲ請フ。	一三ウ—一四オ
陵壞慰祭		○長陵ノ曲墻雨ノ爲ニ壞ル慰安祭ヲ行フ。	一五ウ
風水思想		○禮曹判書等ハ地官ト共ニ陵地ヲ相ス。其他本件陵地ニ關スル件。	二一ウ・二二オ—ウ・二三ウ—二四ウ・二五オ・ウ・二六オ・ウ・二八ウ—二九オ
葬日擇吉	七月	○九月中吉日無シ。大行王梓宮十月一日發引、四日立官ヲ下スコトニ涓吉ス。	二六ウ
風水思想		○葬地ニ關スル件。	二九オ—三〇オ・三〇ウ・三一オ・ウ・三一ウ—三二オ・ウ

事項	月	記事	出典
葬日拘忌	八月	○吏曹判書ハ葬日ニ拘忌スルノ不可ヲ曰フ。	三一ウ・三三ウ—三四オ
喪中食粥		○大臣百官ハ大王大妃及大妃殿ニ乾飯ヲ王ヨリ勸メンコトヲ請フ。王ハ慈殿ニ未ダ乾飯ヲ進メザルヲ理由トシテ藥房ノ入診ヲ拒ミシニヨル。	三七オ
	十月	○丙辰大行王ヲ寧陵ニ葬ル。一日發引、四日玄宮ヲ下ス。	四八オ・五一オ
	元年（庚子）	卷二	
老人優遇	正月	○老人年八十以上ノ者ニ歲饌衣資ヲ賜フ。	一オ
祈雨	二月	○旱太シ祈雨ヲ行フ。	六ウ
咀呪	三月	○右相鄭維城ノ子昌徽ノ子齊賢公主ニ尙ス。齊賢ノ母死シ昌徽ノ弟及齊賢相繼デ死ス。張大妃ハ其詛呪タルヲ疑ヒ小婢ヲ執ヘ刑訊シ維城ノ妓妾雪梅ガ凶穢ノ物ヲ埋メ咀呪シタル實ヲ得。	一一ウ—一二オ
宮家衙門所屬寺刹		○吏曹ハ列邑寺刹ノ諸宮家各衙門ニ屬セシモノ竝ニ停罷ヲ請フ。八道ニ於ケル諸宮家ノ願堂ヲ前ニ於テ禁ジタルヤ否ニ付テ舊記ヲ取調ブ。	一六ウ—一七オ
祈雨	四月	○久旱ニヨリ祈雨祭ヲ行フ。	二一オ
三年ノ喪		○掌令ハ上疏シテ長子嫡子庶子ノ三年ノ喪ニ付テ意見ヲ陳ス。（喪服ノ圖アリ）	二一オ—二三ウ
		卷三	
酺祭蝗蟲	七月	○咸鏡旱蝗アリ禮曹ノ請ニヨリ酺祭ヲ設ケ之ヲ禳フ。	一八オ
祈雨		○旱甚シ宗廟社稷ニ祈ル。	一九オ
陵ノ石物破毀		○王ハ寧陵ニ幸シ門內ニ禮シ且哭ス。（陵ノ石物前ニ破毀サル）	二六ウ—二七ウ

事項	月	記事	出典
奢侈	九月	○大司憲ハ奢侈ノ弊ヲ陳ス。	三九オ
偸葬	十月	○崇義殿ノ近キ處ニ二墳、開城太祖陵ノ附近ニ一百七十塚ノ偸葬アリ。王ハ命ジテ移葬シ申飭セシム。	四四オ
僧尼還俗ノ命	十二月	○京外良民ノ削髮僧尼ト爲ル者ヲ一々還俗セシム。	五六オ
	二年（辛丑）	卷四	
後宮尼院	正月	○城内ニ兩尼院アリ前ヨリ後宮ノ老ヒテ依ル無キ者多ク此尼院ニ住ス。	一ウ—二オ
尼ニ還俗		○王ハ命ジテ城内二尼院ノ尼年四十以下ノ者ヲ還俗セシム。其他老ヒテ歸スル所無キ者ヲ城外ニ黜ク。右寺ニアリシ列聖ノ位版ヲ埋案ス。	同
民間奢侈		○近來士夫ノ家ノ奢侈宮中ヨリ甚シ。閭閻又士夫ノ家ヨリ甚シ、珠翠錦衣其靡麗ヲ極ム。婚葬ニ至テハ費ス所限リ無シ。大臣ノ言。	二ウ
禁酒	四月	○禁酒ヲ令ス。	一二オ
祈雨		○大臣ヲ分遣シ宗社、山川ニ祈雨ス王ハ服衰中ニ在リ親祭（吉服タルヲ要スルニヨリ）セズ。	一二オ—ウ
乘轎ノ禁	五月	○備局ハ請フテ通政以下使命（王命ヲ以テ地方ニ行ク官）ノ乘轎ノ謬例ヲ痛禁ス。	一七ウ
女人倭館ニ入ル禁		○東萊人朴善ハ倭ノ賂ヲ受ケ女人ヲ誘フテ入館陰奸ノ事發覺。兩人ヲ倭館門外ニ梟示ス。其餘女人ノ倭ト會飲セシ者ヲ遠地ニ配ス。	二七オ
儺禮結綵進歌謠	六月	○祔廟後還宮ノ時儺禮、耆老儒生敎坊各進歌謠、巷街結綵、闕門外左右綵棚ノコト王ハ擧行スル勿ラシム。	二九オ
祈雨	七月	○黃海道ニ祈雨祭ヲ行フ。祈雨祭ヲ行フ。	三二ウ

事項	月	記事	出典
右同	閏七月	○平安道旱甚シ祈雨祭ヲ行フ。	三四オ―ウ
淑水入浴		○王ハ仁慶宮ニ幸シ浴椒五日。憲府ハ請フテ駕前ノ樂ヲ停ム。	三七オ
誕生奉告	八月	○元子誕生ス。宗廟、永寧殿ニ告グ。	三九オ
捲草官	九月	○元子誕生ノ時ノ捲草官等ニ鞍馬布ヲ賜フ。	四〇ウ
	三年（壬寅）	卷五	
婚用珠扇	正月	○國婚ノ時ニ用ユル眞珠扇（新婦ノ面ヲ掩フ團扇）價白金千兩ヲ要ス前例ナリ。此大饑ノ時ニ變革スベシト判中樞ハ上言ス。王ハ先朝流來ノコト輕ロシクシ難シト曰フ。	一ウ
禁酒		○校理ノ上言ニヨリ國中ニ禁酒ス。	三オ
佛汗妖言		○全羅道ノ寺佛汗ヲ出ス。大司諫ハ濕氣ノ凝結セルモノナリ造言民聽ヲ惑亂ス宜シク道臣ヨリ出言ノ僧ヲ定罪スベシト曰フ。	五オ
端午進扇		○大司諫ハ工曹進上ノ端午扇匠人ヲ湖南ニ下送ス其弊アルヲ曰フ。	六オ
癘祭	二月	○疫癘盛也。王ハ湖南ノ例ニヨリ嶺南ニモ京官ヲ送リ厲祭ヲ行ハシム。	一一オ・一二ウ
地震解怪	三月	○湖西大興等十邑ノ地震フ。解怪祭ヲ行フ。	一三ウ・
祈雨		○諸道ニ祈雨祭ヲ行フ。正殿ヲ避ケ減膳禁酒ス。	一五ウ・一六オ
癘祭		○湖南ニ厲祭ヲ行フ。	一六ウ
宮女放出 伸寃解旱	四月	○承旨ハ宮人（女）ヲ放出シ諸宮家ノ內人ニモ婚ヲ許サシメ欝ヲ舒シ和ヲ召スベシト上疏ス。王ハ答エズ。	一八オ
宴樂禁止		○聞喜宴。娼樂一切禁止セルニ永安尉、吏曹判書等等設酌觀戲ノ事アリ盛ニ曲會ヲ	二一ウ

張ル。掌令ハ皆罷職ヲ請フ。王之ニ從フ。

事項	年月	記事	出典
地震解怪		〇慶尚道ニ地震アリ解怪祭ヲ行フ。	同
燈夕會飲		〇掌令ノ効啓ニヨリ燈夕士人數人ト醉ニ乘ジ娼家ニ武人輩女樂ヲ設ケシ會飲ノ處ニ突入相関鬪セル者ノ罷職ヲ請フ。	二二オ
厲祭	五月	〇厲祭ヲ北郊ニ行フ。城隍神ノ位版ヲ用ユ。	二八ウ
陵域偸葬	六月	〇麗朝太祖陵ニ偸葬セル者ヲ掘去ラシム。	三六オ
病鄕嫌赴		〇正言ノ言。黃州晉州ハ病鄕ト稱シ皆之ノ任ニ赴クヲ避ク。	三七オ
謹愼解停		〇禮曹ノ啓ニヨリ立秋節ヲ以テ正殿ニ復シ、常膳ニ復シ、禁酒擊鼓等ノコト擧行セシム。	四〇オ
祈晴		〇晴ヲ四門ニ祈ル。	四一ウ
		卷六	
望陵ノ禮 無碑ノ陵	九月	〇王ハ寧陵展謁次ニ顯陵、穆陵ニ展謁終ニ健元陵ニ詣リ先ヅ望陵ノ禮ヲ行キ爵獻禮畢ル。健元陵ト獻陵ハ碑アリ他陵無之蓋其後一種ノ議論アリテ寢メテ爲サズ此古說ノ傳フル所也。	二ウ—三オ
殿牌偸去		〇忠淸道懷德縣ノ奸民殿牌ヲ偸ム。其縣ヲ革ム。	七オ
地震怪解	十月	〇湖西地震ス、解怪祭ヲ行フ。	一四オ
殿牌偸去	十二月	〇京畿漣川奸民殿牌ヲ偸ム。其縣ヲ麻田郡ニ合ス。	一九オ
老人優遇	四年(癸卯)正月	〇海西百以上ノ老人ニ衣食ヲ賜フ。	二四ウ
新婦舅姑ニ享ス	二月	〇新婦ガ舅姑ニ享スル器數ノ定制ヲ犯ス者アリ、之ヲ推セシム。	二七オ

事項	月	記事	丁
祈雨	五月	○祈雨祭ヲ行フ。	四四オ
蝗害酺祭	六月	○兩西ニ蝗アリ酺祭ヲ行フ。	四九ウ
祈晴		○晴ヲ祈ル。	五三ウ
		卷七	
嫡庶喪服	七月	○嫡庶ノ喪服ニ付テ議論アリ。	七オ―一二オ
屍姦	八月	○屍女ニ淫ヲ行ヒシ者誅ニ伏ス。仍ホ受教中ニ錄シテ定メテ法律ト爲ス。	一七ウ
會飲犯禁	十月	○刑曹ハ會飲犯禁者ノ件ニ付テ啓ス。	二六オ―ウ
王子溺妓	十一月	○靈豐君湨ハ娼女ニ惑溺ス。	三〇オ
墓碣僭僞		○庶人墓碣ノ僭僞ナル者ヲ罪ス。	三一オ
藏氷祭寒	十二月	○司寒祭ヲ行キ藏氷ヲ始ム。	四二ウ
角力技	五年(甲辰) 正月	○廣州楮子島ノ私奴同里ノ者ト角力シテ勝タズ刺殺ス。	四九オ
殿牌偸破		○江界滿浦ノ奸民殿牌ヲ偸ミ破ル。	同
		卷八	
書院ノ弊	三月	○王ハ書院ノ疊設不可ナルヲ曰フ。	一三オ
濟州風俗		○王ハ濟州ノ風俗ヲ問フ。曰ク民俗皆工ヲ業トス女子ト雖モ必ズ驄笠ヲ作テ陸地ニ賣テ食ス云々。	一九ウ―二〇オ
		卷九	

事項	月	記事	出典
屠牛ノ禁	七月	○牛疫盛也屠牛ノ禁ヲ申明ス。	一〇ウ
星變求言	十月	○彗星出ヅ。王ハ星變ヲ以テ言ヲ求ム。宮中奢侈ナルヲ曰フ者アリ、公主ノ第宅奢侈大ナリ云々。	一九オ・二〇ウ
家舍奢侈		○大司諫ハ大君以下庶人ノ家舍制ヲ超エ奢侈ナリ一ニ毀撤ヲ請フ。王從ハズ。	二二オ
鄕約 號牌		○鄕約ヲ行ハンコトヲ上疏セル者アリ。領相ハ李珥モ甞テ此法遽ニ行フベカラザルヲ言ヘリト曰フ。右相ハ號牌ヲ行フニ如クハ莫シト云フ。	二二オ―ウ
儒生會飮	十二月	○掌令ハ開城儒生會飮ノ弊ヲ論啓ス。	三二ウ
	六年（乙巳）	卷十	
星變謹愼	二月	○王ハ星變（大白晝見ル、彗星見ハル）ヲ以テ躬ヲ責メ正殿ヲ避ケ減膳撤樂ス。	七オ
祈雨	四月	○祈雨祭ヲ漢江、木覓山、三角山ニ行フ。	一四ウ
祭官ニ老病者不可		○同上。王ハ其獻官ニ老病ノ人ヲ撰ビシヲ不可トシ吏曹判書ヲ遣ハス。	一五オ
癘祭		○疫癘熾也。南郊北郊ニ祭ヲ設ク。先ヅ城隍ニ發告祭ヲ行フ。	一七オ
溫泉入浴 茶啖		○王瘡アリ溫井ニ浴セントス。從前各邑使星ヲ接待スルニ尙ホ茶啖ヲ設ク。王ノ幸ニ之ヲ設クル勿ラシム。	一七ウ―一八オ
溫泉ノ祭		○王病ヲ以テ溫井ニ幸ス。過グル所ノ山川及溫井ヲ祭ル。	一九オ・二〇オ・ウ
祈雨		○禮曹ニ命ジ祈雨祭ヲ行フ。	二四オ
吉日溫浴		○王ハ吉日ヲ以テ始メテ溫井ニ手ヲ洗フ。	二四ウ
功臣致祭		○官ヲ遣ハシ牙山ノ李舜臣ノ祠ニ致祭ス。	二五オ
賜浴百官		○百官ニ浴ヲ北湯ニ賜フ。	二六オ

顯宗七年

事項	月	記事	出典
遊街	五月	○王果川ヲ發ス。禁軍登第者新來ノ者才人ヲ以ヲ出送ス。王ハ特ニ遊街三日ヲ許ス。	三二ウ
癩人生埋	八月	○江陵府内惡疾ノ女ヲ夫ト妻ノ母ト同謀シ海曲ニ結幕シテ置ク。生キナガラ瓮中ニ納レ之ヲ埋ム。	五一オ
太廟樂章		○左參贊宋浚吉ハ大廟ノ樂章顚錯甚ダ多シト啓ス。	五二ウ—五四オ
世子入學		○禮曹ハ世子未冠ノ前入學ノ儀ニ付テ啓ス。	五四オ—ウ
		卷十一	
風水思想	九月	○禮曹ハ地官ニ問フテ厚陵ノ改封ヲ丁未ノ年二月ノ吉日ニ擧行スルコトトス。	四ウ
陵域偸葬	十月	○麗朝ノ王陵内ニ多ク偸葬アリ。三年一次巡審摘奸ス。	一五ウ
災異罷宴		○災異ニヨリ明春ノ進宴廳ヲ罷メ。遣京ノ上妓ヲ罷ム。	同
屋轎豹皮	十二月	○大臣ノ進言。一宮家ノ屋轎豹皮ヲ用ヰ毛帳トナス寒心ナラズトセズト奢侈ノ弊ヲ陳ブ。	三〇オ
廳宴還設	七年（丙午）	○王ハ命ジテ進宴廳ヲ還設ス。	三二ウ
虹變謹愼	正月	○白虹日ヲ貫ク。進宴廳ヲ秋ニ退行ス。	三四ウ
癩者生埋	二月	○江陵癩疫ノ父ヲ山間ニ置キ瓮中ニ入レ生キナガラ埋メタル罪人誅ニ伏ス。	三七ウ
遊街禁斷		○天災ニヨリ文武科放榜後ノ遊街設宴ヲ禁斷ス。	三八ウ
嫡庶喪服		○安東后人（案東金氏ノコト）嫡庶ノ喪服ニ付テ論ズ。	四〇オ—四六オ
		卷十二	

卷十三

事項	月	記事	出典
王子命名	三月	○元子ノ定名ヲ行フ。	二オ―ウ
溫泉行幸 途上祭祀		○王湯井ニ幸セントス。禮曹ハ其時過グル所ノ名山大川ヲ祭リ及溫井ヲ祭ルコトトス。	三オ
聞喜宴		○大小科放榜後遊街設宴ヲ禁ジアル時、聞喜宴ヲ設ケ張樂セシ工曹參判外一人ヲ罷職センコトヲ掌令ヨリ請フ。	三オ―ウ
嫡庶喪服		○嫡庶服喪ニ付テ慶尙儒生三千餘人ノ啓。同上ノ件。	四ウ―二〇ウ・二三オ―二六オ
王子命名		○元子ノ名改定ノ件。	二一オ
溫泉入浴	四月	○王ハ慈殿ヲ奉ジ溫陽溫井ニ幸ス。	二六オ
吉日入浴		○王及大妃ハ吉日ヲトシ洗浴ヲ試ム。	二七ウ
溫泉ノ神		○行幸ノ初溫井ノ神ニ告祭ス。收効回鑾之日報謝ノ祭ヲ行フ。	二九ウ。
癘祭	五月	○疫癘熾ナリ厲祭ヲ北郊ニ行フ。	三一ウ
祈晴	六月	○祈晴祭ヲ行フ。	三八オ
宮中妖變	七月	○領相ノ言。大内鬼魅作妖ノ事アリ。慈殿御所通明殿ニ石塊投擲、衣服燒火　宮人髮ヲ剪ラル等ノ事比々有之。慈殿ヲ移御セザルベカラズ。	四四オ―ウ
營將奸妓	九月	○大丘營將ハ淸道ニ至リ近邑ノ妓ヲ招集一妓ト昵ス。小童穴窓ヨリ覗見ス。私スルヲ疑ヒ之ヲ杖殺ス。司諫ノ啓ニヨリ定罪ス。	四九オ
		○今、朞服葬前ノ赴擧ヲ禁ズ。承旨ハ啓シテ初試入格者在喪及痘ニ染病スル者ニハ試ノ公文ヲ出陳スルノ例ニ依ランコトヲ請ヒ。王之ニ從フ。	四九ウ

事項	月	記事	出典
侍女選擇 民間急婚	十二月	○宮中ニ侍女選入、爲メニ閭閻早婚ノ弊アリ。	一〇ウ
未冠童髻	八年(丁未) 正月	○弘文館ハ皇太子未冠雙童髻ノ時ノ冠ニ付テ啓ス。(之ヲ王世子ノ事ニ準用セン爲也)	二〇オ
世子冊禮		○王ハ仁政殿ニ出デ冊禮ヲ元子ニ行フ。(時ニ年七歲)	二二ウ
溫泉入浴	四月	○王ハ溫陽溫井ニ幸ス。	四六ウ
老人優遇		○道內ノ老人八十以上加賚シ且衣資食物ヲ賜フ。	同
文廟祭祀	○四月	○重臣ヲ遣ハシ溫陽孔子廟ニ大牢ヲ設ケ祭ル。	四七ウ
忌痘移宮	五月	○王ハ宮人ノ患痘ヲ以テ昌慶宮ニ移御ス。	五二オ
近親姦		○王大妃殿ノ宮女其兄ノ夫ト潜奸シテ娠ム。王ハ命ジテ囚エ絞ニ處ス。其父母ヲ定配ス。	五二ウ
		卷十四	
孔明ノ祠	六月	○永柔縣諸葛武侯祠宇ニ賜額ス。	一ウ
祈雨	七月	○六月ヨリ旱太シ、祈雨ヲ累行スルモ終ニ雨ヲ得ズ。	七ウ
右同		○王ハ社稷ニ親祭祈雨ス。	八ウ
右同		○王ハ社稷ニ親祭祈雨ス。	一〇ウ
旱勉不愼		○持平ハ悶旱ノ時其弟ノ家ニ歌吹會飲セシ全羅監司ヲ劾啓ス、	一二オ
祈雨		○大臣ヲ遣ハシ宗廟、社稷ニ祈雨ス。	一五オ
旱時謹愼	九月	○禮曹ハ既ニ雨ヲ得タルヲ以テ常膳ニ復シ金鼓ヲ擊タシムルヲ請フ。王ハ十月ヨリ之ヲ行フ。	一九ウ
避災移居	十一月	○王大妃殿災異アリ他所ニ移御ス。王ハ命ジテ大妃ノ爲ニ集祥殿ヲ新營セシム。	二六オ

事項	月	記事	出典
推卜僧盲	十二月	○王ノ運命ヲ推卜シ承建不軌ノ事ヲ圖リシ僧及盲人ヲ誅ス。	二九オ
遷葬更賜	九年（戊申）二月	○正言ノ啓。王子、大君、公主、翁主、駙馬ハ遷葬ノ時本ト更賜禮葬ノ規無シ。今貞愼翁主、達城尉ノ遷葬ニ禮葬ノ命アリ。民弊ヲ重貽ス還收ノ命アランヲ請フ。王從ハズ。	三八オ
祈雨	三月	○祈雨祭ヲ行フ	四〇オ
厲祭		○疫癘熾ナリ。山川城隍ヲ祭リ厲祭ヲ行ヰ丙子ノ戰亡者ヲ其戰場ノ地ニ祭ル。	四二ウ
右同		○厲祭官ヲ險川、金化、兎山、江華ニ遣ハス。	四三ウ
旱ノ謹愼		○旱甚シ正殿ヲ避ケ減膳、撤樂ス。	同
宮中鬼變 痘患移居		○宮中鬼變ト痘患アリ。左議政ハ王ニ移御ヲ勸ム。	五一ウ
		卷十五	
祈晴	六月	○四門ニ禜祭ヲ行フテ晴ヲ祈ル。	二オ
地震解怪		○平安、黃海、慶尙、忠淸、全羅ノ各地同日地震ス。解怪祭ヲ行フ	三ウ
祈雨	七月	○旱災酷シ官ヲ遣ハシ諸處ニ祈雨ス。	五ウ
四ツ兒		○端川ノ良女二男二女ヲ産ス。	六ウ
祈雨	八月	○重臣近臣ヲ遣ハシ祈雨祭ヲ行フ。再次同上。同上宗廟社稷北郊ニ大臣ヲ遣ハス。	六ウ・七ウ・八ウ
禁制條項 牛馬屠殺 亂廛飲酒 城内騎乘 神祀高重 舟中賽春 僧ノ入城 巫女		○刑曹禁制八條ヲ制ス。曰牛馬屠殺、酒禁、亂廛、常漢城内騎馬、神祀高重、漕船淫女、城中僧人、漢城府禁制六條。各廛高重、牛馬肉禁、東西活人署ノ巫女摘奸。	一一ウ—一二オ
溫泉入浴		○王溫陽行宮ニ幸ス。	一五オ

事項	月	記事	丁數
溫泉ノ神	九月	○溫井報謝祭ヲ行フ。	一七オ
誕日進賀	十二月	○王大妃誕日ニ陳賀、進表裏ノ禮ヲ權ニ停ム。	四四ウ
娼巫入宮		○宋時烈ハ上書シテ賤娼妖巫ノ宮中ニ出入スルノ不可ヲ曰フ。	四六ウ
	十年(己酉)	卷十六	
祈雪	正月	○重臣ヲ遣ハシ雪ヲ社稷、宗廟、北郊ニ祈ル。	一オ
一夫二妻 鄕約 同姓婚 尼社撤廢		○王召對ス。宋時烈ハ神德王后ノ陵ヲ修ムルヲ請フ。又曰鄕約ハ急務ニ非ズト雖モ民俗ハ正サザルベカラズ。婚姻ノ同姓ヲ娶ル者ハ非禮也。同貫ノ姓字ニ非ズト雖モ之ヲ禁ゼンヲ請フ。左參贊宋浚吉ノ言。前日城中ノ尼社撤出ス外方モ亦禁ゼザルベカラズ。同上ノ件。(以下本件ニ關スル記事多シ略ス)	二ウ—三ウ・四ウ—五オ・七オ
王子冠禮		○左參贊ハ世子ノ冠禮ヲ元月ニト吉シ行ハンヲ請フ王許サズ。	七ウ—八オ
一夫二妻		○神德王后ノ件。	一一ウ—一二オ・一二ウ・一四オ・一四ウ—一六オ・一七ウ・二三ウ・二四オ
右同	二月	○右同上ノ件。	—ウ
松葉桃枝 桃板春幡 人勝歲畫		○宋時烈入侍ス。松葉、桃枝、桃板、春幡、人勝、歲畫進排ノ事浮費ナリ減スベシト上言ス。	二〇ウ
馬祭		○馬祖ノ祭ヲ箭串牧場ニ行フ。	二五オ
溫泉入浴	三月	○王ハ王大妃ヲ奉ジ王妃ト溫陽溫井ニ幸ス。	三三ウ
陵域破毀ノ賊	四月	○盜アリ獻陵丁字閣、神門、神御平床、祭床、排設床、瘗坎板等ヲ破ル。慰安祭ヲ行フ。	四三ウ
一夫二妻	五月	○神德王后祔廟ノ件。	五一ウ—五二ウ・五三オ

事項	月	記事	出典
		卷十七	
世子冠禮	六月	○王世子ノ入學、冠禮ハ祖宗ノ朝必ズシモ春秋ニ拘ラズ。王ハ秋ハ陰ニ屬ストシ明春ニ行ハシム。	二ウ
僧人加護		○王ノ言。丙子ノ時僧軍最モ力アリシ。僧人ノ望ム所ハ只金貫子ニ在リ。民丁三日ノ役僧軍一日ノ役ニ及バズ必ズ其死力ヲ盡ス故也。僧人ハ一倍加護セザルベカラズ。	四オ—ウ
一夫二妻		○神德王后祔廟ノ件。	五オ
右同	七月	○右　同。	五オ—ウ・六ウ—七ウ・八オ・ウ—一〇オ—ウ
右同	八月	○右　同。	一四オ・ウ—一五オ・一九オ・ウ・二〇ウ
右同		○神德王后ノ忌辰祭ヲ陵所ニ行フ。	一五ウ
右同		○十月一日ヲ以テ右祔廟ス	二一オ
右同	九月	○神德王后祔廟ノ件。	二三ウ—二四ウ・二七オ—二九オ—ウ・三〇オ
邑婢姦畜		○前興海郡守ハ在任ノ時多ク邑婢ヲ奸畜ス。獻納ノ啓ニヨリ拿問定罪ス。	二六ウ
誕日進賀	十一月	○王大妃誕日百官進賀ス。	四〇ウ
防寒空石		○王ハ日寒ヲ以テ宿衛軍士ニ空石ヲ給シ薄衣ナル者ニ襦衣ヲ給ス。	四四オ
		卷十八	
	十一年（庚戌）		
冠禮ト字	二月	○王世子ノ冠禮ト共ニ字ヲ定ムルコトヲ禮曹ヨリ啓ス。（時ニ十三歳ナリ）	六オ
婦人乘轎見物		○淸使入京ノ時婦女ノ乘轎觀光ヲ禁ズ。	九オ

事項	月	記事	出典
冠禮送賓		○世子冠禮ノ時臨軒送賓ノ節アリ。王病ニヨリ親臨シ難シ。三月初九日ニ退行ヲ命ス。	九ウ
咀呪	閏二月	○大司憲ノ啓ニヨリ、咀呪ノ術ヲ挾ミ衆庶ノ聽ヲ亂ス主簿ヲ罷職トス。	一〇オ—ウ
世子冠禮	三月	○王ハ仁政殿ニ御シ王子ノ冠禮ヲ行フ。賓贊ヲ命ズ賓ハ左議政贊ハ禮曹判書、師ハ領議政也贊善賓客、主人參ス。	一五オ—一六オ
祈雨		○旱災アリ祈雨祭ヲ行フ。三角、白岳、木覓、漢江、風雲、雷雨、國内山川城隍ニ祈ル。晋州、南原、錦山、綾川等ノ地壬辰役戰亡ノ處致祭ス。	一七ウ
右同	四月	○四次ノ祈雨祭ヲ行フ。錦山戰亡ノ將士ヲ祭ル。第五次ノ祈雨祭ヲ行フ。宗廟、社稷北郊ニ祈ラントス雨アリ之ヲ退行ス。	一八オ・一九ウ・二〇オ
右同		○重臣ヲ遣ハシ雨ヲ宗廟、社稷、北郊ニ祈ル。	二一オ
公主邸宅踰制	五月	○兩司ハ公主ノ第ノ制ヲ踰ユルコトヲ力爭ス。王納レズ。（本件此前此後ニモ旱災中土木ヲ起スノ不可ナルコトト其制ヲ超エ過大ナルコトヲ論啓シ之ヲ罷メンコトヲ上啓セル者多シ）	二一ウ
祈雨		○王ハ第八次ノ祈雨祭ヲ行フ	二二オ
祈晴	六月	○水災ヲ以テ禜祭ヲ四門ニ行フ。	二七オ
府使奸妓	七月	○前任地ニ於テ近邑ノ娼ヲ率畜セシ宣川府使ノ罷職ヲ獻納ヨリ啓請ス。王從ハズ。	三〇オ
喪中伴娼	八月	○執義ノ啓ニヨリ喪ニ居リ娼ヲ挾ンデ行キシ監察ノ仕版ヲ削ル。	三三オ
奴ノ姦罪		○主家ノ女ヲ奸シタル罪人ヲ誅ス。	同
乞丐棄兒		○年凶ニシテ乞丐及棄兒道ニ立ツ。棄兒ヲ收養セシム。	同
妖言者	九月	○踏山ヲ以テ業トセシ者不軌ノ妖言ヲ流布シ。鍾樓ニ闌入シ足モテ鍾ヲ叩ク此妖人	三八オ—三九オ

事項	月	記事	出典
		獄死ス。（鍾路ノ鍾自然ニ鳴レバ國ニ大亂アリト傳説ス）	
幻術巫覡	十一月	○嶺東ニ一妖覡アリ幻術ヲ以テ衆ヲ惑ハス。間ニ靈神ヲ稱シ奔波迎奉多ク淫祠ヲ設ク。之ヲ杖殺ス。	四六オ
	十二年（辛亥）	卷十九	
發墓取衣	正月	○飢饉甚シク塚ヲ發キ斂衣ヲ取リ衣ル者アリ。乞丐ノ徒藁ヲ以テ腹背ヲ掩フ者アリ。凍死者甚ダ多シ。（全羅道ノコト）	二オ―ウ
近親姦		○南部故進士ノ妻ハ前妻所出ノ子ト奸ス。事覺ハレ二人結項シテ死ス。	四ウ
納采ノ禮	三月	○王世子納采ノ禮ヲ行フ。	一二ウ
納徵ノ禮 告期ノ禮		○同上納徵ノ禮ヲ行フ。同告期ノ禮ヲ行フ	一三オ
棄兒收養		○飢民乞丐ノ棄テシ子ヲ收養シ奴トセシム。	一四オ
棄兒 食人肉		○飢饉甚シ。連山ニ子女ヲ煮テ食ヒシ者アリ。全羅ノ飢民赤子ヲ棄ツル者多シ。又樹ニ懸ケテ去ル。	一四ウ―一五オ
冊禮		○王ハ崇政殿ニ御シ王世子嬪ノ冊禮ヲ行フ。	一五オ
掘尸奪衣 飢民生埋		○王ノ言。飢民ノ尸車載相次グ。其中未ダ命脈有ル者アリ此弊勿ラシメヨ。死人埋葬ノ際深ク埋メザレバ久シカラズシテ露出スベシ。埋尸ヲ掘出シ衣ヲ脫シ去ル者アリ。	一五オ―ウ
食人肉	四月	○連山ニ子女ヲ煮テ食ヒシ者アリシ事ニヨリ同縣監ヲ拿問定罪ス。	一八オ
醮禮		○王ハ崇政殿ニ御シ世子ノ醮禮ヲ行フ。	同
朝見ノ禮		○王子嬪四殿ニ朝見ス。	一九オ

事項	月	記事	出典
厲祭	五月	○厲祭ヲ京外ニ設行ス。	二〇ウ
拘忌移宮		○大王大妃、中殿ハ昌德宮ニ還御ス（王ト共ニ前ニ移御セリ）二十八日ハ拘忌アルヲ以テ也。	二一オ
屠牛ノ禁	九月	○牛ノ屠殺ヲ禁ズ。牛疫ノ爲牛ノ減少ニヨル	四四ウ
藁葬ノ尸ヲ埋祭ス		○王ハ命ジテ都城近處ノ無主藁葬ノ屍六千九百餘ヲ瘞メ之ヲ祭ラシム。	四五ウ
訛言		○關王廟ノ塑像水氣潤濕シ流下ノ痕アリ、京城ノ民血淚流下スト爭フテ傳フ。	四八オ
右同		○京城ノ民弘濟洞ノ彌勒自移スト訛言ス。	同
	十三年（壬子）	卷二十	
薄喪薄葬ノ風	正月	○右議政宋時烈ノ前ニ上疏セル事項ニ付テ王ハ大臣備局ト議ス。風俗漸ク變ジ其父母死シテ恬トシテ哭泣ヲ知ラズ或ハ全ク屍ヲ收メザルアリ、或ハ飲酒食肉スル者アリ。以上朝廷ヨリ曉諭列邑ニ頒示各實行セシムルコト猶聽カザル者ハ刑法ヲ嚴行スルコト。	一四オ－ウ
生前備棺	三月	○前濟用監正ノ上疏。祖宗ノ朝ヨリ嗣服ノ初メ卽チ梓宮ヲ成シ逐年柒ヲ加フ其意深遠也。	二二ウ
書院ノ弊		○同上、湖南一道ノ儒生祠宇ヲ創ム、崇奉幾ンド百年ニ近シ。一朝命ジテ之ヲ毀撤ス。一道儒生ノ心ヲ失ス。	二三オ
殍屍移埋	四月	○丙戌辛亥流殍相繼グ車ヲ以テ屍ヲ收メ東西郊及木覔山外麓ニ瘞ム。之ヲ不可トシ京兆ヲシテ十里外ニ移埋セシム。其數三千六十餘屍。	二八オ

	十四年（癸丑）	巻二十一	
士庶嫡庶名分壞ル	正月	○持平ハ啓シテ、士族名分ノ禁制壞レ庶孽賤品或ハ金玉ヲ躋ス。則蔭及其妻並ニ封牒ヲ受ケ乗轎出入等ノ弊アルヲ論ズ。	一ウ
乘轎ノ禁		○執義等ハ啓シテ、外方堂下官吏屋轎ニ乘ル者ノ禁斷ヲ請フ。	四ウ
駙馬尉號	四月	○明惠公主卒ス。駙馬ノ尉號ヲ定メ未ダ納采ノ禮ヲ行ハズ。駙馬ノ尉號ハ存ズルコトトス。	一五ウ－一六オ
風水思想	五月	○寧陵ヲ改封スルカ遷葬スルカニ付テ議アリ。遷葬スルコトトス陵ニ水浸潤セシニヨル。王ハ地官ト禮官ト觀象監ト士夫中地術ニ精シキ者トヲ先ヅ往テ山ヲトセシム。	一七オ
六世一村ニ住居ス		○殷栗ノ品官黃胤憲等五十餘人六世一村ニ同居ス。衰世未有ノ事トシ王ハ命ジテ復戸ス。	一七ウ－一八オ
風水思想	六月	○前記寧陵ノ事ニ付テ摠護使ヨリ遷陵スベキ吉日ヲ啓ス。	一八ウ
右同		○右遷葬ニ關スル件。	二二ウ－二三オ
右同	七月	○右同一ノ件。	二五オ－ウ・二五ウ－二六オ
宮中忌痘移患移宮		○明善公主痘疫ヲ患フ。藥房提調、諸承旨等ハ王ノ移御ト公主ヲ闕外ニ出スベキヲ啓ス。王ハ今日中ニ慶德宮ニ移御シ王世子及世子嬪先ヅ移御スルト曰フ。	二七オ
同上		○藥房提調ハ世子嬪モ亦痘疫也率キ移ルベカラスト啓ス。	二七オ－ウ
	八月	○明善公主卒ス。	
葬喪	九月	○遷葬ノ時ソ服裝表石其他之ニ關スル件。	二七ウ 三〇ウ・三一オ－ウ・三一ウ－三三オ・三三ウ・三五オ－三七オ・三七ウ－三八オ

事項	月	記事	出典
陵域忌蛇 舊陵構築 工事不正	十月	○遷陵ニ關スル件。 舊陵蟲蛇出入ノ跡アリ。臺石ノ下烟埃石ヲ交ユ。時ノ都監堂上、郎廳ヲ拿囚スベシト王ハ命ズ。	四〇オ—四一オ
		卷二十二	
	十五年（甲寅）		
救病禱神	二月	○慈殿病篤シ重臣ヲ分遣シ宗廟、社稷、山川ニ禱ラントス。明曉行祭セントス。諸臣計ヲ聞テ行祭セズシテ還ル。	六ウ
宮中廬屋		○王大妃會祥殿ニ昇遐ス。	同
		○王廬次ニ在リ。	八オ
喪葬記事		○襲ノ時魂帛函、交椅、銘旌機ノ進排時ニ及バズ。當該官ヲ拿推ス。	同
		（以下喪葬ノ記事普通ノモノハ略ス）	
地震解怪	三月	○湖南ニ地震アリ解怪祭ヲ行フ。	九オ
屠牛ノ禁	四月	○諫院ハ都監ガ骨灰ヲ用ユル爲メニ民ニ屠牛ヲ許シタルコトニ付テ、國恤ノ時禁屠ノ事法典ニアリ、且牛疫ノ後孳息未蕃重農上ヨリモ不可ナルヲ論ズ。王不從。	一一オ
祈雨		○禮曹ハ請フテ祈雨祭ヲ行フ。（梓宮漢江ヲ渡ル時ニ水淺ク舟行キ難キ爲也）	一三オ
右同	五月	○第七次ノ祈雨祭ヲ行フ。	一五ウ
發靷		○大行王大妃發靷ス。	一五ウ
	六月	○仁宣王后ヲ寧陵ニ葬ル。	一六オ
水陸設齋 排佛思想		○大行王大妃ノ爲水陸齋ヲ松都華藏寺ニ行フ。長湍ノ儒生上疏其非ヲ極言ス。兩司モ之ヲ寢ムルヲ請フ。王允サズ。連啓三日始メテ淮シ撥馬之ヲ停メシム。既ニ事	同

項目	月	記事	出典
		行ハレシ後也。	
右同 儒生排佛		○領相ノ言。右設齋ハ婦寺ノ所爲ニ出ヅ云々。又曰ク明廟ノ朝神祀ヲ碧松亭ニ設ク、儒生之ヲ驅逐ス文定王后大ニ怒ル云々。	二一オ―ウ
孝子烈女	七月	○孝子、烈女、五十四人ヲ命ジテ復戸ス。	二四ウ
三年ノ喪		○大丘ノ幼學ハ王ノ喪服三年ヲ行フベキコトニ付テ上疏ス。同上。	二四ウ―二六オ・二八オ―三〇ウ・三一オ―三五オ―三五ウ―三六ウ
老女優遇		○百六歳ノ女ニ月給八斗米。	三六ウ
救病禱祭	八月	○王病危急ナリ大臣ヲ分遣シテ宗廟、社稷、山川ニ禱ル。	四五オ
災變移宮		○大王大妃ハ御所災變アリ。王ニ移御センコトノ諺書ヲ下ス。王從ハズ。藥房懇請ス。王ハ明日移御スベシト曰フ。	同
王ノ薨去		○王昌德宮ニ昇遐ス。	同

肅宗實錄　卷一

事項	年月	記事	出典
山陵上食 晝茶禮	卽位ノ年（甲寅）八月	○禮曹ノ啓ニヨリ山陵朝夕上食、晝茶禮竝ニ姑ク停止シ黼殺己亥ノ例ニヨリ襲時ニ用ユ。晝茶禮ハ己丑己亥ノ例ニヨリ擧行ス。（以下普通ノ喪葬記事略ス）	一オ
飲奠蜜果 煙草ノ液		○小斂奠中蜜果外圍桂上ニ南草ノ液狼藉ス。陳設スベカラズト當該官ヲ拿捕推考セシム。	一ウ
卽位ノ禮		○王世子仁政門ニ卽位ス。	二ウ
宮中廬屋		○王廬次ニ在リ衰服シテ座ス。痛哭止マズ。	三ウ
風水思想 陵ノ建物	九月	○陵ノ審定ニ關スル件。健元陵内ニ定ム。其他ノ構造、石物、丁字閣上樑文等ニ關スル件。	五ウ・六オ・ウ・一〇オ—ウ
宮內廬室	十月	○王ハ仁和門內別室ニ廬シテ居ル。	一八ウ
宮中假家		○仁和門ノ假家火ク、殯殿慰安祭ヲ行フ。	一九オ
祖奠人葬	十二月	○祖奠ヲ行フ。遣奠ヲ行フ。發靷玄宮ヲ下ス。	三六オ・ウ
虞祭卒哭		○王子七虞祭ヲ行フ、甲寅王卒哭ヲ行フ。	四一オ・ウ
		卷二	
火災ニ神主ト燒死	元年（乙卯）正月	○白川ノ幼學ノ家燒ク。父ノ神主ヲ出スベク燒死ス。王ハ命ジテ恤典ヲ施ス。	一一オ
		卷三	
王族縱淫	三月	○淸風君ノ箚子。先朝ノ同產タル福平君兄弟ハ禁闥ニ出入醜聲アリ。各殿ノ紅袖	六オ—七オ—八オ

		(侍女)ヲシテ子有ルニ至ラシム。王ハ其女人及楨、㮒ヲ拿問セシム。	
茶飲		○福平君晝夜内ニ在リ毎ニ茶飲ヲ索ム。貴禮(宮中侍女ノ名)往テ茶鍾ヲ索ムレバ其手ヲ握テ戯ル云云。	一〇オ
祈雨	四月	○再ビ官ヲ遣ハシ祈雨ス。同祈雨ス。	三三オ・三六オ・ウ・四〇オ・四二ウ
右同	五月	○祈雨ノ件。	四七オ・ウ
忌痘移宮		○宮人痘患アリ王ハ養志堂ニ移御ス。又慶德宮ニ移御ス。兩魂殿モ亦移奉ス。	四八オ・四九オ－ウ
		卷四	
老人優遇	閏五月	○京外貴賤ヲ論ゼズ年八十ノ者ニ加階ス一萬人。	一ウ
祈雨		○旱ヲ以テ祈雨祭ヲ行フ。	二オ・ウ
日本女眞トノ雜種		○此時館倭閭里ニ潛行シ婦女ヲ奸淫ス。東萊釜山ノ民多ク倭產ナリ。西北人亦然リ多ク胡人ノ耳目トナル。	二オ－ウ
咀呪	六月	○怨民金溝縣令ヲ咀呪シ衙舍ニ凶埋狼藉タリ爲メニ縣令ノ子病死ス。	一七オ－ウ
喪葬僭越 檢察苛酷		○庶人ノ喪ニ濫踰多シ。大司憲尹鑴ハ吏ヲ遣ハシ入棺ノ日之ヲ審セシム。又葬リシ者ハ棺ヲ發キ屍ヲ檢ス。賄ヲ受ケ始メテ宥ス、民怨アリ。領相之ヲ聞テ停メシム。	一九ウ
強制嫁婚		又未婚嫁ノ女年二十男二十五ヲ過グル者ヲ強制婚娶セシム滿城閭里騷擾ス。	
風水思想		○術士金震發ハ人材出デザルハ南小門ヲ閉ヅルニ由ルトシ之ヲ開クヲ請フ。	同
祈雨		○旱甚シ大臣ヲ遣ハシ社稷、宗廟、北郊ニ祈雨ス。	二二ウ・二三オ
詛呪 女同性愛	七月	○旱ニヨリ世龍ノ妻ヲ放ツ。同人ハ妖甚シク大逆詛呪ノ事アリ、又定配ノ後男服ヲ着シ侍婢ト相戯ル。	二七ウ

祭餓死者		○旱ニヨリ東西南三郊ニ餓死ノ鬼ヲ祭ル。	三四ウ
祈雨		○宗廟、社稷ニ雨ヲ祈ル。	同
五家統制	九月	○備邊司ハ五家統ノ事目二十一條ヲ啓ス。論議久シク定マラズ、今始メテ停當ス。	四八ウ—五〇オ
庠射禮		○成均館ニ庠射禮ヲ行フ。	五〇ウ
	二年（丙辰）	卷五	
國恤娶妻	二月	○講官ハ南原府使ガ國恤三年內ニ後妻ヲ娶リシコトニヨリ罷職ヲ請フ。	一〇ウ
儺禮		○領議政、戶曹判書等ハ弘濟院ニ往キ淸ノ勅使ト打合セ歸ル。郊迎及儺禮ノコトハ彼順從ス勤樂ノ事ハ彼怒ッテ害有ルヲ言フ。	一一ウ
偸葬、勒葬	三月	○王ハ敎シテ士大夫ノ墓山龍虎內、養山ノ處他人ノ入葬ヲ許ズ勿ラシム。	一四オ
祔廟祭	四月	○王ハ仁宣王后ノ祔廟祭ヲ行フ。	一九ウ
祈雨	五月	○旱災甚シ雨ヲ祈ル。	二二オ・ウ
救病祈禱		○王大妃病篤シ。宗廟、社稷、山川ニ禱ル。王ハ命ジテ輕重ニ不拘罪囚ヲ放ツ。	二五オ
祈晴	六月	○祈晴祭ヲ行フ。	三〇オ
祔廟祭	九月	○王ハ顯宗大王ノ祔廟祭ヲ行フ。	四一ウ
妖僧惡行	十一月	○妖僧處瓊ハ自カラ神僧ト稱ス。詭ッテ絕粒シ夜巖穴ニ入リ餅肉ヲ食フ。又女居士ノ年少者ヲ誘ヒ奸淫ス。愚民生佛ト稱シ諸宮ノ內人モ供佛往來ス、之ト私スル者アリ。又昭顯世子ノ遺腹子投水ノ說アリ。捕エ誅ス。	四六オ—ウ
白衣ノ禁		○白衣ノ禁ヲ申明ス。	四七ウ
國恤不愼花童宴樂		○晝講、宗臣ノ言。宗室ノ子登科ス國恤ニ當リ花童ヲ挾率シ閉戶宴樂ス云々。	四七ウ—四八オ

卷六

	三年（丁巳）		
號牌	正月	○京中ハ三月ヨリ外方ハ五月ヨリ號牌ヲ佩ブ。	一オ
人日課製		○人日ノ課製ヲ退行ス。此日出題後儒生數百人破門突入下隷ヲ敲打セシニヨル。	六オ
親耕ノ禮	二月	○王親耕ノ禮ヲ行フ。（親耕親蠶ヲ歷代ニ行ヒシ年紀アリ）	一四オ
陵崩慰祭		○大雨、崇陵ノ莎草頹崩ス。慰安祭ヲ行フ。	一四ウ—一六オ
號牌	三月	○號牌ノ法ヲ行フ。紙牌ヲ號牌ニ代フ。	一六オ—ウ
星變不愼	四月	○星變（彗星見ハル）ニ方リ士大夫間慶宴ニ張樂スル者アリ。講官ノ言ニヨリ申飭ス。	二二オ—ウ
喪葬僭越 檢察苛酷		○星變ニ付テ掌樂ノ言。憲官禁吏ヲ發シテ閭閻喪有ラハ襲斂ノ處ヲ檢査シ、或ハ斲棺以テ檢スルアリ。下吏因テ作奸賄賂大ニ行ハレ怨聲世ニ溢ル。	二二ウ
近親姦	五月	○全羅ノ士族其父ノ妾ヲ烝ス。洪川ノ女其舅父ト奸ス、共ニ誅ニ伏ス。	二五オ
祈雨		○旱甚シ祈雨祭ヲ行フ。同上。	二七オ ウ 三〇ウ
右同	六月	○同上六次ノ祈雨祭ヲ行フ。同上七次。同上八次。	三二オ・ウ・三四オ
蟲害禳祭		○平安道蝗害アリ酺祭ヲ行フ。	三六オ
祈雨		○土龍祈雨祭ヲ行フ。	三七オ
官妓私用	八月	○閔宗道ノ子父ノ慶宴ヲ設ク。西北ノ名妓ヲ乘驛上京セシム。持平之ヲ劾ス。	四五ウ
女人入宮		○兵曹ヲ申飭シ女人ノ禁中ニ出入スル者一切痛禁ス。	四六ウ
內官宴樂 空闕集娼	九月	○內官ハ娼ヲ慶德宮ノ空闕ニ集メ琴歌樂ミト爲ス。深夜娼ヲ出門セシメ守宮ノ將ニ捕エラル。	四八ウ

宴ノ風	十月	○大司憲ノ上疏。王ガ慈殿ノ爲ニ壽宴ヲ設ケントスルハ災害人民困窮ノ際ナルニヨリ不可ナルヲ言フ。王ハ命ジテ宴ヲ停ム。權大運ハ士大夫モシ一縣ヲ得レバ必ズ壽宴ヲ設ク以テ親ノ心ヲ悅ハズ。親ノ心ノ爲ニスル上下ニ間無シ云々。王ハ仍テ設宴ヲ命ズ。	五一オ―
官妓選ヒ		○正言ハ右進宴ニ遠道ノ妓樂ヲ選上セシムルノ不可ヲ上疏ス。王ハ災害甚シキ道ヨリハ選上セシメズト曰フ。	五二ウ
防寒毛扇	十一月	○王ハ慕華館ニ淸使ヲ送ル。寒氣甚シ毛扇ヲ索ム。金錫冑ハ其把ル所ノ毛扇ヲ進ム。王還宮又寒氣迫ル毛扇無クバ堪ユル能ハズト言フ。	六〇オ
壽宴		○王ハ大王大妃ニ萬壽殿ニ進宴ス。	六〇オ
風水思想		○果川縣監ハ地師ヲシテ其境內ニ山（墓地）ヲ求メシム。其穴道ノ不好ヲ怒リ地師ノ父母ノ墳墓ヲ發ク。大司憲ノ啓ニヨリ罷職ス。	同
官妓私用	十二月	○萬壽殿進宴ノ爲ニ撰集セシ妓ヲ內官等ハ擅ママニ集メ養志堂ニ於テ鼓琴ス。大司憲ハ之ヲ罪センコトヲ請フ。王之ヲ允サズ。	六三ウ
	四年（戊午）	卷七	
祈雨	四月	○重臣近侍ヲ遣ハシ雨ヲ風雲雷雨、ノ三角、木覓、漢江等ニ祈ル。祈雨大臣ヲ遣ハス。	一三ウ
右同	五月	○雨ヲ北郊ニ祈ル。	一五オ
禁宴樂		○禁宴撤樂鼓ヲ擊ツ勿ラシム。	一五ウ
號牌		○大司憲ハ上書シテ近日人心不安ナリ號牌ノ令ヲ罷メンコトヲ請フ。	一五オ―一六ウ
痘死草殯		○靈林君ノ上疏。今春痘疫死者草殯山ニ遍ネシ。部官猝然放火一時ニ燒盡ス。男女	一六ウ―一七オ

事項	年月	記事	出典
		老少地ヲ叩テ灰燼ノ中ニ痛絶ス。今一日數回ノ祈雨ハ囘天ノ怒ニ益無シ。當該官ヲ定罪拿問ス。	
祈雨		○第九次ノ祈雨祭ヲ行フ。	一八オ
祈雨	六月	○土龍祈雨祭ヲ行フ。	一八ウ
壽宴	十一月	○湖西凶歉甚シ。監司ハ其妻ノ母ノ爲ニ壽宴ヲ一年內再設ス弊ヲ列邑ニ貽ス。諫院ノ論啓ニヨリ之ヲ推考ス。	四二オ
祈雪	十二月	○重臣ヲ遣ハシ祈雪祭ヲ社稷、宗廟、北郊ニ設ク。	四四オ
正旦ノ賀		○右參贊ハ元朝正殿ニ出御シ群臣ノ賀ヲ受クベシト啓ス。王之ヲ舉行セシム。	四五オ
	五年（己未）	卷八	
紙位易木	四月	○是ヨリ先咸興本宮ノ位版、紙ニ易ユルニ木ヲ以テスルノ敎アリ。大常官ハ匠手ヲ率ヰ下去ス。	二四オ―ウ
祈雨	六月	○祈雨祭ヲ行フ。三次ノ祈雨祭ヲ行フ。	三二オ・三六オ
右同	七月	○大臣ヲ遣ハシ宗廟社稷ニ祈雨ス。祈雨ス。	三六ウ・三七オ・ウ・三九オ―ウ・四〇ウ
沐浴齋戒		○判任ノ跡。祭享ノ諸執事剪爪齋沐ヲ十分ニ申飭スベキヲ曰フ。大半沐浴ヲ爲サズ	三七オ
烟草		脫衣偃臥之ヲ薰スルニ南草ヲ以テス云々。王ハ皆拿問セシム。	
防寒空石	十月	○日寒シ王ハ宿衞ノ軍士ニ空石ヲ給ス。	四九オ
	六年（庚申）	卷九	
厲祭	三月	○江原道ニ怪疾行ハル厲祭ヲ設ク。	五オ

婚禮賜酒	三月	○明安公主ノ婚禮ニ承旨ヲ遣ハシ宣醞ス。	六ウ
鷄血歃誓		○不軌ヲ謀ルノ徒姜萬鐵等結ンデ兄弟トナリ鷄ヲ殺シ血ヲ酒ニ和シテ共ニ飲ム。	二二オ
女人乘馬		○譯官ノ子ノ妻ノ美ヲ聽キ許積ハ、僞書ヲ作リ馬ヲ送ッテ迎フ。疾驅ス付從ノ女奴及バズ。	三二オ—ウ
家舍制限		○戸曹ハ啓ス。明安公主ノ家舍一千八百二十六間ナリ。先朝公主ノ第宅基址一千六百間ヲ以テ定メト爲ス。之ヲ裁減ス。	六〇ウ
內殿鬼變		○內殿ニ鬼變アリ(王妃胎候アル時ナリ)王大妃ハ下敎シ日ヲトシ慶德宮ニ移御ス。	七一オ
		卷十	
風水思想	八月	○大臣ノ言。孝廟ノ朝、三清洞ヲ國都鎭山ノ下トシ聚兵砲射ヲ許サズ。	二オ
陵域忌蛇 壙中忌水		○領中樞金壽興ハ宋時烈ノ罪ヲ論ズ。寧陵遷奉ノ時壙中水アリ蟲蛇出入ノ跡アリシヲ事ニ當リシ時烈之ヲ諱ンデ言ハザリシ件ナリ。	二オ
小斂結絞		大喪ノ時時烈ノ議ヲ用ヰ小斂ノ時結絞ヲ爲サズ故ニ已ムヲ得ズ聯板ヲ用ユ。	七オ
祈晴		○四門ノ禜祭ヲ行フ三次尙晴レズ。	一三ウ—一四ウ
會盟祭天		○王ハ會盟祭ヲ行フ。	
術者妖言	閏八月	○術者崔晩說誅ニ伏ス。鄭元老ニ王者ノ相アリ同人ノ家ニ王氣アリト稱シ陰謀ヲ唆リシニ因ル。	一七ウ—一八オ
道教思想		○鄭元老誅ニ伏ス。太乙ノ數ヲ推シ國ニ內變アリトシ兇謀ニ加ハリシニヨル。	一九オ—ウ
官妓率畜		○承旨ノ言。官妓ヲ率畜スルヲ得ザル禁令ヲ冒シ左相ハ咸興ノ妓ヲ、戸曹判書ハ平壤ノ妓ヲ率畜セリ其刷還ヲ請フ。	一四オ

事項	月	記事	出典
書院ノ弊	十月	○王ハ命ジテ全羅道ノ三書院ヲ毀ツ。無賴輩閙鬨ノ弊書院ニ基クニ因ル。	二八オ—ウ
忌痘移宮		○中宮痘患ノ疑アリ。王ハ慈殿ヲ奉ジテ昌慶宮ニ移御ス。中宮昇遐ノ後慈殿ハ義洞本宮ニ移御ス。	五三オ・五四オ—ウ
		○中宮慶德宮ニ昇遐ス。	五四オ
喪葬記事		○三日大行王妃ノ襲禮ヲ行フ。(以下普通ノ喪葬記事略)	五五オ
忌死移居	十一月	○大王大妃ハ孝廟ノ潛邸ヘノ別宮ニ移御ス。萬壽殿ニ移御ス。	六二オ・六八オ
喪期短縮		○王ハ喪ヲ短縮シテ七日ニ釋服ス。日ヲ以テ月ニ易ユ。滿三十日ニシテ服ヲ除ク。	六二オ—六五オ・七一オ
右同		○王ハ三十日ヲ過キ百官ニ開素セシム。	七一オ
	七年(辛酉)	卷十一	
國婚ト民間ノ急婚	正月	○王大妃ハ王ノ後妃ヲ撰ブベク預ジメ禁婚ノ令ヲ下スニ非サレハ民間續々嫁娶行ハレ處子謀避スルノ弊アルベキヲ諺敎ス。	四ウ—五ウ
拘忌籠居		○王拘忌ヲ以テ久シク臣僚ニ接セズ。	七ウ
風水思想		○蔚山ノ生員ハ景福宮ハ漢陽ノ龍穴ノ眞正ナル者也。之ヲ國家ノ爲再建スベキヲ啓ス。	一二オ—ウ
發靷入葬	二月	○大行王妃ノ柩發靷ス。翼陵ニ葬ル。(生前弁理ヲ定メ置アリ)(以下普通喪葬記事略ス)	二〇ウ—二一ウ・二二ウ
親迎ノ禮	三月	○嘉禮親迎ノ時古例ハ大平館ニ於テス。戊寅ヨリ別宮ニ於テ行フ王ハ於義洞別宮ニ於テ之ヲ行フコトトス。	二六オ
處女揀擇		○大内ニ王ハ三揀擇ス。(妃ノ候補者)	二九オ
茶	四月	○淸使入京仁政殿ニ接見、茶ヲ設ク。	三一ウ

肅宗七年

事項	月	記事	出典
祈雨		○再次祈雨祭ヲ行フ。三次同上。四次、五次同上。	三五ウ・三六ウ・三七オ
嘉禮演習		○嘉禮三度ノ習儀ヲ行フ。	三六ウ
告期ノ禮		○告期ノ禮ヲ行フ。	三七オ
祈雨	五月	○六次ノ祈雨祭ヲ行フ。	三八ウ
册妃ノ禮		○吉日册妃ノ禮ヲ行フ。	三九オ—四〇オ
老人優遇		○百歲、百一歲ノ老人ニ衣資食物ヲ給ス。	四二オ
祈雨		○雩祀。楊津、德津、五冠、紺岳、松岳、西郊、愍忠壇ニ祈雨。蜥蜴祈雨。社稷ニ親祭ス。王ハ齋宿シ井ヲ祭ル。諸戰亡ノ處ヲ祭ル。	四二ウ・四三オ・ウ・四四ウ・四八ウ
奠雁ノ禮 同牢ノ宴		○王ハ於義宮ニ奠雁禮ヲ行フ。王妃闕ニ詣ル。申時同牢宴ヲ行フ。	四三オ—ウ
書院ノ弊	六月	○大司成ノ上疏。書院ノ設其數多キハ一邑七八處一道八九十ニ至ル。廣ク田土ヲ占メ多ク閑丁ヲ集メ群居遊談徒ラニ酒食餔餟ヲ事トス云々其弊ヲ曰フ。	五三ウ—五四オ
儒生ノ危險思想		○淸州牧使ハ祈雨ノ時儒生祭文ヲ製ス。曰天旱ノ旱ハ猶穰フベシ國旱ノ旱ハ誰ガ之ヲ解カン云々。命ジテ備局ニ下ス。本人ヲ斬ル。	五七オ・六一ウ—六二オ
陵上作變		○英陵ノ石標ヲ碎キシ者アリ。王ハ陵上ノ作變多キハ陵官ヲ陷イレン爲ナリトシ推スル勿ラシム。	五七ウ
節婦旌表		○十二節婦ノ閭ヲ旌ス。	六三ウ
		卷十二	
墳墓發掘	七月	○光州ニ人家累代ノ墳墓ヲ掘ルノ變アリ。牧使之ヲ不問ニ付ス。憲府ノ啓ニヨリ先ヅ罷メテ後推ス。	四オ

拘忌移居		○王及王大妃、中宮昌德宮ニ還御ス。宮禁災變アリ又前王后拘忌ノ病ニ遭ヒ前ニ他ニ移御セシモノナリ。	四ウ—五オ
胎室	十月	○顯宗ノ胎室ニ石欄ヲ加フ。其所在ノ大興縣ヲ陞シテ郡トナス。	三一オ
寡婦斷髮	十一月	○公州ノ賤女早ク寡ス髮ヲ截ツテ其姑ヲ養フヲ誓フ。旌閭セラル。	三八ウ
咀呪		○咀呪主ヲ弑スルノ罪人私婢正刑ニ服ス。	四八オ
陵域偸葬	十二月	○開城諸王舊陵ニ民多ク偸葬ス。之ヲ罪シ掘出サシム。	六五オ
	八年（壬戌）	卷十三ノ上	
齋宮挾娼	二月	○靈雲令ハ德興大院君ノ齋宮タル德寺ニ娼ヲ挾ム。命ジテ罷職トス。	一五オ
曲馬	四月	○閔武ヲ罷メシ後ニ王ハ馬上才、毛毬等ノ技ヲ試ム。	二三オ
祈雨	五月	○祈雨祭ヲ行フ。再次ノ祈雨祭ヲ行フ。	三〇ウ・三一オ・ウ
取肝祭母	六月	○永同校生ノ妻人ニ刼姦セラレ縊死ス。其子長ジテ其男ヲ殺シ肝ヲ出シ母ヲ祭ル。	三五オ
祈晴	八月	○禜祭ヲ四門ニ行ヰ晴ヲ祈ル。	四〇ウ
		卷十三ノ下	
回甲宴	十月	○副修撰ノ上疏。明年ハ大妃回甲ノ歲也。閭巷ノ小民父母回甲ニ當レバ猶且ツ釃酒設饌聚族之ヲ慶ス。今豈年ニ非ズト雖モ之ヲ行フニ妨ゲナシト曰フ。	七オ
祈雪		○雪ヲ北郊ニ祈ル。	一五ウ
祈雪	十一月	○重臣ヲ遣ハシ雪ヲ社稷、宗廟、北郊ニ祈ル。	三〇オ
右同	十二月	○三次雪ヲ風雲、雷雨、山川、雩祀、三角、木覓、漢江ノ處ニ祈ル。	三三ウ

九年（癸亥）

卷十四ノ上

事項	月	記事	出典
地震解怪	正月	○江原慶尙ノ地ニ震ス命ジテ解怪祭ヲ行フ。	五オ
新穀社稷		○是月二十八日大臣ヲ遣ハシ始メテ社稷ニ行祀（年穀ヲ祈ル）ス是後仍テ以テ例トス。（社稷ニ親祭祈穀スルハ天子ノ爲ス事也從前時ニ王ガ之ヲ爲セシコトアルモ之ヲ僭ナリトセシニ因ル）	一〇オ
戒酒		○晝講ノ時弘文博士八日フ。王戒酒ノ敎アリ、執義入侍ス酒氣人ヲ襲フ云々。	一四ウ
婚姻奢侈		○晝講ノ時宋時烈ノ箚。奢侈之中婚姻ノ費最甚シ。女家涕出シテ稱貸以テ婿家ヲ悅バス。婿家橫目シテ女家ニ責辨ス。	一五オ
牛肉食用盛也		○同上、我國俗牛肉ヲ以テ上味トシ、之ヲ食フヲ得ザレバ生クベカラズトス。李珥牛肉ヲ食ハズ故ニ其家祭ルニ肉ヲ用キズ。	同
崇飲ノ弊		○王ハ敎シテ崇飲ノ害ヲ言ヒ、今後前習ヲ蹈グ者ハ違令ノ律免レ難シト曰フ。	一五ウ—一六オ
戒酒	二月	○戒酒ノ禁嚴ナリ。民間酒器麴子ヲ埋置スル者アリ。	一七ウ
風水思想	三月	○宋時烈致仕肅拜ノ時ノ言。太祖神僧無學ト壽藏（墓地）ヲ親占シ健元陵ト定ム。爾後ノ王陵ヲ子孫從葬ノ處トシ二十崗ノ多キニ至ル、其吉地タル知ルベシ云々。風水上ヨリ他ニ定ムルノ不可ヲ暗示ス。	三四オ—ウ
鄉校ト風水思想	四月	○三陟府使ハ邑儒ノ言ニ曲循シ稟セズシテ擅ママニ鄉校ヲ移ス。慰安祭ヲ鄉校ニ行フ。蓋シ世言ニ鄉校地理ノ得失ハ青衿ノ盛衰ニ關スト云フニヨル。	四三ウ

補闕正說實錄卷十四

事項	月	記事	出典
新來侵虐	正月	○王ハ命ジテ軍門各司ト吏胥ト免新ノ規ヲ罷ム。（免新トハ新差者先進ニ備シ及物ヲ納ムルヲ云フ）	一オ
		卷十四ノ下	
祈雨	五月	○雨ヲ北郊ニ祈ル。大臣ヲ遣ハシ祈雨ス。	二オ・六オ
婚姻奢侈	六月	○正言ハ貴戚ノ婚娶奢侈閭巷相倣フノ弊ヲ上言ス。	八ウ
祈雨		○王ハ宗廟ニ祈雨親祭ス。	九オ
避變移居	七月	○宮内災變アリ王ハ昌慶宮ニ移御ス。	三二オ
忌痘素食	十一月	○痘患甚ダ多シ。其禁忌ニヨリ肉膳ヲ進メズ素膳トス。	四四オ
俗法齋沐		○王ノ病危キノ時大妃ハ俗法ノ齋戒沐浴ヲ用ヰ爲メニ病ヲ得漸ク危シ。	四八オ
宮中巫禱	十二月	○大司諫ハ巫祝不經ノ事ヲ闕内ニ行ハントスルノ不可ヲ上疏ス。	四八オ
痘神餞送		○執義ノ上疏。閭巷經痘ノ後必ズ餞神ノ擧アリ、習俗ノ鬼ヲ尙ブ亦痼トナル。今將ニ此レヲ宮中ニ行ハントスト之ノ不可ヲ疏諫ス。	同
救病祈禱		○王大妃儲承殿ニ薨ズ。王ハ宗廟、社稷、山川ニ禱ラシメントス及バズ。	四八ウ
		（以下喪葬記事普通ノモノハ略）	
死屍含飯		○襲禮ノ時王ハ飯含ノ禮ヲ女官ヲシテ代行セシム。	四九オ
宮中巫禱		○王、痘ヲ患フルノ時巫女莫禮術ヲ挾ンデ禁中ニ入リ祈禳法ヲ行フ。巫女ハ毎日大妃ニ請フテ寒泉ニ沐浴セシム。大妃ノ病ハ之ニ源ストナシ憲府ハ莫禮ヲ捕フ。	五〇オ
	十年（甲子）	卷十五ノ上	

肅宗十年

出生祥兆	正月	○宋時烈ハ大行大妃ノ誌文ヲ上ル(其文中ニ)宋夫人身メル八月、烏玉ヲ銜テ寢房ヲ飛過シ之ヲ墮ス后ヲ生ム。小蛇后ノ寢室ニ横ハル后怪トセズ之ヲ捨テシム云々。	三オ―五ウ
怪聲祈禱		○寧邊山上火砲ノ如キ聲アリ。道臣ハ祭ヲ設ケ虔禱ス。	一二ウ
劍術組合	二月	○左議政ノ言。都下無賴ノ輩劍契ヲ作ッテ私相習陣ス。閭里此ニ因リ益ス騷グ。捕廳ヲシテ偵捕シ遠配又ハ梟首ヲ請フ。	一三オ
宮中巫禱 巫風盛行		○巫女莫禮ヲ減死島配ス、宮中ニ入リ祈禱セシ罪ニ因ル。近世禱祀風ヲ成シ閭里小民及諸宮ノ家尤モ崇信シ巫卜師尼ノ闖宮掖ニ出入スルニ至ル。	一五オ―ウ
香徒組合 從事葬送		○右議政ノ言。都下無賴輩ノ結黨ハ香徒契ニ由來ス。都下ノ民人契ヲ結ビ聚徒以テ送終之用ヲ爲ス。士大夫諸宮家ヘモ亦多ク入參ス。擔喪ノ時作亂鬪鬨ス。	一六オ
痘神餞送		○又日ク、妖巫俗忌ヲ以テ三度神ヲ退送ス。公主ヲシテ外ニ在ラシム。其罪ヲ正サンコトヲ請フ。王聽カズ。	同
短喪易服	三月	○禮曹ハ請フテ四月十七日卒哭祭訖リ易服ス。	一八オ
香徒ノ弊 鄕約		○漢城府ハ請ヒテ香徒ノ實丁ヲ抄シ嚴ニ科條ヲ立テ以テ弊習ヲ革メントス。鄕約法ヲ行ヒ香徒ノ契ヲ罷メントス。民多ク故俗ヲ樂ミ新制ヲ厭フ仍ホ舊ニ依リ稍ヤ革裁ヲ加フ。	二二ウ―二三オ
祖奠返虞	四月	○丁酉申時祖奠ヲ行フ。戊戌寅時遣奠ヲ行フ發靷ス。庚子寅時大行王大妃ノ玄宮ヲ崇陵ニ下ス。午時返虞ス。(以下普通ノ喪葬記事略)	二五オ・二六オ・ウ・二七オ
祈雨	六月	○旱甚シ祈雨祭ヲ楊津、德津、五冠山ニ行ヒ又國内古戰場各處ニ行フ。北郊、宗廟、社稷ニ祈雨ス。	四〇ウ・四二オ
雨乞		○旱ニヨリ王ハ宮女數十人ヲ放出ス。	四一ウ

事項	月	記事	出典
祈雨		○南門ヲ閉ヂ北門ヲ開ク。蜥蜴童子ノ祈雨ヲ行フ。	四六オ
		巻十五ノ下	
善政碑ノ禁	八月	○王ハ善政碑ヲ建ツルコトヲ禁斷ス。	二ウ
邑近占墓		○右議政ノ上箚。長湍邑ニ十餘步內ニ人ノ埋葬ヲ許ス前未聞所ナリ。勢家豪族未ダ嘗テ占山セザル者アラズ。官門五里內未ダ占山アラズ今許葬ノ命アリ。官門百步ノ外衆塚ノ地トナラン云々。	六オ—ウ
妖巫	十月	○諫院ハ妖巫ノ鞫ヲ停メンヲ請フ。	三〇オ
喪ト科擧		○諫院ハ武科ノ試ニ應ズベク、繼母ヲ未ダ葬ラサルニ出デテ他ニ養ハレタルニ托シ冒赴入格セシ二人ノ兄弟ノ處斷ヲ請フ。	三〇ウ
避病移居	十一月	○王病アリ大王大妃ハ移御ス。	三五ウ
周甲誕日		○大王大妃周甲誕日ヲ以テ教ヲ頒ツ。慶賀ノ禮ナシ。	三六オ—ウ
救食	十二月	○王ハ全羅道月食ノ狀啓ヲ見ル。下教シ曰ク其日雲暗救食スルヲ得ズ。	四二オ
	十一年(乙丑)	巻十六	
雨乞	二月	○旱災ニヨリ宮女二十五名ヲ放出ス。	一二オ
婚約破棄	三月	○既ニ合巹ノ後其壻ノ病人タルニヨリ驅出ス。病人タルヲ欺キ結婚セル者ト相手方ノ囚治ヲ判中樞府事ヨリ請フ。	一四オ
國喪用樂	五月	○臺諫ハ國恤三年中ニ外方樂ヲ用ユルノ非ヲ論ズ。	一七オ
祈雨	七月	○旱ニヨリ三次ノ祈雨祭ヲ行フ。王ハ社稷ニ祈雨親祭ス。	二六ウ

事項	月	記事	出典
癩死火葬	八月	○南原ノ人父癩ニ死ス。其尸ヲ燒ケバ子孫ニ染セズト之ヲ燒ク。正刑推鞫ス。	三四ウ
祈雨		○雨止マズ祈雨祭ヲ行フ。	三六オ
右同	九月	○三角、白岳、木覓、松岳等ノ山ニ松蟲ノ害アリ王ハ命ジテ酺祭ヲ設ク。	四一オ
飮福宴	十二月	○王ハ命ジテ祔廟後飮福宴ヲ停ム。	六〇ウ
	十二年（丙寅）	卷十七	
祔廟祭	二月	○明聖王后ヲ大廟ニ祔ス。其行祭訖ッテ王ハ還宮百官ノ賀ヲ受ク。	五オ―ウ
揀擇嬪御		○禮曹ニ命ジテ嬪御ヲ選ブ。王儲嗣無シ上下之ヲ憂フ。中宮モ亦王ニ嬪御ヲ置クヲ勸ム。	六ウ
府尹姦妓		○義州府尹曾テ平壤ニ任ニ在ル時府妓ヲ奸ス。其轉任後モ情ヲ忘レズ往來ス。他ノ件ニ共ニ罷職トス。	六オ―七ウ
處女揀擇	三月	○禮曹ノ言。淑儀三揀擇ノ後應行節目ヲ定メ日嘉禮廳ヲ置ク。	一二ウ
進豐呈	閏四月	○豐呈ノ宴ヲ大王大妃ニ進ム。夜三鼓ニシテ罷ム。	一九オ
祈雨		○祈雨祭ヲ行フ。	一九ウ
忠死ノ祠		○講官ノ言。昔晋州倭亂ニ陷ルノ時一城死スル者多シ。邑人義ヲ慕ヒ忠死者ノ祠ヲ立ツ。僧人モ義烈ヲ慕ヒ毎年陷城ノ日乞米佛事ヲ作ス。	二〇オ―ウ
官妓率畜	五月	○諫院ノ啓ニヨリ大司諫ヲ罷ム。禁ヲ冒シ官妓ヲ率畜セシニ由ル。	二四オ
屋轎ノ禁		○一宦官假子（養子ノコト）ノ爲メニ婦ヲ娶ル。屋轎ヲ用ユ宦家ノ赴ク者モ亦屋轎ヲ用ユ。諫院ノ論ニヨリ之ヲ罪ス。	二六オ
祈雨	六月	○旱ヲ以テ祈雨祭ヲ行フ。再次ノ祈雨祭ヲ行フ。大臣ヲ遣ハシ社稷、宗廟、北郊ニ	二八ウ・二九オ・ウ

事項	月	記事	出典
		ス。社稷ニ親祭雨ヲ祈ル。	
神位偸破 反官思想	九月	○鎭川縣ニ社稷城隍ノ位版ヲ偸ミ出シ路中ニ打破セシ者アリ。（後此事ニヨリ此縣ヲ罷ム）	四五オ
妖術者	十月	○妖邪且醫トヲ挾ミ風水ノ按ヲ能クセシ鄭維岳ヲ拿問定罪セシム。	同
官妓私用	十二月	○貞明公主ノ家宴ヲ設ク。大臣以下會ス。多ク娼女ヲ集メ行酒歌舞ス。其中ノ妓淑正ハ善歌者也酒後坐客之ニ戯ル。淑正ノ夫（之ヲ妾トセシ男）ハ捕盗部將也時々門外ニ候ス。窃カニ淑正ヲ招テ逃去ル。此事一問題トナル。	五七ウ—五八オ
	十三年（丁卯）	巻十八	
逆臣ノ祠	四月	○講官ノ言。海州ノ巫女ハ犯逆死ノ人ト罪死ノ僧ヲ祀ル。神祠ヲ設ケ靈驗アリト稱ス愚民輻輳ス。道臣其祠ヲ毀チ其罪ヲ按ズ。掌令ノ言。海西列邑逆臣ノ祠ハ處々ニ多シ云々。	二二ウ
陵石破毀	六月	○英陵石物作變ノ罪人誅ニ伏ス。	二八ウ
風水思想		○王ハ命ジテ明安公主ノ墓地ヲ楊州西面ニ定ム京城十里禁標内也。政院之ヲ爭フ王從ハズ。	二九オ
祈晴		○雨止マズ祈晴祭ヲ行フ。同上禜祭ヲ四門ニ行フ。大臣ヲ遣ハシ晴ヲ宗廟ニ祈ル。	三〇オ・三一オ・ウ
禁地入葬		○右公主ノ墓地ヲ禁標內ニ選ビタルコトト江都伐石ノ禁アルニ墓石ヲ此處ニ採リタルコトニ付テ玉堂ハ之ヲ諫箚ス。王怒テ玉堂ノ諸臣ノ職ヲ削ル。憲府諫院ハ之ヲ不可トシテ論啓ス。	三〇オ—三一オ
風水思想	九月	○地術最優ナル者ヲ王ニ薦ム。長陵遷葬ノ議アリ。	四二オ

右同	十月	○遷葬ノ當否ヲ諸臣ニ問フ。	四四ウ
陵火慰祭		○恭陵上火災アリ慰安祭ヲ行キ莎草ヲ改ム。	四四ウ—四五オ
風水思想		○地師二十人ト王ハ長陵ヲ親審ス風水ノ說ニ依リ議アリシニヨル。遷奉ヲ罷メ白虎ノ低キ處土ヲ補フ。	四五オ・四六ウ

補闕正誤實錄卷十八

巫女追放	三月	○舊例ニヨリ巫女ヲ活人署ノ近處ニ驅出シ城中ニ接迹スルヲ得ザラシム。巫女近來士夫ノ家ニ出入シ權勢ノ家ハ之ヲ腹心ト爲ス。	一オ—ウ

十四年（戊辰）

卷十九

官妓胡人ト通ズ	三月	○府妓胡人ト交通セシ事等ニヨリ會寧府使ヲ定配ス。	七オ
厲祭		○江襄道怪疾多シ王ハ厲祭ヲ行ハシム。	九オ
國初服色	四月	○太祖ノ影幀ヲ江華ヨリ奉迎賓政殿ニ入ル。服色青シ高麗服色青ヲ尙ブ、國初モ又同ジ。	一〇オ—ウ
疫死設祭		○安邊府民怪疾ヲ以テ死スル者多シ王ハ命ジテ祭ヲ設ク。	一一オ
近親姦	五月	○吏曹參判ノ上疏。天安ノ罪人柳斗星ノ事近世未ダアラザル變ナリ、淫行言ヒ難シ、狃テ以テ常トナス、同里ノ人亦耳目ニ慣レ之ニ駭ク莫シ、遂ニ二子ヲ生ムト云々。	一三ウ—一四オ、
供養齋沐	六月	○大妃疾篤シ、是ヨリ先キ大妃造佛供養ニ寒日齋沐シ感傷セシニ由ル。	一六オ
妖僧	八月	○不軌ヲ圖リシ妖僧呂還等十一人誅ニ伏ス。楊州ニ一妖人アリ自カラ神靈ト稱シ愚	二二ウ—二三ウ

妖言者		民ヲ誑カス。審訊ノ結果妖言トシテ國ニ革命アルノ說ヲ流布セシ者ナリ。	
救病祈禱		○大妃病篤シ王ハ山川宗社ニ禱リ罪囚ヲ放ツ。	二四ウ・二五オ
喪葬記事		○大王大妃昌慶宮ニ昇遐ス。（以下普通ノ喪葬記事略ス）	二五ウ
屍口含飯		○王ハ襲ニ臨ミ飯含ス。	二五ウ
畫像奉安	九月	○太祖ノ影幀ヲ全州慶基殿ニ還奉ス。	二六オ
妖覡女裝	十一月	○自カラ神覡ト稱シ愚民ヲ惑ハシ父ノ喪中ニ女服シ閭家ニ出入セシ李龍錫ヲ囚治ス。	三一ウ
乘轎ノ禁		○張昭儀ハ王子ヲ生ム。臨產ノ時其母八人ノ屋轎ニ乘リ闕ニ入ル、憲府其奴ヲ捉フ、王ハ反テ其關係者ヲ杖殺セシム。（爾後此事ヲ論及セル者多シ）	三二ウ—三三ウ
路祭	十二月	○莊烈王后發靷興仁門ニ路祭ヲ行フ。	四二オ
影幀奉安		○太祖影幀ヲ漢城ニ還奉ス。	四五ウ—四六オ
	十五年（己巳）	卷二十	
元子定號	正月	○王ハ元子ノ定號ヲ以テ宗廟、社稷ニ告グ	五オ
王妃遜位	四月	○中宮將ニ遜位セントス臣民奔走號泣ス。（本件ニ關シ其不可ヲ論啓セル者甚多シ略）	五三オ
		卷二十一	
廢王妃	五月	○妬ノ理由ニヨリ王妃閔氏ヲ廢シテ庶人ト爲ス。中外ニ頒敎ス。	一オ—一ウ
木折慰祭		○奉常寺神室アリ岳、海瀆、山川、位版ヲ藏シ每祀出シテ饗ス。室前ノ大木自カラ折ル慰安祭ヲ行フ。	六ウ

項目	月	記事	出典
廢妃ノ乘物ヲ燒ク	七月	○廢妃ノ輦、寶鞍、馬鞍ハ司僕寺ニアリ之ヲ燒ク。	七オ
祈雨		○再度祈雨祭ヲ行フ。三次同上。宗廟、社稷、北郊ニ雨ヲ祈ル。	二五オ
		補闕正誤實錄卷二十一	
香徒組合	十一月	○香徒契ヲ禁ス。	二ウ
	十六年（庚午）	卷二十二	
癘病祈禳	二月	○瑞興ニ毒疾アリ人民暴死者多シ。社稷及近處名山ニ祈禳ス。	八オ
猫入宗廟	三月	○太廟朔祭ノ時一猫第二室ニ入リ卓上ソ犧牲ヲ嚙ム。廟司官ヲ推考ス。	一二ウ—一三オ
王族勒葬	四月	○東平君ハ其父ノ喪ニ遭ヒ公州五龍洞ニ數百ノ戶民家大村ヲ强占シ之ニ葬ラントス。村人憲府ニ訴フ臺官禁斷ヲ請フ。王ハ右査問スル勿ク葬事ヲ定行セシム。	一六ウ
祈雨		○旱甚シ祈雨祭ヲ行フ。	同
右同		○大臣ヲ遣ハシ禱雨、是日始メテ雨フル。王喜ビ甚シ、禁苑ノ醉香亭ヲ喜雨亭ト改ム。	二一オ
祈雨	五月	○重臣ヲ遣ハシ雨ヲ楊津、德津、五冠山、紺岳、松嶽ニ祈ル。	二一オ
文廟樂章	六月	○大司成ハ聖殿ノ樂章中ニ誤多キヲ指摘シ上疏ス。	二二ウ—二三オ
世子册封		○元子ヲ册封（竹册）シ王世子トス。時ニ年三歲。百官陳賀ス。	二三ウ—二四ウ
倭館ニ女出入ノ禁	七月	○東萊倭館ニ我國女人二名ヲ藏匿ス。之ヲ處斷ス。	二七オ
風水思想	六月	○廣州ノ人上疏シテ南小門ノ舊基ヲ審シ之ヲ開クヲ請フ。王ハ地師ヲ聚メテ決定セントス。	二七オ—ウ

事項	月	記事	出典
右同	八月	○前記南小門ノ件。	三〇オ―ウ
幼死禮葬	九月	○新生王子卒ス。生レテ一旬朝市ヲ停メ禮葬ヲ行フ。	三六オ
倭人ト交奸ノ罪	十月	○東萊ノ倭館ト交奸ノ女三人及之ヲ誘謀シタル二人ヲ倭館門外ニ梟示ス。	三九オ
祔廟祭		○王ハ莊烈王后ノ祔廟祭ヲ行フ。禮畢リ動樂還宮百官陳賀教ヲ頒ツ。	三九オ―ウ
婢無定夫	十一月	○士夫ノ家ノ使喚ノ婢子ハ朝夕夫ヲ改ム云々。	四三オ
祈雪	十二月	○風雲雷雨、山川、雩祀及三角、木覓山、漢江等ニ雪ヲ祈ル。	四四オ・四六オ
	十七年（辛未）	卷二十三	
巫風盛行	正月	○右議政ノ言。閭巷ノ婦女多ク巫覡ヲ信ズ。宮中女人多シ此事慮ルベシ。	一オ
笠帽ノ制	二月	○近來笠檬帽短ク纛狹ク大ニ前ニ異ル特ニ法司ニ令シ舊制ニ遵ハシム。	一〇オ
白衣青衣	三月	○參賛官ノ言。東俗素ト白衣ヲ尙ブ。先朝素服ヲ以テ常時着ルベキニ非ズトシ中外ニ令シ青衣ヲ着セシム。今ニ至テ因循廢閣スベカラズ云々。	一〇ウ
陵側寺刹		○光陵ノ奉先寺失火ス慰安祭ヲ行フ。	一一ウ
端午進扇		○節扇限リ無ク竹田養ヒ難ク紙貴シト御史ヨリ書啓ス。（全羅地方ノコト）	一二ウ
公主願堂、佛教排斥	四月	○廣州奉國寺ニ明善、明惠兩公主ノ願堂アリ。其木主ヲ奉安シ毎年春秋宮人往テ行祭ス。大司憲ハ其不可ヲ陳ス。昔年奉先、奉恩兩刹ニ列聖ノ位版ヲ奉安ス儒疏ニヨリ革罷ス。	一三ウ
致齋謁聖		○謁聖ノ禮ニハ必ズ數日致齋シテ入廟ヲ許ス。胡使開城ニ於テ入廟セントシテ阻マル。	一四オ
葬地勒定	七月	○近來監司郡守等其在任中地師ヲシテ管內ノ山ヲトセシメ之ヲ權力ニテ勒取シ自己	二三ウ

		死後ノ墓地ヲ豫定シ置クノ風アリ。王ハ下教シテ之ヲ嚴禁ス。	
祈晴	閏七月	○雨久シ禜祭ヲ行フ三日ニシテ雨止ム。	二六オ
新恩率優	九月	○新恩ノ泮宮ヨリ闕下ニ至ル時在前ハ倡優雜戲アリ獻納之ヲ非トス。王ハ曰ク釋褐ノ日各優倡ヲ率ユルハ常事ナリ。	三〇オ
縣令溺妓	十月	○永柔縣令邑妓ニ惑ヒ娼家ニ出入本夫ノ爲ニ毆打セラル。憲府ノ請ニヨリ罷職トス。	三五ウ
妖覡妖言	十一月	○海西ノ巫覡タル妖言ノ罪人ヲ斬ニ處ス。漢陽ノ命盡キントス、生佛首陽山ニアリ或ハ文字ヲ制ス等ト唱ヘシニヨル。	三九オ―ウ
	十八年（壬申）	巻二十四	
偸葬盛行	二月	○驪州黃昌副尉ノ壙山白虎内ニ偸葬ノ計ヲ生ズ、王ハ親カラ往テ禁斷セントス。近來偸葬ノ弊甚シ。	六オ―ウ
烟草ノ禁		○王光陵ニ謁ル陵樹茂レリ南草ヲ禁ズ。	七ウ
乘轎ノ禁	三月	○譯官ノ女、屋轎ニ濫乘ス。其女懷孕ヲ以テ徵贖ス。	九オ
倡優ノ戲		○檢討官ノ言。昨年謁聖ノ後還宮ノ時新恩前導シテ倡優ノ戲ヲ輦前ニ陳ス。王ハ此後此事ヲ斥クベキヲ言フ。	一一オ
祈雨	四月	○祈雨祭ヲ行フ。	一三ウ
右同	五月	○右同上。	一五オ・ウ
祈晴	七月	○晴ヲ四門ニ祈ル。	一八ウ
守令姦婢		○諫院ハ啓シテ、守令ガ邑婢ヲ潜奸スルノ弊ヲ推考スベキヲ言フ。	一九オ―ウ

防寒藁席	十二月	○日寒シ王ハ命ジテ宿衛軍ニ藁席及襦衣ノ資ヲ賜フ。	二七オ
季冬儺禮		○壬辰ニ季冬大儺ノ禮ヲ復ス。仁祖丁丑亂後浮費多ク權ニ之ヲ罷ム。是ニ至リ王ハ周禮及五禮儀等ヲ按ジ舊制ニ復ス。方相氏ノ着クル所ノ紙面代リニ木ヲ以テ代エ省費ス。	二九オ
	十年（癸酉）	卷二十五	
女人蓋頭	二月	○王ハ敎シテ士子常漢ノ僭奢ヲ禁斷スベキヲ曰フ。閭巷女人蓋頭ノ制本ト宮様ト異ナルアリ近日特ニ怪ナルモノアリ僅カニ一拳ヲ容ル之ヲ額上ニ懸ク。禁ヲ出シ現在ノモノハ燒火以テ奇巧ヲ正スベシト曰フ。	五ウ
虹變謹愼		○政院玉堂ハ虹變（白虹日ヲ貫ク）ニヨリ奢侈ヲ抑制スベキヲ上言ス。	六オ
拘忌移廐	五月	○內廐ノ馬疫斃ス。南別宮ニ移置ス。（廐ノ移置）	一三オ
祈晴	六月	○淫雨久シ四門ニ禜祭ヲ行フ。	一五ウ
風水思想	七月	○憲府ハ啓シテ全州ノ鎭山眞脈タル乾止山ヲ監司ガ民ニ私ヲ許シ木ヲ伐リタル件ニ付テ推考ヲ乞フ。王從ハズ。	一六ウ・一七オ
迎妾張樂	八月	○忠州ノ營將ハ其娼妾ヲ迎フル爲ニ鼓吹十里大ニ張樂前導ス。諫院ハ罷職ヲ請フ。再啓之ヲ允ス。	一八ウ—一九オ
癘病祈禳		○濟州大小民ノ痘怪疾ニ死スル者一千九百五十名命ジテ祈禳ヲ行フ。	二三ウ
祈晴		○秋雨久シク止マズ四門ニ禜祭ヲ行フ。	二四ウ
墓祭	九月	○王ハ仁嬪父母ノ墳ニ官ヲ遣ハシ致祭ス。（厚陵ニ王親謁ノ詣ノ途次）	二六オ

項目	年月	記事	出典
		卷二十六	
	二十年（甲戌）		
餓死人ヲ祭ル	二月	○王ハ特ニ官ヲ遣ハシ東郊ヲ祭ル。辛亥ノ歲ニ餓死人ヲ瘞ムル所ナリ	七オ
妖言者	三月	○術士ト交リ妖言ヲ發セシ者ヲ訊鞫ス。	一〇オ―一一オ
廢妃復位	四月	○中宮復位ス。太廟ニ告グ百官進賀ス。	二六オ
吉禮ト閏月		○禮曹ノ言。今舊例ヲ參スルニ（中宮復位冊禮ニ付テ）凡テ吉禮ニ未ダ嘗テ閏月ヲ用キズ。	四三ウ
		卷二十七	
護產廳	九月	○淑儀崔氏王子ヲ生ム。例ニヨリ護產廳ヲ設ク。	四五オ
端午贈扇 婚喪求助	十月	○晝講ノ時檢討官ノ言。外官ノ饋遺漸益濫ニ過グ節扇定柄アリ云々。私家ノ昏喪（兩班ノ家ノコト）亦多ク名ヲ列シ助ヲ求ム。此申戒セザルベカラズ。	五八オ―ウ
及第倡樂	十一月	○王ハ後苑ニ御シ新及第倡樂（及第者ノ率ユル者）ノ戲ヲ觀ル。耽玩終日。	六四オ
		卷二十八	
	二十一年（乙亥）		
乘轎ノ禁	正月	○憲府ノ啓ニヨリ武帥文官ノ堂下及邑宰ノ法ヲ冒シ乘轎スル者ヲ禁ズ。	二オ
世子入學	三月	○王世子入學成均館ニ謁聖文廟ニ謁ス。酌獻禮ヲ行フ。王仁政殿ニ百官ノ賀ヲ受ク。	九オ
世子冠禮		○王世子冠禮ニ付禮曹ハ十二歲ヨリ十五年歲迄ノ間ヲ以テセントス。王ハ八歲ノ故例アリトシテ從ハズ。	一〇ウ―一一オ

事項	月	記事	出典
世子冠禮	四　月	○王世子冠禮ヲ行フ。王ハ仁政殿ニ百官ノ賀ヲ受ク。	二〇オ
祈　雨		○三次ノ祈雨祭ヲ行フ。	二三オ
右　同	五　月	○大臣ヲ遣ハシ四次ノ同上。宗社、山川ニ祈雨ス。王ハ南郊ニ幸シ祈雨親祭ス。	二四オ・二五オ・ヒ
婚喪求助	六　月	○領議政ハ士夫ノ家ノ昏喪ニ付テ外方ニ求請スルノ弊ヲ痛禁スルヲ請フ。	三一ウ
		巻二十九	
祈　晴	七　月	○雨歇レズ禜祭ヲ四門ニ行フ。三日ニテ止ム。	一ウ－二オ
王妃ヲ畫カシメズ		○王ハ中殿ノ影子ヲ金鎭圭ニ畫カシメントス。諸臣之ヲ爭フ。（王妃ノ顔ヲ男子ニ見セシムルヲ不可トス）右議政モ上箚其不可ヲ論ズ。命ヲテ之ヲ停ム。祖宗ノ朝王后ノ影幀アリ大內ニ藏ス。其時女人ノ工畫者必ズ有リシナラン云々。	五オ－ウ
遊街ト聞喜宴	九　月	○備局ノ啓ニヨリ文武科三日ノ遊街及聞喜宴ヲ禁ズ。	一七ウ
	二十二年（丙子）	巻三十	
祈穀祭	正　月	○王ハ祈穀祭ヲ社稷壇ニ行フ。	三オ
宗廟ノ樂		○領議政ハ廟樂ニ付テ論ズ。	六ウ－八ウ
宮人巫祀		○持平ハ上書シテ明惠公主ノ宮人大內ノ分付ヲ受ケ宰牛備需神祀ヲ豊壤宮址ニ設ク。宰牛ハ國禁其妖巫ハ重律ヲ以テスベシト云フ。	九ノオ
屠牛ノ禁	二　月	○耕牛乏シク朝廷之ヲ患ヒ屠牛ヲ禁ズ。	一五オ
婢妓類同　妓妾占畜		○官婢ノ娼妓トナル者ハ多ク士大夫ノ占畜スル所トナリ因テ贖身ス。	同
還葬故鄕		○前參判京邸ニ死ス家ハ湖南ニアリ。運柩ノ擔夫ヲ官給セズ銀布ヲ給シ私雇返葬セ	一六オ

事項	月	記事	出典
		シム。	
庶人買官		○大饑ス富人粟ヲ納メ庶人除官(唯官名ノミ也)セラルル者多シ。耕夫牧子、鬟玉、帶絳街頭ニ滿ツ。	一六ウ
獄事ト日ノ拘忌	三月	○領議政南九萬ハ日ニ拘忌シ獄事嚴ナラザルヲ言フ。	二〇オ
風水思想改葬流行		○憲府ノ啓。近來士大夫風水ノ說ニ惑ヒ遷葬セザル者ハ十中二三ナシ。庶民之ニ倣ヒ弊甚多シ。識者モ又脫スルヲ得ズト地師主喪ノ人ヲ嚴刑センコトヲ請フ。	二〇ウ
處女揀擇	四月	○王世子嬪ヲ三揀ス。	二四オ
世子嘉禮		○右承旨ノ上書。王世子嘉禮ノ時夫婦偕老子孫繁多ノ人ヲ以テ其事ニ該ラシメン。	二七オ
咀呪		○廟嬪張氏(東宮ノ母)先壠ノ碣ヲ破リ凶穢ノ物ヲ埋メ木ヲ刻ンデ人ヲ爲リ揷スニ環刀ヲ以テセシ者アリ。東西黨爭ヲ助長セントセシ計也。	二七ウ—二八オ
號牌		○號牌ノ名字ヲ變ゼシ者ニ付鞫ス。	二八オ・二八ウ—二九オ
納采ノ禮	五月	○王ハ仁政殿ニ臨ミ納采ノ禮ヲ行フ。(世子嬪)	三〇オ
納徵ノ禮		○同納徵ノ禮ヲ行フ。	同
告期ノ禮		○同告期ノ禮ヲ行フ。	三〇ウ
册嬪ノ禮		○同冊禮ヲ行フ。	同
醮禮親迎同牢朝見		○同上嘉禮、醮禮、親迎、同牢ノ儀、嬪朝見ノ儀ヲ行フ。	三一オ・三二ウ・三三オ—三四オ・三五ウ—三六ウ・三八ウ—三九ウ・ウ
咀呪	六月	○王世子生母ノ墓ニ咀呪ヲ行ヒシ罪人ヲ鞫ス。	四二オ—ウ・四三オ
右同	七月	○右同上ノ件。	
設祭禳病	八月	○文川外六邑暈倒暴死ノ怪疾死亡多シ。祭ヲ設ケ之ヲ禳フ。	四六オ
新婦祠見ノ禮		○王ノ言。私家新婦アラバ祠堂ニ見ユルノ規アリ。宗廟ハ闕內ト異ナル如何ニスベ	四八オ

事項	月	記事	出典
廟見ノ禮		キカチ大臣ニ問ハシム。 ○禮曹判書ノ答。婦ヲ親迎シテ三日ニ廟見ハ固禮ナリ、今士庶迎婦ノ家共ニ之ヲ行フモ世子嬪ノ太廟展謁ハ之ニ異ナレリトス。遂ニ之ヲ行ハズ。	四九ウ・五〇オ
右同	十月	○世子嬪ハ王妃ノ廟見禮ト共ニ之ヲ行フコトトス。	五五ウ—五六オ・五六ウ—五九ウ
右同		○王、王妃、王世子、同嬪ハ宗廟ニ謁ス。	六一ウ
祈雪祭	十二月	○祈雪祭ヲ行フ。	六五ウ
	二十三年（丁丑）	巻三十一	
祈穀祭	正月	○毎歳大臣ヲ遣ハシ社稷ニ此月祈穀祭ヲ行フ。	二オ
父ノ名ヲ呼ブノ罪		○呉道一ハ酒後ニ父ノ名ヲ呼ビ之ヲ侮辱セシ件ヲ劾セラレ科ヲ停メラル。	二ウ
妖言唱變		○妖言變ヲ謀リシ僧及其同類ヲ誅ス。鄭姓ヲ立テ王トナシ中原ヲ攻メ崔姓ヲ立ツ云々。	三オ—六オ
佛事ト王ノ畵像		○金剛山楡岾寺ニ一閣ヲ作リ宣祖、仁祖、顯宗ノ三睟容ヲ奉安春秋供佛ノ時薦獻ノ事アリ。內司及各宮ノ下輩頗フル佛事ヲ修メ此山ニ往來ス。	六オ—ウ
發塚奪衣 殺人食肉	二月	○賊人草葬ヲ掘發シ屍體ノ衣服ヲ剝取ルアリ。貧民生人ノ肉ヲ食フアリ。	一〇オ
祈雨 藁葬	四月	○旱災ニヨリ王ハ重臣ヲ分遣シ風雲、雷雨、山川、雩祀、三角、木覓、漢江ニ祈ル。八路各境內祀典ニ載スル處ニ祈雨ス。王ハ南郊ニ雨ヲ祈ラントス。同所藁葬多ク不潔ニヨリ社稷ニ親祭ス。王ハ宗廟ニ雨ヲ祈ル。	一二オ・ウ—一三ウ
殺人食肉	五月	○龍川ノ良女良女ヲ殺シ其肉ヲ噉食ス。	二六ウ
餓死ノ祭		○壇ヲ設ケ關西餓死ノ人ヲ祭ル。	二七オ

項目	月	記事	出典
祈雨		○王ハ南郊ニ雨ヲ祈ル。	二七オ
大旱謹愼		○大司諫ハ上疏シテ內局ノ醸酒ハ藥用外一切之ヲ罷ムルコト、婚姻ノ家儐祭ニ油蜜果ヲ用ユルコト、及使星ハ雙轎馬ト日傘ヲ用ユルコト、以上年豐ナル迄ヲ限リトシ禁停スルコトヲ陳ブ。	二八ウ―二九オ
避役僞僧		○前監察ノ進言。寺刹八路ニ遍シ良民軍役ヲ避ケ削髮入山ス。飢歲ニ至リテハ賊藪トナル。	三一オ
宮中崇佛		○西郊ノ僧徒齋ヲ設ケ僧尼坌集ス。宮禁ノ內ニモ崇佛ノ事アリト副校理ヨリ上箚ス。	三二ウ
排佛思想		○諫院ハ僧會ノ時卒ヲ送ツテ此ヲ護リシ捕盜大將ヲ推センコトヲ請フ。	三二ウ
右同	六月	○緇徒城外ニ設齋ノ時漢城府ハ枯松ヲ伐ルヲ許ス。諫院ハ推考ヲ請フ。	同
婦女再嫁		○陽智ノ武人ハ上疏シテ婦女ノ再嫁ヲ許シ其幽欝ヲ通ゼンコトヲ請フ。	三八オ
殺人食肉	八月	○龍川村女二人飢ニ苦ミ同里ノ女ヲ殺シ其肉ヲ食フ。	四六オ
餓屍山積	十月	○此歲八路大ニ飢ユ畿湖尤モ甚シ。都城內積屍山ノ如シ。	五六ウ
善政ノ碑	十一月	○王ハ外方ノ立碑（地方官ニ對スル善政ノ碑）ヲ禁ズ。	五九オ―ウ
陵火謹愼	十二月	○崇陵上失火ス。王ハ變服正殿ヲ避ケ減膳撤樂三日。	六一ウ
餓屍埋葬		○餓死者ヲ城外ニ葬ル。	六八オ
	二十四年（戊寅）	卷三十二ノ上	
屠牛ノ禁	正月	○戶曹判書ハ京中ノ宰牛ヲ禁ジ泮人ニ二朔ヲ限リ外ハ之ヲ禁ズルヲ請フ。	五オ―ウ
風水思想 改葬流行	二月	○近來士大夫風水ニ惑ヒ遷葬相繼グ。王ハ之ヲ特命嚴禁セシム。且遷葬ノ時ハ禮葬	一〇ウ―一一オ

事項	月	記事	出典
		チ許ス勿ラシム。	
癘祭	六月	○癘疫日ニ熾也死亡勝數スベカラズ。先ヅ癘祭チ行キ死亡人ハ後ニ致祭ス。	三〇ウ
盆栽玩賞	七月	○王ハ花卉チ後苑ニ栽植シテ暇ニ玩賞ス。石榴數盆外ヨリ輸入ス。掌令ハ之ガ屏去チ言フ。	三一ウ
祈晴		○雨多シ禜祭チ設ク。	三三ウ・三五オ
		卷三十二ノ下	
生祠强要	十月	○諫院ハ啓シテ外方名譽チ衒ヒ酒肴チ挈ゲ鄕品ニ饋リ形跡チ遺サントシ生祠チ强要スルノ弊アリ之ガ嚴禁チ請フ。王之ニ從フ。	八オ―ウ
疫人避外		○今年疫癘熾ナリ冬尤甚シ。東西郊ニ結幕（幕ハコヤ）累百ニ至ル。	九オ
厲祭		○王ハ祭文チ親製シ重臣チ遣ハシ厲祭チ南郊ニ行フ。	一二オ
右同	十一月	○大臣チ遣ハシ同上北郊ニ厲祭ス。	二五オ
疫屍堆積 盜剝屍衣	十二月	○諫院ハ啓シテ疫死者ノ僵屍郊外四部ニ堆チ成ス。盜此屍衣チ脫シ藁葬ノ衣モ亦發掘シ買賣ス。以上ノ責任者チ處罰センコトチ請フ。王之ニ從フ。	三〇オ―ウ
祔廟祭		○端宗大王定順王后チ祔廟シ上謚禮チ行フ。王ハ祔廟還宮ノ後百官ノ賀チ受ク。	三三ウ―三四ウ
	二十五年（己卯）	卷三十三	
佛寺ト王ノ畵像	正月	○楡岾寺ニ別殿チ作リ奉安セル列聖ノ影幀ニ內司ヨリ香チ送リ齋チ設ク。年前本寺燒失シ此殿ニ延燒ス。	二オ
疫屍累積		○城外ニ屍體積置ス。憲府ハ論ジテ一々掩置セシム。	二ウ

陵上植芝	二月	○思陵ヲ封ス。	六オ
右同	三月	○莊陵ヲ封ス。	六ウ
祈雨	五月	○祈雨祭ヲ行フ。再次ノ祈雨祭ヲ行フ。	一九オ
右同	六月	○王ハ社稷ニ祈雨親祭ス。	二一オ
疫死設祭		○疫死人ニ壇ヲ設ケ京中東西二郊ニ及各道ニモ之ヲ祭ル。	二二ウ
飲酒ノ禁		○禁軍闕外ニ飲酒スル者アリ。憲吏會飲ノ禁ヲ以テ執ヘントシ衣ヲ裂カル。	同
書院ノ弊	七月	○領議政ハ書院疊設ノ禁ヲ申明センコトヲ請フ。	三三オ
屍肉藥用		○郭山ノ人治病ノ爲ニ墓ヲ發キ屍肉ヲ食フ。事覺ハレ斬ニ處セラル。	三四オ
	二十六年（庚辰）	卷三十四ノ上	
救食	正月	○觀象監ノ術者月食ノ日ヲ誤算ス。外方ニハ當日ノ救食間ニ合ハズ。京中ハ各衙門ヲシテ救食セシム。	三ウ
兵使淫祀 屋轎ノ禁	四月	○講官ノ言。北兵使ハ隣邑ニ淫祀ヲ設ク。鍾城府使ハ妾ノ轎ニ屋アリ簾アリ共ニ罷職トス。	二三オ
	二十七年（辛巳）	卷三十五ノ上	
祈穀祭	正月	○王ハ二日祈穀祭ヲ社稷ニ親行ス。	一オ
宮官淫行	三月	○内官ハ房子内人（宮女又ハ私自投屬スル者ヲ房子ト曰フ）等二人ト潜通ノ事發覺シ減死絶島ニ定配ス。	一六オ
祈雨	四月	○旱甚シ初次ノ祈雨祭ヲ行フ。再次同上。重臣ヲ遣ハシ三次同上。同上四次。	二〇オ・ウ

件名	月	記事	出典
禁酒禁烟		○王ハ祈雨ノ爲社稷ニ齋宿ス百官ヲ戒メ飲酒烟茶スル勿ラシム、犯者アリ。職ヲ汰ス。	二三オ
祈雨		○重臣ヲ遣ハシ　六次ノ祈雨祭ヲ行フ。第八次同上。	二四ウ
祈晴		○雨止マズ四門ニ禜祭ヲ行フ。	二六ウ
		卷三十五ノ中	
沐浴襲斂	八月	○王妃閔氏昇遐ス。薨去ノ日沐浴ノ禮、襲禮ヲ行フ。（以下普通ノ喪葬記事略）	二ウ
梓宮上字		○東平君ハ梓宮ニ上字ヲ書セントス。左議政之ヲ斥ク。	四オ
風水思想		○山陵ヲ奉審ス。地師ノ山論ニヨリ向庚ノ制ニ定ム。	四ウ
國葬ト士人ノ葬		○毎ニ山陵ニ當ル（國葬ノ前ノコト）士夫ノ家葬禮ヲ行ハズ。因テ俗ヲ成ス、今宜シク營葬セシム。	五オ
喪期短縮		○大司成ハ王ノ服制十三日衰服ヲ除キ三十日布帶ヲ除ク、據コロ無シト曰フ。王ハ易月ノ制舊例アリト曰フ。	六オ―ウ
國喪素食	九月	○三十日ヲ過グ。王ハ百官ヲシテ素食スル勿ラシム。	一一オ
咀呪		○世子ノ母禧嬪張氏ハ潛カニ神堂ヲ設ケ祈禱ス。（王妃ヲ呪フ意）（以下本件ニ關スル記事甚多シ其中主要ノ項ノミ記ス）	一一ウ―一二オ
右同		○潛カニ神堂ヲ設ケ人ヲ屛ケ祈禱シ内殿ヲ害セント謀ル云々。	一五オ
巫女禱痘		○世子痘患ノ爲ト稱シ時毎ニ神甑（餅ヲ以テ神ヲ禳フ）ヲ設ク。猝ニ撤止シ難シ云々。（巫女ノ行爲）或ハ赤豆餅ヲ設ケ、或ハ唐女衣ヲ設ケ順痘ヲ禱ル云々。（禱痘ノ行爲）	一五オ―ウ、一五ウ―一六オ

咀呪
○太子房ハ（巫ノ名）嬉嬪ノ爲ニ禳厄、或ハ神祀、或ハ燃燈ヲ設ク。或ハ命銀（銀ヲ以テ祈禳スルヲ云フ）ヲ用ユ太子房死シ排設物ハ之ヲ火シ萬命帝釋ハ嬉嬪ノ本宮ニ移ス。
一八ウ

右同
○巫女弓矢ヲ佩ビ樂ヲ作ス。弓矢ヲ亂射シテ中殿ヲ射タリト稱ス。
一九オ—二〇ウ

巫女禱痘
○神堂ニ主（神主）ナシ。高飛（紙ヲ以テ壁ニ附シ錦緞等ノ物ヲ其間ニ挿ム）ヲ貼リ本宮ニ於テ酒果ヲ設ケ缶ヲ撃テ祝シ世子ノ善痘ヲ禱ル。
二一ウ

十月

右同
○四歲ノ小兒ノ着ル所ノ如キ衣裳十五六件ヲ作リ祈禱ニ用ユ。
二三ウ—二四オ

咀呪
○神堂ニ供スルニ白飯豆餅ヲ用ユ云々。錦緞ヲ以テ角氏（人形ノ娘子）七箇ヲ作リ、多ク紅緋ヲ裳ト爲シ藍緋ヲ衣トス。
右嬉嬪ノ房ヨリ出送シ並ニ之ニ死鳥ト鮒魚ト各七箇ヲ盛ル。之ヲ通明殿大造殿寢室内ニ埋ム。
二六ウ—二七オ

右同
○嬉嬪ノ言ニヨリ角氏七箇ヲ作リ紅嬰緞ヲ以テ裳ト爲シ藍緋緞ヲ衣ト爲ス。死鳥鼠及鮒魚各七箇ヲ柳圓器ニ盛リ闕内ニ入送ス。通明殿大造殿寢室ノ内ニ埋ム。
三〇ウ—三三オ

右同
○巫女笠ヲ着ケ紅衣ヲ衣弓矢ヲ持シ亂舞四方ヲ亂射シテ曰ク吾レ閔殿下ヲ殺スベシト。
三一オ

呪呪張本
張嬪自殺
○張氏自盡ス。
三八オ

咀呪
○女上典ハ木童子ヲ出シ紗帽ヲ着セ木刀二木片ニ書シアル一ヲ延曙ノ墓所ニ埋ム。
四二オ・ウ

卷三十五ノ下

十一月

咀呪
○鞫廳ノ罪人ノ招。十四五日間延曙ノ墓所ニ凶埋ノ事女上典分明ニ言フ。
四ウ

		（國母ヲ廢セシコトヲ圖）	
祈雪	十二月	○重臣ヲ遣ハシ雪ヲ宗廟、社稷、北郊ニ祈ル。	二〇ウ
喪葬記事		○仁顯王后發靷ス。明陵ニ葬ス。（以下喪葬記事略）	四八オ
老女優遇		○堂上官及其妻年七十以上、曾テ實職ヲ經シ年八十及其妻ニ正朝ノ歲僎ヲ賜フ	五一ウ
		卷三十六	
	二十八年（壬午）		
國恤不愼		○諫院ノ啓。淸州牧使ハ國恤ニ方リ晏然衙中客舍ニ寢處ス。邑內ノ屠肆舊ニ依リ狼藉。道內赴擧ノ儒生本州ニ至リ酒樂俱ニ張ル。王ハ仕版ヲ削ル。	四オ
風水思想		○張氏（王世子ノ生母）ノ墓ヲ地官ニ相セシメ楊川ニ葬ル。	五オ
		卷三十七	
人身賣買	七月	○濟州守臣ノ狀。本島三邑貧殘父母ヲ賣リ妻子ヲ鬻グ屢當身賣者五十八名贖還ノ資トシ雜穀ノ劃給ヲ請フ。	一一オ
婚姻親等		○王妃ヲ揀擇スルニ當リ其寸等一等ヲ減ズ。（婚姻ヲ許サル親等ノ範圍）	一三オ
家屋奢侈	八月	○大臣ハ家舍奢侈ノ禁斷ヲ請フ。	一六オ
妻死シ三年不娶		○判尹ハ上疏シ王ガ後妃ヲ迎フル事ニ付テ妻亡ビ三年ノ後ニ改娶ヲ許ス大典ノ條ヲ引キ其不可ヲ論ズ。	二一オ—ウ
處女揀擇	九月	○王妃ノ三揀擇ヲ行フ。	二二ウ
親迎同牢	十月	○王ハ於義洞別宮ニ至リ王妃親迎ノ禮ヲ行フ。同牢宴ヲ行フ。百官陳賀ス。	二八ウ

事項	年月	記事	出典
		巻三十八ノ上	
屠禁不行 巫祀盛行 婚品過大 衣服奢侈	二十九年（癸未） 二月	○正言ノ上疏。民俗ハ則私屠狼藉、神祀喧闐、衣服僭侈、婚需過濫、伏テ願クハ痼弊ヲ軫セヨ。	一〇ウ
儺戯觀覧		○大司憲ノ言。冊封使入京儺戯ノ時都ヲ傾ケ塡咽處々縦覧ス。儺戯ヲ觀ル儒生ノ科ヲ停ム。儺戯出都ノ時儒生無頼ノ徒ノ爲之ヲ禁ゼントセシ者却テ殴打セラル、之ガ科ヲ停ム。	六〇オ－ウ
虫害禳祭		○忠淸全羅蝗災アリ、酺祭ヲ設ク。	六四ウ
		巻三十八ノ下	
郷校落雷	八月	○延安縣郷校ニ雷震アリ慰安祭ヲ行フ。	一八オ
		巻三十九	
陵火謹愼	三十年（甲申） 正月	○孝陵火ク慰安祭ヲ行キ王ハ正殿ヲ避ケ減膳、撤樂、朝市ヲ停ム。百官淺淡服ヲ衣ル三日。	六ウ
築城告祭	三月	○都城ヲ築キ始ム。先ヅ三角山ニ告祭ス。	二五オ
處女揀擇		○王ハ王子夫人ヲ揀擇ス。時ニ三南ハ一女子ノ捧單スル者無シ。王ハ三南監司ヲ推考セシム。	二五オ－ウ
祈雨祭	四月	○旱甚シ祈雨祭ヲ行フ。	三一オ
右同		○大臣ヲ遣ハシ宗廟社稷ニ祈ル。王ハ太廟ニ親祭ス。	三三オ

右同	五月	○重臣ヲ遣ハシ祈雨ス。慕華館池邊ニ蜥蜴祈雨ヲ行フ。閭閻屏柳三日ニシテ止ム。	四三ウ
右同	六月	○重臣ヲ遣ハシ雨ヲ社稷北郊ニ祈ル。慶會樓池邊ニ蜥蜴祈雨ヲ行フ三日。	四九ウ
餓死ノ祭		○近臣ヲ遣ハシ餓死ノ人ヲ東西南郊ニ祭ル。	五〇ウ
祈雨		○重臣ヲ遣ハシ龍山江楮子島ニ祈雨ス。春塘臺池邊ニ蜥蜴祈雨ヲ行フ。	五一オ
右同		○祈雨祭ノ次第ヲ改定ス。	五八ウ
宗廟樂章	七月	○太廟ノ樂章改正ヲ議ス。	六二オ—六三オ
		巻四十	
男女性器ヲ割取ス 性器用藥	八月	○司諫ノ言。兇徒人ヲ路ニ要シ男ハ其陽ヲ割キ女ハ其陰ヲ剝グ。或ハ云、陰陽ヲ用キ天疹瘡(痘瘡?)ノ藥トス。彼中(支那)ヨリ重價ニ購フ故ニ潛送シ利ヲ規ス。	二オ
國恤不愼	八月	○國恤ノ初其子式年ノ武科ニ及第シ聞喜宴ヲ設ケ妓樂ヲ張リシ前兵使ヲ憲府ヨリ劾シ罷職トス。	七オ
死後三年上食ノ禮 歛襲含珠 士三月葬 親死シ被髮セズ		○諫院ハ朴世堂ノ學說ノ非ナルヲ論ズ。曰ク三年上食ハ我國ノ時俗通行久シ。飯含ニ珠ヲ用ユ古ヘ士庶ノ禮ニ非ズ今之ヲ通行ス。古禮士ハ踰月葬ナリ今三月ノ制ヲ用ユ。今人喪親アラバ被髮セズ錢貝ヲ含マシ渴葬シテ槨無シ。	一三オ—一四ウ・一五オ
尼同性愛	十月	○諫院ノ啓。近來尼道復タ熾ニシテ東郊ニ大厦六處ヲ構ユ。婦女夫ニ叛キ主ニ叛キ失行、早孀ノ類奔波シ行淫雜亂、請フ之ヲ毀タン。王ハ允サズ。	三五オ
官妓畜	十一月	○司諫ノ啓。近來士大夫ノ家官妓ヲ畜フ。人言ニヨレバ首相ノ家尤盛ナリ。賄賂多ク公卿大夫ノ嬖妾ノ門ニ聚ル、特ニ妓妾甚シ。	四二オ—ウ
祈雪		○祈雪祭ヲ設ケ重臣ヲ分遣シ宗廟、社稷、北郊ニ祭ル。同上風雲雷雨山川、雩祀、	四四ウ・四五ウ

三角山、木覔、漢江ニ祈ル。

三十一年(乙酉)

巻四十一

事項	月	記事	出典
女樂男樂	二月	○祖宗ノ朝、盛時或ハ女樂ヲ用ヰ或ハ男樂ヲ用ユ。喪亂後京妓ヲ停廢、外殿法宴復女樂ヲ用ヰズ云々。兵曹判書ハ男樂ヲ用ユベキヲ啓ス。	二九オ
大報壇	三月	○王ハ大報壇ニ詣リ親祭ス。(明ノ皇帝神宗ヲ祀ル處)	三一オ

巻四十二

事項	月	記事	出典
祈雨	六月	○四次ノ祈雨祭ヲ行フ。	四ウ
祈晴	七月	○祈晴祭ヲ行フ。	一〇ウ
科場通訃ノ罪	九月	○政院ノ啓。科場ノ事體ハ嚴重ヲ極ム期功ノ喪モ亦訃ヲ通ズルヲ得ズ。試官兪集一ハ其侄女ノ訃ヲ聞ク房中ニ入處シ考試ヲ爲サズト云フ。推考ヲ請フ。	一九ウ

巻四十三

三十二年(丙戌)

事項	月	記事	出典
祈晴	七月	○霖雨久シ祈晴祭ヲ行フ。	三六オ

補缺正誤實錄巻四十三

事項	月	記事	出典
襲斂含飯	三月	○凡ソ人家含飯ノ一節ハ專ラ主喪ノ人ニ在リ。	一一ウ

巻四十四

老人優遇	九月	○老人宴ヲ仁政殿ニ設ク、與ル者一百五十人。	一六ウ
右同	十月	○優老ノ典ヲ行ヒ耆老ノ人ニ米棉ヲ賜フ。	三一オ
	三十三年（丁亥）	卷四十五	
忌痘移宮	四月	○王世子闕中ニ在リ疹（痘瘡）ヲ患フ。王出避ノ意ナシ。右議政、政院、玉堂等反復力爭ス王聽カズ。	二七オ―ウ
痘患停刑		○王世子內殿ヨリ政院ニ移ル。自今刑杖一切禁止。	二七オ
祈晴	七月	○祈晴祭ヲ行フ。	四〇オ
忌痘移宮		○王ハ昌德宮ヨリ慶德宮ニ移御ス。	同
書院ノ弊	八月	○書院疊設ノ禁ヲ申明ス。	四五オ―ウ
行祭攘痘	十一月	○斑疹（痘瘡）死亡算無シ。兩西、關東北諸道別ニ祭酹ヲ致ス。京中ハ壇ヲ北郊ニ設ケ行祭ス。	六四オ
	三十四年（戊子）	卷四十六	
勒葬ノ弊	正月	○諫院ノ啓。驛村及大村ノ圖占入葬ハ申禁前後一ナラズ。之ヲ冒セル者アリ按治ヲ請フ。	一オ
社稷親祭	二月	○王ハ社稷ヲ親祭ス。	五オ
海鳥兵兆	四月	○王ノ言。景福宮ノ松樹ニ海鳥（鷺ノ誤リナラン）多ク集ル亦災異ニ係ル。舊事ヲ以テ之ヲ觀レバ是兵象ニ似タリ。	一九オ
祈雨	五月	○旱甚シ王ハ歩シテ社稷壇ニ詣リ行祭ス。諸處戰亡ノ人ヲ祭ラシメントス。	二二ウ

宦官遊宴	六月	○昌德宮空闕ノ時一内官多ク樂人ヲ率キ廣ク酒饌ヲ設ケ大内ニ遊宴ス。憲府ハ重ク科罪ヲ請フ。	二四ウ
祈雨		○王ハ祈雨祭ヲ行フ。戰亡ノ人ヲ祭ル。王ハ南郊ニ親禱ス。	二四ウ・二五オ
府使溺妓		○善山府使ハ隣邑ノ妓ニ惑フ其病死ニ及ビ主(神主ノコト)ヲ造リ返魂、躬自迎哭、朝夕祭奠必ズ親行ス。憲府ノ啓ニヨリ其仕版ヲ削去ル。	二五ウ
門外暴棺	八月	○崇禮門外ニ掘來リシ棺ヲ置キシ者アリ。憲府ハ啓シテ當該官ノ罷職ヲ請フ。	三一オ―ウ
排佛思想	九月	○高城ノ幼學ハ楡岾寺ニ仁顯兩廟ノ御幀ヲ奉安シ忌辰祭ヲ行フコトヲ罷ムルヲ請フ。	三一ウ―三二オ
	三十五年(己丑)	卷四十七	
妖覡淫行	四月	○男子ニシテ女服ニ變着或ハ蒙頭或ハ馬ニ跨リ人家ニ出入スル黃順中ト稱スル者アリ。捉ヘテ訊問スレバ神ノ使シムル所ト云フ。	二一オ
喪葬奢僭	五月	○持平金東弼ノ論。近來侈汰風ヲ爲シ閭巷ノ庶人ノ喪ニ輒チ香高子(神主ヲ奉スル小轝)ヲ用ユ。返魂ノ時、哭婢前導賓從後擁婦女乘轎ニ至ル。倶ニ身分ニ付テ制限アリ、此禁ヲ犯ス者ナリ。五部ヲシテ申嚴禁制セシム。	二四オ
蟲害祈禳		○禮曹參議ハ松蟲ノ災アリ酺祭ヲ設ケンコトヲ請フ。	二七オ
尼社ノ禁	七月	○諫院ノ啓。先朝ニ尼舍ヲ撤毀ス。近來尼舍京城咫尺ノ地ニ在リ尼徒往來閭閻ニ出入恣行誑惑、漢城府ヲシテ毀破セシメ尼徒ノ城市ニ出入スルヲ禁斷センコトヲ請フ。	三四オ
祈晴	八月	○秋雨霖ヲ成ス四門ニ禜祭晴ヲ祈ル。	三六ウ

尼社ノ禁		○正言ノ言。尼社ノ撤廢ヲ請フ。	三六ウ—三七オ
右　同		○同上ノ件。	三七ウ—オ・三八オ—ウ
生祠ノ弊	九　月	○講官ハ外方ニ生祠ヲ濫設スルノ弊ヲ述ベ之ガ毀撤ヲ請フ。王ハ之ヲ實行ス。	四〇ウ
妖覡淫行	十一月	○黃順中ノ全家ヲ定配ス。憲府ハ同人ガ女服ヲ着臙脂ニ髮ヲ染メ眉毛ヲ細作シ女服ヲ着テ靈巫ト稱シ夜祈禱ニ托シテ其奸ヲ濟ス。衆ヲ惑ハシ風俗ヲ害ス嚴刑ニ處スベシトナス。	四九オ
	三十六年（庚寅）	卷四十八	
三年ノ喪ヲ廢ス。	四　月	○大司憲ノ論。朴世堂（宋時烈ヲ謗リ經說ヲ改メ新說ヲ唱ヘシ學者）及其子弟門徒ハ三年ノ祭ヲ廢ス。其罪ヲ懲ラサズンバ吾東禮儀ノ邦ハ夷狄禽獸ニ歸ス。並ニ荒裔ニ投ズベシ。	二〇オ
獻壽ノ宴		○王ハ崇政殿ニ御シ世子ノ宴ヲ設ク。百官ヲ率ヰ獻壽ノ觴（年六十ノ賀）稱觴九行ニシテ撤ス。翌日內宴ヲ進ム。	二一オ
祈　雨	五　月	○雨ヲ山川ニ祈ル。宰臣ヲ遣ハシ同上。同上。承旨ヲ遣ハシ同上。七次ノ祈雨ヲ行フ。	二二ウ・二三ウ・二六ウ
三年上食	六　月	○朴世堂ノ子三年上食ヲ行ハザルニヨリ囚ハル。	三〇オ—三一ウ
		補闕正誤實錄卷四十八	
妓女率畜	五　月	○右議政ハ進宴ノ時（王ノ壽宴）ニ京上ノ妓生率ネ無形、兩界ノ人物ガ妓女率畜ノ弊ヲ禁ゼンコトヲ請フ。	一オ

事項	月	記事	出典
		卷四十九	
屠牛ノ禁	十一月	○憲吏ハ肉脯ヲ持テル者ヲ捕フ。(禁物ナルニヨリ)王ヨリ賜送ノ物ナリ。	二八オ
乘轎ノ禁	十二月	○憲府ハ武臣乘轎ノ禁ヲ申明センコトヲ請フ。	三七ウ
	三十七年(辛卯)	卷五十ノ上	
地方關王ノ廟	正月	○京城東南關廟ノ例ニヨリ地方ニ在ル關廟ニモ祭祀ヲ行フ。	一ウ—二オ
祈雨	五月	○祈雨祭ヲ行フ。再次同上。	二五オ
禁域入葬	六月	○前僉使其父母ヲ北漢城址内ニ葬ル。王ハ拿問其葬ヲ掘移セシム。命ジテ絕島ニ定配ス。	二九ウ
第宅奢侈	七月	○講官ノ言。近來朝臣奢侈風ヲ成ス。第宅制ヲ踰ユ。王ハ別ニ申飭セシム。	三八ウ
風水思想		○王ハ北漢山ニ行宮ヲ築カントシテ地師ヲ率キテ往審セシム。	四一オ
		卷五十ノ下	
違式乘軺	八月	○副應敎ノ言ニヨリ前日陵幸ノ時戎服ヲ以テ乘軺(軺軒ニ乘ル)セシ者ヲ推ス。	九ウ
忌痘移宮	九月	○王子痘患。中宮日ヲトセズ昌德宮ニ移御ス。	一一オ
官婢率畜		○備邊司ノ啓ニヨリ外方ノ官婢ヲ率畜スル者ヲ査出刷還ス。	二〇ウ
違式軺軒	十月	○前兵使北ヨリ遞來ノ時兩輪ノ軺車ヲ造ル。上ハ轎子ヲ成ス駕スルニ兩馹ヲ以テス。持平ハ職ヲ削ツテ之ヲ罰スベシト曰フ。	二一ウ
胎峰改築		○禮曹參議ハ往テ三朝(明宗、宣祖、顯宗)ノ胎峯ヲ改築ス。	二二オ

事項	月	記事	出典
巫禱救痘 痘神餞送	十二月	○執義ノ上疏。前後痘患（王世子ト中宮）ノ時巫女宮掖ニ出入祈禱ス今番又送神スト其不可ヲ曰フ。	三三オ
	三十八年（壬辰）	卷五十一	
歲首勸農	正月	○勸農ノ敎ハ毎歲首ニ下ス。列邑ノ守令奉行セズ王ハ申飭セシム。	一オ
書院ノ弊		○禮曹判書ハ疊設ノ書院ニ額ヲ乞フノ疏ハ一切防啓スベシト曰フ。王之ヲ實行ス。	三オ
風水虛誕	四月	○王北漢山ニ幸ス。駕前ニ突入上言セントスル者ヲ囚フ。其供ニ漢陽ノ地運衰フルモ龍王生レテ回復セリ等虛誕ノ言アリ。	二〇オ－二一ウ
祈雨		○初次ノ祈雨祭ヲ行フ。再次同上。	二二オ
右同	五月	○三次ノ同上。	同
發塚燒棺		○前縣監ノ先山掘塚燒棺ノ事アリ。諫院ハ之ヲ摘奸セザル星州牧使ノ罷職ヲ請フ。	三五オ
勒葬ノ弊	六月	○講官ノ言。近來有勢力ノ人大村ニ冒葬スルノ弊甚多シ。一一査掘ヲ得ザルモ發覺セル者ハ之ヲ掘移シ後ヲ懲スベシ。王ハ命ジテ人居ノ近處ニ占葬スルヲ各別禁斷ス。	四四オ
		卷五十二	
祈晴	八月	○四門ニ晴ヲ祈ル三日。	九オ
妖誕行動		○自カラ赤帝、其弟ヲ白帝、其二子ヲ神龍、東龍ト稱シ、自カラ龍種ト稱シ、其家ヲ大闕、其衣ヲ袞袍ト稱シ。毎ニ炊飯シ天ヲ祝スル楊州人ヲ鞫ス。	九オ－ウ

事項	年	月	記事	出典
			卷五十四	
葬具僭越	三十九年(癸巳)	閏五月	○庶人ノ送葬ニ竹格ノ燭籠ヲ僭用ス。講官ノ言ニヨリ之ヲ禁ジ犯者ノ罪ヲ論ズ。	二オ
奢侈ノ禁			○校理ノ言。市人ノ人家皆錦緞ヲ以テ帳ト爲シ稍財力アル者ハ輒ク屋轎ヲ造ル。各別禁斷ヲ請フ。	三ウ
發墓棄棺		六月	○結城ノ土豪ハ幼學ノ母ノ墳ヲ發キ棺ヲ曳テ溝ニ投ズ横板翣扇ヲ盡ク火ニ燒ク。	・六ウ
祈雨		七月	○雨ヲ三角、木覓、漢江ニ祈ル。再次ノ祈雨ヲ行フ。三次同上。四次同上。七次同上。	一〇ウ・一一オ・ウ・一六ウ
書院ノ弊			○王ハ書院疊設ノ弊、從祀ノ儒賢ト雖モ嚴加禁斷スベシト曰フ。	一五オ
			卷五十五	
王ノ病ニ天ヲ祭ル	四十年(甲午)	五月	○畿内ノ幼學等五人書ヲ敦義門ニ掛ケ、王ノ病ノ爲ニ五部民人ニ出財セシメ其徒二十人ト共ニ犧牲ヲ具ヘ露梁ニ天ヲ祭ル三日。時議之ヲ非禮トス。	六ウ
貰乳ノ家ヲ親トス　一夫二妻　倘モタセ		七月	○平安道暗行御史ノ啓。貧賤他家ニ哺ヲ仰グ者家主死スレバ散髮并服一ニ父母ノ喪ノ如シ。自稱兩班ノ類稍權力アル者滔々皆妻有リ妻ヲ娶ル。下賤ノ者多ク妻妾ヲ蓄フ室ヲ去リ他人ノ畜フル所トナリシ後稍安頓ノ後本人官ニ訴ヘ恐嚇生業ノ資トス。(以上平安道ノ風俗)	
	四十一年(乙未)		卷五十六	
陵ノ石馬ヲ碎ク			○崇陵石馬ノ耳ヲ碎破セシ者アリ。慰安祭ヲ行フ。	一六オ
女樂			○備邊司ハ東萊ニ於テ倭人宴享ノ時ノ女樂ヲ罷メンコトヲ請フ。	一六ウ－一七オ

事項	月	記事	丁數
婚姻奢侈	九　月	○憲府ハ近來閭巷奢侈ヲ窮メ婚姻ニ必ズ寢帳ヲ用ヰ或ハ錦繡ヲ用ユ。爲メニ貧者婚時ヲ失シ或ハ終身娶ルヲ得ズ一切禁斷ヲ請フ。	一〇オ—ウ
	四十二年（丙申）	卷五十七	
饑死ノ祭	閏三月	○濟州饑死多シ壇ヲ設ケ祭ル。	三三オ
宗廟祭物	四　月	○宗廟祭物ノ五禮儀ニ違フ者ヲ王ハ命ジテ釐正ス。	四〇ウ—四一オ
宮中崇佛	五　月	○楡岾寺ノ一殿閣ニ仁顯兩王及王妃ノ神位ヲ奉ジ朔望及忌辰生辰ニ寺中ヨリ大享ス。諫院ハ之ヲ禁ゼンヲ請フ。王從ハズ。	四二ウ
		卷五十八	
祈　雨	七　月	○雨ヲ宗廟ニ祈ル。	六オ
排佛思想		○右楡岾寺ノ件諫院ヨリ其不可ヲ論啓ス。	九ウ
宮人ト僧ノ姦通	八　月	○宮人僧ト潜奸宮中ニ子ヲ生ム。其僧ヲ誅ス。	二六オ
賜花及箋	九　月	○王ハ下教シテ及第同榜實罕ニ有ル處ナリ貴ブベシトシ造花ヲ賜フ。之ヲ戴キ奉箋拜謝ス。	三三オ
墓地冒占	十　月	○憲府ノ劾啓。鐵原府使ハ民ト山（墓地）ヲ爭ヒ威脅塚ヲ掘ル。拿問ヲ請フ。	三六オ
琉球風俗	十二月	○珍島ノ民琉球ニ漂着シ還ル。備局ハ其國ノ風俗ヲ招問ス。	四七オ—四八オ
	四十三年（丁酉）	卷五十九	
茶　啖	二　月	○王溫泉ニ幸スル時沿路各邑ヨリ供スル茶啖ハ悉ク之ヲ停メシム。	一〇ウ

事項	月	記事	出典
裨將呪術	三月	○泰川ニ失印ノ事アリ兵使裨將ハ秘術アリト稱シ殿牌前ニ手ヲ合シ咀呪ス。	一〇ウ
溫泉行幸		○王ハ眼疾ヲ以テ溫井ニ幸セントス。之ヲ宗廟ニ告グ。	一五ウ
右、同		○王溫湯ニ幸ス。官ヲ遣ハシ過グル所ノ名山大川ヲ祭ラシム。	一六ウ
溫泉ノ祭		○溫井ヲ祭ル時犧牲瘦セタルアリ。憲府ハ該郡守ノ罷職ヲ請フ。	一八ウ
溫泉入浴		○王溫井ニ沐浴ス。頭部一百瓢仍ホ脚ヲ洗フ。(以下數百瓢ニテ頭部ヲ洗ヒシ記事アリ)	一九オ・ウ・二一オ・ウ
疫人置郊	五月	○癘疫熾也四郊ニ出幕スル者四千ニ近シ。	三五オ
疫死ノ祭	六月	○京外癘死多シ。禮曹ノ啓ニヨリ京ハ山川、城隍、愍忠壇ニ祭ヲ設ク。外方ハ本道ヲ以テ設祭セシム。都城無主ノ屍ハ設壇之ヲ祭ル。	四二オ—ウ
		卷六十	
造酒ノ禁	七月	○宮中ニテ酒ヲ釀シテ私賣セシ宮人ヲ流ニ處ス。	三オ
宮家願堂	八月	○全羅監司ハ本道寺刹ノ諸宮家ノ願堂ニ入レル者ノ革罷ヲ請フ。	二〇ウ
女巫淫祀		○昔シ成宗疾アリ大妃ハ女巫ヲシテ淫祀ヲ泮宮碧松亭ニ設ク。評事其巫ヲ杖シ逐フ。大妃怒ル、成宗陽ニ怒テ陰ニ庇ス。此事ヲ藥房提調ヨリ王ニ言フ。(王病アリシ時也之ヲ諷セシナリ)	三一オ
驛官姦婢	十月	○金郊ノ察訪ハ驛婢ノ姿色アル者ヲ輒ク誘致行淫ス。其中一人自縊ス。憲府ハ拿問ヲ請フ。	四五オ
書院ノ弊	十一月	○承旨ハ書院ノ疊設痼弊トナレルヲ曰フ。	五一オ
		卷六十一	
	四十四年(戊戌)		

茶禮	正月	○清使歸ル餞宴ヲ受ケズ只茶禮ヲ行フテ罷ム。	三オ
風水思想		○禮曹ノ啓ニヨリ禮官ヲ遣ハシ地官ト共ニ張氏ノ墓所ヲ看審ス。（王世子ノ生母）	三オ－ウ
忌死移宮	二月	○王世子ノ嬪沈氏薨ズ。王ハ內殿養志堂ニ移ル。	六ウ
喪葬記事		○禮曹ハ嬪宮ノ喪ニ節目據ルベキナシ、前例昭憲世子ノ例ニ倣ヒ其他大臣ニ問ヒ一ニ擧行スルコトトス。（以下喪葬記事普通ノモノハ略ス）	七オ
葬具		○大歛九十稱ヨリ二十稱ヲ減ズ、錦冒代ユルニ女冒ヲ以テシ、繡黼棺衣代ユルニ錦段ヲ以テス、攢宮ヲ設ケズ只平床竹簟褥席等ノ物ヲ設ク。	七ウ
副葬品		○禮葬都監ハ儀仗、服玩、明器等ヲ定ム。（各品目及其形式ノ法等詳記シアリ）	一一オ－一二オ
忌死移宮		○王ト中宮ハ慶德宮ニ移御ス。王世子同上。	一二オ・ウ
風水思想		○張氏ノ墓所ノ遷葬ハ地師ノ言ニヨル。	一二オ－ウ
國恤禁婚 禁婚		○國恤ノ初喪ニハ士夫昏娶ヲ得ズ今番服制ナキ故ニ昏娶紛紜之ヲ禁斷セサレノ沙頭士夫ノ家ノ處女揀擇ノ時處女餘リ無ケント藥房都提調ヨリ上言ス。王ハ命ジテ之ヲ禁セシム。	一[illegible]ウ
厲祭	三月	○疫癘盛也厲祭ヲ設ク。	一九オ－ウ
右同	四月	○王ハ重臣ヲ遣ハシ北郊ニ厲祭ヲ設ク。愍忠壇ニ祭ル。各道ハ中央ノ處其他各處ニ祭ラシム。	二四オ
風水思想		○封墓都監ハ衿川ニ在ル姜嬪及昭顯世子ノ墓ヲ往審シ。其地理ニ付テ啓ス。	三三オ－ウ
右同		○淑嬪葬地ノ件。	三四ウ－三五オ
祈雨		○大旱。雨ヲ祈ル。	三五オ
右同	六月	○九次ノ祈雨祭ニテ始メテ雨ヲ得。	四七オ

事項	月	記事	出典
嬪選急婚 處女揷擇		○禮曹ノ達。王ハ世子ノ嬪ヲ撰ブニ丁丑生（二十二歲）ヨリ辛巳生（十八歲）ヲ以テ單子ヲ捧ゲシム。其後士夫ノ家早婚、辛巳生以前ノ處女絕無改メテ庚辰生（十九歲）ヨリ乙酉生（十四歲）ノ處女ノ單ヲ捧入セシム。	四七オ―ウ
忌痘移宮		○中宮紅疹ヲ患フ藥房提調ハ王ト東宮ニ移御ヲ請フ。王從ハズ。	四八オ―ウ
痘患停刑		○王ハ命ジテ各司ノ刑杖ヲ用ユルヲ禁ス。疹疫ノ俗忌ヲ以テ也。	四八ウ
		卷六十二	
疫屍滿路 藁葬不葬	七月	○癘疫殭屍道路ニ屬ス。全然委棄或ハ藁葬ス穢氣人ニ逼リ行路通ゼズ。漢城府ハ大坎ヲ作リ同埋ス。	一オ
處女揀擇	八月	○處女ノ初揀擇ヲ行フ。	七ウ
醮戒親迎 同牢朝見	九月	○王ハ臨殿醮戒。王世子嬪魚氏ヲ別宮ニ親迎ス。還テ闕ニ詣リ同牢禮ヲ行フ。嬪ハ朝見ノ禮ヲ兩宮ニ行フ。	二一ウ―二二オ
廟見ノ禮		○禮曹ノ言。私家ニハ新婦祠堂ニ見ユルノ規アリ。宗廟ハ別トシ永昭殿ハ闕內ニ在リ王世子展謁ノ時、宗廟ハ中宮廟見ノ時ニ世子嬪モ一體展謁廟見スベシト啓ス。	二二オ
右同		○王世子ハ嬪ト宗廟ニ謁ス。	二五オ
	十月	○王世子ハ嬪ト永昭殿ニ謁ス。	同
風水思想		○判府事ハ懿懷嬪墓ヲ移葬スルノ不可ヲ諫ベ且其本家墳山及不見處諸墓ヲ移葬セズ	二五オ―ウ
喪期短縮		○持平ハ王ガ古禮ヲ變ジ喪ニ年ヲ以テ月ニ易エシ不可ヲ上書ス。	二六ウ―二九オ
癘祭		○壇ヲ東西南三郊ニ設ケ癘疫死亡無主ノ魂ヲ祭ル。	三〇ウ
設祭禳疫	十一月	○癘疫熾ニ蔓延ス、重臣ヲ遣シ山川ニ祈ル。王ハ城隍發告祭ノ祝文ヲ親製ス。	三四オ

事項	月	記事	出典
癘祭	十二月	○重臣ヲ遣ハシ北郊ニ癘祭ヲ行フ。王祭文ヲ親製ス。	三四ウ—三五オ
風水思想		○蕩春臺ノ役將ニ完カラントス。地師ハ主脉ヲ穿ツノ慮ナシト云フ。王ハ土築トセシム。	四一オ
	四十五年(己亥)	卷六十三	
火箭救食	正月	○十六日月食アリ觀象監ハ監官二員南山ニ登リ看候月出虧缺ノ時火箭ヲ放チ救食スベキヲ言フ。世子(王ノ代理)之ヲ可トス。	二ウ
風水思想	三月	○觀象監ノ言。仁章里(張嬪ノ墓)遷葬ノ舉ハ初メ咸一海ノ陳書妖妄ノ言ニ出ヅ。今破墓スレバ壙中濕氣アル外異狀ナシ。咸一海ノ嚴勘ヲ請フ。	二二ウ
老人優遇	四月	○王ハ景賢殿ニ出デ耆老ニ宴ヲ賜フ。(其式ノ順序ノ記アリ)	二八オ—二九オ
詐老年	五月	○王ハ耆老所ニ入ル(王ハ總テ其實際ノ年ニ十年ヲ加ユ)事ニヨリ老年考ノ年數ヲ詐レル者發覺ス。漢城府摘發科罪ス。	三九ウ
		卷六十四	
風水思想	七月	○領議政金昌集曰ク以來風水ノ說世道ノ大害トナル。國家又從ッテ以テ動撓スル者アリ、園陵ノ重地亦爲ニ妄議スル者アリ云々。是レヨリ前王世子ノ母及嬪ノ園ヲ風水ノ說ニヨリ遷葬ス。	八オ
新晴	八月	○久雨四門ニ禜祭ヲ行フ。	八オ
世子嬪ノ冠禮	九月	○王世子嬪ノ冠禮ヲ行フ。王ハ景賢殿ニ宴ヲ受ク。	二一オ—二二ウ
落雷大廟	十月	○領議政ハ冬雷太廟ニ落チシ咎ヲ引キ策免ヲ請フ。王允サズ。	二三ウ

桃茢臨喪	十一月	○王ハ卒延齡君ノ家ニ幸ス。喪家ニ至リ少憩入臨ス護軍四人戈ヲ持シ先導ス桃茢之ニ次デ四隅ニ列ス。王ハ正堂前ニ御シ案ヲ設ケ俯シテ哭ス。	二五オ
風雲雷雨壇		○命ジテ風雲雷雨壇ヲ濟州ニ立ツ。前ニ是レ有リ牧使之ヲ罷ム。其後年飢荒、癘疫息マズ州民祟トシ牧使ニ訴フ。故ニ復設ヲ許ス。	二九ウ
妖言惑衆		○金城ノ妖賊尹風立ヲ誅ス。妖民申義先ナル者アリ神水能ク百病ヲ療スト愚民ヲ誑シ之ニ歸スル者多シ。風立之ニ仕フ義先ヲ聖人ト稱シ風立ヲ公子ト稱ス弓劍宮門ニ迫ラント圖ル。無憂縣令卒ヲ發シ之ヲ捕フ。	三三オ・ウ
春帖子	十二月	○王ハ命ジテ延祥ノ詩、春帖子ヲ抄啓セシム。	三六ウ
火箭救食		○正月一日々食アリ觀象監ハ登高看望火箭ヲ放チ救食センヲ請フ。	右同

補闕正誤實錄卷六十四

榮墳優人	十一月	○松都松西面ニ富民ノ墳山土田アリ之ヲ松都ノ所屬トスルニ利アリ。之ヲ長湍ト爭フ數十年憲府ハ此所屬ヲ罷メンコトヲ請フ。首相ハ之ヲ松都ニ屬セシム。其子濟謙登科シ呈集暇ヲ得テ長湍ニ榮墳スルニ松人都ヲ傾ケ張樂シ臨津ニ迄迎フ錢帛ヲ多ク優人ニ給ス。	四六一

四十六年(庚子)

卷六十五

宗廟告壽	正月	○王ノ壽六旬、宗廟ニ告グ。王世子百官ヲ率ヰ陳賀ス。	三オ—ウ
巫風盛行		○持平ハ閭閻ノ間巫風日ニ盛也城外ニ驅逐スベキヲ言フ。	六ウ
痘瘡廟告	三月	○王世子紅疹平復ヲ以テ宗廟ニ告グ。赦ヲ頒ツ。	一一オ

宦官行斂 呼　復	六月	○王薨ズ宦寺手足ヲ整フ。大臣内侍二人ヲシテ呼復セシム。内侍二人函ニ絳紗袞龍ノ袍ヲ盛リ殿屋ニ升リ三タビ上ノ尊號ヲ呼ブ。内侍王世子ヲ南夾室ニ扶出シ笠及紗袍ヲ去ル。散髮擧哀ス。（以下葬喪記事普通ノモノハ略ス）	一五オ―一六ウ
		補闕正誤實錄卷六十五	
巫女放逐	二月	○右議政ハ京城巫女驅逐ノ令ヲ寢メンコトヲ請フ。	一オ
死口充珠	六月	○王昇遐ノ後飯含ニ方リ世子匙ヲ執テ抄米、米ヲ淅納シ珠ヲ實シテ訖ル。	二オ

	卽位ノ年（庚子）	景宗實錄　卷一	
喪葬記事	六月	○大王慶德宮隆福殿ニ昇遐ス。是日成服大臣ハ百官ヲ率ヰ崇政殿ニ朝哭ス。（以下葬喪記事普通ノモノハ略ス）	一オ
王妃喪裝		○王妃斬衰三年大袖長裙、蓋頭頭𦆅（稍細布ヲ用ユ）蓋頭ハ代フルニ本國ノ女笠ヲ以テシ、頭𦆅ハ代フルニ本國首帕ヲ以テス。	一オ
祈雨	七月	○久旱祈雨祭ヲ行フ。	一三オ
		卷二	
梓宮結裹	九月	○大行大王ノ梓宮ニ結裹ノ禮ヲ行フ。	一オ
術士		○捕盜大將ハ術士ヲ杖殺ス。陰事ノ漏ルルヲ恐レ口ヲ滅セントセシニ因ル。	四ウ
發引	十月	○大行大王發引明陵ニ葬ル。	七オ
	元年（辛丑）	卷三	
移秧ノ禁 屠牛ノ禁	二月	○諸道ノ移秧及屠牛ヲ禁ズ。	三ウ
祈雨	四月	○久旱三角、木覓、漢江ニ祈雨ス。	一六ウ
喪裝	五月	○禮曹ハ禮書ヲ考シ斬衰衣裳ニ極メテ麤生布ヲ用ヰ練祭ノ衰裳ハ七升布ヲ用ユヘキヲ云フ。	二四オ
祈雨		○大臣ヲ遣ハシ雨ヲ社稷ニ祈ル。慶會樓池邊ニ蜥蜴祈雨ヲ行フ。宗廟ニ祈ル。春塘池邊ニ蜥蜴祈雨ヲ行フ。南大門ヲ閉ヂ北門ヲ開ク。市ヲ遷ス。	二五オ・ウ

事項	月	記事	出典
		卷四	
喪裝	六月	○大司諫ハ練服ニ付テ其他喪服ノ事ニ付テ啓ス。	二オ—四ウ
祈雨		○五方土龍祈雨ヲ行フ。戰亡、疫死、飢死人ヲ祭ル。社稷ニ親禱ス。	六オ—七ウ
宮中造佛		○戶曹判書ハ帖金ト黄蠟ヲ内ニ納メシメシ事ニ付テ閭閻ニ於テハ宮中ニ造佛或ハ畫龍燭ヲ作ルトノ説アルヲ啓ス。	七ウ—八オ
	二年（壬寅）	卷七	
祈雨	四月	○三角、木覔、漢江ニ雨ヲ祈ル。	一五オ
右同		○王ハ南壇ニ親禱雨ヲ祈ル。	三三オ
		卷八	
巫女入宮咀呪	五月	○交ヲ宮禁出入ノ巫女ニ結ビ、銀貨數千兩ヲ其巫女ニ給シ内人ト交結ス。（大妃ト東宮ヲ害セント逆謀セシ一味罪人ノ供招）	六ウ
		卷九	
妖言惑衆	八月	○鞫廳ノ罪人尙建ハ物故ス。同人ハ白雲山人ト稱ス俗離山岩窟中ヨリ出來リ自カラ遁甲ノ術ヲ能クスト稱ス。	八オ—ウ
祔廟祭		○王ハ祔祭ヲ大廟ニ行フ。百官陳賀ス。	九オ
誕日進賀	九月	○大妃殿誕辰ナリ。王世弟百官ヲ率ヰ陳賀ス。	三五ウ

	三年（癸卯）		
		卷十一	
陵火慰祭	三月	○純陵火ヲ失ス王ハ變服正殿ヲ避ケ減膳撤樂三日。慰安祭ヲ行フ。	一七オ
會盟歃血		○夜四更王ハ會盟祭ヲ親行ス。（捧血官アリ）王仁政殿ニ歃軸ヲ頒ツ。	二〇ウ—二一ウ
		卷十二	
祈雨	五月	○旱久シ雨ヲ三角、木覔、漢江ニ祈ル。王ハ社稷ニ親祭ス。宰臣ヲ遣ハシ北郊ニ祈雨ス。近侍ヲ遣ハシ三角山ニ祈雨ス。	一〇オ・一二ウ—一三オ・一四ウ
右同	六月	○慶州新羅王ノ始祖ノ廟號ヲ掲ゲ崇德ト曰フ。禮官ヲ遣ハシ告祭ス。此廟ニ雨ヲ禱レバ輙チ應ズ。	一九オ
		卷十三	
冬至ノ賀	十一月	○王ハ仁政殿ニ臨ミ冬至ノ賀ヲ受ク。王世弟百官ヲ率ヰ行禮。	一六オ
	四年（甲辰）	卷十四	
咀呪	正月	○司諫ハ趙女ガ舅家ニ埋凶ノ事ヲ論ズ。	一オ
上壽進宴	五月	○王ハ大妃殿ニ上壽進宴ス。	二二オ
		卷十五	
尼社撤毀	七月	○王ハ諫院ノ啓ニヨリ尼舍ヲ撤毀ス。後ニ復下敎シテ久遠ノ寺刹ハ撤毀シ難シトシ	三ウ

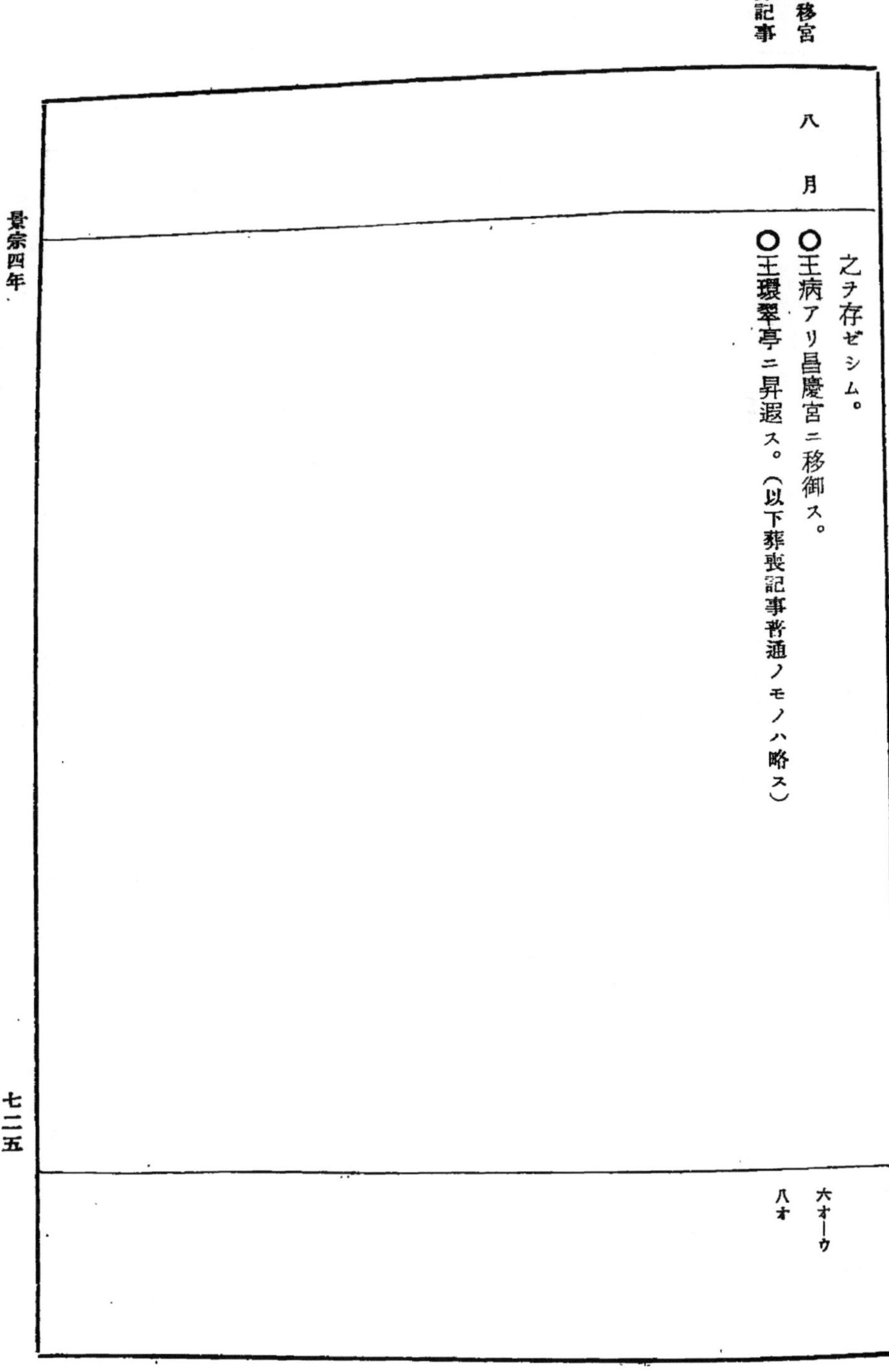

拘忌移宮
喪葬記事

八月

之ヲ存ゼシム。

○王病アリ昌慶宮ニ移御ス。

○王環翠亭ニ昇遐ス。（以下葬喪記事普通ノモノハ略ス）

景宗四年

七二五

六オ―ウ
八オ

事項	年月	記事	出典
	卽位ノ年（庚子）	景宗修正實錄　卷一	
服制	六月	○禮曹ハ服制節目ヲ進ム。	一オ―二ウ
風水思想		○山陵摠護使ハ山陵埋標ヲ奉審シ甲坐庚向トス。	四オ
妖人	九月	○能ク幻術ヲ爲シ行止詭秘ナル妖人陸玄杖死ス。	一二ウ
	元年（辛丑）	卷二	
喪裝	六月	○大司諫ハ喪服ノ制ハ元ト貴賤上下ノ別ナキヲ啓ス。（詳細ニ斬衰ノ布質等ノ記事アリ）	八オ―九ウ
右同		○領議政ハ喪服ニ付テ啓ス。	九ウ―一〇ウ
	二年（壬寅）	卷三	
廟見ノ禮	九月	○王世子嬪ハ廟見ノ禮ヲ行フ。	四九ウ
	三年（正月）	卷四	
陵火謹愼	十二月	○純陵火ク。王ハ正殿ヲ避ケ變服、減膳、撤樂三日。	四ウ
呪咀		○掌令ノ啓。士人李廷煐ノ妻其父陷逆死ニ就キシ怨ヲ大臣趙泰耉ニ歸シ常ニ小車ニ偶人ヲ載セ行戮ノ狀ヲ行フ。又討逆諸臣ノ圖ヲ壁上ニ掲ゲ手ツカラ弓ヲ彎テ之ヲ射ル。定配ヲ請フ。	一四ウ―一五オ

英祖實錄　卷一

	即位ノ年（庚子）		
喪禮	八月	○大行王ノ世弟タル王ノ喪禮ヲ定ム。被髪ニ付議アリ遂ニ之ヲ行フ。且百官民庶ノ喪禮ヲ定ム。（以下喪葬記事普通ノモノハ略ス）	二オ—四ウ
梓宮加漆		○大行王ノ梓宮ニ漆ヲ加フ三十三度ニシテ畢ル。加漆ノ時百官會哭ス。	五オ
風水思想		○堪輿師十一人ト捴護等ト山陵ノ吉地ヲトス。	九オ—一〇オ
右同	九月	○捴護使ハ新陵ノ風水ニ付テ啓ス。	一六ウ
陵ノ構造	十月	○捴護使ハ國朝各陵ノ徑尺、梓宮ノ長サ石物等ニ付テ啓ス。	二七ウ—二八ウ
咀呪		○朝家ニ咀呪セシ趙女ノ治獄ニ付捕盗大將ヨリ啓ス。	二九オ
		卷二	
梓宮加漆	十一月	○外梓宮加漆四十五度ニシテ止ム。是日正殿ニ移奉ス。	三ウ
歛衾		○右相ハ梓宮ヲ拭フ訖ツテ襦衾ニ裹ム。次ニ紅氈ニ裹ム。鍼線ヲ以テ衾ト氈ノ歛端ヲ縫合ス。	一二オ
星異疫兆		○右議政ノ言。近日、月輿鬼星ヲ犯ス。云フ此星一名積尸戊寅ノ年ニ此星色赤ケレバ癘疫大ニ熾ナリ。朝家輿尸シテ之ヲ埋メシムルニ至ル。	二〇オ
梓宮勾結	十二月	○辰時殯宮ヲ啓ク。王衰服扶持シテ其東ニ立ツ、執事一人梓宮ヲ拭フ巾ヲ奉持ス。右相到リ殯宮ノ東南向ニ跪啓ス。內官侍數人脫毛ノ袱衣ヲ奉ジ純色山獺皮裹雲紋紅緞褙表ニス、表褙上白粉ヲ以テ斧形ヲ畫ク。右相袱衣ヲ拂ッテ巾ヲ以テ梓宮ヲ拭フ、裹ムニ紅氈紺ヲ以テシ白布ヲ以テ編結シ輪轝板上ニ安ンズ。染紅正布ノ索	五一オ—一ウ

		ヲ以テ梓宮ヲ勾結ス。	
山陵事		○山陵ノ役ヲ始ム。后土ヲ祀ッテ斬草破土ス。	五一ウ
入葬次第		○景宗大王ヲ楊州ノ懿陵ニ葬ル。(其次第詳記アリ)	同
	元年(乙巳)	卷三	
風水思想	正月	○龍仁幼學ノ上疏。南小門ハ無學ノ刱ムル所、金安老之ヲ廢シテ壬辰丁酉ノ亂アリ。光海ノ朝僧性智新門ヲ西北位ニ刱ム。而シテ甲子、丁卯、丙 ノ亂アリ。請フ凶門ヲ杜ギ吉門ヲ開カン。	一五ウ―一六オ
		卷四	
避役爲僧	三月	○泰安幼學ハ軍徵ノ弊ヲ疏論ス。男ヲ以テ女ト爲ス。僧徒ニ投入ス。	一五オ
關廟致祭	四月	○官ヲ遣ハシテ關王廟及宣武祠ニ致祭ス。	二二オ
		卷五	
虞主埋安		○禮曹ノ啓。宗廟正殿北階上ハ列聖虞主埋安ノ地ナリ今餘地ナシ。大行大王ノ虞主埋安ノ處ヲ基址ノ後ロトス。	二三オ
官權濫用 姦淫女人		○憲府ハ曾テ憲職ニ在リシ趙趾彬ノ暴行即着緞衣ノ禁ヲ出シ、閭巷女人ノ禁ヲ冒シ捉ハルル者ヲ渠ノ家ニ囚エ一夜ヲ經テ放ツ。絕島定配ヲ請フ。王ハ允サズ。	三〇オ
		卷六	

尼刹弊害	五月	○承旨ノ奏。京城近キ地ノ尼徒廣ク佛舍ヲ開キ良女ヲ誑惑シ削髮ノ弊アリ、嚴禁ヲ請フ。王ハ城内ニ女僧ノ往來ヲ禁ズ。	二オ
塑像改色	六月	○王ハ命ジテ武安王塑像ノ服色ヲ改ム。	二三オ
		卷七	
祈雨	七月	○祈雨祭ヲ行フ。重臣ヲ遣ハシ風雲雷雨、山川、雩祀、龍山江、楮子島ニ祈ル。王ハ社稷ニ親祭ス。王ハ北郊ニ親禱ス。	一二オ・一四オ・一五ウ
		卷八	
書院ノ弊	十月	○王ノ言。近來書院弊アリ畧禁セント欲ス。	四ウ
陵火謹愼	十一月	○長陵々上火ク。王ハ正殿ヲ避ケ減膳、撤樂、朝市ヲ停ム。	一一オ
鄉戰	十一月	○梁山ノ人父ノ仇ヲ復スルニ鄉戰ニ因テ其至親ヲ殺ス。	二一オ
	二年(丙午)	卷九	
祈穀祭	正月	○王ハ社稷ニ齋宿シテ祈穀祭ヲ行フ。	六オ
		卷十	
罪人歸葬	七月	○罪人親ノ喪ニ遭フ。平安監司ハ歸葬ヲ許サントシテ啓ス。禁府ハ之ヲ防ガントス。王ハ歸葬ヲ許ス。	四オ
祈晴	八月	○禮曹ノ啓。冷雨積ニ妨ゲアリトシテ四門ノ禜祭ヲ行フ。	一〇オ

<table>
<tr><td>冊禮</td><td>十月</td><td>○中宮ノ冊禮ヲ仁政殿ニ行フ百官陳賀ス。</td><td>二四オ</td></tr>
<tr><td>冠禮・早婚</td><td>十二月</td><td>○王ハ王子ノ入學後冠禮ヲ行ハントス。領府事其不可ヲ啓ス。景宗八歲入學冠禮、九歲嘉禮、肅宗九歲入學、十歲冠禮、十一歲嘉禮。</td><td>三四オ－ウ</td></tr>
<tr><td></td><td>三年（丁未）</td><td>卷十一</td><td></td></tr>
<tr><td>祈穀祭</td><td>正月</td><td>○王ハ社稷ニ宿齋シ祈穀祭ヲ行フ。</td><td>一ウ</td></tr>
<tr><td>世子嘉禮
禁婚</td><td>三月</td><td>○王世子ノ嘉禮ヲ行フ爲一般ノ婚ヲ禁ズ。</td><td>一九オ－ウ</td></tr>
<tr><td>服食奢侈</td><td></td><td>○市井及士夫ノ衣服飲食奢侈ノ弊甚シ之ヲ禁ゼンコトヲ檢討官ヨリ請フ。</td><td>二一オ</td></tr>
<tr><td>入學ノ禮</td><td>閏三月</td><td>○王世子入學ノ禮ヲ行フ。王ハ仁政殿ニ王世子ノ陳賀ヲ受ク。</td><td>二二オ－二三オ</td></tr>
<tr><td>勒葬偸葬
誘葬ノ弊</td><td></td><td>○王ハ教シテ勒葬、偸葬、誘葬ヲ痛禁セシム。</td><td>二三ウ</td></tr>
<tr><td>宮中娼歌</td><td>六月</td><td>○文學、司書等夜宮中ヨリ娼歌ノ聲ト嵇笛ノ音出タリ宮人輩ノ所爲ナルベシトシ宮禁ヲ嚴ニスルコトヲ上言ス。</td><td>四四ウ</td></tr>
<tr><td>雷震陵域</td><td></td><td>○貞陵ノ紅箭門ニ雷震ス慰安祭ヲ行フ。</td><td>四六ウ</td></tr>
<tr><td></td><td></td><td>卷十二</td><td></td></tr>
<tr><td>祈雨</td><td>七月</td><td>○命シテ祈雨祭ヲ行フ。王ハ宗廟ニ親祭ス。王ハ社稷ニ親祭ス雨ヲ得タリ。上ハ社稷ニ報謝祭ヲ行フ。</td><td>一二ウ－二〇オ・二〇ウ・二一ウ・二二オ</td></tr>
<tr><td>同性愛</td><td></td><td>○持平ノ上疏。古ヘヨリ宮人輩或ハ族屬ト稱シ閭閻ノ小兒ヲ禁中ニ宿セシム。對食ト稱シ妖尼賤孀ト內外ニ交通ス願クハ其出入ヲ嚴ニセヨ。</td><td>一五オ－ウ</td></tr>
<tr><td>處女揀擇</td><td>八月</td><td>○三揀擇ヲ行キ王世子ノ嬪ヲ定ム。</td><td>三七オ</td></tr>
</table>

事項	月	記事	丁
		卷十三	
冠禮	九月	○王世子ノ冠禮ヲ行フ。王仁政殿ニ御ス。王ハ仁政殿ニ賀ヲ受ク。	二ウ－四オ・ウ
納采ノ禮		○王世子納采ノ禮ヲ行フ。納采ノ儀注等ヲ定ム。	一六オ－ウ
納徵ノ禮		○王ハ仁政殿ニ御シ王世子納徵ノ禮ヲ行フ。	一七オ
册嬪ノ禮		○王世子嬪册嬪ノ禮ヲ仁政殿ニ行フ。	二一ウ
醮戒ノ禮		○同上醮戒ノ禮ヲ行フ。	二二オ
親迎ノ禮		○王世子別宮ニ詣リ親迎ノ禮ヲ行フ。	二二オ－ウ
幻術	十月	○陰城ノ犯人李喜等初メ幻術ヲ以テ名トナシ幻紙ヲ以テ錢ト作シ印紙ヲ以テ空名帖ト作ス云々。	二七ウ
		卷十四	
星異兵兆	十一月	○熒星大微ニ入ル此レ兵象也。未ダ幾クモナクシテ戊申ノ變アリ。	五ウ－六オ
書院撤毀	十二月	○王ハ命ジテ書院ヲ毀ツ。	一六オ－ウ
	四年（戊申）	卷十五	
廟見ノ禮	正月	○王ハ太廟ニ至リ展謁、王世子嬪隨駕廟見ノ禮ヲ行フ。	六オ
		卷十七	
妖術	四月	○逆謀ノ罪囚宋賀ハ妖術ヲ爲ス。一手刀ヲ持シ一手棗木ノ畫符ヲ持ス、乃長生ノ仙	三一ウ

七年（辛亥）

卷二十九

月	記事	出典	事項
正月	○高麗四陵及歷代始祖陵ニ入葬スル者ヲ嚴禁ス。	一オ	陵域入葬
	○大司諫ノ言。士大夫改嫁セザルハ國風ナリ近來間々改嫁スル者アリ嚴覈セシム。寡女ノ子ヲ生メル者アリ、其家官ニ告ゲス自盡セシム。	二オ・二ウ—三オ	背禁改嫁 寡女生子
	○翁主痘ヲ患フ。王ハ命ジテ姑ク推鞫ヲ停ム。	四オ	忌痘停刑
二月	○幼學ノ上疏。吏判宋寅明ハ其子ヲ長湍ノ聖廟ノ傍ニ葬ル。	七オ—ウ	文廟域ニ入葬
三月	○大臣禮堂ニ命ジ地師ヲ率ヰテ坡州長陵ヲ見ル蟲蛇盤屈ノ變アルニヨル。遷陵ノ議アリ。（八月遷陵ス）	一二ウ—一三オ・ウ 九ウ	風水思想 陵域忌蛇
四月	○一將臣軺ニ乘ラントシ大臣ニ請フ。大臣私ニ之ヲ許ス。右承旨ノ言ニヨリ王ハ査問セシム。且永ク武將ノ乘軺ヲ禁ズ。	一八ウ	軺軒禁乘
五月	○地師ヲ率ヰ捴護使ハ交河ニ陵地ヲ看審ス。	二六オ・ウ・二八ウ 三〇オ・三二ウ	風水思想
	○雨ヲ三角、木覔、漢江ニ祈ル。龍山楮子島ニ祈ル。宰臣ヲ遣ハシ風雲、雷雨、山川雩祀ニ祈ル。王ハ社稷ニ親祭ス。第五次ノ祈雨祭ヲ行フ。大臣ヲ遣ハシ宗廟ニ祈ル。王ハ祈雨祭ヲ北郊ニ設行ス。命ジテ近郊ノ暴露骨ヲ掩埋セシム。	二六ウ—二七オ・三 〇オ・三二オ	祈雨
六月	○山陵ノ件。士大夫ノ家傍灰（石灰）七寸隔灰二三寸ヲ用ユ。	三六ウ・三七ウ—三 八オ	埋葬用灰

卷三十

月	記事	出典	事項
	○王ハ南郊ニ雨ヲ祈ル。	三九オ	祈雨
	○禮曹ハ陵役ノ始ヨリ畢リ迄ノ次第ト葬日等ノ豫定ニ付テ啓ス。	四二ウ・四三オ	陵役占日

事項	月	記事	出典
梓宮結裹	正月	○世子ノ梓宮ヲ結裹シ又之ヲ拭フ。	五ウ—六オ
發引ヨリ虞祭マデ		○王世子ノ梓宮。發靷前三日社稷宗廟永寧殿ニ告祭。前一日行啓權室奠、行祖奠ヲ。成殯奠ノ當日前日殯宮鮮謝祭、行道路橋梁祭、各門十五神位祭、名山大川祭ヲ。翌日行遷奠、立主奠、謝后土祭、安墓奠、初虞祭ヲ行フ。	八ウ—九オ
妓妾率畜	三月	○憲府ノ啓。妓妾ヲ率ユルコト國禁嚴ナリ。近日朝臣ニシテ此禁ヲ冒ス者アリ督還セシメン。王允サズ。	四二オ
		卷二十三	
禁酒	七月	○禁酒ノ令アリ民怨アリ。王ハ其可否ヲ諮ヒ依然禁酒ヲ令ス。	二六オ—ウ・二七ウ—二八オ
		卷二十四	
三聖祠	九月	○濟州ノ儒生ハ上疏シテ三聖祠ニ賜額ヲ請フ。	二〇オ・ウ
喪服埋安		○王世子ノ小祥祭ノ時ノ王及中宮ノ衰服ヲ後苑ニ埋安ス。	二二オ
	六年（庚戌）	卷二十五	
癘祭	正月	○近侍ヲ遣ハシ癘祭ヲ行フ。時ニ紅疹盛也。	五オ
喪葬記事	二月	○中宮殿御所ニ還御ス。（以下喪葬記事略ス）	八ウ
遺衣虛葬 遺衣燒埋		○校理ノ言。洪翼漢、尹集、吳達濟ハ虜トナリ異域ニ死ス。洪尹兩家皆遺衣ヲ以テ虛葬ス。吳ノ家ハ虛葬ヲ非禮トシ衣嚢ヲ將キテ其妻ノ墳後ニ燒埋ス。	一一オ
咀呪屍ニ挾棘	三月	○憲府ノ啓。唐津縣監ハ妖トノ言ヲ信聽シ二婢一奴ガ咀呪シタリトシ之ヲ打殺シ口	一五ウ

事項	月	記事	出典
橋頭倒埋		ニ鐵ヲ充シ屍ヲ棘ニ挾ミ浦港橋頭ニ倒埋ス。王ハ仕版ヲ削ル。	
妖巫入宮		○大司憲ハ上疏シテ王動駕ノ日宮人等妖巫ヲシテ神ニ饗シ撃鼓亂舞セシメシヲ述ベ其査治ヲ請フ。	一六オ
咀呪		○人骨ヲ凶埋シ咀呪ニヨリ王女ヲ殺サントセシ宮人ヲ囚フ。昌慶宮內處々人骨ヲ埋メ淨地ナシ云々。咀呪ノ爲ナリ。	一七オ―一八オ
右同		○太子巫（巫女ノ名稱）宮女ト往來シ骨ヲ供ス。	一九オ
右同		○王ハ祭文ヲ親製シ孝章世子ノ魂宮ニ祭ル。（咀呪ニヨリ死セリトシテ）	一九オ
右同	四月	○工曹判書ノ啓。昌德宮、昌慶宮一帶ノ地ヲ掘リ人骨ヲ得ル。王ハ一體ニ修理ヲ命ズ。	二三オ
		卷二十六	
右同	五月	○右咀呪罪人ノ供。人頭骨、狐骨、猫骨ヲ携ヘ內人ト稱シ闕ニ入リ骨ヲ內人ニ給ス。其食刀ヲ以テ土ヲ掘リ朱書符ヲ口呪シ同埋ス。	二ウ―三オ
新雨	六月	○雨ヲ三角、木覓、漢江ニ祈ル。	二四ウ
喪葬記事		○王大妃薨ズ。（以下常例ノ葬喪記事略ス）	二五オ
		卷二十七	
風水思想	七月	○捴護使ト禮曹判書ハ諸地師ヲ率ヰ看山ス。	二ウ
右同		○吉日山陵ノ役ヲ始ム。其他山陵ニ關スル件。	三ウ―四オ
咀呪		○逆謀ノ人咀呪ニ人骨ヲ使用スル爲ニ京中人骨ノ價貴トシ。	七ウ

右　同		○昌德、昌慶二宮ニ大ニ修理ヲ加フ。舊土ヲ堀テ闕外ニ積ム山ノ如シ。新土ヲ以テ之ヲ補フ。	八ウ
右　同	八月	○草殯ヲ毀チ人骨ヲ得之ヲ行擔ニ盛リ送ル（王ヲ咀呪スル爲メ）鞫廳ヲ本府ニ設ク。	九ウ
縣令奸妓	九月	○永柔縣令ハ邑妓ヲ奸ス、其妻妬悍妓ノ母ヲ杖殺ス掌令ハ罷職ヲ請フ。	二〇ウ
梓宮上字		○梓宮ニ上字ヲ書ス。	二二オ

卷二十八

梓宮拭淨	十月	○王ハ柩衣ヲ整ヘ梓宮ヲ拭ハシム。	七ウ
發引路祭		○殯殿ニ行遣ノ奠ヲ行フ。發引ス靈駕駐ル所路祭ヲ行フ。	七ウ―八オ
入葬次第		○宣懿王后ヲ懿陵ニ葬ル。方相氏玄宮ニ入リ四隅ヲ戈擊ス。翣及行障坐障ヲ以テ梓宮ヲ障ス。梓宮ヲ轝士奉輴左回シ北首玄宮ヲ將キ之ヲ下ス。黼翣黻翣ヲ以テ梓宮ノ兩傍ニ樹ツ。左議政土ヲ覆フ九鍤、誌石ヲ立テ虞主ヲ立ツ。行奠ノ禮ヲ行フ。	八オ―ウ
喪ト禁婚		○禮曹ノ啓。庚子ノ年喪制復古シ士庶ハ卒哭後、通訓以下ハ練祭後、通政以上ハ禫祭後婚ヲ許ス、今番ノ國葬ハ庚子ノ例ニ依ラン、王之ニ從フ。	一〇オ
喪中納嬪	十一月	○貴人李氏ヲ封シ暎嬪トス。諸牒進時青袱黑函ヲ以テ借吉ス。之ヲ行フ時山（大妃ノ葬ノコト）甫メテ畢ル。中外駭嘆ス。	二〇ウ
給需助婚	十二月	○參贊官ノ言。京外處女年二三十ヲ過ギ未嫁ノ者多シ。怨鬱多ク和氣ヲ傷ル。王ハ之ニ助婚ノ需ヲ給セシム。	二九オ
墓地占有		○諫院ノ啓。邑倅ノ其境ニ占山スルヲ得ザル朝令至嚴ナリ。春川府使ハ其子ノ婦ノ爲ニ境內ニ占山ス。拿問定罪ス。	三〇オ

七年（辛亥）

卷二十九

事項	月	記事	出典
陵域入葬	正月	○高麗四陵及歴代始祖陵ニ入葬スル者ヲ嚴禁ス。	一オ
背禁改嫁 寡女生子		○大司諫ノ言。士大夫改嫁セザルハ國風ナリ近來間マ改嫁スル者アリ嚴覈セシム。寡女ノ子ヲ生メル者アリ、其家官ニ告ゲス自盡セシム。	二オ・二ウ—三オ
忌瘟停刑		○翁主瘟ヲ患フ。王ハ命ジテ姑ク推鞫ヲ停ム。	四オ
文廟城ニ入葬	二月	○儒學ノ上疏。吏判宋寅明ハ其子ヲ反溝ノ聖廟ノ傍ニ葬ル。	十オ—十ウ
風水思想 陵域忌蛇	三月	○大臣禮堂ニ命ジ地師ヲ率ヰテ坡州長陵ヲ見ル緣蛇蟠屈ノ變アルニヨル。遷陵ノ議アリ。（八月遷陵ス）	十一ウ—[illegible]
軺軒禁乘	閏月	○一將臣軺軒ニ乘ラントシ大臣ニ請フ。大臣私ニ之ヲ許ス。右承旨ノ言ニヨリ王ハ査問セシム。且永ク武將ノ乘軺ヲ禁ズ。	一八ウ
風水思想	五月	○地師ヲ率ヰ摠護使ハ交河ニ陵地ヲ看審ス。	二六オ・[illegible]・二八ウ
祈雨		○雨ヲ三角、木覓、漢江ニ祈ル。龍山楮子島ニ祈ル。宰臣ヲ遣ハシ風雲、雷雨、山川雩祀ニ祈ル。王ハ社稷ニ親祭ス。第五次ノ祈雨祭ヲ行フ。大臣ヲ遣ハシ宗廟ニ祈ル。王ハ祈雨祭ヲ北郊ニ設行ス。命ジテ近郊ノ暴露骨ヲ掩埋セシム。	二六ウ・[illegible]オ・[illegible]
壙葬用灰	六月	○山陵ノ件。士大夫ノ家傍灰（石灰）七寸隔灰二三寸ヲ用ユ。	三六ウ・三七ウ—三八オ
祈雨		○王ハ南郊ニ雨ヲ祈ル。	三九オ
陵役占日		○禮曹ハ陵役ノ始ヨリ畢リ迄ノ次第ト葬日等ノ擇定ニ付テ啓ス。	四二ウ・四三オ

卷三十

事項	月	記事	出典
兩班賣酒	七月	○憲府ノ啓。近來士大夫ノ家酒ヲ賣テ權利ノ弊アリ。律ニ依リ勘罪ヲ請フ。	八ウ—十九オ
遷陵路祭		○遷陵發引ノ時路祭ヲ政府勳府同時ニ設行ノ例アリ。禮曹ノ言。	一一オ
祈晴		○四門ニ禜祭ヲ行フ三日。	一四オ
遷陵遙哭	八月	○長陵ノ舊陵ヲ開クノ日王ハ緦服賓陽門ニ禮ス、哭四拜百官隨フ。	一八オ—ウ
遷葬禁婚同上屠禁		○朝市ヲ停メ嫁娶屠宰ヲ禁ゼシヲ玄宮ヲ下スノ日ニ至テ復ス。虞祭後紙榜ヲ新陵潔地ニ埋ム。（禮曹ノ進メシ其時ノ儀註）	一九オ—ウ
遷葬		○發引。遷葬ヲ行フ。	二〇オ・二二オ—ウ
造酒ノ禁	十月	○荒年ニヨリ釀酒ノ禁ヲ嚴ニス。	二九オ
戒酒	十二月	○王ハ戒酒文ヲ下ス。	五四ウ—五五オ
	八年（壬子）	卷三十一	
祭祀忌產	正月	○王將ニ社壇ニ祈穀セントス、中宮免身ノコトアリ。齋沐ノ義ヲ缺グトシテ攝行[illegible]ス。	一オ
蟲害祈禳		○前年ノ冬嶺南湖南ニ虫害アリ。未發ニ先チ酺祭ヲ行ハシム。	同
招魂葬衣		○高麗末ノ臣金澍中朝ニ奉使ス、鴨綠江ニ來リ高麗ノ亡ブヲ聞キ歸ラズ。朝衣ヲ家人ニ寄セ之ヲ以テ招魂葬ラシメ中朝ニ老死ス。王ハ其子孫ヲ錄用ス。	三ウ
新羅始祖ヲ祭ル		○宰臣ヲ遣ハシ新羅ノ始祖ヲ慶州崇德殿ニ祭ル。	同
祭祀馬祖	二月	○內厩馬ノ病ニ斃ル多シ。命ジテ馬祖ヲ箭串ニ祭ル。	一〇ウ
癘祭	五月	○三南癘疫熾ナリ壇ヲ該道ノ中央ニ設ケテ祭ル。	一八ウ
右同	閏五月	○京師及畿內ニ癘祭ヲ設ク。	二七オ

事項	月	記事	出典
祈雨	六月	○王祈雨祭ヲ行フ。	二九ウ
右同		○大臣ヲ南郊ニ遣ハシ祈雨ス。王祈雨ヲ農壇ニ行フ。大廟ニ大臣ヲ遣ハシ祈雨ス。蜥蜴祈雨ヲ行フ。山川ヲ祭リ祈雨ス。社稷ニ祈雨ス。宰臣ヲ松嶽、朴淵、近侍ヲ三角、木覔ニ遣ハシ祈雨ス。漢江ニ虎頭ヲ沈ム。禮曹ニ命ジ雙嶺、險川ニ戰亡人ヲ祭ル。	三〇ウ・三一オ・三二オ・ウ・三三オ
奢侈ノ弊		○府判事ハ巷間奢侈ノ弊アルヲ言フ。	三三オ
		卷三十二	
煙草禁栽	七月	○三南ノ道臣ニ命シ三南ノ良田ニ南草ヲ種ユルヲ禁ズ。	七オ
禫祭服色	八月	○禫祭罷ミテ後還宮ノ時百官ノ服色ヲ紅袍ト定ム。黑袍ヲ着スベキヲ正シトシ禮曹判書ヲ推セントス。五禮儀ニ倣ヒシコト判明前命ヲ寢ム。	九オ
祔廟祭		○宣懿王后ヲ祔廟ス。	一〇オ—ウ
祭時姦妓		○大祭受戒ノ後娼ヲ挾ンデ行淫セシ前兵使ノ仕版ヲ削ル。	一二オ—ウ
妖巫咀呪		○近來民俗日ニ非ナリ。埋蠱ノ變アリ巷間一種ノ妖邪巫覡ノ輩窩窟ヲ爲シ咀符ヲ作ツテ重價ニ賣ル。	一二ウ
乘轎ノ禁	十一月	○守令ノ乘轎ヲ禁ズ。	二二オ
老人優遇	十二月	○濟州老人多シ百歳以上ノ者ヲ狀聞セシメ七十歳以上ハ本州ヲシテ米ヲ給セシム。	二九オ
	九年（癸丑）	卷三十三	
祈穀祭	正月	○王ハ社稷ニ祈穀祭ヲ行フ。	二ウ

三月

禁酒　○都下米價貴シ命ジテ禁酒令ヲ申ス。（三オ）

風水思想　○右議政ノ啓。臥牛山ハ諺傳ニ、太祖定鼎ノ時ニ無學ハ龍ヲ（山形ノコト）尋ネテ玆ニ到リ曰ク、天ノ宮局ト遂ニ倉基ニ定ムト、一風水人曰フ。今樹木赫ス龍脉殘破ス冒耕ヲ禁斷ゼン云々。（二八オ）

衣食奢侈　○侈風盛ニシテ閭閻ノ衣服飮食ニ及ブ。藥房提調之ヲ禁ズベキヲ云フ。（三一オ）

卷三十四

五月

祈雨　○雨ヲ三角、木覓、漢江ニ祈ル。（一九ウ）

癩病移毒　○前府使癩瘡アリ。昔ク都下ノ水ヲ汲ミ瘡ヲ洗ヒテ後其水ヲ元ノ井ニ投ジ。牛ノ臟腑ヲ抉出シ其中ニ入リ其瘡虫ヲ出シ其肉ヲ屠肆ニ賣ル。意ハ移毒ニアリ獻納上書シテ罪センコトヲ請フ。（二〇オ）

風水思想　祠峰邪祠　○晝講。參贊官曰ク。海州ノ前ニ一對峰アリ、城外ヲ壓ス。其對峰ヲ築キ蒜山鎭ヲ移置スベシ。（二二オ）

儒生衣制　幞頭挿花　○大司成ノ上疏。儒生ノ衣制、粉布青衿及幞頭ヲ以テ居齋ノ服色トシ、生進新榜又此例ヲ用ユルヲ請フ。且生進新榜一朶ノ蓮花ヲ幞頭後ニ裁付シ三日ノ後撤去セン此レ華制ナリ云々。（二三オ）

六月

雨傘　○王ノ言。人君出ヅレバ必ズ傘ヲ張ル、雨時ハ其沾濕ヲ慮リ雨傘ヲ以テス云々。（三三オ）

卷三十五

八月

祈晴　○雨久シ四門ニ禜祭ヲ行フ。（一八オ）

事項	月	記事	出典
讖緯秘記		○逆賊ノ供。僧大眞ハ南師古ノ秘記ヲ出シ示ス。	二三オ－ウ
祈晴		○秋雨久シ四門ニ禜祭ヲ行フ。	一九ウ
讖緯思想		○慶尙兵使ハ逆書ノ犯人ヲ押送ス。逆賊擧事ヲ擧グルニ雞龍山ヲ祭ルノ女アリ。	一八オ
右同		○南師古ハ成宗朝ノ人天文地理皆通ズ人異人ト稱ス。南方多ク道詵ノ方書ヲ傳フ。或ハ風水或ハ推命或ハ相術僧徒尤モ之ニ惑信ス。以上藥房提調ノ王ニ對スルノ言。秘記ニ高麗五百年朝鮮八百年ノ說アリ。	二七オ
		卷三十六	
祈雪	十一月	○王ハ社稷ニ祈雪祭ヲ行フ。	一五ウ
咀呪	十二月	○富平府使ノ上疏。巫蠱詛呪ノ變殆ンド閭巷ニ遍ネシ。苟クモ僕隸ノ主ヲ害スルニ非ザレバ則孽妾ノ嫡ヲ謀ル。	三〇オ
婚娶奢侈		○王ノ敎。年ヲ過ギ未嫁ノ者アルハ奢侈ノ致ス所也。	三[illegible]オ
	十年（甲寅）	卷三十七	
祈雪	正月	○王ハ社稷ニ祈雪祭ヲ行フ。	一ウ
陵近偸葬		○諫院ノ啓。貞陵ノ近處ニ偸葬スル者アリ。	一九オ
乘轎ノ禁	二月	○憲府ハ啓シテ定州牧使ハ乘轎ノ禁ヲ犯ス罷職スベシト曰フ。	二八オ
		卷三十八	
賣酒ノ女	三月	○王ガ私廟ニ駕行ノ時近侍ノ軍士賣酒ノ女ヲ布帳内ニ容隱ス。擧令其罪ヲ論ズ。	三七オ

事項	月	記事	出典
癘屍燒火	五月	○瑞興縣人其妹ノ惡疾ニテ死セシヲ傳染ヲ恐レテソノ屍ヲ燒ク。絕島ニ配ス。	一五オ
祈雨	六月	○侍臣ヲ遣ハシ祈雨祭ヲ行フ。	二一オ
咀呪		○廣州ノ奴ハ上典及其奴婢三十餘ヲ咀呪シテ殺ス。其父母ヲ殺サレタル奴婢ノ子復讎シテ其奴ヲ殺ス。杖六十。	二二オ
兵營飮宴百戲歌吹		○訓局ノ將校北營ニ於テ飮宴シ倡優百戲、歌吹沸騰ス。聲禁闥ニ徹ス副提學ハ懲治ヲ請フ。	同
祈雨		○宰臣ヲ遣ハシ雨ヲ祈ル。同上。	二三オ・二四オ
傀儡酣歌		○都下豐享ノ擧、前ニ比シ傀儡ノ玩ト酣歌ノ戲ヲ加フ日トシテ之無キハナシ。正言之ヲ禁斷スベキヲ言フ。	二四ノオ
近親姦	七月	○京城ノ寡女其夫ノ姪ト通ズ。又其子ノ婦ヲ奸セシ者アリ。前者ノ男ハ自殺ス。他ノ三人ハ時ヲ待タズシテ斬、二女ハ姙孕セルニヨリ刑期ヲ延バス。	三七ウ－三八オ
巫蠱咀呪		○持平ノ啓。近來風教漸ク壞レ巫蠱埋凶ノ變京、外ニ遍シ。	三八オ
祈雨		○王ハ社稷ニ祈雨ス。	三九オ
右同	八月	○大臣ヲ遣ハシ先農壇ニ祈雨ス。其他祈雨ノ件。	四一ウ
近親姦		○龍岡ノ人繼母其夫歿シテ夫ノ從姪ト奸シ二子ヲ生ム、死ヲ減ジテ島配ス。	四四ウ
		卷三十九	
準近親姦	十二月	○故兵使ノ妾ヲ同堂ノ孽弟奸ス。時ヲ待タズシテ絞。	二三ウ
	十一年(乙卯)	卷四十	

王子誕生 正月 ○暎嬪李氏集福軒ニ男子ヲ生ム、王ハ三宗血脈今幸ニ復續グト欣フ。 四オ―ウ

産婦保護 ○元孫誕生ス。禮曹ハ七日內ハ闕內ノ砲聲未安トシテ啓シテ兵ノ習砲ヲ止ム。 六オ

誕生進賀 ○王ハ仁政殿ニ百官ノ賀ヲ受ク。 六オ―ウ

痘ノ拘忌 四月 ○元子水痘ノ候アリ。王ハ夏享大祭ヲ攝行トシ、不急ノ公事ハ院ニ留メ、禁府刑曹ニ開座スル勿ラシメ、內外中日ノ試射ヲ停ム。 二四オ

安胎 ○安胎使ヲ遣ハシ元子ノ胎ヲ豐基ニ藏ス。 二六オ

救食 九月 ○王ハ日食ヲ救ハントシテ淡服仁政殿ニ出デ帷幕ヲ去リ日ニ向テ坐ス。圓ニ復シテ後還內ス。 三九オ

卷四十一

十二年（丙辰）

歲首勸農 正月 ○朔、八道ニ勸農ヲ諭ス。 一オ

卷四十二

乘轎ノ禁 六月 ○憲府ハ禁ヲ冒シ乘轎セシ察訪及敬差官ノ拿問ヲ請フ。王依テ允ス。 三二ウ

初誕日ノ儀禮 九月 ○世子ハ金絲冠青道袍ヲ着ク。慶善堂ニ於テ中宮ハ文房諸具ヲ世子ニ進ム、紙ヲ展シ書畫ヲ作ラシム。 二〇オ

祭時忌猫 十二月 ○臘祭ヲ宗廟ニ行フ。獻爵ノ時猫殿中ニ入ル。命ジテ獻官ヲ拿處ス。 四二オ

卷四十四

十三年（丁巳）

祈雨 七月 ○旱甚シ雨ヲ木覓、三角、漢江ニ祈ル。祈雨ニ依リ鞫坐ヲ停ム。官ヲ遣ハシ龍山楮 一七オ

事項	月	記事	出典
		子島ニ祭ル。	
		卷四十五	
避役爲僧	九月	○副護軍ノ啓。生民軍布ノ徵收ニ苦ミ髮ヲ削ツテ僧トナル者多シ。嶺南一道ニテ之ヲ言ヘバ大刹三百餘、僧各四五百名云々。	一九ウ
	十四年（戊午）	卷四十七	
宗廟風害	正月	○大風、太廟ノ松折ル。慰安祭ヲ行フ。	四オ
茶	三月	○王ハ慕華館ニ幸シ淸使ニ茶ヲ進ム。	八オ
祈雨	五月	○雨ヲ北南兩郊ニ祈ル。王ハ社稷ニ親祭ス。同上宗廟ニ祈ル。	二一ウ—二二オ・二二ウ・二三オ
婚具奢侈	六月	○近日閭閻細民ノ子女成婚ノ時錦帳ヲ用ユ。侍講官ヨリ嚴飭ヲ請フ。	二八オ—ウ
白衣ノ禁	八月	○右參贊ハ上疏シテ王ガ白衣ヲ禁ジタルコトノ不可ヲ曰フ。王ハ夫レ俗ノ成ルヤ數千年之ヲ改ムハ可ナラズト曰フ。	三九オ—ウ
農事鳴錚	十一月	○湖南御史ノ啓。前扶安縣監ハ民ヨリ錚鉦ヲ沒收ス。之ヲ民ニ還給スベシ。王ノ問、農人何故ニ錚鉦ヲ用ユルヤ。右議政ノ答、田野ノ間勞ニ懶キアリ則チ金鼓ヲ擊テ其氣ヲ振作ス。	四一ウ
火箭救食	十二月	○月蝕アリ火箭ヲ放テ救食ス。	五〇オ
尼同性愛 娼家ハ奔走ノ場 針婢醫女ノ占畜 良妾强娶		○司諫ノ啓。郊外ノ尼舍ニ複房幽室ヲ作リ閭寡淫奔ノ窟トナル。請フ東郊兩尼舍ヲ撤毀センコトヲ。近日士大夫ノ名聲地ニ墮チ娼家妓房ヲ奔走ノ場トナス。針婢醫女ヲ占有シ甚シキハ閭巷良女ノ容色麗ナル者ヲ路ニ要シ刼奪ス。	五〇ウ

十五年（己未）

卷四十八

正月

営妓刷還 針婢醫女率畜

○豈原君ハ營妓刷還ノ事ヲ以テ陳達ス。尙方内局ノ所屬（醫女針線婢ノコト）亦率畜セル者アリ。　二オ

妓妾刷還

○官妓ヲ妾トセル者ノ其妓ヲ刷還ノ議アリ。子ヲ生メル者ハ論外トス。　同

先農親祭 籍田親耕

○王ハ先農ヲ親祭ス籍田親耕儀ノ如シ。　八オ―一〇ウ

酒餅下賜

○仁政殿ニ敎ヲ頒チ宣醞ス。大妃殿特ニ餅六架・酒二十瓶ヲ下ス。王ハ之ヲ民ニ分賜ス。　一〇オ

卷四十九

三月

衣住婚葬 奢侈僭禮

○指平ノ啓。近來禮防大ニ壞レ服飾無限節、第宅僭踰、婚姻喪葬祭祀皆非禮ノ禮ヲ用ヰ豐侈ヲ務トナス。　三ウ

四月

廢妃怨靈

○幼學ハ中宗ガ廢妃トシタル愼妃ノ怨ガ猶アリトシ之ガ復位ヲ上疏ス。王ハ其可否ヲ文武百官ニ問フ。復位ヲ可トスル者多シ。　五ウ・八ウ・九オ―ウ

婦寃成旱

○公洪道ニ寡婦アリ操守シテ殺サル。（强奸セラレントシテ應ゼズ）時ニ久シク旱アリ郡守其塚ヲ祭リ大雨アリ。執義ノ言。　一〇ウ

五月

祔廟解寃

○王ハ端宗ノ王妃端敬王后ノ祔廟ヲ行フ。　一七オ―ウ

祈雨 闕廟拜禮

○王ハ社稷ニ祈雨親禱ス。雩祀ニ親祭ス。還宮ノ時關王廟ニ幸シ再拜ノ禮ヲ行フ。　二二オ・二四オ

六月

陵域風害

○大風アリ光陵、寧陵ノ樹ヲ折ル。命ジテ慰安祭ヲ行フ。命ジテ神像ノ龍袍ヲ改製ス。　二八ウ

事項	年月	記事	出典
		卷五十	
給需助婚	八月	○男女時ヲ過ギ未婚ノ者ニ顧助成婚セシム。	一ウ
	十六年（庚申）	卷五十一	
歳首勸農 祈穀祭	正月	○王ハ勸農ノ敎ヲ八道ニ頒ツ。祈穀祭ヲ行フ。	一オ
惑信風水 卜占等々 猫皮用痰		○湖南ノ人雜術多シ。王ハ敎シテ堪輿ノ術ニ惑フナカラシム。又曰ク猫皮ノ痰ニ利アルヲ勸ム。予答テ曰ク朝鮮ノ餘ス所ノ者ハ只猫也（猫ハ誅求ノ目的トナラズ）予一タビ之ヲ取ラバ下之ニ傚ヒ猫ノ遺類無ケン。	四ウ
		卷五十二	
咀呪	閏六月	○憲府ノ啓。近來人心漸悪ニ凶埋咀呪ノ弊多クアリ、水口門ヨリ人ノ頭骨ヲ潜持シテ入レル女人アリ。	五オ―ウ
祈晴	七月	○祈晴祭ヲ行フ。	九ウ
釋菜ノ禮	八月	○王ハ大學ニ至リ釋菜ノ禮ヲ行フ。	一六ウ―一七オ
	十七年（辛酉）	卷五十三	
儒生服色	四月	○王ハ命ジテ館學儒生ノ服色ヲ定ム。	二〇ウ
祠院ノ弊		○甲午定式ノ後ニ祠院ヲ私建シ私ニ追享スル者ヲ撤去シ之ニ背ク者道臣儒生ヲ停擧遠配、罷職。同上ノ件。	二一オ・二三ウ

事項	月	記事	張
星變移宮	五月	○星流軫星ノ下ニ在リ。王慶德宮ニ移御ス。	二六オ
朱子畫像		○撤廢シタル書院ニ在リシ朱子ノ畫像ヲ鄕校ニ移安ス。	三五ウ
		卷五十四	
祈晴	七月	○禜祭ヲ四門ニ行フ。	三オ
樂器	九月	○皇壇ノ雅樂器成ル。	一八オ
	十八年（壬戌）	卷五十五	
癘祭	正月	○兩西ニ命シ癘祭ヲ行フ。	四ウ
右同	三月	○癘祭ヲ行フ。	二〇ウ
右同	四月	○同　上。	二五ウ
救食	五月	○日食アリ王親カラ救食ノ禮ヲ行フ。水盆ヲ置キ日鏡ヲ見ル。香ヲ焚キ鼓ヲ伐ツ。	二六ウ
祈雨		○祈雨祭ヲ行フ。	二七ウ
右同	六月	○三次ノ祈雨祭ヲ宰臣ヲ遣ハシ行フ。四次同上ニ付テ大臣ヲ遣ハシ北郊社稷ニ祭ル。王ハ大廟ニ親祭ス。	三一ウ
		卷五十六	
佛式葬送 疫死拘忌	八月	○講官ノ言。閭里ノ間行喪ノ時僧ノ念佛ヲ以テシ樂ヲ以テ後ニ隨フ者アリ。又士大夫ノ家癘疫ヲ以テ喪ニ遭ヘバ拘忌ヲ以テ成服ヲ喪後ニ行フ者アリ。王ハ嚴禁セシム。	一三オ―ウ

事項	月	記事	出典
厲祭	十月	○疫癘大ニ熾ナリ近侍ヲ八道ニ分遣シテ癘祭ヲ行フ。	二八オ
祈雪	十二月	○命ジテ雪ヲ宗廟、社稷、北郊ニ祈ル。此日會々大雪遂ニ之ヲ寢ム。	三一ウ
	十九年（癸亥）	卷五十七	
痘癒進賀	正月	○東宮ノ疹候平復ヲ以テ王ハ明政殿ニ百官ノ賀ヲ受ケ敎ヲ中外ニ頒ツ。	五オ
名山禱子	二月	○朴文秀北藩ヲ按ズル時狎妓二梅ノ娠ヲ欲シテ屢名山ニ禱ル云々。副司果ニ彈劾セラル	九オ
紙衣		○春寒ニヨリ王ハ西北戍邊ノ者ニ紙衣ヲ給ス。	一二オ
冠禮	三月	○王世子ノ冠禮ヲ行フ。王ハ明政殿ニ御ノ百官ノ賀ヲ受ク。	二三オ－二四オ
禁酒苛察		○禁酒苛察ノ弊アリ、王ハ刑曹參議ニ問フ。刑曹參議酒弊五條ヲ論ス。	二五オ－ウ・二九ウ－三〇オ
墓山占奪	四月	○諫院ハ加平郡守ガ座首ノ山ヲ奪ッテ屢代移葬セシ事ニ付テ罷職ヲ請フ王允サズ。	二八ウ
祈雨	閏四月	○初次ノ祈雨祭ヲ三角、木覓、漢江ニ行フ。第三次ノ祈雨ヲ行フ。	四一ウ・四三ウ
射禮		○大射禮ノ儀節ヲ定ム。	四二ウ－四三ウ
		卷五十八	
祈雨	五月	○春塘臺ニ蜥蜴祈雨ヲ行フ。崇禮門ヲ閉ヂ肅靖門ヲ開ク三日。雨アリ宗廟ニ報謝祭ヲ行フ。	二ウ
妓女選上	七月	○禮曹ハ進宴ノ時選上妓女三十五名ヲ各道ニ分定スヘシト啓ス。	一二ウ
進宴大妃		○王ハ進宴都監ヲ召見ス。（料理ノ獻立ノ記アリ）	一三オ
月食齋戒	九月	○月食アリ禮曹ノ啓ニヨリ救食セズ、只齋戒ヲ用ユ。	二四ウ

七四七

事項	月	記事	出典
進宴用柚	十月	○進宴ノ時柚子ヲ用ユルノ例ナリ。封進ノ物無シ他果ヲ以テ之ニ代フ。	二四ウ
進宴大妃		○大王大妃ニ進宴ス。	同
處女揀擇		○世子嬪揀擇。尹顯東ノ女ハ其後母ニ嘗テ奸行アリ拔去ルベキヲ左議政ヨリ王ニ言フ。	二八ウ
處女揀擇	十一月	○世子嬪三揀擇ノ禮ヲ行フ。洗馬ノ女洪氏ニ定ム。	三一オ
飢民食人		○信川ノ飢民人ヲ殺シ其肉ヲ食フ。	三二オ
納徵ノ禮		○王ハ宣政殿ニ御シ王世子嘉禮納徵ノ禮ヲ行フ。	三七ウ
告期ノ禮	十二月	○王ハ仁政殿ニ御シ同上告期禮ヲ行フ。	三八オ
	二十年（甲子）	卷五十九	
祈穀祭	正月	○正一品ノ重臣ヲ遣ハシ祈穀祭ヲ社稷ニ行フ。	一ウ
親迎醮禮		○王世子ノ嘉禮ヲ行キ世子ハ嬪ヲ親迎シ醮禮ヲ大内ニ行フ。	三オ
嘉禮進賀		王ハ仁政殿ニ御シ百官ノ賀ヲ受ク。	
廟見ノ禮		○王ハ王世子同嬪ト謁廟ノ禮ヲ行フ。	五ウ
脅婚勒財	六月	○康津縣監ハ其庶子ヲ以テ本土ノ富民ニ脅婚ス。其見婦ノ日富民ヲ官門ニ致シ田券ヲ勒奪分與セシム。獻納ハ拿問ヲ請フ。	三五ウ
		卷六十	
蟲害祈禳	八月	○平安道ニ青蟲穀ヲ食フ、酺祭ヲ行フ。	一オ—ウ
王ト耆社		○向（サキ）ノ日宗臣ハ王ノ耆社ニ入ランコトヲ請ヘルモ右相ハ人君ノ耆社ニ入ルハ降屈ナ	五オ—ウ

標目	月	記事	出典
		リ榮ニ非ズ。今王ノ壽五十ヲ踰ユ耆老ノ號ヲ加フベカラストス。列聖中太祖ト肅宗ノミ耆社ニ入ル。	
葬ニ木人ヲ用ユ	九月	○王ハ敎シテ國葬禮葬ニ木人ヲ用ユルハ殉葬ノ疑アリトシテ之ヲ罷メシム。	六ウ
王耆社ニ入ル		○王ハ耆老所ニ幸ス（形式ヲ幸トシテ實耆老所ニ入ルコト、ス）王ハ崇政殿ニ御シ百官ノ賀ヲ受ク。	一五ウ
救食		○月蝕アリ一分滿タズ故ニ命ジテ救食ヲ擧行セシム。	一七ウ－一八オ
進宴大妃	十月	○王ハ大王大妃殿ニ進宴ス。	二〇ウ
儒葬不行	十一月	○講官ノ言。湖南ノ民俗喪葬ヨリ大小祥ニ至ル饌ヲ設ケ樂ヲ作ス、賓客ニ供シ以テ娛樂ス。禁斷ヲ加フベシ。	四二ウ－四三オ
		卷六十一	
星變謹愼及審獄	二十一年（乙丑）正月	○連日白虹日ヲ貫ク。王ハ減膳ス。寃獄ヲ審理スベク八道ニ人ヲ派ス。	二ウ・三ウ
守令溺妓	二月	○持平ハ妓ト對舞セシ端川府使、邑妓ニ惑溺セシ价川郡守ノ罷職ヲ請フ。王從ハズ。	九オ
妖巫入宮		○左議政ハ妖巫獨甲房（巫ノ實名ニ非ス妓ノ種別名也）ナル者宮中ニ出入スルヲ日フ。	一〇オ
妖巫咀呪		○王ハ本件ヲ親鞫ス。右獨甲房ハ埋凶ノ術ヲ能クス云々。孝橋近處ニ巫女アリ士夫諸宮家埋凶ノ事ニ關係アリ云々。	一〇ウ－一一ウ
右同		○王親鞫ス。右獨甲房ハ闕中ニ凶埋ス云々。	一五ウ
避役爲僧	五月	○嶺南夫役重ク山ニ入リ僧ト爲ル者多シ。嶺南審理使ノ言。	二八ウ－二九オ

事項	月	記事	出典
		卷六十二	
乘轎ノ禁	六月	○大司諫ハ武弁乘轎ノ弊風アルヲ上言ス。	三二ウ
祈晴	七月	○雨霽レズ四門ノ禜祭ヲ再行ス。大臣ヲ遣ハシ宗廟、社稷ニ祈ル。	七オ
	二十二年（丙寅）	卷六十三	
紬物ノ禁	四月	○王ハ敎シテ奢侈ノ風ヲ矯ムベク使行ノ綾羅ヲ買來ルヲ禁ズ。紗緞紬ノ奇巧紋アルモノヲ禁ズ。	一六オ・ウ―一六ウ―一七オ
宴席造花ノ禁		○王ハ敎シテ大小宴ニ紙花ヲ用ヰシメ蠟花ヲ禁ズ。	一八オ
厲祭	五月	○疫癘熾也近侍ヲ遣ハシ八道ニ厲祭ス。	二〇オ
		卷六十四	
關廟致祭	八月	○王ハ宣陵ニ謁ス。還宮後承旨ヲ遣ハシ東南ノ二關王廟ニ致祭ス。同上ノ件。	六オ・六ウ・七オ―ウ
生員進士衣冠ノ制	九月	○始メテ生進唱榜ノ時幞頭襴衫ノ制ヲ定ム。元ハ儒巾ト青衫ヲ用ヰ來ル。	一四オ
禁城冒葬	十一月	○漢城府尹ノ言。京城ノ近地民ニ冒葬多シ。	二三オ
藏氷用祭	十二月	○奉常寺ノ啓。東氷庫ノ藏氷ハ專ラ祭用トス其尺量アリ云々。	二四オ
貿緞ノ禁		○平安都事ヲ罷ム。禁ヲ冒シ緞ヲ買來リシニ由ル。	二八ウ
	二十三年（丁卯）	卷六十五	
還曆進賀	正月	○朔王ハ仁政殿ニ詣リ百官ヲ率ヰテ光殿ニ進賀ス。慈殿周甲ノ慶ヲ以テ也。	一オ

事項	月	記事	出典
歳首勸農		○八道ニ勸農ノ綸音ヲ頒ツ。	同
出産ノ時捲草ノ禮	四月	○王子女出生ノ時捲草ノ禮何代ヨリ始マルカヲ王ハ内贍寺堂郎ニ問フ。答、男ハ捲草ヲ内資寺、女ハ同内贍寺ニ奉安ス。	二二ウ—二三オ
籍田親苅	五月	○王ハ東籍田ニ幸シ親刈ス。	二四ウ—二五オ
婦女髢風	六月	○婦人ノ髢髪ヲ去テ髻スル家アリ。	三八ウ
		卷六十六	
化行ハレ風俗異也	八月	○王ノ敎ニ曰ク、昔先正趙光祖都憲トナルヤ男女猶路ヲ異ニス化行ハレ俗美ナリ。豈淫風悖行アランヤ云々。	一ウ
給衾助婚給需督葬	九月	○左議政ノ言。男女時ヲ過ギ嫁婚セザル者、貧ニシテ葬ヲ營ムヲ得ザル者ハ間三年ニ歳首有司稟旨擧行ノ例也。王ハ定式施行セシム。	一三オ
誕日ノ賀	十一月	○王ハ王世子ヲ率キ大妃ノ誕日ノ賀ヲ仁政殿ニ行フ。	一八ウ
右同	十二月	○國忌ト中宮ノ誕日ト相値フ、權ニ陳賀ヲ停ム。	三六ウ
	二十四年(戊辰)	卷六十七	
歳首勸農	正月	○勸農ノ傳敎ヲ八道ニ諭ス。	一オ
畫像移安	二月	○宣政殿ノ影幀ヲ永禧殿ニ移安ス。(順序ト式ノ次第アリ)	一〇オ—一三ウ
主簿亂淫	三月	○司僕寺ノ主簿ヲ削黜ス。同人ハ下吏ニ美色ヲ求ム、公廨ニ行淫ス、人ノ妾ヲ結縛公廨ニ强奸ス等々。	二〇ウ—二一オ
讖緯祕記		○王ハ掛書ノ罪人ヲ親鞫ス。其供ニ秘記ニ曰ク「倭ニ似テ倭ニ非ズ南ヨリ來ル」ノ	三八オ

八字アリ云々。

卷六十八

- 舞童　七月　○禮曹ハ勅使享宴ノ時ノ童舞ニ邦家ノ禁ノ紋緞ヲ用ユル勿レト啓ス。　一ウ
- 桃茢戈矛　○大司憲ノ啓。昔ハ至尊ノ喪ニ臨ムヤ之ニ先ンジテ桃茢戈矛ノ者ヲ以テス禮意有ル在リ。今聖上夜ヲ經テ皐復ノ所ニ於テ成殯ノ日ニ臨ム云々。（翁主ノ喪）　同
- 風水思想　閏七月　○王ハ戶曹ニ命ジ坡州士人ノ山ヲ買ハシム。　四オ
- 右同　○王ハ翁主ノ葬地ヲ堪輿術者ニ相セシメ民家百餘戶ヲ撤退セシメテ之ヲ定ム。　同
- 緞綾ノ禁　八月　○通信使日本ヨリ還ル時回禮ノ彩綾ヲ王ハ燒カントス。黑ク染メテ軍兵ノ服トス。　一三ウ
- 右同　十一月　○紋無キ緞綾モ亦之ヲ禁ズ。赴燕ノ象譯輩紋無キモノヲ買來ルニ因ル。　二七オ―ウ

二十五年（己巳）

卷六十九

- 鼠猪イブシノ行事　正月　○四日王ハ曰ク新年亥、子ノ日ノ貢物例炬子ヲ進ム。則宮中亥、子ノ神ヲ熏羮ス、蓋シ俗ニ田鼠野豕（ヰノシシ）ノ稼ヲ害スルヲ惡ミ之ヲ防グ也。　一オ
- 僧尼入城ノ禁　二月　○憲府ハ僧尼ノ都城ニ出入スルヲ禁ゼンコトヲ請フ。　一七ウ
- 明帝祭祀　三月　○大報壇ニ更ニ太祖、神宗、毅宗（明ノ皇帝）ヲ幷享スルノ儀ヲ定ム。　二五オ―二七ウ
- 毛血祝幣埋瘞　四月　○享禮毛血（犧牲ノ牛ノ）祝幣瘞坎之儀ヲ定ム。　三三ウ
- 彩色蠟燭　五月　○翁主ノ婚アリ王ハ命ジテ燭ヲ染ムルノ朱紅貴ク之ヲ紫草（染料）ニ代ユ。　三九ウ

卷七十

事項	月	記事	出典
牛疫祈禳 屠牛ノ禁 祭祀牧神	九月	○牛疫熾ナリ屠牛ヲ禁ジ祭ヲ設ケ之ヲ禳ル。依リテ馬壇ノ中ニ牧神ヲ設ク。	一四オ・ウ
端午進扇		○各道封進ノ扇大幅トナル。王ハ備局ニ命ジ嚴飭舊制ニ復セシム。	一四オ
納幣遲期 親迎不行 冠禮不行		○王ノ言。今士大夫婚日ニ納幣ス又親迎セズ冠禮モ亦多ク廢シテ行ハズ。王ハ下敎シテ申飭ス。	一五ウ
國婚質素	十月	又國婚同牢宴ニ但ダ茶果數器ヲ用ヰ悉ク油蜜果ヲ除ク。	
髢ノ禁		○王ハ婦人ノ髢制ヲ論ズ。右議政ノ言、髢ハ他人ノ髮ヲ取テ以テ首ニ飾ル尤モ非禮トナス。禮曹參判ノ言、此費多キハ百金ニ至ル皆產ヲ破ル。王ハ之ヲ禁ズルノ難キヲ曰フ。	一六オ—ウ・一七オ
紅色ノ禁		○掌令ノ言。我國君臣紅色ノ衣ヲ着シ上下ノ別ナシ。宣廟壬辰初メテ禁紅ノ令アリ其後復タ臣下紅ヲ用ユ之ヲ正サンコトヲ請フ。王世子從ハズ。	一七オ
牛乳飲用		○內醫院ハ牛酪ヲ例進ス。一日王ハ牝牛ノ後ロニ小犢隨フヲ見惻然トシテ御供ノ酪粥ヲ停ム。	一七ウ
王宮衣服ノ質素	十一月	○王ノ敎。尙衣院凡ソ五禮ニ大小進供スル者法衣章服外昔ノ綾緞ヲ紬綿ニ代ヘ昔ノ紗羅ヲ紵絹ニ代フ。	二三ウ
	二十六年（庚午）	卷七十一	
歲首勸農	正月	○勸農ノ綸音ヲ八道ニ諭ス。（以下每年ノ此記事略ス）	一ウ
癘祭		○近臣ヲ遣ハシ全羅道ニ癘祭ヲ行フ。諸道亦設行ス。	同
疫屍掩埋		○八路疫癘盛ナリ死者枕藉ス。王ハ掩骸ヲ行ハシム。	一オ
士家貂裘 年少騎馬	二月	○王ノ言。奢侈極マリ士大夫ノ家貂裘アリ。近來年少士子ノ騎馬嚴クベシ、余ガ潛	八オ

古人温突ニ寢ズ		邸ノ時ハ皆行歩ス。古人烟突ニ宿セズ人生草樹ノ間ニ宿スルコトナカランヤト云ヘリ。	
虹變謁聖ノ日延期	三月	○王ハ虹變ニ付謁聖ヲ退行ス。	一一オ
癘祭		○疫死者十餘萬人八道ニ遍祭ス。	一三オ
紬衣ノ禁		○令甲章服外士庶五十以上ノ外紬衣ヲ禁斷ス。	一三ウ
歸葬用牛	五月	○濟州陪持ノ人死ス。王ハ駕牛ヲ給ス。	一八オ
過婚女子兩班ニ多	六月	○知敦寧ノ上書。女子ノ年長ジテ人ニ適カザル者大抵兩班ノ子枝ナリ其體面ヲ考フルニ由ル。	二六ウ

巻七十二

地方關廟	八月	○王ハ懿陵ニ幸ス囘還ノ時星州ニ入リ關王廟ニ臨ム。塑像廟宇俱ニ剝落ス改修ヲ命ズ。	四ウ
溫泉ノ神	九月	○溫陽行幸ノ時途中ノ名山大川及溫井ヲ祭ルコトトス、承旨ノ啓ニヨル。	六オ
宮女放出旱ニヨル		○宮女四十五人ヲ放出ス（一時ノコト）旱ニヨル。	七ウ
溫泉入浴		○王溫泉ニ幸ス果川ニ至ル、王曰ク貝纓並ニ着絹纓ハ昔日溫陽舉動ノ時ニ刱ム。蓋シ其絕落ノ患ヲ絕ツナリ其後以テ風ヲ成ス。承旨曰ク百官麥ノ穗ヲ笠上ニ揷ム、	八ウ
冠纓			
笠飾		其後之レガ虎鬚（形容ニシテ實虎ノヒゲニ非ズ）ノ飾トナル。	
老人優遇		○忠淸道年八十以上ノ者ニ加資ス。	九オ
溫泉行幸行路祭神		○王溫井ニ幸ス命ジテ蹕路過グル處ノ大臣儒賢ノ墓ヲ祭ル。	九ウ
胎峯	十月	○元孫ノ胎峯ヲ寧越ノ雞竹山ニ定ム。	一四オ

事項	年月	記事	出典
放火救食	十一月	○月食アリ放火救食ス	二二オ
疫屍掩埋	十二月	○疫癘ニ死シ暴露セル屍骸ヲ埋ム。副修撰ノ上書ニヨル。	二四ウ―二五オ
		卷七十三	
	二十七年（辛未）		
世孫冊命	四月	○王世孫ヲ冊命ス。	一五ウ
救食	五月	○日食アリ王ハ明政殿ニ御シ救食ス。	一八ウ
		卷七十四	
鼠人ヲ害ス	九月	○穩城田鼠アリ人ノ鬢膚ヲ噛ミ或ハ人ノ眼目ヲ剔グ道臣狀聞ス。	一九ウ
忠臣立碑		○命ジテ高麗杜門洞七十二忠臣ヲ祭リ碑ヲ竪ツ。	同
鼠人ヲ害ス	十月	○穩城鏡城鼠災尤甚シ十二歳ノ小兒ハ目ヲ齧ラル。其鼠江ヲ渡ソテ來ル。	二二ウ
婚儀質素	十一月	○王ハ翁主下嫁ノ時油蜜果ヲ用ユル勿ラシム。	二三オ
喪葬記事		○賢嬪建極堂ニ薨ズ。（以下喪葬記事略ス）	二三ウ
殉葬木俑		○王ハ敎シテ前ニ木奴婢（殉葬ニ近シトシ孔子ガ俑ヲ非トセシ意ヲトリテ）ヲ除ク。又樂人ニ聞クニ樂工ノ木人アリ。此後諸人形ノ者永ク除キ禮葬儀範ノ卷首ニ其事ヲ書セシメ永ク遵行セシム。	二六オ
緞子禁止		國ノ大小喪禮襲諸具ノ、前ニ緞ヲ以テセシ者ハ紬ニ代ヘシム。	
		卷七十五	
	二十八年（壬申）		
喪葬記事	正月	○王世子嬪薨ズ。孝純賢嬪ノ啓欑禮、祖典、祔葬迄ノ記事。（以下喪葬記事略ス）	一三ウ―一八オ

卷七十六

右同　三月　○王世孫通明殿ニ薨ズ。(以下喪葬記事略ス)　二オ

風水思想　○墓地ノ風水其他墓地ニ關スル件。　五ウ・六オ

葬送用炬　四月　○兵曹ノ啓。大小國葬ノ時燭松明炬民弊トナル。敎ニヨリ並ニ之ヲ除ク。　六ウ

梓室上字　○王ハ梓室ノ上ニ上字ヲ親寫ス。　一二ウ

咀呪　○王ノ親鞫ノ罪人タル婢姜ニ咀呪ノ事アリ。　一七オ

喪葬記事　五月　○懿昭王孫ヲ葬ル。(以下喪葬記事略ス)　二〇オ－二二ウ

卷七十七

產室ト捲草官　七月　○王ハ嬪宮ノ產室ヲ今月中ニ設ケ捲草官ヲ任スベキヲ曰フ。　一八オ

喪期短縮
喪服埋安　○禮曹ノ啓ニヨリ賢嬪ノ喪制朞年ヲ以テ改定。王、王妃ノ大功制ノ服ヲ埋安ス。　同

老人優遇　九月　○王ハ敎シテ七十五歲ノ及第者ヲ陞六ト爲シ王ガ重年ノ意ヲ示ス。　二六ウ

王孫誕生　○王孫誕生ス。　同

卷七十八

胎峰　十一月　○王元孫ノ胎峰ヲ寧越ニ定ム。正月擇日擧行、男胎ハ五朔ヲ以テ藏スルノ例ナリ。　九オ

卷七十九

二十九年(癸酉)

籍田親耕　二月　○籍田親耕諸儀禮ニ關スル件。　八オ－一〇オ・一〇ウ

事項	月	記事	丁數
關廟致祭		○王ハ東關王廟ニ遊臨ス。東南廟一例致祭。	一〇オ
奴婢悲境		○嶺南ノ寺奴婢或ハ百餘歲貢ヲ納ムル者アリ男女老死スト雖モ嫁娶スルヲ得ズ。	一三ウ
乘轎ノ禁	四月	○前統制使ヲ定配ス。統營ヨリ上京ノ途乘轎セシニ由ル。	二二ウ
祈雨	五月	○大臣ヲ遣ハシ雨ヲ廟社ニ禱ル。數次ノ祈雨ニ雨ナシ北郊ニ親行ス。	二四ウ・二五オ・ウ・二七ウ—二八オ・二八オ—ウ
疫死草殯 疫屍掩埋	六月	○東城改築ノ時東門ヨリ水口門ノ間ニ癘疫痘疹死ノ男女數千ノ殯セル者骸折レ體碎ケ出ヅ。災ヲ致スノ端トシテ王ハ之ヲ瘞埋セシム。	二九ウ
		卷八十	
祈晴	七月	○四門ニ禜祭ヲ行フ。	四ウ
尊號加上	十二月	○大王大妃ニ尊號加上ノ件。	三五オ—三九オ
		卷八十一	
	三十年（甲戌）		
牛禁懈弛	正月	○王ハ京兆ニ命ジテ牛禁ヲ弛ム。	一ウ
捲草ノ禮 胎封	二月	○新生ノ王孫ノ胎藏ト捲草ハ舉行スル勿レト王ハ命ズ。領議政ハ胎封ハ大君、王子、公翁主、皆有リ古禮也之ヲ行フベシト曰フ。	九オ
火箭救食		○月食アリ火箭ヲ放チ救食ス。	一四オ
胎封	三月	○王ノ敎。封胎ノ一節元孫外大君王子宜シク差等アルベシ。世子諸衆子郡主縣主ノ藏胎ニ安胎使ヲ差ハス勿レ石函石物ヲ用ユル勿レ。	一六ウ・四一ウ
官婢勒定	六月	○憲府ノ啓。屠人ノ女ヲ勒奪シ官婢ニ定メ之ヲ奸シ隣邑ニ行ク時馱載隨ハシメシ者ヲ抄選ノ列ニ置クベカラズト劾ス。	四二ウ

民家占奪		○京兆ヲ飭シ士族ニシテ閭家奪入ノ禁ヲ犯ス者二十餘人ヲ定配ス。（京城ノ民家ヲ兩班ガ奪フコトハ昔ショリノ風也）	四三ウ
		卷八十二	
捲草祭	七月	○嬪宮解娩後第七日ノ捲草祭ハ已ニ設行ス。産室廳ヲ罷メンコトヲ藥房ヨリ啓ス。	一一ウ
縣監奸妓	八月	○邑妓ヲ奸シ又馳妓行樂セシ泰仁縣監ヲ罷ム。	九オ
	三十一年（乙亥）	卷八十三	
陵火謹愼	三月	○章陵王后陵上火ク、王淡服正殿ヲ避クル三日。	二七オ
		卷八十四	
成均館ノ願堂	四月	○各處願堂寺刹ハ前ニ廢シタルモ成均館所屬ノ所屬願堂ノミ漏レタルニヨリ、之ガ革罷ヲ金尙魯ヨリ請ヒ猶大司成ノ定配ヲ請フ。	六オ
酒酗ノ罪		○内侍ノ酗酒街上ニ相鬪フ者ヲ重推ス。	一〇オ
		卷八十五	
新晴	七月	○久雨四門ニ禜祭ス。	九ウ
文廟風損		○大風アリ文廟ノ大栢木倒レ廡楹ヲ傷ク。慰安祭ヲ行フ。	一一ウ
酒禁	九月	○明年正月ヨリ京外ノ釀酒ヲ禁ズル敎ヲ發ス。祭祀ニハ醴酒、紅露、白露ヲ用キシメ、其他酒ヲ以テ名クル者ハ皆禁ズ。軍ヲ犒フニハ濁酒ヲ用ユ農人ノ麥酒、濁酒	一九ウ―二〇オ

		ハ禁ズル勿ラシム。	
右　同		〇京外濁酒麥酒ヲ普通ノ酒ト同ジク一體ニ嚴禁ス。	二〇オ
誕日陳賀		〇大妃ノ誕日王ハ世子百官ヲ率キテ仁政殿ニ陳賀ス。	三五ウ
		卷八十六	
酒　禁	十　月	〇內資寺正朝早飯酒、端午新煮香醞、名日物膳酒、除夕放砲酒ノ存罷ニ付テ藥房提調ヨリ啓ス。王ハ東朝（大妃）ニ進ムル外一切之ヲ停ム。	四オ
		卷八十七	
	三十二年（丙子）		
老人優遇	正　月	〇十五日ヲ以テ朝臣七十以上庶士八十以上加資ス。	一オ
髢ノ禁		〇士族婦女ノ加髢ヲ禁ジ代ユルニ簇頭里ヲ以テセシム。加髢ハ高麗ノ時代ヨリ始マル蒙古ノ風ニ習ヒテ行バレシモノナリ。時ニ士大夫ノ家奢侈ニ流レ婦人ノ一加髢百金ヲ費スニ至ル。	三オ―ウ
春　帖	二　月	〇王ハ社稷ニ詣ル市樓ノ春帖ヲ見ル。	六ウ
禁酒ノ効	四　月	〇王ノ言。近日禁酒ノ後閭巷街市之間詬辱爭鬪ノ事無シト云フ信乎。兵判ハ京兆啓ヲ用キズト其速効アルヲ曰フ。	二四ウ
厲　祭	五　月	〇京外疫癘熾也厲祭ヲ行フ。	三三ウ
		卷八十八	
還曆進賀	七　月	〇王ハ東朝ノ（大妃ノコト）週甲ヲ過グル二年、進賀ス。	四オ―ウ

事項	年月	記事	出典
	四十四年(戊子)	卷八十九	
助資督婚	正月	○士庶嫁娶期ノ衍レシ者ヲ中外ニ命シ顧助セシム。	一オ
右同	二月	○過期未婚ノ者ニ米錢ヲ給シ成婚セシム。	四ウ
喪葬記事		○中宮觀理閣ニ昇遐ス。(以下喪葬普通ノ記事略)	五オ
國喪服裝		○庶人及僧徒ノ白衣白笠白帶ヲ朞年ニシテ除ク。庶人ノ女ハ白衣ヲ卒哭ニ除ク。	七オ
殯殿屛風		○殯殿ニ五峯山ノ屛風ヲ用ユ。	八ウ
梓宮加漆	六月	○梓宮漆ヲ加フ二十五度。貞聖王后ヲ弘陵ニ葬ル。	二七オ－二八ウ
宮中廬舍		○王ハ廬次ニ在リ。	三一ウ
喪鞋屨		○菅屨疏屨ノ制ニ付テ王ハ大臣ニ問フ。	三三オ－ウ
		卷九十	
喪葬記事	七月	○仁元王后ヲ明陵ニ葬ル。(以下喪葬記事略)	三オ
祈晴		○命ジテ禜祭ヲ四門ニ設ク。	六オ
禁酒	八月	○邦内ニ禁酒ス。遠接使ノ時ハ醴酒ヲ以テ代用セシメントス。	八ウ
山陵進氷		○王ハ教シテ山陵供進ノ氷丁ヲ永減ス。	八ウ
籍田新稷	九月	○貢籍親耕田ノ新稷ヲ進ム。	一一ウ
廟位祧遷ノ慣例		○王ハ永寧殿ノ制未ダ曉リ得ズト云フ。士夫ノ家不祧ノ位アラハ別廟ヲ作ル乎。儒臣曰ク或ハ別ニ立廟スル者アリ或ハ英高祖ヲ祧シ曾祖ヨリ以下廟ニ同祭シテ僭禮ヲ避クルアリ。	一四ウ－一五オ

老人優遇	十月	○中外ノ士庶年八十以上ニ米肉ヲ賜フ。	二一ウ
禁酒勵行		○王ハ諸道ノ犯酒徒流ノ案ヲ見ル。湖南最多シ北道ハ一人モ無シ。命ジテ咸鏡監司ヲ罷職、全羅前後ノ監司ニ馬ヲ賜フ。	二四オ
戒酒綸旨		○五部ノ父老ヲ月臺ニ召シ戒酒ノ綸音ヲ宣諭ス。	同
髢ノ代用	十一月	○王ハ今ノ禁スベキモノ婦女ノ髢ナリ古ハ少キ者簇頭ヲ戴キ老イテ始テ髢ヲ戴ク云々。人家婚禮髢ヲ買フ爲ニ産ヲ敗ル云々、此代用トシテ簇頭里トスベキカ花冠トスベキカニ付テ議アリ。花冠トスルモ之ヲ奢侈ニスレバ同一ナリトノ說アリ。	二四ウ
戒酒綸旨		○王ハ大臣卿宰ヲ召シ戒酒綸音ヲ告グ。	二四ウ—二五オ 二五ウ—二六オ
髢ノ禁	十二月	○王ハ命ジテ中外婦女ノ髢髻ヲ禁ズ。代フルニ後髻ヲ以テス。	三六オ—ウ
堂下官ノ服色		○朝臣堂下官ハ紅袍ヲ用キズ舊制ニ依リ青綠色ヲ用ユ。	同
端午艾花首花梳貼		○命ジテ端午梳貼首花艾花ヲ停ム。大小殯殿及各殿擧行スル勿ラシム。	三六ウ
省親歸鄉		○王ハ命ジテ朝士ノ鄉ニ老親アル者ニハ歲首歸覲ヲ許ス。	三七ウ
	三十四年（戊寅）	卷九十一	
髢ノ禁	正月	○王ハ命ジテ髢髻ヲ禁ジ許スニ宮樣（簇頭里）ヲ以テシ凡ソ諸他樣ヲ幷ニ嚴禁ス。	六オ
胎峰	三月	○王ハ胎峰ノ事ニ付テ書雲觀ニ分付ス。	一九ウ—二〇オ
祈雨	五月	○命ジテ祈雨祭ヲ行フ。	三〇オ
妖女惑民		○新溪ニ妖女四人アリ、自カラ生佛ト稱シ愚氓ヲ惑ハス。人皆巫ヲ斥ケ之ヲ信ズ。王ハ御使ヲ遣ハシ梟示ス。	三〇ウ・三一ウ

禁酒 以茶代酒	九月	卷九十二 ○王ハ弘化門ニ御シ五部ノ耆老民人ヲ招見シ禁酒ノ綸音ヲ下ス。上食晝茶禮ハ茶ヲ以テ酒ニ代ヘヨト曰フ。	一五ウ―一六オ
	三十五年 (己卯)	卷九十三	
端午帖子	四月	○王ハ禫月未ダ盡キザルヲ以テ命ジテ端午帖子ヲ置ク。	一六オ
祔廟ノ禮	五月	○仁元王后祔廟ノ禮ヲ行フ。	一八ウ―一九ウ
婚宴省略		○王ハ一國ニ標準ヲ示サントシテ婚禮ニ同牢宴床外、大卓床、排宴床及諸般盤果丼ニ檢花・床花ヲ除ク。	一九ウ
酒禁	六月	○王ハ酒禁ノ行ハシンヤ否ヲ暗行江上ヲ偵察セシム。	二一オ―ウ
處女揀擇		○三揀擇ヲ行キ幼學金漢耉ノ女ヲ後妃ニ定ム。	二二オ
納采ノ禮 綵輿		○王ハ明政殿ニ御シ納采ノ禮ヲ行フ。正使綵輿ニテ出ヅ。	二三ウ
親迎ノ禮 同牢ノ宴		○王ハ後妃ヲ迎フルニ於義宮ニ親迎ノ禮ヲ行フ。中宮入闕シ同牢ノ宴ヲ行フ。	二四オ
		卷九十四	
新恩遊街	八月	○命ジテ新恩ノ遊街ヲ禁ズル勿ラシム。	三オ
誕日進賀	十一月	○中宮殿誕日、百官仁政殿ニ進賀ス。	一七オ
禁酒犯人	十二月	○王ハ犯酒者二人ニ投畀ノ典ヲ施ス。	二〇ウ
儺禮 春幡艾偁		○王ハ下敎シテ曰ク古儺禮アリ、昔甲戌ニ於テ命ジテ之ヲ除ク。又春幡艾偁ノ屬ア	二二ウ―二三オ

事項	年月	記事	出典
歳末庭燎 庚申祭竈 進燭		リ、昔年亦之ヲ除ク。只歳末庭燎アリ、予亦之ヲ除ク。庚申竈ヲ祭ルノ意ヲ以テ 其日燭ヲ進ムルノ事ハ他ノ行事ト共ニ之ヲ存ズ。	
		卷九十五	
清明祭祖	三十六年(庚辰) 二月	○二十日清明節ヲ以テ濬川ノ役ヲ停メ其先(各自ノ祖先)ヲ祭ラシム。	六ウ
骸骨掩埋 設壇致祭		○濬川畢ルノ後骸骨ヲ掩埋シ水門外ニ壇ヲ設ケ致祭セシム。	七オ
祈雨	五月	○再次ノ祈雨祭ヲ行フ。三次ノ同上。四次ノ同上。	一八オ・ウ
給資助婚		○宗親府ノ纔ニ親盡キシ者ノ子女過期未婚者ニ助婚セシム。	同
祈雨		○副提學ハ祈雨ノ禮ノ順序ニ付上言ス。	一八オ
同上	六月	○祈雨ノ報謝祭ヲ行フ。	二二ウ
		卷九十六	
温泉入浴	七月	○王世子溫陽行宮ニ至ル。	四オ
	三十七年(辛巳)	卷九十七	
給資督婚	正月	○中外ニ令シ婚嫁ヲ勸メ其資裝ヲ助ク。	一オ
藉田收穀 祭資トス		○王ハ命ジテ親耕田ノ耕種九穀其粢盛トナルベキ者ハ精備シテ供シ。不足ノ者ハ餘田ヲ以テ捧ゲシム。	三オ
入學ノ禮	三月	○王世孫入學ノ禮ヲ行フ。	一〇オ—ウ
冠禮		○同上冠禮ヲ行フ。	一二オ—ウ

事項	月	記事	出典
火箭救食	四月	○月蝕アリ火箭ヲ放チ救食ス。	一五ウ
禁酒犯人		○士族ノ婦女ニシテ酒禁ヲ犯ス者アリ。定配ヲ減ズ。（罪一等ヲ減ズノ意）	一八オ
		卷九十八	
祈雨	七月	○王ハ祈雨祭ヲ社稷ニ親行ス。	四ウ―五オ
世孫嘉禮	十月	○世孫嬪ノ揀擇其他諸禮ヲ定ム。	二五オ・ウ―二六オ・ウ
關王廟淫祠トナル	十二月	○東南ノ二關王廟近來淫祠ト成ル。王ハ之ヲ申飭ス。	三五オ
納采ノ禮		○王ハ景賢堂ニ御シ王世孫嬪納采ノ禮ヲ行フ。	三九オ
	三十八年（壬午）	卷九十九	
醮戒ノ禮	正月	○王世孫嘉禮醮戒ノ禮ヲ行フ。	三オ―ウ
朝見ノ禮	二月	○王世孫同嬪朝見ノ禮ヲ行フ。	三ウ―四オ
宴床紙花		○王ハ命ジテ王世孫ノ嘉禮宴床ノ花草蟲ヲ小紙花ヲ以テ代ユ。之ヲ恒例トス。	三ウ
世孫嘉禮		○王世孫ノ嘉禮ヲ行フ。	三ウ
讖書秘記		○王ハ命ジテ讖書秘記ヲ藏置スル者ヲ嚴刑ニ處ス。	六オ
尼刹山棚	四月	○無賴ノ徒山棚ヲ安巖洞ノ尼刹ニ設ク。	二一オ
祈雨	五月	○祈雨祭ヲ行フ。	二二オ
廢世子		○世子ヲ廢シテ庶人トナス。	同
世子遊蕩尼僧妓女ノ死刑		○宦者及女僧誅ニ伏ス。世子ニ遊宴ヲ慫慂シニ因ル。此外ニ西邑ノ妓女五人ヲ斬ル。命ジテ東宮ノ雜物ヲ宣仁門外ニ燒ク戲噱奇怪ノ物多シ。	二三オ

事項	月	記事	出典
祈雨	六月	○王ハ雩祀壇ニ祈雨ヲ親行ス。大廟ニ親祭。社稷ニ同上。	二七ウ
		巻百	
籍田親刈	八月	○王ハ農壇ニ幸シ親刈ノ式ヲ行フ。	九ウ―一〇オ
禁酒綸音	十二月	○王ハ綸音ヲ下シ酒禁ヲ申ス。歳律將ニ暮レントスルヲ以テ也。	二八オ
	三十九年（癸未）	巻百一	
虚偽孝行	正月	○王ハ教シテ孝子ノ旌表ヲ上申スル時ニ、氷魚冬筍等々虚偽ノ奬孝ハ一切禁ジ實事ヲ以テ状聞セシム。	五ウ
妖術危言		○妖術（手品ノ如キモノ）ヲ爲シ危言ヲ發シ蹤跡異常ナル者ヲ捕フ。	五ウ・七オ―ウ
茶	二月	○王ハ下諭シテ不急ノ費目ヲ削ル。內醫院ノ唐雀舌三分ノ二ヲ削ル。	一三ウ
祈晴	三月	○四門ニ禜祭ス。	二一ウ
屠牛ノ禁	四月	○屠牛ノ禁ヲ申嚴ス。	二三ウ
神農位版		○內局神農ヲ祭ルコトアリ。位版ノ藏置甚疎ナリ、王ハ之ヲ厚ク藏セシム。	二六ウ
王陵偸葬	五月	○麗王諸陵ニ偸葬之弊ヲ禁ズ。時ニ此ノ犯人多シ爾後ハ刑配スルコトトス。	三〇オ
排佛思想		○諫院、憲府ハ僧尼ノ京城ニ在ル者ヲ逐フコトヲ請フ。王ハ允サズ。	三二オ
		巻百二	
禁酒	六月	○禁酒ノ令ヲ申嚴ス。	三ウ
妓妾刷還		○王ハ都下士夫ノ妓妾ヲ畜フル者ノ中子有ル者ヲ除キ他ハ原籍ニ刷還セシム。	同

事項	月	記事	出典
蟲災祈禳	七月	○海西蟲災アリ命ジテ酺祭ヲ行フ。	七ウ
遠行不孝		○母老ユルニヨリ遠行ヲ憚ルトシ日本通信使ノ命ヲ受ケ從ハザリシ者ヲ配ス。	九オ
祈晴	八月	○命ジテ禜祭ヲ行フ。理寃獄、蠲賦斂。	一二オ
寺刹願牌		○王ハ命ジテ寺刹ノ祝願牌（王ノ萬歲ヲ祈ルノ牌ヲ佛宇ニ掲ゲ晨夕祈祝スルモノ）ヲ撤去セシム。	一三オ
妓妾率畜	九月	○執義ハ外邑ノ妓率畜ノ禁ヲ嚴ニシ犯者ハ重律ヲ以テセンヲ請フ。王之ヲ許ス。	一七ウ
髢禁解除	十一月	○王ハ婦人ノ髢髻ヲ奢トシ前ニ一切之ヲ禁ジ簇頭ノ制ヲ代用セシム。簇頭ハ巾也諸臣其不便ヲ言フ。王モ又簇頭ハ宮樣ト別無ク飾ルニ珠貝ヲ以テスレバ其費髢ト同ジトシ命ジテ髢制ヲ復行ス。只加髢ヲ禁ズ。	二八ウ
緞珠貿禁 紅袍ノ禁		○王ハ紋錦ヲ北京ヨリ珠璣ヲ倭ヨリ貿スルヲ禁ズ。又堂下茜紅ノ袍ヲ用ユルヲ禁ズ。俗習痼トナリ一モ効ナシ。	二八ウ
禁酒嚴法		○王ハ禁酒ノ法ヲ嚴ニシ犯者往々誅死ス。又隣伍相坐ノ法ヲ立テ一家犯醸セバ三家同罪トス。	二九ウ―三〇オ
春帖子	十二月	○命ジテ春帖子ヲ製進セシム。	三五ウ
老人優遇		○除夕。年七十（士夫）年八十（庶民）ニ米帛ヲ給ス。	三六オ
	四十年（甲申）	卷百三	
珠ノ禁	二月	○王ハ漢城府ニ命ジテ珠貝佩飾ヲ高價ニ互買スル者ヲ禁ズ。時ニ宮婚ヲ以テ此品高價トナル。	七オ
人乳造朱		○人乳ヲ以テ印朱トスル者アリ。王ハ斯クセバ小兒焉クンゾ哺ヲ得ンヤト曰フ。	同

婚姻奢侈		○閭里ノ婚費奢務ノ習ヲ別禁ス。	同
生祠ノ弊 磨崖ノ弊		○外方生祠ノ弊及崖碑ノ弊アリ。領議政ハ請フテ如此ノ類ヲ禁ズ。	七ウ
陵域潜葬	三月	○貞陵禁標内ニ潜葬スル者アリ。王ハ命ジテ之ヲ掘リ申嚴禁制セシム。	一二オ
老人總角	四月	○斑白ニシテ總角人心ヲ誑惑スル者アリ。王ハ命ジテ年多クシテ收髪セザル者ヲ重縄ス。	一九ウ
禁酒犯人		○犯醸者一律（死刑）ヲ除クト雖モ犯者相續ギ刑配相續グ。	二〇ウ
巫覡雜術		○嶺南ノ凶獄其端ヲ雜術ニ發ス。王ハ巫覡雜術ノ人ヲ誑惑スル者ヲ禁ゼシム。	二一ウ
禁酒犯人		○捕盜廳ハ士夫ノ犯醸者數人ヲ捕フ。	二一ウ
右同	五月	○禁醸嚴ニシテ犯者猶止マズ。	二二ウ
祈雨		○祈雨祭ヲ再行ス。	二三ウ
宮人阿只		○宮人ノ阿只ヲ以テ名トスル者名存シ實無シ。供上ハ猶止マズ、之ヲ削リ供上ヲ止ム。	同
祈雨		○王ハ歩輿ヲ以テ社壇ニ雨ヲ祈ル。同上北郊ニ親禱ス。崇賢門ニ雩壇ノ香ヲ祇迎ス。	二七オ・二九オ
歩輿		大廟ニ詣リ祈雨六次。	
祈雨	六月	○雨ヲ大廟ニ親禱ス。社稷ニ同上。近臣ヲ遣ハシテ山川ニ祈ル。	二九オ・ウ
		巻百四	
宮禁忌蛇	七月	○塲源殿内長蟲（蛇現出）ノ異アリ。王ハ奉審奪動舗席ヲ改ム。	四オ
祈晴	八月	○四門ニ禜祭ヲ行フ三日。	一一オ
宗廟用醴	九月	○順悌君ハ大廟ニ酒ヲ用ヰンコトヲ請フ。王ハ日ク醴モ亦酒ナリト允サズ。	一八オ

事項	月	記事	出典
親迎ノ禮	十月	○婚禮親迎ノ禮士大夫多ク行ハズ。王ハ中外ニ飭ム。	二五オ
	四十一年(乙酉)	卷百六	
王ノ壽宴	正月	○王ハ景賢堂ニ御シ王世孫及群臣ノ賀ヲ受ク。(七十二歲ノ壽宴)	四オ―ウ
祭供素膳	閏二月	○王ノ言。陵享ニ肉ヲ以テセズ素膳ヲ以テスルハ國初故相臣黃喜ガ萬世ノ慮リヲ以テセシコトナリ。王ハ殿宮ノ祭モ亦例外ヲ除キ素膳トセシム。	一一オ
墓地爭		○都正沈ト僉正尹ノ兩家山ヲ爭ヒ互ニ墓碣ヲ毀チ掉逐。相續デ擊鼓シテ聞ス王親問ス。	一一ウ
宮庭藏胎石函ト陶缸	五月	○景福舊址ニ封胎ノ石函ヲ得タリ、王ハ藏胎ノ石函ハ中葉以後ノ事ナリ。自今藏胎ハ御苑潔淨ノ處陶缸ヲ以テ之ヲ埋メシメ之ヲ例式トス。	二二オ
祈晴		○雨久シ禜祭ヲ行フ。	二三オ
		卷百六	
祈晴	七月	○命ジテ禜祭ヲ四門ニ行フ。	三オ
內壽宴 宴席簪花	十月	○王ノ內壽筵ヲ行フ。王ハ特ニ王世孫ノ簪花ヲ許ス。	一二オ
老人優遇		○士庶年九十以上ノ者ニ米肉ヲ給ス。	一四ウ
禁酒ノ効	十一月	○此年死刑囚只四人アリ王ハ之ヲ禁酒ノ効ナリトス。	一九ウ
病家巫禱	十二月	○王ハ曰ク閭巷ノ病アル者輒ク巫覡ヲ用ユルハ無益也云々。	二四ウ
	四十二年(丙戌)	卷百七	

事項	月	記事	出典
老人優遇	正月	○王ハ命ジテ關東ノ百五、百一、百歳ノ三老人ニ衣資食物ヲ給ス。	一ウ
撰上ノ妓	八月	○内宴ヲ光明殿ニ行フ。命ジテ選上ノ妓ヲ下送セシム。	三〇オ
		卷百八	
	四十三年（丁亥）		
親耕親刈	二月	○親耕ノ儀。親刈ノ儀及之ニ附隨スル件。	七ウ―一二オ
親蠶	三月	○親蠶ノ儀。	一五オ―一八ウ
		卷百九	
白衣ノ禁	六月	○王ノ言。頃日白衣ヲ飭ムルノ時人或ハ言フ白衣ハ箕聖ノ遺風ナリト此レ然ラズ。	四ウ
蛇變謹愼	七月	○長寧殿内蟲蛇ノ異アリ江華留守馳啓ス。王震驚奉審修理ヲ命ズ。減膳撤樂。十日	五ウ
七歳生子		○山陰縣七歳ノ女人男ヲ生ム監司馳啓ス。王ハ人妖ノ大ナルモノト爲ス。	一〇オ
右		○右ノ件御史ヲ遣ハシ之ヲ審訊ス。交奸ノ人一枚ニシテ自白ス。	一五ウ
右同	八月	○王ハ男女七歳ニシテ席ヲ同フセズノ戒、聖人ノ心見ルベシト云フ。講官ハ昔明ノ時ニモ七歳子ヲ生ミシ者アリト言フ。	一六オ―ウ
宗廟風害		○大風聖廟ノ松折ル。慰安祭ヲ行フ。	一六ウ
		卷百十	
	四十四年（戊子）		
牛乳飲用	正月	○王ハ春耕遠カラズトシテ酪粥ヲ停止シ其牛ヲ下送耕牛ニ用ヰシム。	三ウ
		卷百十一	

事項	月	記事	出典
祈雨	七月	○承旨ヲ遣ハシ三角、木覔、漢江ニ祈雨ス。	一ウ
老人優遇		○八十一、八十二、八十九歳ノ人ニ布米ヲ賜フ。八道兩都ニ命ジ百八歳ヨリ八十二歳ノ男女ニ肉布ヲ賜フ。	八ウ・九オ
		卷百十二	
	四十五年（己丑）		
祈穀祭	正月	○王ハ命ジテ初八日ヲ以テ祈穀祭ヲ社稷ニ行フ。	一オ
老人優遇		○百歳以上ノ人ニ加資ス。	四ウ
選妓押送	二月	○宴畢リテ後ニ於テ王ハ諸道ノ選妓ヲ城門十里外ニ押送セシムルコトトス。（京城ニ留メ之ヲ奸シ率畜スルヲ防グ爲也）	七ウ
獻壽之宴		○王ハ命ジテ耆臣年七十以上ノ者ハ進宴ヲ過ギシ後皆子孫ヲシテ獻壽セシム。	一〇オ
國婚用綿		○王ハ命ジテ此後國婚ノ時皆綿布ヲ用キ紬緞ヲ禁セシム。	一一オ
王ノ壽宴 養老ノ宴		○王ハ崇政殿ニ御シ宴ヲ受ク。（質素ヲ以テス）此日養老宴ヲ設ク。	一一ウ
妓女率畜 醫女潛留	四月	○王ハ京兆ニ命ジ士夫ノ妓ヲ畜フル者ヲ搜檢セシム。士人ニシテ醫女ヲ其家ニ潛匿セシ者モアリ。	一八ウ
畜妓者ノ流刑		○畜妓者ニシテ拿ヘラルル者甚多ク刑配相繼グ。	一九オ・ウ・二〇オ
		卷百十三	
祈晴	七月	○祈晴報謝祭ヲ行フ。	二オ
右同		○四門ニ禜祭ヲ行フ	三オ
栗木封山		○奉常寺ハ啓シテ全羅ノ曹溪山、白雲山ヲ栗木封山トス。	同

事項	月	記事	出典
生祠ノ禁	九月	○王ハ命ジテ沖中ノ生祠堂ヲ撤ス。猥設ノ弊アルヲ以テナリ。	七ウ
耳毛壽徵	十二月	○王ノ耳中ニ長毛ヲ生ズ諸臣皆壽徵ナリトシテ慶ス。	一八ウ
	四十六年(庚寅)	卷百十四	
上元踏橋	正月	○王ハ上元ノ日民庶踏橋ノ俗アルヲ以テ金吾ニ命ジ放夜民ト同春ノ意ヲ示ス。	六オ
牛乳飲用		○王ハ春耕遠カラズト內局及耆社ノ酪粥封進ヲ停ム。	七オ
禁酒不行		○禁酒ノ令アリト雖モ民間宴飲沈湎巨釀相續キ禁行ハレス。	七オ―ウ
老人優遇	二月	○朝臣年八十、士庶年九十以上特ニ一資ヲ加フ。	一〇オ
入レ墨	四月	○「死君沮國」ノ四字ヲ臂ニ涅ノタル者ヲ囚フ。	一六ウ
救食ノ禮	五月	○日蝕アリ王ハ崇政殿ノ月臺ニ臨ミ救食ノ禮ヲ行フ。	一九オ
三ッ兒	閏五月	○濟州ノ民一胎二男一女。王ハ同色ニ非ズト雖モ一胎三産ニハ賜米ノ例アリト本州ヲシテ擧行セシム。	二一オ
		卷百十五	
老人優遇	七月	○五部ノ年九十以上ノ者ニ米ヲ賜フ。	七オ
祈晴	八月	○四門ニ禜祭ス。	同
春幡青牛 人勝艾俑 端午艾帶 庚申守夜 冬至豆粥	十月	○王ハ敎シテ曰ク。古ヘ春幡、青牛、人勝、艾容ノ類アリ。昔先正奏シテ去ル。予モ亦命ジテ內局三絳端陽ノ艾帶ヲ去リタリ、新舊庚申ノ日歲夜ヲ過ゴシ進排スル者ヲ停ム。又至日豆粥ヲ門ニ灑グノ事命ジテ之ヲ除ク。 以上ノ王ガ謬俗ヲ正スノ意ヲ示ス。	一三オ

事項	年月	記事	出典
	四十七年（辛卯）	卷百十六	
給助昏婚 給收督葬	正月	○王ハ命ジテ中外婚嫁時ヲ過ギ喪葬期ヲ失スル者ヲ搜問顧助セシム。	一オ
弛除夜禁		○命ジテ放夜ス。月正元ノ日ナルヲ以テ也。	同
祈穀致齋		○王ハ社稷祈穀祭親行ニ非ズト雖モ散齋二日致齋一日ヲ空式トス。	一ウ
上元踏橋 夜禁弛除		○命ジテ放夜ス。元宵踏橋ノ戯アルヲ以テ也。	三ウ
鷄聲蟄伏	二月	○守都城節目之レ有リ軍民鷄聲ヲ聞テ蟄伏スルカヲ王ハ問フ。	八オ
遊街禁止	三月	○王ハ其科ノ何タルヲ論スル勿ク遊街ヲ禁ズ。	一六オ
祈雨	五月	○再次ノ祈雨祭ヲ行フ。	二六オ
右同		○王ハ延和門ニ至リ祈雨祭ノ香ヲ祇送ス。祭官ト下隷ヲ嚴飭シ飲酒ト吸草トヲ敢テスル勿ラシム。	同
禁酒禁烟 祈雨畫龍		○祈雨祭ノ畫龍ハ祭畢ラバ其紙ヲ以テ祭物ヲ裹ミ中流ニ沈水ス。王ハ之ヲ慢神ナリトシ龍畫ハ祝文ト共ニ望燎ノ事定式トス。	二六ウ
祈雨		○三次ノ祈雨祭ヲ行フ。南郊雩祀ニ重臣ヲ遣ハシ祈雨ス。	二七オ
		卷百十七	
右同	七月	○祈雨報謝祭ヲ行フ。	五オ
右同		○四次ノ祈雨祭ヲ行フ。大廟社稷ニ祈雨ス。	六ウ
	四十八年（壬辰）	卷百十八	

事項	月	記事	出典
老人優遇	正月	○他道ノ例ニヨリ湖西年百歳ノ者ニ歳饌ヲ加給ス。	五オ
夜禁弛除		○今夜（十五日）夜禁ヲ除ク。	八オ
復樂	二月	○王初メテ樂ヲ復ス。	一四オ
舞童		○王ハ都總府ニ至リ進宴ヲ受ク。舞童作樂セシム。	一九ウ
祈雨	四月	○堂上官ヲ遣ハシ木覓、三角、漢江ニ祈雨ス。	二一ウ
右同	五月	○重臣ヲ遣ハシ北郊ニ祈雨祭ヲ行フ。	三二オ
		卷百十九	
勒葬掘墓	七月	○司諫ハ前郡守ガ人ノ塚ヲ掘リ人家ヲ撤シ勒葬セル件ヲ劾ス。	一オ
同色禁婚	八月	○王ハ命ジテ同色ノ禁婚牌ヲ各家ノ門楣ニ懸ケシム。（黨爭激シキヲ矯正セントシテ其ノ同派相互ノ婚ヲ禁ジタルナリ）	二一オ
右同	十一月	○王ハ命ジテ禁婚牌ヲ撤ス前事ヲ悔ユルニヨル。	三六オ
夜禁弛解		○王ハ命ジテ夜禁ヲ弛ム。（冬至日）	三八オ
	四十九年（癸巳）	卷百二十	
八旬ノ賀	正月	○王ノ壽八旬、崇政殿ニ御シ百官ノ賀ヲ受ク。	一ウ―二オ
老人優遇 年齢許稱	二月	○王ハ八十以上ノ老人ヲ抄啓セシム。鄉民多ク冐年ス。	九ウ
伐鼓救食	三月	○日食。王ハ日閑齋ニ露伏シ前庭ニ軍鼓ヲ伐チ救食ス。	一〇オ
養老宴	閏三月	○王ハ金商門ニ御シ養老宴ヲ行フ。	一三オ
助葬不行 過期不葬		○郭山ノ助葬尺木ニ過ギズ、安州過葬（時ヲ過ギ不葬ノ者）多シ其郡守ト牧使ヲ罷	一四オ

		職トス。	
老人優遇	六月	○文武宗臣年八十ニ加資ス。	一五ウ
十歳冠禮		○王室ニ於テハ王世子十歳ニシテ冠禮ヲ行フコトニ定制ス。	二八ウ
		卷百二十一	
試射賜酒	八月	○王ハ試射ノ後宣醞。將校ヲシテ起テ舞ハシム。	四ウ
再嫁者ヲ官婢トス	九月	○興德縣監ハ境内ノ再嫁女ヲ搜括シ淫奸ヲ以テ名トシ官婢ト爲シテ後ニ贖放ス。正言ニ彈劾セラル。	七ウ
乘轎ノ禁		○忠淸都事ハ堂下（堂下官ノコト）乘轎ノ禁ヲ犯ス。正言ニ彈劾セラル。	七ウ－八オ
給資助婚	十一月	○婚嫁時ヲ過グル者ニ助婚ノ資ヲ給ス。（京城五部ノ者ニ）	一七ウ
給粥乞人	十二月	○王ハ宣傳官ニ命ジ鍾樓ノ乞人ヲ率ヰ宣惠廳ニ付シ粥ヲ給ス。	一九オ
	五十年（甲午）	卷百二十二	
巫女稅布	二月	○王ハ巫女ノ貢布ヲ除カントス、廟堂ノ議定マラズ。	五オ－ウ
右同	三月	○巫女ノ貢布ヲ特減ス。	七オ
給資助婚	四月	○道臣ニ命ジ婚需ヲ給シ成婚シタル者ヲ狀聞セシム。	九オ
祈雨	五月	○祈雨祭ヲ行フ。	一一オ
禁酒烟草髢髲蜜果		○譯官ハ酒禁、南草、髢髲、紋緞、油蜜果ノ禁ニ付テ冊子ヲ進ム。	一二オ
祈雨		○祈雨報謝祭ヲ行フ。	一三オ
祈雨有驗	六月	○淸道幼學ノ上疏。金海ノ龜旨峰ハ首露王誕降ノ地也。旱ノ時禱ラバ應驗アリ。	一三ウ

事項	年月	記事	出典
白骨徵布		○執義ノ言。奴案中百餘歲ノ者憐テ數フベカラズ、此レ眞ニ白骨徵布ノ至寃ナル者也。	一六ウ
		卷百二十三	
婚姻奢侈	七月	○掌令ハ卿宰ノ家ノ婚幣首髢ノ費ト雖モ科條ヲ立テ略式ニ從ハシメンヲ請フ。	三オ
夜禁		○持平ハ夜禁ヲ飭センコトヲ請フ。王ハ從ハズ。	三オ
	五十一年（乙未）	卷百二十五	
喫烟ノ風	七月	○執義ハ備局ノ日會ハ軍國ノ務ヲ談セズ烟茶數竹ニシテ歸ルヲ云フ。	一ウ
麥餠		○王ハ弘文館ニ幸ス。特ニ進饌ニ麥餠ヲ設ケシメ以テ質素ヲ示ス。	三オ
屠牛ノ禁	十一月	○王ハ敎シテ一時ノ食慾ニ勤勞ノ農牛ヲ殺スハ忍ビズトシテ疊屠及私屠ヲ禁ズ。	一六ウ
		卷百二十六	
老人優遇 舞童	十二月	○士庶八十三歲以上ノ老人ヲ召見ス。命ジテ賜饌、鼓吹ノ舞童ヲ入ル。	三一オ
	五十二年（丙申）	卷百二十七	
老人優遇	正月	○王ハ命ジテ士庶年八十以上加資ス。	一二オ
喪葬記事	三月	○王ハ慶熙宮ニ昇遐ス。（以下喪葬記事常例ノモノ略ス）	二六オ
屍口含米		○王世孫抄米ヲ匙ニテ大行王ノ口右ニ實ス幷ニ一珠ヲ左ニ實ス。	二八オ

即位ノ年（丙申）

正宗實錄　卷一

事項	月	記事	出典
喪服改正意見	四月	○四學ノ儒生上疏シテ喪服ヲ釐正センコトヲ請フ。	三ウ－四オ
風水思想		○捴護使ヲ罷ム。薦ムル所ノ相地官堪輿學ニ昧キヲ以テ也。	五オ
上樑文		○王ハ命ジテ先王ノ陵、丁字閣上樑文ハ庚寅以後ノ例ニヨリ止ム。	二八ウ
梓宮上字	五月	○王ハ殯殿ノ梓宮ニ上字ヲ書ス。	三九オ
巫覡放逐		○巫覡ヲ禁ジ城外ニ逐出ス。	四四ウ
改嫁許逼意見	六月	○善山ノ幼學ハ上書シテ改嫁禁塞ノ弊ヲ改メンコトヲ請フ。王ハ士庶女子ノ二夫ニ更ヘザルハ百年來ノ善風ナリ初メ法ヲ設クル無クシテ之禁行ハル今後何ゾ法ノ設ケンヤト曰フ。	五五ウ－五六オ
寺刹內願堂ノ禁止		○大司諫ノ啓。各道寺刹ノ願堂ヲ以テ稱スル者何ノ代ニ刱マルカヲ知ラズ。近ゴロ益寢廣域中ニ遍ネシ私ニ位版ヲ奉ジ。擅ママニ享祀ヲ行フ。王ハ之ヲ禁斷ス。	五七ウ－五八オ
新晴		○四門ニ禜祭ヲ行フ。	五八オ
朝祖之禮	七月	○發引前魂箱ヲ以テ宗廟ニ朝祖ノ禮ヲ行キ旋テ又殯殿ニ還安ス。	八七オ
葬前諸式		○發引、路祭、行立主奠、謝后土祭、行啓殯奠等例ノ如シ。	九五ウ－九六オ

卷二

事項	月	記事	出典
虞祭	八月	○虞祭ノ正日ニ齋ヲ用ユル勿ラシム。	二ウ
卒哭祭		○卒哭祭ヲ行フ。	九ウ－一〇オ
宮女縦淫	十二月	○王ノ敎。輓近以來宮人宦寺交奸ノ事及宮人ノ外人ト交奸ノ事アルモ掩藏ス。或ハ	六六ウ

事項	年月	記事	出典
宦官淫行		宮中ニ解娩スル者アリ或ハ長番ノ中官ト肆然奸ヲ寢室ニ行フ。房子モ亦此事アリ云々小宦ト房子ヲ杖配ス。	
	元年（丁酉）	卷三	
勸農綸旨	正月	○勸農ノ綸音ヲ八道ニ下ス。	一オ
練祭、虞主埋安	三月	○練祭ヲ行フ王ハ虞主題主ヲ奉ジ靈座ニ安ンズ。王ハ衰服ヲ練服ニ改メ虞主ヲ神輿ニ奉ジ宗廟後苑ニ埋安ス。	一〇オ
儺禮		○淸使來ル傳訃ヲ以テ來ル故ニ儺禮ヲ設ゲス。	二一ウ
祈雨	四月	○雨ヲ三角、木覔、漢江ニ祈ル。再次同上龍山楮子島ニ祈雨ス。	三六ウ・三七ウ
右同	五月	○大臣ヲ遣ハシ北郊ニ四次ノ祈雨祭ヲ行フ。	三九オ・四〇オ
右同		○三角、木覔、漢江ニ祈雨ヲ復行ス。	五一ウ
右同	六月	○再次祈雨ヲ龍山楮子島ニ行フ。三次ノ祈雨ヲ風雲、雷雨、雩祀壇ニ行フ。	五五ウ
		卷四	
右同	七月	○社稷、南壇、雩祀壇ニ報謝祭ヲ行フ。	二オ
厲祭救疫		○厲祭ヲ命ズ別ニ一壇ヲ設ケ之ニ酧ス。	三ウ
宮中咀呪	八月	○闕內ニ入リ廢立ノ亂ヲ謀ラントセシ諸賊ヲ誅ス。其徒ノ供述、巫女占房ニ咀呪ノ諺札ヲ送ル云々。	二二オ－ウ
右同		○占房ハ常ニ紙人形並符呪ヲ作リ諸處ニ埋メ、又五方神ヲ畫キ之ヲ屋壁ニ貼リ禱祝ス。占房五方ノ井水ヲ汲ミ朱ヲ以テ國王ノ畫像ヲ畫キ矢ヲ以テ二像ヲ結ビ之ヲ埋	二三オ－ウ

事項	月	記事	出典
巫覡之禁	九月	ム。又弧矢ヲ作リ空ニ向テ之ヲ射ル必ズ人ヲ死セシムルノ法也云々。 ○故事巫覡輦下ニ處ルコトヲ得ズ。此禁弛ミ前ニ逆變アリ。王ハ此禁ヲ申嚴セシム。	三四ウ
宮中詛呪	十月	○冬至使ヲ遣ハス時右ノ凶變ノ事ヲ奏ス。文中ニ甘丁ノ供述前ヨリ多ク符水咀呪ノ物ヲ畜フ王ヲ害セント謀ル。其配ニ赴ク時枕中ニ貯ヘテ去ル云々。	四七オ―四八オ
冬至爆竹	十一月	○至日ノ爆竹ハ宮中ノ故事ナルモ王ハ貴人ノ費ヲ慮リ自今之ヲ除ク。	五四ウ
蠱毒罪人		○定配ノ罪人ヲ放ツ。魘魅蠱毒外、死罪以下宥除ス。	五五オ
	二年（戊戌）	卷五	
夜禁	正月	○撰修ノ啓。近來人心不淑搢紳ノ家訃ヲ僞ハリ奔喪ニ托シ夜禁ヲ犯ス。其罪ヲ正スベシ。	三オ
婚姻禁止	五月	○十六歳ヨリ十三歳ニ至ル處子ノ婚ヲ禁ズ王嬪選定ノ爲ナリ。	五〇オ
白靴ノ禁		○朝臣入闕ノ時白靴ヲ禁ズ。	五一オ
一夫數妻ノ殘風	六月	○戸曹參議ノ女洪氏ヲ嬪ト定ム。親臨納采ノ禮ヲ行フ。	六〇オ
右同		○王ハ敎シテ取婦ノ家三日禮樂ヲ擧ゲズノ主旨ニヨリ嘉禮ノ日綵輿前ニ鼓吹スル勿ラシム。	同
新晴	閏六月	○四門ニ禜ス。	六二オ
宮女遊宴		○宮女ノ遊讌ヲ禁ズ。宮女妓ヲ挾ンデ張樂シ多ク掖隷宮奴ヲ率キ花柳ト稱シ船遊絡繹ス。	六三ウ―六四オ
右同		○右禁令ヲ犯ス掖隷等アリ科罪ス。	六四ウ

卷六

項目	月	記事	出典
祈晴	七月	○四門ニ禜祭ヲ行フ。	二ウ
乘轎ノ禁		○平安兵馬節度使ヲ罷ム。武臣乘轎ノ禁ヲ冒セシニ因ル。	二一オ
盲卜	八月	○張志恒ヲ鞫ス。靈巖ニ適セラレシ時妖卜ヲ邀見シテ不軌ヲ謀ルノ說傳播セシニ因ル。其供、盲卜ニ宥謫ノ期ヲ問フト言フ。	三二オ
冬至爆竹	十一月	○冬至ノ爆竹ハ古例ナリ。王ハ經費多シトシテ之ヲ除ク。	五九オ
雅樂俗樂 編鐘打法		○王ハ掌樂院提調ヲ召シ樂器ヲ吹奏セシメ雅樂俗樂ノ事等其他樂ニ付テ問究ス。王ハ日ク俗樂ハ編鐘ヲ右手ヲ以テ擊チ雅樂ハ左右兩手ヲ以テ擊ツカト問ヒ。掌樂提調然リト答フ。	六五ウ－六七ウ
祈穀誓戒	十二月	○王ハ仁政殿ニ御シ祈穀祭ノ誓戒ヲ行フ。	八九ウ
	三年（己亥）	卷七	
烟草	正月	○正言ハ苞苴（淸國ノ當路者ヘ贈物）烟茶ノ事ニ付テ疏論ス。	一ウ
祈穀祭		○社壇ニ祈穀祭ヲ行フ。	二オ
巫女追放	二月	○昨年妖巫發出ノ後京巫ハ盡ク之ヲ江外ニ逐フ。近日南部ハ大巫ヲ捕ヘタルニ刑曹及京兆ノ吏隷巫女ヲ擁護スト正言ヨリ啓ス。王ハ關係官員ヲ處罰ス。	一二オ・ウ
巫女搜括		○王ハ巫女ノ搜括ニ付テハ其巫女ト其夫ト子ノ外問フ勿ラシム。巫女身故スル者ハ其子其夫亦問フ勿ラシム。	一七ウ
以型代髢		○領議政ハ髢ノ事ニ付テ啓ス。王ハ日ク花冠ヲ以テ髢ニ代ユト雖金銀珠玉ノ飾ヲ以	一九オ－ウ

事項	月	記事	出典
		テセバ其費髢ニ過グ。余ハ宮中ニ禁斷ヲ加エ髮ヲ髢トスル者ヲ木(頭ノマゲノ型)ヲ以テ代エタリ但宮中ノ制ハ外間ニ用ユベカラズ。花冠モ亦品服也下賤ニ用キシムベカラズト曰ク。	
奢侈ノ風	四月	○王ノ言。近日侈風漸ク盛也特ニ髢髢ノ一事ノミナラズ髢ヲ禁ズルモ、其務花冠ノ制ヲ用ユ、飾ルニ珠翠ヲ以テセバ其費髢ニ過グ云々。	四〇ウ
		卷八	
溫祚王廟	八月	○王ハ南漢山城ニ幸シ溫祚王廟等ヲ祭ル。	一五ウ
祈穀誓戒	十二月	○王ハ仁政殿ニ祈穀大祭ノ誓戒ヲ行フ。	六七ウ
	四年（庚子）	卷九	
祈穀祭	正月	○王ハ社壇ニ祈穀ス。	一オ
夜禁解除	四月	○王ハ今日（八日佛誕日）ハ名節日也、街巷ノ間民庶之會集遊飲スル異事トセズ。 今夜三法司ヲシテ禁ヲ出ス勿ラシム。	三四ウ
端午進扇	五月	○王ハ命ジテ工曹漆扇ノ進獻ヲ停ム。	三八ウ
伽倻王陵		○首露王ノ陵ニ致祭ス。	三九オ
陵莎剝落	六月	○元陵ノ莎草汰ス（王ニ異夢アリ）命ジテ慰安祭ヲ行フ。	四六オ
		卷十	
康陵案山民塚移掘	十月	○康陵ノ案山ニ民塚多シ。之ヲ移堀セシムル件ニ付テ禮曹ヨリ啓ス。	三七オ—三八オ

第宅服飾ノ奢侈		○副修撰ハ第宅ノ奢麗ト服飾ノ華靡倡優ノ戯ニ異ナルナキヲ曰フ。	四〇ウ―四一オ
祈雨		○王ハ雨ヲ雩祠ニ祈ル。	四二ウ
右同		○大臣ヲ遣ハシ祈雨ス。	同
		卷十一	
	五年（辛丑）		
先農親苅	閏五月	○王ハ先農壇ニ詣リ觀刈ス。	七六オ―七七オ
忌死移宮		○王ハ昌慶宮ニ移御ス時ニ自縊者アリ。玉堂移御ヲ請フ王從ハズ。	七八ウ
祈晴		○祈晴禜祭ス。	八二オ
		卷十三	
	六年（壬寅）		
給資助婚	正月	○領議政ハ婚嫁時ヲ過グル者ヲ官ヨリ助ケ成婚ヲ請フ。王之ニ從フ。	二オ
祈雨	五月	○雨ヲ龍山楮子島ニ祈ル。大臣ヲ遣ハシ雨ヲ先農壇ニ祈ル。	二七ウ・三三オ
右同	六月	○大臣ヲ遣ハシ五次ノ祈雨祭ヲ行フ。	四一オ
		卷十四	
崇儒綸旨 讖諱妖誕	十二月	○王ハ儒ヲ崇ビ道ヲ重ンズベキノ綸音ヲ中外ニ頒ツ。近日ノ凶賊大抵符讖ヲ挾ミ民心ヲ惑ハス。夫レ符讖ノ説全ク妖誕ニ屬ス王法ノ必ズ禁ズベキ所也云々ト言フ。	四三オ―四四オ
		卷十五	
	七年（癸卯）		
僧尼乞粒	正月	○歳時乞米ノ僧城市ニ攔入ス。筵臣ハ請フテ僧尼入城ノ禁ヲ申嚴ス。	一ウ

正宗

事項	月	記事	出典
祈穀祭	四月	○社稷壇ニ祈穀ス。	九ウ
胎峰		○元子ノ胎封ヲ王ハ民弊ヲ慮リ後苑ニ藏胎セントセシモ遂ニ鷹峰ヲ胎峰トス。	四九ウ
綱紀不振	六月	○持平ノ啓。近來街巷ノ人宰相ヲ斥呼ス（人ノ名ヲ呼ブハ不敬トス）市井ノ徒互ニ兩班ト稱ス（兩班ニ非ザル者交際上斯ク呼ブ也）吏隷ノ騣帽ヲ着ルアリ商儈ノ道袍ヲ着ルアリ。	六五オ
祈雨		○近臣ヲ特遣シ三角、木覓、漢江ニ祈雨ス。	六七ウ
		卷十六	
乘轎ノ禁 乘車	七月	○大司憲ノ上書。金墡嘗テ使臣乘轎之弊ヲ陳ベ乘車セシメ駟騎ノ力ヲ寛メンコトヲ請ヘリ。	二五ウ
祈晴	八月	○四門ニ禜ス。	二六オ
孔子ノ像ヲ賣ル		○市人孔聖ノ像ヲ市ニ鬻グ者アリ。知成均館事之ヲ見其像ヲ明倫堂ニ移奉シ、且捕盜廳ヲシテ之ヲ捕ヘシム。	三〇ウ
乞食收養	十一月	○荒年乞食救養ノ法ヲ定ム。乞食ハ十歲棄兒ハ三歲ヲ限リトシテ官ニ收容ス。	六九ウ
射禮	十二月	○燕射禮ノ習儀ヲ行フ。	七九ウ－八四オ
	八年（甲辰）	卷十八	
嬰兒受册	七月	○禮曹ノ言。庚午年東宮受册ノ時雙童髻空頂幘七章ノ服アリ保姆抱テ拜位ニ就キ行禮ス。	二ウ
冠禮定名		○王世子定名ノ古例ハ定字ヲ冠禮ノ後ニ行フ。承旨ノ稟。王之ヲ可トス。	三ウ

新晴		○四門ニ禜ス。	一〇オ
世子册禮		○王世子ノ冊禮ヲ行フ。其綸音ヲ下ス。百官ノ賀ヲ受ク。	一三オ—ウ・一四オ—一六オ
胎峰	九月	○禮曹ハ列聖胎峰ノ地ヲ書シ進ム。	三三オ—ウ
宴禮用蜜	十月	○勅使宴禮舊ト禁酒ニヨリ蜜水ヲ用ユ。玆ニ至テ酒ヲ用ユ。	四三オ
	九年（乙巳）	巻十九	
地方祭壇頽落廢祀	正月	○王ノ敎。州縣ノ社壇修治セズ壇壝剝落箭門頽ル。城堭壇ハ樵牧ノ場トナル。各邑ヲ申明關飭シテ修理各守護ヲ置カシム。	一ウ
術者妖言	二月	○李瑮等變ヲ謀ラントシテ發覺ス。瑮ハ術者善ク四柱ヲ觀ル、異人ト稱スル者ノ言ヲ聞クト云フ。	二六オ
右同	三月	○瑮ノ同類福榮ノ言。文都眞人ナルモノ五百年智異山中ニ居ル其豫言ヨク中ル明年朝鮮ハ三分スベシ。	三一ウ
右同		○右凶徒ノ一類洋海ノ供。鹿熊ノ精ハ數百年ヲ經テ變化人トナリ字文ヲ解ス。臣ハ其鹿精熊精ノ顔ヲ見タリ。	三八ウ—三九オ
仙人異人		○右ニ關シ王ハ諸道監司兵使ニ密諭シテ其仙人異人ト稱スル者ヲ捕ヘシム。其他本件ニ關スル事項。	四九オ—五〇ウ
右同	四月	○宣傳官ノ密啓。右ノ件ニ付テ智異山ニ入リ詗察シタル報告。	五〇ウ—五一ウ
天主數ノ弊		○掌令上疏ス。曰西洋之書始メテ雲臺ノ衆胥ノ輩ヨリ流出ス年アリ。其道天アリテ君親アルヲ知ラズ天堂地獄ノ說ヲ以テ民ヲ惑ハスノ害甚シ。五十年前ヨリ沿道一邑ニ始マル家々戸祠ヲ奉ズ云々禁斷ヲ請フ。	六七ウ—六八オ

事項	月	記事	出典
		卷二十	
一夫二妻	五月	○濟州ニ前後ノ妻ヲ以テ何レガ正妻ナリヤニ付テ相訟スル者アリ。	六オ－ウ
救食ノ法	七月	○日蝕アリ。王ハ教シテ日月ノ救食文獻疏漏ナリ、京外ノ官五禮儀ニヨリ百官各本司ニ於テ鼓ヲ置キ廳事重行日ニ向テ立ツベキヲ曰フ。	一三オ－ウ
大學留巫	八月	○西學ノ庫直巫ヲ留接ス。漢城府使之ヲ捉ヘテ送ル。學儒ハ右ノ件ニテ府隷ヲ毆打シ庫直ヲ匿ス。大司成ヲ遞差ス。	二四オ－ウ
	十年（丙午）	卷二十一	
救食	正月	○朔日食アリ王ハ膳ヲ減ズ。	一オ
祈穀祭		○社稷ニ祈穀ス。	一ウ
紀綱紊亂		○大司憲ノ啓。近來綱維紊亂シ賤卒ハ士夫ノ服ヲ着、街市ノ兒童宰相ノ姓名ヲ斥呼ス。戒飭ヲ請フ。	七ウ
妖言謀變	二月	○凶書ヲ藏シ變ヲ謀リタル黨誅ニ伏ス。人頭將軍、眞人等ト稱シ神祭ヲ設ケ愚民ヲ誑ス者其黨中ニ在リ。	一三オ－一四オ
烟草ノ禁		○放榜ノ時禁軍ノ將殿庭ニ橫竹（喫烟ノコト）ス。兵曹ハ請フテ嚴棍定配ス。	一七オ
居士		○正言ノ啓。居士ト稱スル者僧ニ非ズ俗ニ非ズ近ゴロノ兇徒此輩ヨリ出ヅ河東一面此輩多シ。	一八オ
古塚修築 露骸掩埋		○京兆ニ命ジ諸部掌內古塚ノ露骸崩頹ノ者二千五百餘ヲ修築ス。	一八ウ
痘瘡厲祭	四月	○疹痘熾ナリ王ハ教シテ癘祭ヲ行キ且先ヅ城隍ニ告ゲシム。京ハ癘祭ヲ中央ニ設	三五オ－ウ

		ク。外邑モ一體ニ致祭。四部ノ癘祭ハ東ハ往十里、西ハ弘濟院、南ハ石隅北、北ハ節祭ノ處。外ハ別ニ癘壇アリ。	
祈禱救病	五月	○王世子痘疹ニテ薨ズ。以前病劇シキ時大臣ヲ遣ハシ社稷宗廟ニ再禱ス。戌時沐浴亥時襲斂。（以下葬喪記事略ス）	四二ウ
喪葬記事			
國葬禁婚		○婚娶ヲ禁ズ。	四三オ
風水思想		○大臣ハ都監地師ヲ率ヰ墓地ヲトス。	四六オ—ウ
祈雨	六月	○雨ヲ三角、木覔、漢江ニ祈ル。	五二ウ
右同		○祈雨報謝祭ヲ雩祀壇ニ行フ。	六四オ
		卷二十二	
梓室加漆	閏七月	○梓室ノ漆五十度ヲ加フ。	九オ
蟲害祈禳		○湖南蟲害アリ酺祭ヲ設ク。	同
出棺方法		○禮曹發靷（王世子ノ柩）ノ儀註ヲ上ル。王ハ敎シテ曰ク靈轝宗廟ノ前路ニ到ル轝士轝ヲ回ラシ北向褥席ニ安ンズ、蓋シ朝祖ノ意ヲ寓スル也。	一四オ—ウ
入葬		○文孝世子ヲ孝昌墓ニ葬ル。	一五ウ
卒哭祭		○卒哭祭ヲ行フ。	一六ウ
死者ノ祟	九月	○宜嬪成氏卒ス。安峴本宮ニ殯ス、喪柩ヲ以テ小欄床ニ安ンズ。症狀異常ナリ時ニ祟アルヲ疑フ。	三一オ
處女揀擇	十月	○王ハ廣嗣ノ爲嬪ヲ得ベク十六歲以上二十歲迄ノ處女ノ單子ヲ捧ゲシム。異貫李氏、八寸親、王妃同姓七寸親、異姓六寸親、及父母ノ一方又ハ共ニ生存セザル者	三五オ
民間早婚			

事項	月	記事	出典
		ヲ除ク。此時民間早婚ヲ尚ブ故ニ最下限ヲ十六歳トス。	
救食故事	十一月	○月蝕ハ日出前日没後ノ時ハ火箭ヲ放ツノ故事ナリ王ハ之ヲ除ク。十五日ニ月蝕アリ。	四七オ
妖言謀逆	十二月	○逆謀ノ罪人ヲ推鞫ス。供ニ術客アリ四柱ヲ見ルト四柱ヲ書送ス云々。三道擧兵ノ賊魁ハ異人ナリ。	六一ウ
	十一年（丁未）	卷二十三	
祈穀祭		○社稷ニ祈穀ス。	一オ
處女揀擇 納采	二月	○處子三揀擇。主簿朴準源ノ女ヲ嬪ト定メ納采ノ教文ヲ下ス。	二一オ
娶妾ノ禮妻ニ準ズ 一夫數妻ノ遺風		○綏嬪ノ嘉禮ヲ行フ。同牢ヲ行フ酒ヲ設ケ兩巹ノ盞ヲ用ユ式了ツテ尙宮ハ王ヲ導キテ幃幄ニ入ル。	二三ウ
祈晴	五月	○四門ニ禜祭ス。	六〇ウ
喪中不愼	六月	○統制使ハ兄ノ喪中妓ノ歌ヲ聽キ、官船ヲ泛べ妓樂、上元ノ夜翫月シ、從孫登科ノ時大ニ設宴シ妓ト對舞ス。義禁府之ヲ劾ス。	六一ウ—六二オ
		卷二十四	
老人優遇	八月	○王ハ行幸舊例其地方ノ老人ヲ加資ス。本郡ノ年八十以上加資七十ノ人ニ食物ヲ給ス。	一六オ
妖誕惑民		○諸臣ハ左道ノ神恠ニ托シ虛張禍福愚民ヲ誘引シ逆謀ヲ爲スノ弊ヲ陳ス。	一六ウ—一七ウ
天主教ト讖諱ノ害	九月	○提學ハ左道ト天主ト讖諱ニ關係アル文字ヲ公文中ニ用ユルヲ禁ゼンコトヲ請フ。	二一ウ

事項	月	記事	出典
捲草官	十一月	○産室廳ヲ設ケ李坤ヲ以テ捲草官トス。	二五オ
紋緞ノ禁		○近來紋禁蕩然タルヲ憂ヒ王ハ嚴飭セシム。	二七ウ—二八オ
伐鼓救食		○月食アリ伐鼓救食ス。	四二ウ
		巻二十五	
	十二年（戊申）		
老人優遇	正月	○京外老人加資四百四十人。同百歳ノ老人ニ米肉ヲ賜フ。	一ウ
		巻二十六	
一夫二妻	七月	○披緑ニ妻アリテ妻ヲ娶ル者アリ。采（納采ノコト）ヲ市人ノ妹ニ送ル。壯勇營科治ヲ請フ。	一ウ
天主教ノ弊	八月	○正言ハ西學（天主教）漸ク熾ニシテ村夫其書ヲ諺謄ス。神明ノ如ク奉ズ。死ト雖モ悔ナシ云々其嚴飭ヲ請フ。	六ウ
右同		○大臣及王ハ西學ノ村氓ヲ惑ハスノ弊ヲ言フ。	六オ—ウ
右同		○備邊司ハ李景溟ノ疏ヲ以テ右同上西學ノ件ニ付キ啓ス。	七オ—ウ
風水思想		○三角山下曹溪上ニ立標都城ノ主脉タル地ノ石ヲ斲ルヲ禁ズ。	一〇オ
不葬ノ罪	九月	○過葬ノ罪ニヨリ配刑シタル者ノ病勢急ナルニヨリ恕シテ之ヲ放ツ。	一二オ
髢ノ弊	十月	○王ハ備局大臣ヲ召シ相議ス。髢髻ノ禁弛ミ其弊甚シク或ハ爲メニ田宅ヲ貿リ、又婚嫁六七年舅姑ヲ見ルノ禮ヲ行ハザル者アルヲ云フ。	一五オ—一六オ
髢ノ禁		○加髢ノ禁ヲ復ス。備邊司加髢申禁節目ヲ進ム。加髢ニ代ユルニ簇頭里ヲ以テシ其飾ノ制ヲ階級ニ依リ定ムベキヲ筵臣ヨリ上言ス。	一六オ—一七ウ

事項	月	記事	出典
	十三年（己酉）	卷二十七	
救食	四月	○月食一分ニ及バズ只齋戒シ救食セズ。	二〇オ
臘肉用雉	閏五月	○諸道ノ封進ノ臘肉弊アリ。王ハ命ジテ雉ヲ以テ代封セシム。	二八オ
三聖祠	六月	○三聖祠ノ祭式ヲ釐正ス。	三三ウ—三四ウ
祈晴		○再次禜祭ヲ行フ。	三五オ
風水思想 墓トシ忌ム地		○水原ニ看山ノ諸臣ニ教ス。王ハ看山ノ諸臣ヲ召見ス。風水ノ説ニヨリ永祐園ノ遷奉ヲ決シ其禮ヲ定ム。寺基、神前、佛後、廢屋、古廟ハ古ヨリ人ノ墓地トシテ忌ム所ナリ。	四二ウ 四三ウ
遷葬服色		○禮曹ハ遷園ノ時ノ服色ヲ定ム。	四八オ—ウ
		卷二十八	
遷葬	八月	○永祐園（王父ノ墓）遷園ノ件。	一オ・ウ・二オ・ウ・三オ—四オ
遷葬時ノ禁令		○遷園ノ時成殯ヨリ玄宮ヲ下ス迄大小中祀ヲ停メ、婚葬ヲ禁ジ、朝市ヲ停ム。	四オ
園側石物		○永祐園（王ノ父）ノ石物ハ光陵ノ制ニ遵ヒ魂遊石一坐、長明燈一坐、望柱一雙、文武石各一雙羊馬虎石各一雙ト定ム。	四オ—ウ
遷葬順次	十月	○玄宮ヲ出シ成殯ス。其他遷葬ニ關スル件。梓宮水原ノ花山ニ至ル。玄宮ヲ下ス時ニ方相氏至テ壙上ニ退キ戈ヲ以テ四隅ヲ擊テ出ヅ。（頒降冊）	一六ウ—一七オ—一八ウ—三二ウ
舟橋張樂	十一月	○時ニ浮橋（王園幸ノ爲漢江ニ架セシモノ）將ニ撤セラレントス。諸卿宰將臣樂ヲ橋上ニ張ル。士女坌集ス。	六六オ

月	事項	記事	出典
十四年（庚戌）		卷二十九	
二月	髢ノ奢侈	○菲平ハ髢ノ禁弛ミ常賤ノ女人ノ本髢稍々大ナリ。且士夫婚姻ノ家轎前ノ鬟亦貰戴ノ物ヲ用キズ本髮ヲ以テ主トス云々。之ガ警飭ヲ請フ。	二四オ—ウ
五月	披隷笠禁	○披隷ノ着笠シ闕門ニ入ルヲ禁ズ。	二七オ
		卷三十	
	厲祭	○厲祭ヲ關西關北ニ設ク。	三六ウ
	乘轎ノ禁	○備邊司ハ守令ガ乘轎ノ禁ヲ冒ス者多シト罷黜ヲ請フ。	三七ウ
六月	誕辰端兆	○元子誕生ス。（妾腹）是日曉禁林ニ紅光アリ地ヲ燭ス。日卓午虹太廟ノ井ニ起リ五采ヲ成ス民爭フテ之ヲ睹ル。中宮殿取テ以テ子トナス。	六〇オ—ウ
	捲草官	○捲草官ヲ命ズ。	六〇ウ
	大赦加資	○大赦一千一百五十人。京外朝官年七十以上士庶八十以上一資ヲ加フ二萬五千八百十人。	六二オ・ウ
七月	胎峰	○元子ノ胎封ヲ吉地報恩縣俗離山下乙坐辛向ニ定ム。藏胎ノ吉日八月十二日辰時藏胎、同月同日發胎ト定ム。	七四ウ
		卷三十一	
八月	甘露瑞章	○六月壬子甘露驪州ニ降ル。京城ニモ降ル。之ヲ瑞祥トス。	七ウ—八オ
	寺刹立碑	○命ジテ釋王寺ニ碑ヲ建ツ。	一一オ

禁酒犯　十一月　○承旨醉甚シクシテ登筵ス。王ハ敎シテ重キニ從ヒ推考セシム。　三九ウ

十五年（辛亥）

卷三十二

新穀祭　正月　○王ハ社稷ニ祈穀ス。　二ウ

上元踏橋　○戊子（十三日）夜禁ヲ弛ム三日。崇禮、興仁二門ノ鑰ヲ停メ都民ノ出城踏橋ヲ許ス。乘氷スル勿ラシム。　五オ

帽側虎鬚　○王ノ言。隨駕ノ諸臣ノ頭ニ虎鬚ヲ挿ム其來ルヤ久シ後麥穗ヲ以テ代フ。　九ウ

老人優遇　○關西回榜ノ人ハ八十三歲。王ハ召見シ宴樂ヲ賜フテ之ヲ侈シム。　七ウ

常賤僞譜
屠牛ノ禁　○民人朴ハ鼗鼓（申聞鼓ノコト）ヲ撃チ常賤ノ譜（系圖）ヲ僞ルコト、屠牛節無キヲ禁ゼンコトヲ請フ。屠牛ノ事ハ諸道ニ嚴禁ス。　七ウ

助資督婚　二月　○王ハ京城內過婚者十三人ヲ漢城府ヲシテ助成セシム。婚姻過期ニ付テ王ハ屢漢城府ヲ飭ム。　一四ウ

右同
給需督葬　三月　○漢城府ハ未婚五人、勸婚六十八人、過葬三十三人ニ助成ス。　三四ウ

鄕戰盛也　○鳳山ノ人鄕戰ニ因リ投書シ其相軋ル者ヲ誣ス。其事ニ關シ黃海觀察使ヲ罷ム。王ハ敎シテ曰ク近來鄕戰日ニ甚シ原州ニモ爭端アリ。　三五オ

笠纓制限　四月　○王ハ堂下官ガ珀琥ノ纓ヲ用ユルヲ禁斷シ紫璃瑚、紫水晶ヲ以テ代ヘシム。　四五ウ

助資督婚　六月　○五部ハ勸婚男女二百八十一人ノ別單ヲ進ム。　六〇オ－ウ

誕辰玩盤　○王子初メノ誕辰ニ於テ百玩盤ヲ設ク。王子ハ四旒華陽巾ヲ着シ紫羅袂衫ヲ披ル、先ヅ綵線ヲ執リ次デ弧矢ヲ執ル。宗親大臣以上ニ宣糕ス。　六四オ

卷三十三

事項	月	記事	張
眞殿獻酌	九月	○英廟ノ誕辰。王ハ璿源殿ニ酌獻禮ヲ行フ。（生前ト同樣畫像ニ奉仕スルノ例也）	二四ウ
一夫二妻	十月	○妻アリテ妻ヲ娶リ前妻ヲ降シテ妾トシタル儒生アリ。其案件ノ判定ニ付テ禮曹判書ト臺諫ト意見相異ス。	三五オ―三六ウ
天主敎ノ弊		○司憲府ハ天主學ハ前ニ嚴禁ノ後殆ンド絕エシモ其後巷間潛カニ信ズル者アリト曰フ。	四〇ウ―四一ウ
右同		○大司諫ハ天主學ノ弊ヲ述ブ。神主ヲ燒キ親ノ屍去ル處ヲ知ラザル者アリ。死ヲ視ルコト歸スルガ如シ。嚴禁スベキヲ上疏ス。	四三ウ
儒祭廢止		○持平右同上。祠版ヲ焚キ祭ヲ廢スル者アリ。	四四オ―五〇オ
天主敎	十一月	○天主敎ニ付テ嚴禁ノ意見。其他同敎ニ關スル件。	四八オ―五〇オ・五一オ―ウ
右同		○同上ニ付テ。罪人取調等ノ件。	五一ウ―五三ウ―五五オ―六一ウ・六四ウ―六八ウ
右同		○雜書（天主敎書）紋緞ヲ燕ヨリ貿シ來ルノ禁ヲ申明ス。	五三ウ
四ツ兒	十二月	○鐵山ノ人一胎ニ男二女。原式外別ニ穀物ヲ給ス。	八三ウ

卷三十四

事項	月	記事	張
	十六年（壬子）		
夜禁弛解	正月	○王ハ永陵ニ詣ル。回鑾ノ時命ジテ夜禁ヲ弛ム觀光者ノ爲ナリ。	一三ウ
天主敎ノ弊	二月	○平澤ニ按覆御史ヲ派ス。士人天主敎ヲ奉ジ文廟ヲ拜セザル者アルニ由ル。	一三オ―ウ
髢禁	三月	○京師女人アリ禁髢ノ公差ト稱シ閭閻ニ出入財賕ヲ徵索ス。捕盜廳ノ捉フル所トナリ遠島ニ配シ婢ト爲ス。	一七ウ

事項	月	記事	張
佛誕燃燈夜禁弛解	四月	○王ハ内苑ニ至リ耦射ス。是日放燈日也。此夜々禁ヲ弛ム。	三〇ウ
駕前優戲		○正言ハ王ガ倡優ヲ駕前ニ近ヅケ女樂ヲ禁苑ニ入レシトノ巷說アリト諫疏ス。	三三オ
禁中女樂 輿側倡優 燈夕女樂		○刑曹判書等聯疏ス。新恩前導ノ時倡優雜ツテ輿衛ノ間ニ在リ。是東方ノ故事臣等兒少ノ時ヨリ之ヲ觀ル。燈夕馬死ノ遊三營ノ將臣名辰ヲ揀取シ女樂ヲ張ル。	四三オ
		卷三十五	
祈晴	六月	○四門ニ禜祭ス。	三〇オ
擊毬		○定和兩陵ノ齋室ニ擊毬亭ヲ重建ス。太祖龍潛ノ時擊毬ノ所也。	三〇ウ
蟲害祈禳	七月	○酺祭ヲ湖南ニ行フ。濱海蟲損ノ災アリシニヨル。	三四ウ
右同		○酺祭ヲ嶺南左風ニ行フ。螟蟲熾發セシニヨル。	三五オ
圜壇改稱		○王ノ敎ニ曰ク。今ノ南壇ハ昔日郊祀ノ圜壇也。禮士庶五祀ヲ祭ルヲ得ズ、大夫ハ社稷ヲ祭ルヲ得ズ、諸侯ハ天地ヲ祭ルヲ得ズ。光廟以後圜壇ノ號ヲ改メテ南壇トス。	四一ウ
	十七年(癸丑)	卷三十七	
老人優遇	正月	○諸道百歲以上ノ老人ニ加資ス五十六人。	一ウ
祈穀祭		○社稷ニ祈穀祭ヲ行フ。	二ウ
捲草官	三月	○翁主生ル。捲草官ヲ任命ス。	一八ウ
曲水ノ宴		○王内苑ニ賞花ス蘭亭(王羲之ノコト)ノ禊會ニ倣ヒ玉流泉ニ曲水ス。	二一オ
胎藏内苑	四月	○翁主ノ胎ヲ内苑ニ藏ス。中葉以前ノ故例ニヨル也。	二二ウ—二三オ

事項	月	記事	出典
		卷三十八	
端午進扇	七月	○每歳端午ニ兩南觀察營統制營ハ造扇朝紳ヲ遍問スル舊例ナリ。是ヨリ前李統制使年荒ニヨリ年例ヲ廢ス、筵臣之ヲ不敬之律ニ問ハンコトヲ請フ。	一〇ウ－一一オ
乘轎ノ禁	八月	○赴燕ノ書狀官及通信副使、從事官等ハ乘轎ノ禁至嚴ナリ。接慰官ハ威儀ヲ示ス要アリ自今乘轎ヲ定式トス。	一一ウ
隨駕服色	十月	○兵曹判書ハ隨駕服色（色ハ品ノコト）ノ事ニ付テ啓ス。	二七ウ－二九オ
氅衣 白靴禁止		○備邊司同上ニ付テ啓ス。搢紳皂隷帖裏ノ袖廣キヲ古式ニ遵ハシメ永ク白氅ヲ禁ゼンコトヲ請フ。王ノ言。氅衣ハ一朝衣兼テ私室常着ノ服也。人必ズ靑白兩件ヲ備置ク云々。白靴ヲ嚴禁シ黑靴ヲ用キシム。	二九オ－三〇オ
		○次對ノ時左議政ハ同上服裝ノ事ニ付テ言フ。	三一オ－ウ
臣下ノ名ヲ呼バズ		○王ノ言。我朝ノ家法、宮中ニアリテ王ヨリ臣下ヲ呼ブトキ姓名ヲ呼バス、官名ヲ以テス。	三二オ
磁器ノ禁	十一月	○司饔院副提調ノ言。近ゴロ聞ク朝臣日用ノ磁器皆畫燔ヲ用ユ輿儓下賤亦多ク之ニ倣フト云。王ハ禁斷ヲ加ヘシメントス。	五三オ－ウ
	十八年（甲寅）	卷三十九	
豫宴行赦	正月	○王ハ仁政殿ニ慈殿五旬、慈宮六旬ノ合慶ヲ行フ。陳賀赦ヲ中外ニ頒ツ。	一オ
老人優遇		○朝官七十以上士庶年八十以上ノ者ニ加資ス。	一ウ
新穀祭		○社稷ニ新穀祭ヲ行フ。	二オ

弛解夜禁　三月　○王果川ヨリ還宮ス。此日夜禁ヲ弛メ觀光ノ人入畢ルヲ待テ城門ニ鑰ヲ下ス。　七ウ

衣服奢侈　○王ハ近來衣章ノ侈汰甚シク綃袍條帶纓靴ノ飭令ヲ發セントス云々。　四六ウ

卷四十

誕辰進宴　六月　○慈宮ノ誕辰ハ（王ノ生母王妃ニ非ズ）國ノ大慶ナリ。進宴ハ明年歲首ト定マレルモ稱觴ノ禮ヲ行フベキヲ原任大臣ト禮曹トヨリ王ニ請フ。　一三オ

誕辰獻賀　七月　○吏曹ハ賀ヲ獻ジタル京外老職推恩ノ人七萬五千一百五十人ナリト上言ス。　三三オ

祈雨　○祈雨祭。木覓、三角、漢江ニ。再次龍山江、楮子島ニ。三次北郊ニ。四次南壇、雩祀ニ。五次社壇ニ。六次同上。社壇ニ祈雨報謝祭ヲ行フ。　二四オ・二六オ・二七ウ・二八ウ・三一オ・四一オ・四二オ

浚溝呼雨　○王ハ命ジテ城內大小川溝ヲ疏滌ス。明堂ノ水ヲ洗滌スルハ禜旱ノ一法ナリトセシニヨル。　二八ウ—二九オ

山中穴居
狗衣結繩　八月　○咸鏡南道兵馬節度使ノ狀啓。會寧、茂山、吉州、明川、三水、甲山、北青等ノ民ハ廢四郡ノ地タル厚州ノ山地ニ流入。土ヲ掘リ幕ヲ作リ木ヲ斫テ巢ヲ營ミ作リ狗衣結繩シテ居ル。　四二ウ—四三オ

卷四十一

琉球國情　九月　○琉球國八重山島人全羅靈巖ニ漂着ス。濟州ノ通事ヲシテ其國情ヲ問ハシム。　七オ—八オ

讌宴盛大
老人優遇　○慈殿五旬慈宮六旬ノ賀ヲ擧グ。中外士庶夫妻偕老者七萬五千餘人ヲ爵ス。慈宮宣饌壽觴甚ダ盛也。退ニ及ヒ簪花詑榮雅樂街ヲ塡ム。　一一ウ—一三オ

墓側寺刹　○王ノ言。懿陵造泡寺將ニ移ラントシテ梵宇ヲ順懷墓塋築ノ側ニ構ユト。官司之ヲ　一四オ

事項	月	記事	張
		禁ゼサルハ不可也。有司ヲシテ其僧ヲ刑シ之ヲ遠方ニ投スベシ。	
冠服ノ制	十一月	○戸曹判書ハ朝服祭服並其冠ノコトニ付テ上言ス。	三四ウ—三五オ
禁地入葬		○前捕盗將其父ヲ北部禁標內ニ葬ル漢城府ハ部官ヲ遣シテ禁斷スルモ聽カズ、傘問セシム。王ハ今後標內ニ士夫冒葬アラバ律ニ依リ處斷セシム。	三八ウ—三九オ
端午進扇		○兩南暗行御史ハ興陽縣端午進扇弊アリ。爲メニ竹田蓑微スルヲ啓ス。	四一ウ—四二オ
扇ノ制限		○左議政ノ奏。製扇地ノ道臣ヲ嚴飭シ扇ノ製作ニ制限ヲ加ヘ明年後市肆間ノ賣買嚴繩センコトヲ常市ノ署ニ分付スベシ。王之ニ從フ。	四二オ—ウ
	十九年（乙卯）	巻四十二	
老人優遇	正月	○漢城府ハ老人歳饌ノ別單凡五百九十人ナリト啓ス。	一オ
祈穀祭		○王ハ社壇ニ祈穀ス。	二ウ
拜禮ノ法		○奎章閣ハ男子婦人拜禮ノ方法ニ付テ啓ス。	六オ—七オ
尊號加上		○王大妃ニ尊號ヲ加上ス。惠慶宮ニ同上。其他本項ニ關スル件。	七ウ—一二ウ
進宴呈才	閏二月	○王ハ奉壽堂ニ御シ慈宮ニ進饌ス。女伶呈才ヲ用ユ。	三三ウ—三六オ
養老宴		○王ハ洛南軒ニ養老宴ヲ行フ。	三七オ—三八オ
進饌ノ禮	五月	○王ハ進饌ノ禮ヲ慈宮ニ行フ。	八二ウ—八五オ
		巻四十三	
天主敎ノ弊	七月	○司憲ノ啓。邪學（天主教）潛滋暗長シ世道ノ憂トナルモ捕將ガ其徒三人ヲ擅ママニ打殺シタルハ甚不可ナルヲ言フ。	三ウ

右同 喪祭廢止		○館學儒生等ハ天主教ノ倫常ヲ紊リ其徒ガ喪祭ヲ廢スルノ弊ヲ述ベ刑政ノ正スベキヲ上疏ス。	九ウ—一〇ウ
天主教		○修撰同上。天主教ノ書ヲ嚴禁スベキヲ言フ。其他天主教ニ關スル件。	一〇ウ—一二ウ
右同		○同　上。	一四ウ—一五オ
婚具制限	八月	○校理ハ上書シテ器用ノ奇巧ナル物ヲ北京ヨリ購來セザルコト及婚具ニ紋緞ヲ用ヰシメザルコトヲ言フ。	二三ウ
婚具奢侈		○校理ノ上書。搢紳ノ家婚具ニ紋緞ノ冒禁アリ。富民之ニ效フ。	二四オ
天主教ノ弊	十月	○正言ハ邪學湖南湖西最盛ナリ。大村靡然皆惑ヒ打シテ一片トナル云々上啓ス。	三三オ—三四ウ
右同	十二月	○修撰ハ天主教ノ弊ヲ上疏ス。	六九ウ—七〇オ
	二十年（丙辰）	卷四十四	
新穀祭	正月	○王ハ社稷壇ニ新穀ス。	四オ
過期未婚	二月	○各部報ズル所ノ過期未婚ノ男女別單實ナシ王ハ命ジテ京兆堂上ヲ推考別ニ調査セシム。	一一ウ
辮髢冠		○持平ハ朝服ニ辮髢ヲ戴カズシテ登筵ス。承旨ハ之ガ推考ヲ請フ。	一三ウ
天變謹愼	三月	○白虹日ヲ貫ク。王ハ減膳謹愼ヲ表ス。	三六オ
服裝僭越 髮具奢侈 第宅飲食分ニ過グ	四月	○市井ノ巾服殆ンド朝士ノ樣ニ同ジ。傔僕ノ袍鞋依然士夫ノ儀アリ。加髢ヲ罷メ單髻倍高。青髢ノ制省費セント欲シ紬衣反テ華ナリ。第宅ノ踰、飲食ノ侈尙尤耗財ノ極トナル。捕將ト獻納ノ啓。	四七オ
老人優遇	五月	○百歲ノ老人ヲ召見加資ス。	五六ウ

事項	月	記事	出典
		卷四十五	
禱天求嗣	七月	○王ノ言。聖母ハ夜天ニ禱リ國家ニ慶（王子出生）アルヲ願フ。次ニ本宅ニ名人ヲ生ムヲ願フコト三百六十日一日ノ如シ。予ノ生年聖母ノ周甲ト（干支）同ジ。	一〇オ
寺刹重修補助	八月	○禮判ノ啓ニヨリ空名僧帖二百五十張ヲ以テ金剛山表訓寺ト驪州神勒寺重修ノ役ニ助給ス。	二一オ
忌痘移宮	九月	○翁主ノ痘患ニヨリ元子ヲ摛文院ニ移シ王ハ捴府ニ移御ス。	二八オ
棄兒收養	十月	○湖南ノ道臣ヲ飭メ遺棄兒ヲ捜訪セシム。	三二ウ
右同	十一月	○五部ヲ飭メ同上。日寒ナルニヨル。	三九ウ
油蜜果ノ禁		○大司諫ハ上疏シテ光廟元年客使ニノミ油蜜果ヲ用ユ餘ハ嚴禁ス。先朝國婚ト士婚トヲ論ズル無ク油蜜果ヲ禁ジ又金銀露布花ヲ用ユル者ヲ杖ス。今閭里ノ富人ハ嘉會請客、綵花金勝左右ニ映ジ油餳蜜果丈尺ニ及ブト其禁ヲ請フ。	四四ウ
	二十一年（丁巳）	卷四十六	
老人優遇	正月	○京外百歲ノ老人ニ加資凡四人。	二ウ
白雉非瑞		○咸興儒生白雉ヲ獻ズ王之ヲ却ク。	一三オ－ウ
毛帽濟川ノ風	二月	○王ハ新築水原城ヲ殷盛ナラシメントシテ富者ニ帽ト人蔘ノ專賣ヲ許サントス。	一九オ－ウ
家廟郷祠 書院ノ弊		○王ハ慶尚觀察使ニ對シテ曰フ。嶺南ノ人、家廟ヲ以テ郷祠トシ、郷祠ヲ以テ書院トス。轉相倣傚シ邑トシテ之無キハナシ一痼弊ナリ。	二四オ
天變謹愼	四月	○白虹日ヲ貫ク王ハ減膳三日。且言ヲ求ム。	二八ウ－二九オ

項目	月	記事	出典
師傅相見ノ禮	五月	○元子ハ師傅ト諭善相見ノ禮ヲ行フ。	三六ウ―三七オ
旱災愼獄		○王ハ旱ニ付テ秋曹諸臣ニ地下寃恨和氣ヲ傷ルコトアルベク罪人ノ審理ニ意ヲ用ユベキヲ言フ。	四四ウ
郷飮ノ禮	六月	○郷禮合編成ル。京外郷飮ノ禮ヲ修明セントセルモノ也。（事郷約ト關聯アリ）	四七オ―四八オ
星祀論議 祭祀沿革	閏六月	○靈星、老人星ヲ祀ルヤ否ヤニ關スル禮判ノ上書ニ付テ議論アリ。 （此議中他ノ祀即漢拏山、白頭山ノ祭祀其他祭祀ノ沿革ヲ記セリ）	五三ウ―五六ウ
星壇享儀		○星壇ノ享儀成ル。王ハ靈星、壽星ノ祀ヲ復セントスル也。	六〇ウ―六一オ
		卷四十七	
祭祀馬祖	七月	○箭津牧場ノ馬ニ病斃多シ馬祖ヲ祭ル。馬祖祭ノ獻官ハ大僕時任ノ堂上内乘及曾テ其前歴アル者ヲ以テ任ズ。	一ウ・二オ―ウ
風水思想		○御營大將ハ鷹峰下後苑主脉沙汰多ク日ヲ擇ンデ補築スベキヲ啓ス。	二ウ
陵役ト日		○寧陵ノ補土ニ吉日ヲ擇バザリシニヨリ禮曹判書ヲ罷ム。	五ウ
太白山四鐵像	八月	○太白山城ニ四ノ鐵像アリ俗三太師ト稱ス、俗傳高麗太師申崇謙外三人ナリト云フ。毎年致祭ス。右禮曹判書ノ啓。	九オ―ウ
	二十二年（戊午）	卷四十八	
祈穀祭	正月	○社壇ニ祈穀祭ヲ行フ。	二ウ
過時未婚者ノ調査		○四都八道ヲ飭メ過時未婚人ヲ捜訪セシム。忠淸道十四人最モ少ナシ。監司ヲ推考ス。	三オ

項目	年月	記事	出典
祈雨	五月	○三角、木覓、漢江ニ祈雨ス。再行龍山楮子島ニ祈雨。	五五ウ・五七オ
		卷四十九	
端午進扇	九月	○綾州牧使ハ上書シテ節扇ノ弊ヲ云ヒ明年ヨリ其制ヲ小サクセンコトヲ請フ。	三五ウ－三七ウ
救食	十月	○日食アリ命ジテ史官ヲ分遣シ各司救食ノ勤慢ヲ察ス。中學教授躬進セズ其職ヲ罷ム。	四〇オ
		卷五十	
冠禮冊禮	十一月	○王ハ元子ノ冠禮冊禮日ノ事ニ付テ大臣ト相議ス。	五ウ－六ウ
勸農綸旨 農政意見 烟草 サツマ芋		○王ハ農政ヲ勸メ農書ヲ求ムルノ綸音ヲ下ス。應陳二十一人。（古ハ穀雨ニ落種シ夏至ニ移秧ス。貧者耕ニ當ル時牛無ク種無シ。三年ニ旱三年ニ水、十年ニ一大旱十年ニ一大水アリ。稻ヲ作ルニ乾田ト水田トノ二アリ。移秧ノ法ハ中年ヨリ行ハル。由リテ農ヲ廢スル者多シ。煙茶ヲ痛禁シ其種ユルヲ禁スベシ。農家ノ雜說ニ曰フ芙蓉花(蓮)開ク時其一朵ヲ取リ其輕重ヲ秤レバ來年米價ノ貴賤ヲ知ルベシ。甘藷ハ實ニ救荒ノ要タリ南沿諸邑間多ク有之年前既ニ培養ヲ禁ズ。水車ヲ頒行スベシ。	一六ウ－三二ウ
	二十三年(己未)	卷五十一	
疫屍收葬	正月	○是歲輪行ノ病アリ京外死亡凡十二萬八千餘人、造幕救飢、死者ヲ收葬セシム。	一ウ
厲祭		○癘疫多シ東西南三郊ニ厲祭ヲ行フ。諸路ハ地方道臣ヲシテ壇ヲ設ケ祭ヲ行ハシ	二オ

事項	月	記事	出典
		ム。	
衣冠ノ制	二月	○王ハ衣服冠帽ノ制ヲ改メントス。	五ウ－六オ
斬衰ノ條		○禮曹參議ハ上書シテ淸帝ノ喪ニ付テ百官喪服ノ事ニ上書ス。（斬衰ノ條アリ）	七ウ－八オ
結綵香盆		○王ハ命ジテ勅行ノ時ノ結綵及頂香盆ヲ除ク。	一一オ
皇壇祭享		○皇壇ノ祭享日每年三月上旬ニ行フ。本年ハ淸使來ルニヨリ日ヲ變更ス。	一二オ
	五月	○雨ヲ三角、木覓、漢江ニ祈ル。	六一ウ
天主敎ノ弊		○掌令ハ邪學（天主敎）ノ種輦轂ノ下ニ絕エズ之ヲ防杜スベキヲ上言ス。	六七オ
		○左議政等右ニ同ジ。	六八オ－ウ
祈雨不愼		○義禁府ノ啓。忠淸前觀察使ハ昨年雨ヲ連山龍湫ニ祈ル時脚腰ノ症ニヨリ不謹ノ事アリ。投畀ノ典ヲ施スヲ請フ。	六九ウ
祈雨		○三次ノ祈雨應ナシ。	七二オ
奢侈習俗	六月	○全羅觀察使ノ啓。湖南ノ習俗侈ヲ尙ビ器用服飾人ニ勝ルヲ務メ冠婚喪祭節限ナシ。禁斷ヲ加エザルニ非ザルモ俗尙久クシテ變改易カラズ。廟堂ヲシテ營邑ノ關飭ヲ請フ。	八一オ－ウ
		卷五十二	
眼鏡傳來	七月	○王ノ言。予ノ眼力前ニ如カズ、經傳ノ文字ニ眼鏡ヲ必要トス。而シテ眼鏡ハ二百年來初メテ有ルノ物也。	三オ
風水思想		○黃海觀察使ハ谷山ノ東ノ山地ガ龍頭ノ形ヲ爲シ其他風水上ノ好地タルヲ圖シテ啓ス。	九オ－ウ

事項	年月	記事	出典
紋緞ノ禁	八月	○紋緞ノ禁ヲ犯セル者ヲ死ヲ減ジ島配ス。	一六オ―ウ
貂帽輕軒僭乘	十月	○王ノ言。近來侈風長ジ參下ノ文官朝服ヲ着ス。其品ニ非ズベシテ貂帽ヲ用ヰ軒軺ニ乘ル者アリ。	三〇ウ―三一オ
茶禮ノ茶	十二月	○迎接都監ノ啓。迎送勅茶禮ノ時毎ニ蔘茶ヲ用ユ客使鍾ヲ嘗メテ飲マズ。他茶ノ佳品ヲ用ユルヲ請フ。王之ニ從ヒ定式トス。	六二オ
		卷五十三	
	二十四年（庚申）		
冊禮冠禮	正月	○元子ヲ以テ王世子トシ、吉日ヲトシ冊禮ト冠禮ヲ併セ行フコトトス。	一オ―二オ
處女棟擇禁婚		○王ハ命ジテ十一歲、十二歲、十三歲ノ處子ノ婚ヲ禁ズ。王世子嬪揀擇ノ爲ナリ。	二ウ
老人優遇		○八路四都ノ老職ノ人及百歲ノ老人十八人ニ崇政ヲ加フ。	三ウ
祈穀祭		○十四日王ハ社稷ニ祈穀ス。	四オ
行幸立炬		○王ハ園（王ノ實父ノ墓）行之時鷺梁ヨリ始興迄炬ヲ植テ燈ニ代ユ。	四ウ
冠禮冊禮		○王世子冠禮冊禮ノ時ノ次第ヲ定ム。其他本項ニ關スル件。	五オ―六オ・六ウ・一〇オ―一二ウ―一二オ
定名		○王世子ノ定名定字ヲ定ム。	一一ウ―一二オ
冠禮冊禮	二月	○王世子冠冊ノ禮ヲ行フ。	一五ウ―二一オ
銀飾ノ禁		○持平ハ上書シテ銀ヲ裝飾器具ニ用ユルヲ禁ゼンコトヲ請フ。	三七オ
處女擇定 婢禁婚		○世子嬪ノ初選擇ヲ行フ。三人ヲ選擇ス選外ノ者ノ婚ヲ許ス。	四一オ
		卷五十四	
東海神廟	四月	○暗行御使ノ啓。襄陽ノ洛山ニ東海神廟アリ近來國ヨリ祭祀セズ、往來商旅輒ク祈	一ウ―二オ

禱シ淫祠トナル。近來風濤險惡入間溺死シ魚産少ナキハ之レニ由ル。

事項	月	記事	出典
處女揀擇		○王世子嬪ヲ再擇ス。	四ウ
鄕飲酒禮		○掌令ノ言。年前鄕飲酒禮ノ儀式、鄕約五條ヲ八路ニ頒下ス。近來遐方ノ民俗老ヲ老トシ長ヲ長トスルノ義ヲ知ラズ。	一五ウ
處女揀擇	閏四月	○王世子嬪再揀擇ヲ行フ。	一九ウ―二〇オ
救病祈禱	六月	○王ノ病篤シ、廟社宮山川ニ祈禱ス。	六四オ
國喪前兆		○王昌慶宮ノ迎春軒ニ薨ズ。是日日光相蕩シ三角山鳴ル。是ヨリ先楊州長湍諸邑禾稼方ニ茁茂ス一日ニシテ忽チ變ジテ白シ。故老之ヲ見テ曰ク所謂居喪稻也ト。	六四ウ
喪葬記事		○沐浴小斂ヲ行フ。(以下ノ喪葬記事普通ノモノハ略ス)	六五オ

純宗實錄　卷一（純宗後ニ純祖ト追尊ス）

事項	年月	記事	出典
誕生祥兆	卽位ノ年（庚申）	○宮人飛龍ノ祥ヲ夢ム。綏嬪朴氏娠メル有リ誕ニ及ビ彩虹廟井ニ亘リ神光宮林ヲ繞ル。正宗之ヲ視テ是兒ノ福祿吾ノ及ブ所ニ非ズト曰フ。	一オ
風水思想	七月	○山陵ノ吉地ヲ看審ス。	四ウ・五ウ―六オ
梓宮着漆		○外梓宮ニ漆ヲ着ク六十度。	六オ
喪葬記事		○殯殿ニ朝奠ヲ行フ。（以下ノ葬喪記事特殊ノモノ外略）	八オ
奴婢革罷		○內奴婢、寺奴婢ヲ革罷シ案ヲ燒ク。	二〇オ
梓宮結裹	九月	○梓宮結裹後別奠ヲ行フ。	二一オ
妖巫道場		○掌令ハ上疏シテ城西ノ古刹ニ在ル一妖巫ハ先王ノ追福ト稱シ道場ヲ設ク。昔成宗違豫ノ日近泮ノ地ニ於テ祈禱セシヲ之ヲ逐ヒシ例アリ。右妖巫ノ嚴査追放ヲ請フ。	二二オ―ウ
結綵	十月	○勅使ヲ迎フル時結彩ヲ爲ス勿ラシム。	三一ウ
入葬		○玄宮ヲ下ス。（先王ヲ華山ニ葬ル）	三三オ
		卷二	
老人優遇	元年（辛酉）正月	○應貢老人下批百歲ノ者四十五人。	一オ
天主教ノ弊	二月	○憲府ノ啓。邪學ノ徒李家煥、李承薰、丁若鏞ノ罪誅スベシ。其徒刑憲ヲ犯ス飲食ノ如ク刀鋸ヲ視テ樂地トス。火ノ如ク京鄉ニ彌滿ス云々禁邪ノ政ヲ嚴ニスベキヲ言フ。	二五ウ

純宗二年

事項	月	記事	丁
天主敎ノ弊		○副修撰ハ邪學ノ徒ヲ嚴鞫スベキヲ疏言ス。	二八オ
右同		○其他右同樣天主敎ニ關スル件。神主ヲ焚キ祭ヲ廢スル者アリ。	二八ウ—三〇オ・三〇ウ—三一オ・三五オ—三七オ—三八オ—三九ウ
右同	三月	○天主敎ニ關スル件。	四二ウ—四五オ・四五オ—五〇オ
右同	四月	○同　上。	五〇オ—五二ウ五二ウ—五五オ・五八オ—七〇オ
		卷三	
右同	五月	○邪學ノ罪人結案。神主ヲ焚キ或ハ埋メ祭祀ヲ廢スル者アリ。洗禮ヲ受ケシ女多シ。彼信者ハ男女混處ス。	九オ—ウ・一四オ—ウ
右同	六月	○邪學ニ關スル件。討逆文ヲ頒ツ。	二二ウ—二三オ・二四オ—ウ
右同	七月	○同上天主敎ニ關スル件。	二九ウ—三〇オ
右同	八月	○掌令ノ上疏邪學ノ害ヲ云フ。其他天主敎ニ關スル件。神主ヲ埋ム祭ヲ廢ス。	三五ウ—三六オ
右同	九月	○右同ノ件。	四〇ノオ—ウ
右同	十一月	○討邪ノ奏文。（天主敎ノ黨徒ヲ刑戮セルコトヲ淸帝ニ奏ス）	四七オ—四八ウ
右同		○邪學ノ罪人ヲ鞫ス。	五二オ—ウ
五家統ノ規		○命ジテ京城五家統ノ規ヲ申飭ス。	五三ウ
天主敎徒ノ斷罪	十二月	○討邪ノ陳賀ヲ仁政殿ニ行フ。	六四ウ—六七ウ
	二年（壬戌）	卷四	
老人優遇	正月	○應資老人下批百歲ノ者二十八人。	一オ
祔廟祭	七月	○先王ヲ祔廟ス。	二八ウ

事項	月	記事	出典
處女揀擇	八月	○大妃ハ三揀擇ヲ行ハシム。（王妃ノ候補者）	三〇オ
右同	九月	○三揀擇ヲ行キ之ヲ定ム。	三三ウ
納徵納采ノ禮		○納徵ノ禮ヲ行フ。納采ノ禮ヲ行フ。	三五ウ
告期ノ禮 同牢ノ宴 朝見ノ禮	十月	○告期ノ禮ヲ行フ。妃ノ冊禮ヲ行フ。親迎ノ禮ヲ行フ。同牢ノ宴ヲ設ク。王大妃ハ王妃朝見ノ禮ヲ受ク。	三七オ・三八オ—三九オ—三九オ・ウ
	三年（癸亥）	卷五	
老人優遇	正月	○應賓老人下批百歲ノ者三十九人。	一オ
廟見ノ禮	四月	○王妃廟見ノ禮ヲ行フ。（王妃廟見ノ禮ハ肅宗ニ始マル）	二五オ
酒禁意見	八月	○司諫ノ疏。長腰皆釀戸ニ入リ市上ノ魚肉盡ク酒家ニ歸ス。酒ハ全然禁斷スベカラズ大釀ヲ禁ズベシト言フ。	三二ウ—三三オ
王妃冠禮	十月	○中宮殿ノ冠禮ヲ行フ。	三七オ
童子揀擇 童ノ禁婚	十二月	○翁主今十一歲明年吉禮ヲ行ハントス。駙馬ヲ歲後ニ揀擇。十三歲ヨリ九歲迄ノ童蒙ノ婚ヲ禁ジ單子ヲ捧入セシム。	四五ウ
	四年（甲子）	卷六	
老人優遇	正月	○老人ニ別歲饌ヲ別ツ。仍ホ命ジテ存問ス年例也。（以下每年此記事アリ略ス）	一オ
童子揀擇	三月	○王ハ重熙堂ニ御シ淑善翁主ノ駙馬再揀擇ヲ行フ。	一三オ
祈雨	五月	○祈雨祭ヲ行フ。二次三角、木覓、漢江ニ同上。三次南壇、雩祀。	六オ・一七オ
祈晴	六月	○四門ニ禜祭晴ヲ祈ル。同上再行。	二四ウ・二五オ

事項	月	記事	出典
識諱秘記	九月	○鞫廳ノ啓。罪人性世本先ヅ闕西ノ秘記ヲ以テ都城四門ニ掲グ云々。	三六オ
		卷七	
	五年(乙丑)		
老人優遇	正月	○應資老人下批百歲ノ者四十五人。	一オ
八旬ノ賀		○王ハ仁政殿ニ御シ大王大妃ニ箋文ヲ上ル。(望八ノ賀)	同
救病祈禱		○大妃病ム。廟、社、宮、山川ニ祈禱ス。	三オ
喪葬記事		○大妃景福殿ニ昇遐ス。(以下ノ喪葬記事常例ノモノハ略ス)	同
風水思想		○禮判等山陵看審ヲ以テ出去ス。王廬次ニ引見ス。吉日ヲ以テ山陵ニ封標ス其他山	四オ・ウ・五オ―ウ
宮中廬居		陵相地ノ件。	
梓宮加漆		○梓宮加漆三十一度(銀釘上加漆十度)猶加添四度。	六オ
葬期拘忌	二月	○禮月(埋葬ノ月)陰陽家ノ拘忌アリ國朝故事、多ク之レニヨリ日ヲ繰上ゲ又繰下グ。王ハ日官ヲ入侍セシム。國朝以來日官ノ言ヲ未ダ用ヰザルアラズ。	七オ―ウ
右同		○弘文館ハ右件ニ付テ拘忌ヲ非トシ五月葬ノ原則ニ從フベキヲ上疏ス。	八オ―ウ
風水思想	五月	○承旨ハ山陵ノ土ヲ取リ五色備ハレルヲ啓ス。	二一オ
入葬	六月	○發引玄宮ヲ下ス。立主奠禮ノ如シ。	二五オ
		卷八	
	六年(丙寅)		
老人優遇	正月	○應資老人下批百歲ノ者四十五人。	一オ
虞主埋安		○虞主ヲ大廟ノ北墻ニ埋安ス。	五オ

事項	年月	記事	出典
		卷九	
祈雨	六月	○初次ノ祈雨祭ヲ三角、木覓、漢江ニ行フ。	二三オ
僧徒廣占 幼學冒稱	九月	○校書判校ハ西北兩道ノ還弊、軍弊、恤獄、戢盜、僧徒廣占。幼學ヲ冒稱スルノ弊ヲ疏陳ス。	三八ウ
	七年(丁卯)	卷十	
風水思想	三月	○泰陵沙汰ノ頃龍虎切近ノ地ニアリ。一二年ノ故ニ非ズト禮曹ノ啓ニヨリ不修不報ノ陵官ヲ拿問ス。	九ウ
祔廟祭	四月	○貞純王后ヲ祔廟ス。王ハ還御明政殿ニ賀ヲ受ク。	一二オ
	八年(戊辰)	卷十一	
老人優遇	正月	○應資老人下批百歲ノ者三十三人。	一オ
忠臣喪日 民人着素		○王ノ言。統營ノ民今ニ至テ李舜臣ヲ思フ。前統制使曰ク。忠武公(舜臣ノ謚號)ノ喪ニ民皆素ヲ着ル今ニ至ルモ流傳女子ト雖モ皆ナ素裳ヲ着ル。	一ウ
朱子影堂 毀撤	三月	○前慶尙監司ト英陽縣監ハ朱子ノ影堂ヲ毀撤セル事ニヨリ太學ノ儒生等捲堂シ所懷ヲ陳ズ。	四ウ—五オ
王ノ祈福 寺刹佛事	四月	○禮判ノ上言。神勒寺中方ニ大ニ佛事ヲ張ラントス群僧遠キヨリ至ル。聖上ノ祈福ヲ行ハントス其財ハ内下ストノ說アリ。王ハ曰ク予未ダ知ラズモシ此事アラバ將ニ禁ズベシ。	九オ

事項	年月	記事	出典
祈雨	五月	○三角、木覓、漢江ニ祈雨。再次龍山楮子島。	一四ウ
喫烟成風	十一月	○召對王ノ言。俗ニ云フ所ノ南草近來習俗既ニ痼トナリ男女老少嗜マザルナシ。	三六オ―ウ
	九年(己巳)	卷十二	
老人優遇	正月	○應資老人下批百歳ノ者四十三人。	一オ
捲草官	三月	○産室廳日ヲ擇ンデ擧行捲草官ヲ命ズ。	二三ウ
祈雨	五月	○祈雨三角、木覓、漢江。二次龍山楮子島。三次南壇、雩祀。四次社壇、北郊。五次宗廟。	二七オ―ウ
右同	六月	○六次祈雨三角、木覓、漢江。七次龍山楮子島。八次南壇、雩祀。	二九ウ・三一オ
胎封	九月	○元子宮ノ胎封ヲ吉地永平縣ニ定ム。書雲觀ノ啓ニヨル。	四一オ
	十年(庚午)	卷十三	
老人優遇	正月	○應資老人下批百歳ノ者五十一人。(以下此年例ノ記事略ス)	二オ
祈穀祭		○祈穀大祭ヲ行フ。(以下此年例ノ記事略ス)	同
酒禁	五月	○左議政ノ言。今番ノ酒禁ハ救荒ノ爲也禁ヲ行フ已ニ半年兩麥登稔ス此後私家ノ祭享ニハ酒ヲ許シ大小宴會ハ一々嚴禁セズ少シク弛メン。	二三オ
祈雨	六月	○祈雨祭ヲ行フ。	二四オ
拘忌移宮		○拘忌ニヨリ王ハ王大妃及嘉順宮ヲ奉ジテ慶熙宮ニ移御ス。	二六オ
祈雨		○再次祈雨祭ヲ行フ。	同
	十一年(辛未)	卷十四	

殿中ノ禮	三月	○王ノ敎。近來殿坐ノ時小次出入ノ際侍衛必ズ鞠躬屈伸ノ規アリ。古ハ入侍諸臣ト雖只跪坐スルノミナリ。	八ウ
祈雨	四月	○三角、木覓、漢江ニ祈雨祭ヲ行フ。再次祈雨三次四次五次六次祈雨。各道及四都ニ祈雨祭ヲ設ク。七次八次九次十次祈雨。	三七オ・ウ—三九ウ・四〇ウ・四一オ・ウ・四二ウ
巫女入宮		○禮判ノ言。近日巫女闕內ニ出入スル者アリ云々。	三八オ
禁酒		○酒禁ヲ飭行ス。	四〇オ
祈雨	五月	○十一次ノ祈雨祭ヲ行フ。太廟ニ同上。五方土龍祭ヲ行フ。祈雨報謝祭ヲ行フ。	四二ウ・四三ウ・四四オ
		卷十五	
孝子烈女等ノ旌閭	三月	○孝子烈女孝婦忠臣百餘人ヲ旌閭ス職秩ヲ贈ル。	二八オ—二九オ
乞丐穴居		○四道流丐ノ徒京ニ來リ四門外ニ窰窖ヲ築キテ居ル。	二九オ
厲祭	四月	○海西ニ厲祭ヲ設ク。	三二ウ
		卷十六	
世子册禮	七月	○王世子ノ册禮ヲ仁政門ニ行フ。	一一ウ—一三オ
讖緯妖言	八月	○洪景來ノ亂ハ讖緯ノ書ニ憑藉シ邪誕ノ術ト妖言ヲ以テ人心ヲ煽動セシニ由ルト兩司ヨリ啓ス。	一五オ—ウ
	十二年（癸酉）	卷十七	
取肝父ノ墓ニ告グ		○統制使ハ賊ノ矢下ニ死ス。其子賊魁ノ刑死ヲ俟チ肝ヲ採テ父ノ墓ニ告グ。	一六オ

還暦賀箋	正月	○王大妃回甲、王親ヲ詞箋文ヲ上リ表裏ヲ致ス。仍ホ仁政殿ニ御シ賀ヲ受ク。	一オ―ウ
祈雨	五月	○初次ノ祈雨祭ヲ行フ。	一〇オ
右同	六月	○再次ノ祈雨祭ヲ行フ。	同
	十四年（甲戌）		
八旬賀箋	正月	○王ハ仁政殿ニ御シ惠慶宮ニ親上シ箋文表裏ヲ致シ仍ホ賀ヲ受ク。（八旬ノ賀）	二二オ
戰死設祭		○西變（洪景來ノ亂）死節ノ人ヲ忠義壇ヲ設ケ祭ル。	二三ウ―二四オ
祈雨	四月	○祈雨祭ヲ行フ。再次同上。三次四次五次六次同上。	三四オ・ウ
右同	五月	○七次八次九次十次同上。	三五オ・ウ・三六オ
酒禁	六月	○八月一日ヨリ禁酒ス。	三六オ―ウ
孝子烈女等ノ年報	九月	○禮曹ハ各式年京外ノ忠臣、孝子、孝婦、烈女、孝女、忠臣ヲ政府ニ狀報分等抄啓旌閭又ハ贈秩ス。（以下各式年此記事アリ略ス）	五五オ―ウ
禁酒反對ノ官處分		○刑曹判書ノ職ヲ削リ法司諸堂、左右捕盜大將ヲ重推ス。禁酒行キ難シトシ只大醸ヲ禁ゼンコトヲ請ヒシニ因リ其職責ヲ果サズトセシニヨル。	五六オ
	十五年（乙亥）	卷十八	
屍骨掩埋	正月	○備局ノ啓ニヨリ都下ニ多クノ流丐ノ死亡セル者ヲ掩骸セシム。	一ウ
禁酒民怨		○備局ハ禁酒勵行ニヨリ犯禁甚シク、權利者ハ免レテ小民害ニ罹リ民怨多シ。且禁隷ト假稱シ民產ヲ掠奪スルノ弊アルヲ言フ。	一ウ
尼ノ入城佛賽盛行		○領議政ノ言。近來婦女比丘尼輩城內ニ出沒忌ムナシ。祈賽寺刹ニ遍ネシト言フ。	三オ
陵火慰祭	五月	○光陵ノ莎上失火ス慰安祭ヲ行フ。	一〇オ
祈雨		○祈雨祭ヲ行フ。再次同上。	一〇ウ

事項	年月	記事	出典
厲祭	八月	○湖南ニ厲祭ヲ設ク。	同 一二オ
儒者ノ天主教反對		○成均館儒生捲堂ス。洋學（天主教）ノ餘黨昨冬捕廳未ダ盡ク究覈セズ今夏嶺南ニ國溗山中ノ變アリ其斷案嚴ナラザルト言フ。	二三ウ
居牛ノ禁	十二月	○京外牛禁ヲ飭ス。	二四オ
		○慶惠宮（正宗ノ父莊獻世子ノ配）景春殿ニ卒ス。	
	十六年（丙子）	卷十九	
喪葬記事		○初虞祭ヲ行フ。（以下ノ喪葬記事略ス）	二ウ
入葬	三月	○華城ノ顯隆園ニ葬ル。	九オ
卒哭祭		○王ハ魂宮ニ至リ卒哭祭ヲ行フ。	一三ウ
新晴	六月	○禜祭ヲ四門ニ行フ。再次同上。四門ニ報謝祭ヲ行フ。	二一オ
王族亂行	七月	○正言ハ南延宮亂常ノ罪ヲ劾ス。病ト稱シ魂宮ヨリ第ニ還リ肉ヲ煮、骰ヲ投ズ。寢苫ノ處妖娼ヲ駄致シ荒淫狼藉。	二二ウ
	十二月	○魂宮ニ練祭ヲ行フ。	三五オ
	十七年（丁丑）	卷二十	
入學ノ禮	三月	○王世子文廟ニ詣リ酌獻入學ノ禮ヲ行フ。王ハ仁政殿ニ御シ賀ヲ受ク。	一一オ―一二オ
新晴	七月	○四門ニ禜祭ス。	二二ウ
	十八年（戊寅）	卷二十一	

事項	月	記事	出典
王陵偸葬	二月	○漢城府ノ啓。麗朝諸王陵ノ百歩内ニ偸葬多キヲ王氏ノ子孫ヨリ上言ス。右犯葬ヲ掘移ス。	六ウ—七オ・七ウ—八オ
麗王火葬	三月	○開城留守ハ右ノ件ニ關聯シ麗王ノ陵ニ火葬ノモノアルヲ言フ。又麗初ニハ王陵后陵ノ別無カリシヲ言フ。	一〇ウ—一一オ
	十九年（己卯）	卷二十二	
冠禮主人	正月	○王世子冠禮ノ時主人アルベク此廢スベカラザルノ大禮也。宗室凋落其人無シ、王ハ大臣ニ問フ。	二オ—ウ
直領ト道袍	三月	○三議政ノ言。我朝ノ直領、道袍ハ均シク是便服也。古ハ士大夫平居ニ多ク直領ヲ用ユ近世ハ多ク道袍服ヲ用ユト云々。	八オ
冠禮		○王ハ崇政殿ニ御シ王世子ノ冠禮ヲ行フ。賀ヲ受ク。	八ウ—九オ
處女揀擇禁婚	四月	○王世子嘉禮揀選ノ爲九歳ヨリ十三歳ニ至ル處子ノ婚ヲ禁ズ。	一一オ
處女揀擇	五月	○右初揀擇ヲ行フ。同上再揀擇、三揀擇ヲ行フ。	一四オ・ウ・一五オ
祈雨		○祈雨祭ヲ行フ。再次三次四次同上。	一四オ・ウ
世子嬪ノ擇定	八月	○王世子嬪ヲ副司趙萬永ノ女ニ定ム。親迎納徵ノ吉日ヲ定ム。	一九ウ・二〇オ
納徵ノ禮	九月	○王世子嬪ノ納徵禮ヲ行フ。	二七オ
告期ノ禮 親迎ノ禮 同牢ノ宴 朝見ノ禮	十月	○右告期ノ禮ヲ行フ。冊嬪ノ禮ヲ行フ。醮戒ノ禮ヲ行フ。世子別宮ニ詣リ親迎ノ禮ヲ行フ光明殿ニ同牢ノ宴ヲ行フ。王ハ崇政殿ニ御シ賀ヲ受ク。王世子嬪ハ大殿、中宮殿ニ朝見ノ禮ヲ行フ。	二七ウ・二八オ—二九オ
廟見ノ禮	十一月	○同上廟見ノ禮ヲ行フ。	三〇オ

事項	年月	記事	出典
		巻二十三	
捲草官	二十年（庚辰）二月	〇捲草官ニ加耆ス。	二ウ
陵園親謁 關廟行禮	二十一年（辛巳）二月	〇王ハ健陵及顯隆園ニ展謁親祭。還宮ノ時南關王廟ニ詣リ行禮ス。	二三オ―ウ
救病祈禱		〇王大妃病篤シ。廟、社、宮、山川ニ日ヲトセズシテ祈禱ス。	二六オ
喪葬記事	四月	〇王大妃慈惠殿ニ昇遐ス。沐浴襲奠ヲ行フ。（以下ノ葬喪記事略ス）	二六オ・ウ
風水思想		〇新陵之事ニ付テ領敦寧事上疏ス。近來卜筮ノ法廢ルト雖モ擇地ノ說猶存ズ云々。	二八オ
改葬期間		〇士大夫ノ家緬禮ノ時舊墳ヲ破リ改葬ノ期ハ三月以內トス。	三〇ウ
宮中廬居 風水思想		〇王廬次ニ在リ。大臣、遷葬都監、相地官等陵地ニ付テ啓ス。	三一ウ―三二ウ
		巻二十四	
祈晴	七月	〇四門ニ禜ス。再次同上。（陵ノ工事アルニ雨多キニヨル）	一オ―ウ
變態心理		〇廣州幼學ハ楊州檜巖寺ノ浮圖及石碑ヲ碎破シ舍利ヲ偷ミ仍ホ親ヲ其地ニ葬ル。	一ウ―二オ
疫疾屠禁ヲ弛ク	八月	〇都下輪行怪疾（コレラナル如シ）熾也。五日ヲ限リ屠ヲ禁ズル勿ラシム。	二一ウ
訛言斫松		〇右病ノ爲訛言ニヨリ都民奔波シテ四山ノ生松ヲ斫取ル幾萬株。	二三オ
入葬	九月	〇大王王后ノ兩立宮ヲ下ス。	二五オ
厲祭		〇嶺南各邑ニ厲祭ヲ行フ。	二六ウ
		巻二十五	
妖誕說鬼	二十二年（壬子）四月	〇大司諫ノ疏。前佐郎金基叔楊州ニ在リ鬼ノ脅ス所トナル。行護軍洪、進士柳等鬼	九オ―ウ・九ウ―一

事項	月	記事	出典
		ヲ祭ル治壇三獻其祭文ハ前直閣金之ヲ作ル。鬼自カラ謂フ麗末ノ淸廣將軍ナリト。其鬼夜來リ或ハ晝見ユ酒ヲ討リ肉ヲ請フ士女信ヲ傾ク。其說妖誕ナリ右ノ者等ノ勘律ヲ請フ。三司爭執王從ハズ。	〇オ
祈雨	六月	○祈雨祭ヲ行フ。•再次同上。	一一ウ・一二オ
厲祭	七月	○怪疾多シ海西死亡萬餘。京ハ厲祭ヲ設ケ外ハ最甚シキ處厲祭及慰安祭ヲ行フ。	一四オ
右同	八月	○關東ハ別ニ厲祭ヲ設ク。	一五ウ
監司嫖娼		○平安前監司ハ名娼ヲ載セテ京ニ送リ富人ノ子ニ諂ヒ納ル。暗行御史之ヲ劾ス。	同
		○嘉順宮寶慶堂ニ逝ク。	一九ウ
	二十三年（癸未）	卷二十六	
禮葬ノ樂品副葬品	正月	○禮葬ノ時ノ樂器、明器、名數ハ乙亥ノ年ノ例ニ依ル。	六オ
喪葬記事	二月	○丁卯巳時玄室ヲ下ス。立主奠ヲ行フ。（前後喪葬記事略ス）	一三ウ
祔廟祭	五月	○太廟ニ祔廟祭（王大妃）ヲ行フ。賀ヲ頒ツ。	二〇ウ－二一オ
奠鴈同牢	六月	○王ハ命ジテ公主嘉禮ノ時奠鴈ハ傾敦窩本房、同牢ハ公主宮ト定ム。	二五ウ
庶孽許通	八月	○京畿、湖西、湖南、嶺南、海西、關東ノ儒生九千九百九十六人ハ上疏ス。要領ハ庶孽許通ニアリ。庶子ノ冤事ハ庶孽ハ萬世庶孽ニシテ。一、子トシテ父ヲ呼ブコトヲ得ザルコト。二、家ヲ繼承スルヲ得ザルコト。三、任官ノ途ノ塞カレアルコトノ三點也。	二七ウ－三一オ
右反對論		○成均館居齋儒生（何レモ皆嫡出也）ハ撥堂所懷ヲ啓ス。嫡庶ノ分ノ紊ルベカラザルコト。妾ハ良家ノ女十ノ一二公私賤十ノ八九ナリ若シ許通セバ兩班ハ賤民ト親	三一オ－三二ウ

事項	年月	記事	出典
庶孽許通	九月	族關係トナルベシ。庶子ガ父ヲ呼ブヲ得ザルコトハ法令ノ定メニ非ズ家ノ則トシテ自然ニ慣習トナリシモノナリ云々。 ○備局ハ庶孽許通ノ件ニ付テ意見ヲ陳ス。	三五オ—三九ウ
右同	十一月	○備局ハ庶孽許通節目ヲ議定ス。	四二ウ—四三オ
	二十四年（甲申）	卷二十七	
祈雨	五月	○初次ノ祈雨祭ヲ行フ。再次同上。	二七ウ・二八オ
右同	六月	○三次四次五次六次同上。	二八ウ・三〇ウ・三一オ
	二十六年（丙戌）	卷二十八	
春窮	正月	○王ノ敎。蔀屋（貧農ノコト）春窮何ノ歲モ然ラザルナシ。	一ウ
酒禁	五月	○兩麥熟ス王ハ酒禁ヲ弛メシム。	七ウ
妖誕惑衆		○掛書ノ罪人金致奎ハ妖讖虛捏或ハ聖人或ハ道士ト稱ス。木印破字ノ占　付ブ云々。	八オ
	二十七年（丁亥）		
夜禁	正月	○夜禁ヲ申飭ス。	三二ウ
		卷二十九	
捲草官	五月	○王世子嬪宮ノ產室廳ヲ設ケ吉日ヲ擇ンデ捲草官ヲ任命ス。	一〇ウ
誕生元孫	七月	○王世子嬪ハ元孫ヲ誕生ス。第三日宗廟ニ告グ、第七日陳賀ノ禮ヲ行フ。	二〇ウ
胎峰	十一月	○王世孫ノ胎ヲ安胎使ヲ遣ハシ德山縣伽倻山下明月峯ニ胎封ス。	四七オ

事項	年月	記事	出典
		卷三十	
蟲害祈禳	二十八年（戊子）七月	○大丘外十四邑蟲害アリ酺祭ヲ設ク。	九ウ
關廟行禮	二十九年（己丑）二月	○上ハ徽慶園ニ展拜還宮ノ時東關王廟ニ行禮ス。	三四オ
		卷三十一	
駙馬揀擇	三十年（庚寅）三月	○福温公主ノ駙馬ヲ再揀擇。同上三揀擇。副司果金淵根ノ子ニ定ム。	四ウ・五ウ
奠雁同牢		○右嘉禮ノ時奠鴈處ハ驪州牧使ノ家、同牢ハ公主宮ト定ム	同
廣袖ノ禁 乘轎ノ禁	四月	○王世子ハ命ジテ士大夫ノ廣袖周衣ヲ着ルコトト草轎ニ乘ルコトヲ禁ズ。	六ウ
救病祈禱	五月	○王世子病篤シ日ヲトセズシテ山川、廟、社、宮ニ祈禱ス。	九ウ
		○王世子薨ズ。	九ウ－一〇オ
喪葬記事		○申時沐浴襲典。（以下ノ喪葬記事常例ノモノハ略ス）	一〇オ
祈雨卜國喪		○天安等二十二邑ノ祈雨祭ハ拘ハル無ク設行セシム。	一三ウ
風水思想	六月	○看山ノ件。	一三ウ
出棺小門		○王世子ノ發靷返虞ハ弘化門ノ東挾門ヨリセシム。	一五オ
風水思想		○王世子墓地ノ件。墓所ヨリ五骸骨現ハル更ニ吉地ヲトセンコトヲ諸臣請フ。王ハ	一八オ・ウ
		深掘セシム又多ク骸骨現ハル。更メテ吉地ヲトス。	一九オ
祈雨卜國喪	七月	○嶺南ノ祈雨祭ハ拘ハルコト無ク設行セシム。	二五オ
梓宮加漆	八月	○失火ニヨリ殯宮焦ク。慰安祭ヲ行フ。梓室ニ漆ヲ塗ルコト百度。	三一オ
虞祭		○玄室ヲ下ス。（虞祭ハ四虞ニテ止ム）	三一ウ

卷三十二

胎室石物	十一月	○忠州九萬里景宗ノ胎室ノ蓋簷石、隅裳石、坐臺石、正南下磚石、横帯石、蓮葉柱石ニ變作ノ跡アルヲ發見ス。	一二オ―ウ
地方關廟	**三十二年**（壬辰）三月	○王ハ命ジテ湖南ノ誕報廟、嶺南ノ關王廟ノ衣襨ヲ新備セシム。	一九オ
祈雨	五月	○初次祈雨祭。再次同上。	二三ウ
右同	六月	○三次四次五次六次同上。	二四オ・二五オ
祈晴	七月	○祈晴祭ヲ四門ニ行フ。	二六オ・ウ
賓客相見ノ禮	九月	○王世孫師賓客相見ノ禮ヲ行フ。	三七ウ―三八オ
禁酒		○王ハ敎シテ酒禁ノ法ヲ嚴明シ有名無實ニ了ルナカラシム。	三八ウ
禁酒犯	閏九月	○前郡守ノ家ニ釀酒密賣ノコト發覺シ邊遠ニ定配ス。	三九ウ
右同		○酒禁ノ時犯釀者及買飲者ニ定律ナシ。禮曹ハ請フテ其事目ヲ定ム。	三九ウ―四〇オ
禁域偸葬	十一月	○禁衛營ノ啓。五衛ノ將張濟汲ハ母ヲ本營字内南山禁標ノ中ニ偸葬ス。之ヲ掘出サシム。	四四オ
風水思想		○刑曹ノ啓。右偸葬ノ時地師ト共ニ觀山ス。	四四オ―ウ
酒禁	十二月	○王ハ酒禁漸ク弛ムニヨリ之ヲ團束申明セシム。	四五オ
	三十三年（癸巳）	卷三十三	
米騒動	三月	○米價騰貴ス。米商ノ時ニ乗ズル射利ニヨルトシ民怨沸騰聚徒廛ヲ毀チ券ヲ燒ク。	四ウ―七オ
禁酒	四月	○酒禁ヲ弛メ其犯人ヲ放ツ。	九オ

事項	年月	記事	出典
新晴	七月	○四門ニ禜祭ヲ設ク。	二〇オ
		卷三十四	
	三十四年（甲午）		
衣服奢侈	二月	○左議政ノ言。近來奢侈ノ風盛ンニ堂下ノ章服紗羅ニ非ザレバ耻トナス。寒素ノ婚具皆錦綺ヲ用ユ。委巷ノ匹庶従テ效フ紋緞ノ禁行ハレズ云々。	三オ―ウ
奢侈超分		○持平ハ上疏シテ婚需、飲食、家舍、器皿ノ奢侈分ヲ超ユルヲ言フ。	四オ―五オ
祠院ノ弊	三月	○左議政ハ祠院私設ノ弊ヲ上言ス。	五オ
	十一月	○王病篤シ廟社山川ニ祈禱ス。	二一ウ
王薨去		○王慶熙宮ノ會祥殿ニ昇遐ス。	同
披髮素服		○王世孫披髮易服、中宮・世子嬪皆冠ヲ去リ披髮素服ヲ着ル。（以下葬喪記事略）	二二オ

憲宗實錄 卷一

事項	年	月	記事	出典
風水思想	卽位ノ年（甲午）	十二月	○先王ノ山陵ヲ坡州舊長陵ノ左岡ニ定ム。	三オ
			卷二	
右同	元年（乙未）	二月	○山陵ノ土地土質不良役事ヲ停止。相地官ヲ拿囚シ總護使以下ヲシテ更ニ吉地ヲ看審セシム。	三オ
右同		三月	○山陵ヲ交河ノ長陵局內ニトス。	三ウ
喪葬記事		四月	○先王ヲ仁陵ニ葬ル。（此前後喪葬記事普通ノモノハ略ス）	四ウ
厲祭		六月	○疾診流行京、外ニ厲祭ヲ設行ス。	六ウ
病者ノコヤニ訛ク			○大風アリ大妃ハ病幕ノ破損多キヲ慮リ救恤セシム。	七オ
祈晴		閏六月	○禜祭ヲ行フ。	七オ
			卷三	
胎室	二年（丙申）	三月	○翼宗大王（追尊王）ノ胎室ニ加封（土ヲ盛ルコト）ス。時ノ關係官ヲ賞ス。	四オ
妖言ノ禁		四月	○妖言ノ禁ヲ嚴ニス。	五オ—ウ
六臣招魂			○東鶴寺ニ端宗ノ朝ノ六臣招魂記アリ僧徒ヲシテ主持セシム。後ニ鄉儒輩公州ニ移設書院トス。命ジテ院ヲ毀チ寺ト爲シ緇衲ヲシテ守護セシム。	五オ—ウ
	三年（丁酉）		卷四	

事項	月	記事	張
處女揀擇	二月	○三揀擇ヲ行ヰ王妃ヲ定ム。	三ウ
納采ノ禮	三月	○王ハ仁政殿ニ納采ノ禮ヲ行フ。	四オ
納徵親迎同牢ノ宴		○右同納徵ノ禮ヲ行フ。親迎ノ禮ヲ別宮ニ行フ。同牢ノ宴ヲ大造殿ニ行フ。	四ウ
厲祭		○嶺南ニ別厲祭ヲ設行ス。	五オ
祈雨	五月	○祈雨祭ヲ行フ。	七オ
	四年(戊戌)	卷五	
右同	六月	○七次ノ祈雨祭ヲ行フ。九次十次同上。	六オ
	五年(己亥)	卷六	
天主敎ノ嚴禁	二月	○右議政ハ邪學ヲ窮覈センコトヲ請フ。王之ニ從フ。	七ウ
右同	五月	○大妃ハ邪學ノ事ニ付テ言フ。	九ウ—一〇オ
天主敎	六月	○邪學ノ罪人八人ヲ誅ス。(其他天主敎ニ關スル記事以下ニ多シ略)	一一オ
		卷七	
騎驢ノ風 乘轎成風	三月	○右議政ノ言。近來馬政振ハズ。朝士驢ニ騎ス又乘轎風ヲ爲ス。上下貴賤遠近トナク皆轎ニ乘ル。	四オ
乞食送還	五月	○京ニ流來ノ乞丐多シ饑營ヲシテ原籍ノ官ニ押送セシム。	七オ
	七年(辛丑)	卷八	

事項	月	記事	丁
王妃冠禮	四月	○中宮殿ノ冠禮ヲ行フ。	九ウ
	八年（壬寅）	卷九	
祈雨	五月	○祈雨祭ヲ行フ。	三オ
右同	六月	○五次ノ祈雨祭ヲ宗廟ニ行フ。	三ウ
屠牛ノ禁	十一月	○右議政ノ言。近來牛禁弛ミ宰屠狼藉牛盜横行牛價倍騰ス。	九オ—ウ
	九年（癸卯）	卷十	
王妃ノ薨	八月	○中宮大造殿ニ薨ズ。	五オ
喪葬記事	九月	○山陵ヲ穆陵ノ舊基トシ封標ス。（以下ノ喪葬記事略）	五ウ
	十二月	○孝顯王后ヲ景陵ニ葬ル。	九オ
處女禁婚		○京外處女ノ婚ヲ禁ズ。（王妃選定ノ爲也）	同
	十年（甲辰）	卷十一	
老人優遇	正月	○奉朝賀金履陽ニ特ニ几杖ヲ賜フ。年九十ニ滿ルヲ以テ也。	一オ
處女揀擇	九月	○三揀擇ヲ行ヰ王妃ヲ決定ス。	九オ
納采納徵 告期親迎 同牢ノ宴	十月	○王ハ崇政殿ニ御シ納采ノ禮ヲ行フ。同納徵ノ禮ヲ行フ。同上告期ノ禮ヲ行フ。王ハ本宮ニ詣リ親迎ノ禮ヲ行フ。同牢宴ヲ光明殿ニ行フ。	九ウ・一〇オ
	十一年（乙巳）	卷十二	

事項	月	記事	張
祈穀大祭	正月	○社稷ニ祈穀大祭ヲ行フ。	一オ
殿牌毀損		○殿牌作變ノ罪人ヲ誅ス。	同
風水思想	三月	○山陵ヲ三看審ノ後龍馬峰ノ下ニ定メ封標ス。	四オ
關廟奠酌	四月	○王ハ新陵所ヲ看審シ還宮ノ時東關王廟ニ詣リ奠酌ヲ行フ。	五オ
死者ニ譯別ノ禮	五月	○王ハ綏陵ノ殯殿、至リ權宮ヲ啓ク、仍ホ別奠ヲ行フ。大轝進發王ハ路祭ノ處ニ詣リ奉辭禮ヲ行フ。	八オ
祈晴		○祈晴祭ヲ行フ。	九オ
	十四年（戊申）	卷十五	
賀壽表箋	正月	○大王大妃ノ寶齡六旬。王大妃ノ寶齡望五ナリ。王ハ仁政殿ニ詣リ箋文表裏ヲ上ル仍ホ頒敎賀ヲ受ケ赦ヲ頒ツ。	一オ
鴉片吸具	五月	○通譯朴禧英ハ北京ヨリ鴉片吸具ヲ賫ラシ義州府ニ捉ヘラル。律ニ明文無シ死ヲ減ジ奴トス。	五オ
庶流疏通	十一月	○京外ノ儒生八千人上疏シテ庶流疏通ヲ請フ。	一二オ
	十五年（己酉）	卷十六	
賀壽表箋	正月	○大王大妃ノ寶齡望七。王ハ仁政殿ニ箋文表裏ヲ上リ仍陳賀敎ヲ頒ツ。	一オ
僧侶軋轢	五月	○楊州ノ尼昌善ハ醮ヲ設クルヲ名トシ僧徒ヲ聚會ス。僧徒佛ヲ舁キ校宮ニ攔入ス。首者ヲ絞トシ他ハ定配ス。	四オ
救病祈禱	六月	○王大漸、廟社宮山川ニ祈禱ス。	同

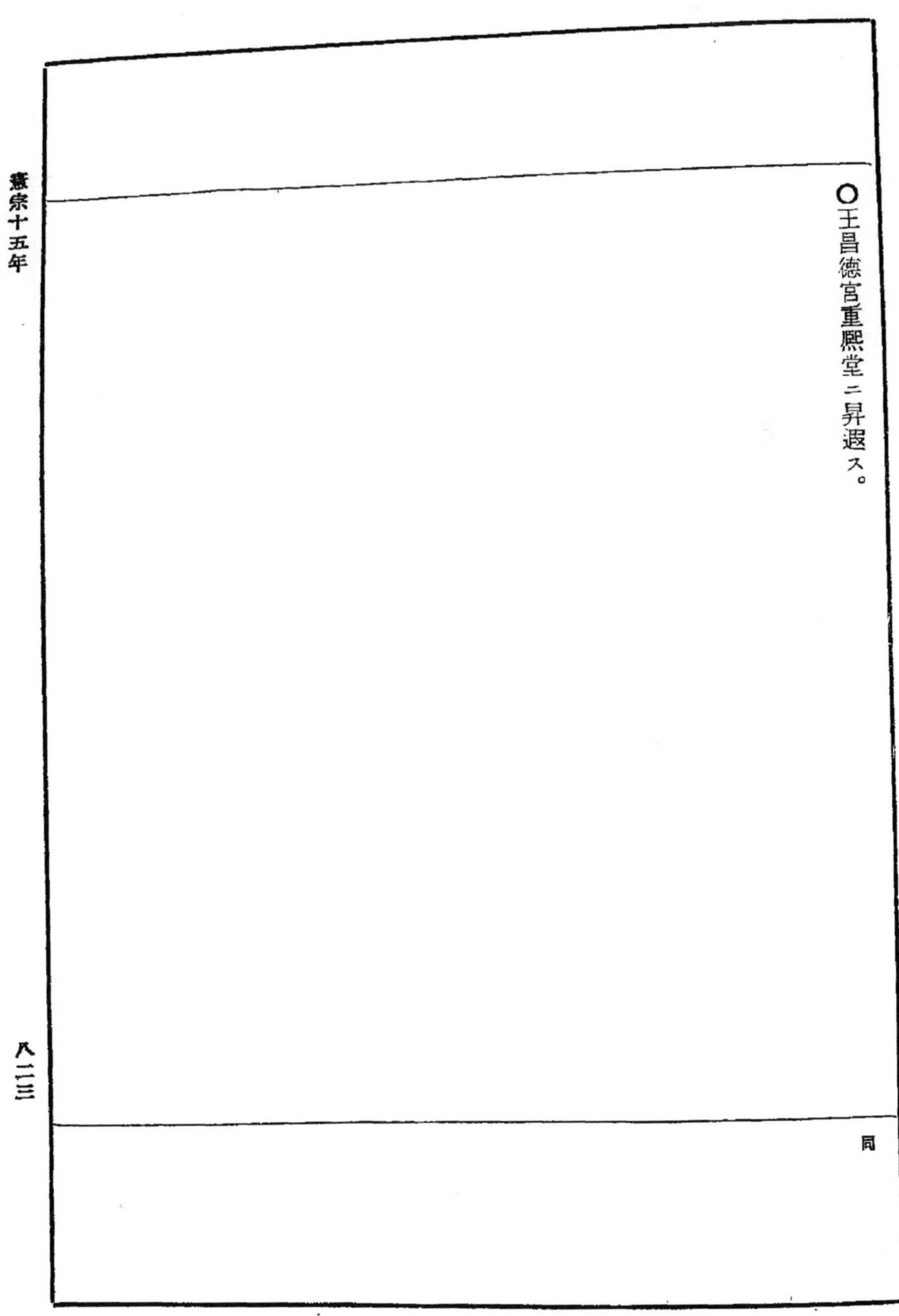

○王昌德宮重熙堂ニ昇遐ス。

同

哲宗實錄　卷一

摘要	年月	記事	出典
	卽位ノ年（己酉）		
宮門卽位	六月	○王仁政門ニ卽位ス。	一オ
風水思想	七月	○山陵ノ吉地ヲ看審ス。	四ウ―五オ
梓宮結裹		○王ハ殯殿ニ至リ結裹ヲ行ヒ後別奠。（以前後喪葬記事略ス）	七ウ
入葬望哭	十月	○祖奠夕奠ヲ行フ。靈駕啓發。玄宮ヲ下ス。此時王ハ宣政殿庭ニ望哭ス。	一二ウ
	二年（辛亥）	卷三	
祈雨	五月	○祈雨祭ヲ行フ。	五ウ
右同	六月	○再次右同。	同
祈晴	八月	○四門ニ禜祭ヲ行フ。	一七オ
祔廟祭		○先王ヲ祔廟シ王ハ仁政殿ニ賀ヲ受ク。	一七オ
處女揀擇		○中宮ノ三揀擇ヲ行キ之ヲ定ム。	二〇オ
納采納徵 告期ノ禮	九月	○王ハ納采ノ禮ヲ行フ。納徵同上。告期ノ禮同上。	二三オ
親迎同牢		○王本宮ニ詣リ親迎ノ禮ヲ行フ。大造殿ニ同牢ノ宴ヲ行フ。王妃ハ大王大妃ニ朝見ノ禮ヲ行フ。	二四オ
廟見ノ禮	十月	○王妃ハ廟行ノ禮ヲ行フ。	二六ウ
眞殿薦新	十二月	○王ハ眞殿ニ至リ薦新ヲ行フ。	二七オ
	三年（壬子）	卷四	

祈穀祭	正月	○社稷ニ祈穀大祭ヲ行フ。	一オ
關廟展拜	二月	○王ハ南關王廟ニ展拜ス。	三ウ
祈晴	六月	○四門ニ禜祭ス。	六オ
	四年（癸丑）	卷五	
祈雨	七月	○初次ノ祈雨祭ヲ行フ。再次三次四次五次六次同上。	五オ・六オ
	五年（甲寅）	卷六	
右同	五月	○祈雨祭ヲ行フ。再次三次同上。	四ウ
祈晴	七月	○四門ニ禜祭ス。	五オ
	六年（乙卯）	卷七	
風水思想	二月	○王ハ陵地奉審ノ大臣地師ヲ召見ス。奏シテ曰ク仁陵ノ青龍卑ク穴唇長シ。昌陵長陵ノ左岡ハ禧陵厚陵右岡ノ如ク好カラズ。	二オ—ウ
右同		○王ハ厚陵ノ兩岡ハ國初無學ノ占スル所也。挽近豈ニ如此地術アランヤト曰フ。	二ウ
右同		○遷陵地卜占ノ件。日ヲ擇ンデ遷陵ヲ擧行ス。	二ウ—三オ
改葬望哭	八月	○王ハ綏陵玄宮ヲ出ス時（改葬ノ時）涵仁亭ノ前庭ニ望哭ス。玄宮ヲ下ス時同上。	一三ウ・一四ウ
風水思想		○王ハ禧陵ノ局内ヲ更ニ看審セシム。	一四ウ—一五オ.
	七年（丙辰）	卷八	

右同	正月	○王ハ獻陵ニ詣リ親祭且看審ス。	一オ
右同	二月	○仁陵ノ遷奉地ヲ獻陵ノ右岡ト定ム。	二オ
遷葬喪服		○仁陵遷奉ノ時擧哀ト成服ハ己酉丙午ノ年ノ例ニヨル。	二オ
祈雨	七月	○初次祈雨祭ヲ行フ。	六ウ
		卷九	
	八年（丁巳）		
賜饌頒花	三月	○王ハ敎シテ賜饌ノ時兼テ花ヲ頒ツ。二品以上承旨、閣臣ノ首拱花磨錬セシム。	三ウ
祈晴	七月	○四門ニ禜祭ヲ行フ。	一〇オ
救病祈禱	八月	○大王大妃病アリ宗廟、永寧殿、社稷、景慕宮、諸山川ニ日ヲトセズ祈禱ス。	一〇ウ
喪葬記事		○大王大妃養心閤ニ昇遐ス。（以下ノ喪葬記事略ス）	同
風水思想 宮中廬居		○王ハ山陵都監ヲ廬次ニ召見ス。戶曹判書ハ仁陵局內ヲ看審シ大吉ノ地ナリト上言ス。	一五オ
入葬	十二月	○遣奠ヲ行フ。立主奠ヲ行フ。（埋葬終リシナリ）	二七オ・ウ
卒哭		○卒哭祭ヲ行フ。	二八オ
		卷十	
	九年（戊午）		
祈雨	五月	○初次ノ祈雨祭ヲ行フ。三次四次同上。	五ウ・六オ
捲草官	六月	○捲草官ヲ命ズ。（王妃胎候五ケ月）	九ウ
産室廳	十月	○産室廳ヲ撤ス。（元子出生ノ日ヨリ七日目ナリ）	一一ウ

項目	年月	記事	出典
	十年(己未)	卷十一	
産忌滿了	正月	○元子出生百日。王ハ宗親、耆老、大臣等ヲ召見ス。	一ウ
安胎	三月	○王ハ安胎使ヲ召見ス。	二ウ
賤娼倭人ト交奸ス	六月	○慶尙監司ノ啓。賤娼倭館ニ潛入シ彼人ト交奸ス。東萊府使、釜山僉使ヲ罷黜ス。	六オ
右同		○右賤妾ヲ誘引セシ罪人（女）ヲ倭館門外ニ梟示ス。	六ウ
五倫行實	九月	○王ハ五倫行實ノ改判ヲ命ズ。	八ウ
祔廟祭	十月	○純元王后ノ祔廟大祭ヲ行フ。	九ウ
	十一年(庚申)	卷十二	
祈雨	五月	○初次再次三次祈雨祭ヲ行フ。	四オ・ウ
祈晴	六月	○四門ニ禜ス。	四ウ
厲祭		○都下沴氣太ダ熾ニ死亡多シ。厲祭ヲ行フ。	同
右同	七月	○同上別厲祭ヲ行フ。	六オ
	十二年(辛酉)	卷十三	
關廟奠酌	二月	○王ハ南廟ニ詣リ奠酌ノ禮ヲ行フ。	二ウ
祈雪	十二月	○祈雪祭ヲ行フ。	一二オ
	十三年(壬戌)	卷十四	

无妄ノ祟	二月	○王ハ自己ノ病ヲ一時无妄ノ祟トナス。	二オ
祈雨	六月	○初次ノ祈雨祭。二次三次同上。	一〇ウ・一一オ
祈晴	七月	○四門ニ禜祭ス。	一四オ
厲祭		○平壤患泄（コレラ）多ク死亡相續グ。厲祭ヲ設ク。	一四ウ
右同	八月	○都下乖沴ノ氣アリ厲祭ヲ設ク。	一七オ
祈晴		○四門ニ禜ス。	同
	十四年（癸亥）	卷十五	
祈雨	五月	○祈雨祭ヲ行フ。	四ウ
牛乳茶		○賓廳ハ啓シテ言フ。酪牛ノ革弊ト税茶ノ特減ヲ請フ。	五ウ六オ
救病祈禱		○王大漸ナリ廟、社、宮、山川ニ祈禱ス。	一三オ
王ノ薨去		○王昌德宮ノ大造殿ニ昇遐ス。	同

		高宗實錄　卷一	
喪葬記事	卽位ノ年（癸亥）十二月	○殯殿（哲宗ノ）ハ歡慶殿ヲ以テ之ヲ爲ス。（以下ノ葬喪記事常例ノモノハ略之）	二オ
風水思想		○山陵看審都監ハ地官等ト共ニ山陵ヲ看審ス。	九オ—ウ
邪教旺盛		○宣傳官ノ啓。慶州ヨリ鳥嶺ニ至ル四百餘里ノ間ノ州郡ニ東學黨盛ニシテ店婦山童ニ至ルマデ其天主ノ文ヲ誦傳セザルナシ。敎主ハ天ヲ祭リ空中ヨリ一卷ノ書ヲ得學ヲ受ク云々。服藥ノ法アリ之ヲ服シテ拘忌ヲ謹マザレバ大發狂ス之々。敎徒ハ山中ニ壇ヲ設ケ天ヲ祭ル云々。	九ウ
葬禮記事	元年（甲子）正月	○殯殿ニ詣リ梓宮ニ上字ヲ書ス。結裹ノ後別奠ヲ行フ。	一〇オ
東學黨	二月	○慶尙監司ハ東學黨罪人崔福述等ノ事ニ付テ論ズ。（其荒誕無稽ナル事實ヲ記セリ）	二三ウ—二五オ
葬禮	四月	○哲宗大王ヲ睿陵ニ葬ル。	三八オ
祈雨	五月	○祈雨祭ヲ行フ。同上再次三次。四次同上。	四九オ・五〇ウ・五三オ
右同	六月	○六次七次右同。	五三ウ・五四オ
		卷二	
歲饌賜頒	二年（乙丑）正月	○老人ト儒賢ニ別歲饌ヲ賜フ。仍ホ命ジテ存問ス。（以下每年此記事アリ略ス）	一オ
老人優遇		○百歲ノ老人四十六人ニ加資ス。（以下式年ノ此記事略ス）	六ウ
		卷三	
處女選擇結婚禁止	正月	○大王大妃ノ敎。十二歲ヨリ十七歲迄ノ處子ノ婚ヲ禁ズ。（王妃揀擇ノ爲也）	一オ

天主敎		○罪人南鍾三、洪鳳周等結案。同上天主敎罪人ニ關スル件。（以下ニ此罪案ノ記事多シ略）	四ウ―六ウ
祔廟	二月	○哲宗大王ヲ大廟ニ祔祭ス。	七オ
處女選擇 結婚解禁		○再揀擇ヲ行フ擇入外ハ婚ヲ許ス。	一九オ
王妃撰定	三月	○三揀擇ヲ行フ。僉正閔致祿ノ女ト定ム。	二一オ
結婚諸禮		○仁政殿ニ納采ノ禮ヲ行フ。同納徵ノ禮ヲ行フ。同ク告期ノ禮ヲ行フ。冊妃ノ禮ヲ行フ。別宮ニ於テ親迎ノ禮ヲ行フ。同牢宴ヲ重熙堂ニ行フ。	二一ウ・二二オ・ウ
朝見ノ禮		大王大妃ハ王妃朝見ノ禮ヲ受ク。王ハ仁政殿ニ御シ賀ヲ受ケ赦ヲ頒ツ。	
祈雨	五月	○初次祈雨祭ヲ行フ。再次同上三次四次同上。	二九ウ・三二オ・ウ・三三オ
天主敎排禁	八月	○斥邪ノ綸音ヲ下ス。	四六ウ―四八オ
酗酒ノ罪	九月	○刑曹佐郞ハ夜禁ヲ冒シ酗酒婦女ヲ刦奪ス。敎シテ拿囚ス。	六四オ
祈雪	十二月	○祈雪祭ヲ行フ。	九三オ
	三年（丁卯）	卷四	
祈雨	六月	○祈雨祭ヲ行フ。	二五オ―ウ
祈晴		○禜祭ヲ四門ニ行フ。	三一ウ
右同	七月	○同上。	三五ウ
	五年（戊辰）	卷五	
犯葬默認	五月	○禮曹ノ啓。孝昌墓內犯葬アリ取調ブレバ墓官價ヲ受ケ默認ス。其墓官ヲ重律勘處	二四オ

ス。

事項	月	記事	出典
祈晴	六月	○四門ニ禜祭ヲ行フ。	二六オ
	六年（己巳）	卷六	
祈穀祭	正月	○社稷壇ニ祈穀大祭ヲ親行ス。	三オ
救食	六月	○月食アリ王ハ勤政殿ノ階上（月臺敷石上）ニ親臨救食ス。其他ノ事乙卯ノ年日食ノ時ノ例ニヨル。	一八ウ
右同	七月	○日食アリ右同上。	二〇オ
	七年（庚午）	卷七	
祈雨	五月	○祈雨祭ヲ行フ。再次三次四次五次六次同上。	一三オ・ウ・一四オ
右同	六月	○祈雨祭ヲ停止ス。	一四ウ
新羅陵殿	八月	○新羅ノ始祖ヲ祀レル慶州ノ崇德殿及十王ノ諸陵頽圮荒涼ス之ヲ修葺ス。	二一オ―ウ
	八年（辛未）	卷八	
賀壽箋文	正月	○王ハ勤政殿ニ至リ王大妃ノ望五ノ慶ヲ稱シ表裏ヲ上リ詞箋文ヲ致ス。尙ホ賀ヲ受ケ赦ヲ頒ツ。	一オ
先農親祭		○先農壇ニ詣リ親祭ス。	六オ
王族牌制	三月	○大君、王子、王孫ノ牙牌例金ヲ塡ム。都尉、副僉尉ノ角牌亦金ヲ塡ム。承襲君ノ牙牌尙ホ未ダ塡金セズ。王ハ敎シテ之ヲ行ハシム。	一八ウ

事項	月	記事	出典
書院撤廢		○書院疊享ノモノヲ撤廢ス。賜額四十七院ハ常存ス。(四十七書院ノ名稱位置ノ記アリ)	一八ウ―一九オ
關廟奠酌	九月	○王ハ南關王廟ニ至リ奠酌禮ヲ行フ。仍テ鷺梁ニ幸シ試射ヲ行フ。	五一ウ
右同		○王ハ東關王廟ニ至リ奠酌ノ禮ヲ行フ。仍テ沙阿里ニ幸シ試射ヲ行フ。	同
寒冒祈禳	十一月	○王微感ノ候アリ宮人之ヲ禳ハントス。王ハ之ヲ止メシム。	六一オ
駙馬揀擇 男子禁婚	十二月	○永惠翁主ノ駙馬ヲ揀擇ノ爲十二歲ヨリ十四歲迄ノ禁婚(男子ノ)ヲ命ズ。	六五ウ
	九年(壬申)	卷九	
虎ニ死セシ者ノ祭	正月	○王ノ言。向キニ北路(咸鏡)虎警ヲ以テ祈祭ノ擧アリ云々。(虎ニ食ハレ死セル者ノ祭。其者ノ魂ガ又虎ヲ誘フテ人ヲ食ハシムトノ迷信アリ)	二ウ
駙馬揀定 禁婚併除	二月	○永惠翁主ノ駙馬ヲ朴永孝ニ定ム。餘ハ婚ヲ許ス。	七オ
婚姻諸禮		○翁主吉禮ノ時奠鴈ノ處ハ永平君ノ第トス。納采、納幣、親迎ノ日ヲ定ム。	同
	十年(癸酉)	卷十	
祈晴	七月	○四門ニ禜祭ヲ行フ。	一九オ
捲草官	十二月	○金翊鎭ヲ捲草官トス。	五九オ
	十一年(甲戌)	卷十一	
誕生陳賀	二月	○中宮元子ヲ誕生ス。第七日ノ曉頭ヲ以テ陳賀ヲ行フコトトス。	一二ウ―一三オ
戎服復舊	五月	○王ノ敎。奢侈ノ弊ハ申飭セザルベカラザルモ章服ハ美觀アルベク朝臣戎服ノ朱笠	四九オ

事項	年月	記事	出典
		虎鬚貝纓ハ舊例ニ復ス。	
祈晴	六月	○再次四門ニ禜祭ス。	五八ウ
		卷十二	
	十二年（乙亥）		
王子册禮	正月	○此年太祖ノ九回甲ナリ。王ハ王世子ヲ冊禮セントス。	一オ
世子定名	二月	○王世子定名ヲ吉日正月七日トス。	一ウ
世子册禮		○王世子冊禮ヲ仁政殿ニ行フ。陳賀赦ヲ頒ツ。	一二オ—一三オ
捲草官	三月	○中宮分娩近シ捲草官ヲ命ズ。	一五オ
奢侈ノ禁	四月	○中宮大君ヲ誕生ス。	一七オ
詐緕ノ禁 酒禁	六月	○王ハ冒籍、修習、酗酒ノ嚴禁ニ付テ曰フ。	二二オ
		卷十三	
	十三年（丙子）		
祈雨	四月	○初次ノ祈雨祭ヲ行フ。再次三次四次五次同上。	二六ウ・二七オ
右同	五月	○六次七次八次同上。別祈雨ヲ社稷壇ニ行フ。宗廟ニ同上。先農壇ニ同上。雩祀壇ニ同上。慕華館ニ蜴蜥祈雨ヲ行フ。社稷ニ別祭ヲ行フ。	二七ウ・二八オ・二九ウ・三〇オ—ウ・三一オ
屠牛ノ禁		○私屠ノ禁行ハレズ右捕將ヲ罷メンコトヲ議政府ヨリ啓ス。	三〇オ
祈雨	六月	○初次ノ祈雨祭ヲ行フ。再次三次四次同上。	三二ウ・三三オ・ウ・三四オ
右同		○宗廟、三角、木覓、漢江ニ。祈雨報謝祭ヲ行フ。	三四オ
		卷十四	
	十四年（丁丑）		

事項	年月	記事	張
禁酒	正月	○前掌令ハ禁酒ニ付テ上疏ス。	二ウ
冠禮	十二月	○完和君ニ冠禮ヲ行フ。	三九ウ
賜饌賜花		○通明殿ニ進饌ヲ行フ。夜進ノ饌禮同上。時ノ原任大臣以下六曹、兩司長官ニ賜饌頒花ス。(式宴ノ次第詳記アリ)	三九ウ―四〇ウ
	十五年(戊寅)	卷十五	
救病祈禱	五月	○大妃微寧ノ候アリ宗廟、永寧殿、社稷、景慕宮、諸山川ニ禱祭ス。	一三ウ
大妃薨去		○大妃昇遐ス。	同
喪葬記事		○銘旌書寫官、梓宮上字官ヲ命ズ。(以下喪葬記事略ス)	一四オ
祈雨	八月	○祈雨祭ヲ行フ。	二六オ―ウ
殿牌毀損		○槐山郡作變殿牌ノ罪人ヲ斬ル。	二九ウ
入葬	九月	○王大妃ヲ睿陵ニ葬ル。	三〇ウ
	十六年(己卯)	卷十六	
回甲稱慶	正月	○王ハ仁政殿ニ詣リ大王大妃殿ノ舟梁回甲ヲ以テ稱慶ス。賀ヲ受ケ赦ヲ頒ツ。	一オ―ウ
祈晴	六月	○四門ニ禜祭ス再次同上。	二二オ
厲祭	七月	○乖沴流行京外死亡多シ。厲祭ヲ設ク。	三〇ウ
右同	八月	○湖南ニ厲祭ヲ設ク。	三一ウ―三二オ
	十七年(庚辰)	卷十七	

賀壽稱慶	正月	○表裏ヲ王大妃ノ殿ニ上ル。寶齡五旬ノ稱慶ナリ。	一オ－ウ
祔廟祭	七月	○哲仁王后ノ祔廟祭ヲ行フ。王ハ仁政殿ニ賀ヲ受ケ赦ヲ頒ツ。	一七オ
師傅相見ノ禮	九月	○王世子師傅賓客相見ノ禮ヲ行フ。	二八オ
	十八年(辛巳)	卷十八	
賀壽箋文	正月	○王ハ仁政殿ニ詣リ王大妃殿望六ノ稱慶詞箋文ヲ致シ表裏ヲ上リ仍ホ賀ヲ受ケ赦ヲ頒ツ。	一オ
天主教	五月	○斥邪（天主教道ノコト）ノ綸音ヲ八道四都ニ下ス。 (以下邪學ノ罪人處刑等ニ付テノ記事多シ略ス)	二〇オ－ウ
新晴	七月	○四門ニ禜祭ヲ行フ。三次同上。	二八オ・三五ウ
天主教典禁止 西洋物具ノ禁止	九月	○進善金洛鉉ハ上疏シ書籍服食器用之捷巧奇眩ナル者一切嚴禁スヘキヲ言フ。	四六オ－四七オ
	十九年(壬午)	卷十九	
大妃冠禮 還曆稱慶	正月	○一日王ハ仁政殿ニ御シ大王大妃殿ノ冠禮及周甲ノ稱慶ヲ行ヒ賀ヲ受ケ赦ヲ頒ツ。	一オ－ウ
世子入學		○王世子ハ文廟ニ詣リ酌獻ノ禮ヲ行ヰ仍ホ入學ノ禮ヲ行フ。	二オ－ウ
冠禮主人		○王世子冠禮ノ時ノ主人ヲ興寅君ト定ム。	三ウ－四オ
處女揀擇		○王世子嬪ノ初揀擇ヲ行フ。	四ウ
右同		○同上再揀擇ヲ行フ。	五ウ
冠禮	二月	○王ハ仁政殿ニ御シ王世子ノ冠禮ヲ重熙堂ニ行フ仍ホ世子ノ朝謁ノ禮ヲ受ク。	六オ
處女揀擇		○王世子嬪ノ三揀擇ヲ行フ左贊成閔台鎬ノ女ト定ム。(時ニ王世子八歲也)	九ウ

事項	月	記事	出典
納徵告期ノ禮		○王ハ仁政殿ニ御シ王世子納徵ノ禮ヲ行フ。同告期ノ禮ヲ行フ。	八ウ
嬪ノ册禮		○王世子嬪册嬪ノ禮ヲ行フ。	一一ウ
婚姻諸禮		○王世子醮戒ノ禮ヲ行フ。親迎ノ禮ヲ行フ。同牢ノ宴ヲ行フ。	一二ウ
朝見ノ禮		○王世子嬪ハ大殿中宮殿ニ朝見ノ禮ヲ行フ。仍ホ大王、大妃殿王大妃殿ニ朝見ノ禮ヲ行フ。	一三ウ
祈雨	四月	○祈雨ヲ三角、木覓、漢江ニ行フ。再次龍山江楮子島ニ行フ。	二六オ・ウ・三一オ・ウ
同	五月	○五次ノ祈雨祭ヲ宗廟ニ行フ。六次ノ七次ハ次祈雨祭ヲ行フ。	
儒生ノ守舊思想		○忠淸道儒生ハ洋服ヲ着洋技ヲ技シ倭學ヲ學ブノ非ヲ上疏ス。	三〇オ
祈雨		○社稷ニ祈雨ノ別祭ヲ行フ。宗廟ニ同上。南壇ニ同上。北郊ニ同上。先農壇ニ同上。	三一ウ・三二オ
右同	六月	○雩祀壇ニ祈雨ヲ行フ。社稷ニ別祭ヲ行フ宗廟ニ同上別祭ヲ行フ。	三二ウ・三三ウ・三四オ
喪葬記事		○中宮殿昇遐ス。王ハ敎シテ擧哀ノ節例ニヨリ磨鍊望哭ノ處明政殿トシ殯殿ヲ歡慶殿トス。（以下葬喪記事略ス）（此時王妃ハ薨ゼル如ク裝ヒ難ヲ忠淸道ニ逃レシ也）	三四ウ
妃ノ屍體無シ		○原任大臣ハ禮堂ヲ率ヰ入侍ス。敎ニ曰ク坤殿ノ體魄四處搜見終ニ影形ナシ云々。	三七オ−ウ
巫佛排斥	七月	○忠淸ノ幼學ハ上疏シテ巫瞽ヲ禁ジ祈禳ヲ絶チ寺刹ノ僧ヲ禁ジ歸農セシムベキヲ言フ。	四八ウ
通文禁止	八月	○前正言ノ啓。軍（軍人ニ非ズ勞働者ノコト）商輩ノ所謂沙鉢通文（サバリノ口徑ノ圓狀ヲ紙ニ捺シ其周圍ニ放射線狀ニ人名ヲ記シ誰ガ發企者カヲ判ラヌ樣ニシ通文シテ一揆的暴動ヲ起スヲ云フ）ハ徒黨ヲ聚集スル所以ナリ亂此ニ由テ作ル自今嚴禁ヲ請フ。	五七ウ

卷二十

事項	年月	記事	所載
王父問安	二十年（癸未）正月	○元日都承旨ヲシテ雲峴宮（王父大院君ノ居ル宮）ニ問候セシム。	一ウ
官刊新聞	二月	○新聞紙ヲ漢城府ヨリ設局シ刊布ノ規則ノ商確ヲ請フ。	八ウ
大報壇親祭	三月	○王ハ大報壇ニ（明ノ皇帝ヲ祀ルモノ）齋宿ス。	一一オ
祈雨	六月	○社稷ニ祈雨祭ヲ行フ。宗廟ニ同上。	二四ウ・二五オ
關廟行祭	九月	○新建北關王廟（關羽ヲ祀ル）ノ役畢ル。祭式ハ東南關王ノ例ニヨリ行ヰ關西ノ建廟モ年有リ星州、安東ノ例ニヨリ道臣ヲ遣ハシ行祭セシム。	五八オ
王父誕辰	十二月	○大院君ノ晬辰ナリ承旨ヲ雲峴宮ニ遣ハシ問候ス。	九八オ

卷二十一

事項	年月	記事	所載
服裝改正 新舊混交	二十一年（甲申）五月	○王ハ敎シテ古制ニ復シ官服ノ紅團領ヲ黑團領トス。王ハ其他衣服ノ制、朝祭喪禮ノ服ハ先聖ノ遺制ニシテ變ズベカラザルモノナレバ私服ハ便ニ隨ヒ變ズベシトシ禮曹ヲシテ其ノ節目ヲ定メ入啓セシム。右ニヨリ禮曹ハ廟堂ト稟處ス。	四六オ―四八オ
右同	六月	○禮曹ハ右節目ヲ定ム。右施行期限ヲ京ハ啓下後十五日、外方ハ右令ノ到着後十五日ニ施行スルコトニ定ム。（衣帶笠纓等々ノ詳記アリ）	四九オ
		本件ニ對スル奉朝賀ノ意見上疏。其他本件ニ關スル是非論議ノ件。	四九オ―五二オ・五三オ・五六オ・ウ・五七オ―五八オ
右同	七月	○右同上ノ件。	六三オ
號牌 禁酒 僧巫刷正		○忠州幼學ハ上疏シテ號牌ノ施行、禁酒、僧巫ノ歸農等ヲ言フ。	六三オ―ウ
火賊橫行	十月	○議政府ノ啓。近日明火ノ賊黨處トシテ無キハ無ク閭里蕩殘商旅滯閼ス。	七七ウ

項目	年月	記事	出典
	二十二年(乙酉)	卷二十二	
祈雨	五月	○初次ノ祈雨祭ヲ行フ。再次同上三次四次五次六次同上。	二四オ・ウ・二五オ・二六オ
祈晴	六月	○四門ニ禜祭ヲ行フ。	三五ウ
祈雨	七月	○三角、木覓、漢江ニ祈雨報謝祭ヲ行フ。	三六オ
祈晴	八月	○四門ニ禜祭ヲ行フ。	三八オ
掘墓ノ賊	十二月	○慶尙道ニ於テ塚ヲ掘ルノ(人ノ墳墓ヲ掘リ骨ヲ他ニ匿シ脅迫シテ金錢ヲ取ルモノ)火賊ヲ捕ヘ得タルヲ同監司ヨリ啓ス。	七三オ
	二十三年(丙戌)	卷二十三	
衣服奢侈	正月	○王ノ敎。挽近汰侈ノ習紀極無ク閭巷ノ人、皂隷ノ輩紋繡ヲ加ヘ紬ヲ着ル廟堂ヲシテ嚴立科條節目ヲ定メシム。	六ウ―七オ
厲祭	六月	○乖沴熾ニシテ死亡相續グ。厲祭ヲ設ケ祈禱ス。	三六オ
右同	七月	○別厲祭ヲ設ク。	三七オ
疫癘放囚	八月	○輕囚ヲ放ツ。	四五オ
	二十四年(丁亥)	卷二十四	
賀壽稱慶	正月	○元日王ハ大王大妃寶齡八旬ノ稱慶詞箋文ヲ致シ仍ホ賀ヲ受ケ赦ヲ頒ツ。	一オ
嬪ノ冠禮		○王世子嬪ノ冠禮ヲ行フ。	三ウ
殿牌毀傷	二月	○庇仁縣殿牌作變ノ罪人ヲ斬ニ處ス。	一一オ

事項	月	記事	張
錢行ハル 兵ト娼家	三月	○掌令ノ啓。錢ノ用ハ國有リテヨリ以來ノコトニシテ深山窮谷ノ婦孺尺童モ一文ノ常平ヲ示セバ必ズ至寶ト曰フ。今ノ兵ハ私鬪多ク娼家酒樓ノ營房ニ看作シ相攻擊殺傷ニ至ル。	一二ウ―一三ウ
陵園偸葬	閏四月	○王ハ敎シテ陵園ノ犯斫、偸葬、冒壟ノ多キヲ曰ヒ之ヲ勘斷セシム。	一七ウ
祈雨		○初次ノ祈雨祭ヲ行フ。再次同上。	二一オ
右同	五月	○三次四次五次六次七次同上。別祈雨祭ヲ行フ。	二二オ・二三オ・ウ・二四オ
賀壽箋文	十二月	○王ハ勤政殿ニ詣リ大王大妃滿八旬ノ壽ニ致詞箋文表裏ヲ上リ行禮ス。	四四オ
	二十五年（戊子）	卷二十五	
右同	正月	○元日王ハ勤政殿ニ詣リ大王大妃望九賓齡ノ稱慶致詞箋文ヲ致シ表裏ヲ上ル。	一オ―一ウ
老人優遇		○八十一歲ノ人ニ加資ス。	九オ
祈雨	五月	○祈雨祭ヲ行フ。再次同上。	二四ウ・二五オ
衣服ノ制	十月	○直講金榮善ハ衣服ノ制ニ付テ啓ス。前朝鄭夢周中原ヨリ還リ始メテ紗帽團領ノ制ヲ傳フ。我國ノ笠制駭異門戶ノ出入ニ礙アリ。表袖長濶行步ニ便ナラズ云々。（以下衣制ノ詳シキ記事アリ）	五二オ―五四オ
端午進扇	十一月	○王ハ南民ノ饑饉ヲ思ヒ節扇ヲ蠲停ス。	五六ウ
賭博流行		○王ハ敎シテ曰ク、挽近雜技（賭博）所在ニ狼藉法司見テ尋常トシ禁斷セズ。自今掖屬ト雖モ犯科アラズ捉治セシム。	五七ウ
	二十六年（己丑）	卷二十六	

事項	年月	記事	出典
祈雨	五月	○初次ノ祈雨祭ヲ行フ。再次三次同上。	一二オ
	二十七年（庚寅）	卷二十七	
救病祈禱	四月	○大王大妃病篤シ廟社、山川、殿、宮ニ祈ル。	二〇ウ
喪葬記事		○大王大妃昇遐ス。（以下ノ喪葬記事略ス）	同
死者袂別	八月	○二十八日殯殿ニ啓殯ノ禮ヲ行フ。二十九日遣奠ヲ行フ。三十日玄宮ヲ下ス。	四六ウ・四七オ
城門結綵	九月	○禮曹ノ啓ニヨリ勅使ヲ迎フル時城門闕門ノ結綵ヲ爲サザルコトトス。	五六ウ
	二十八年（辛卯）	卷二十八	
賀壽箋文	正月	○王ハ勤政殿ニ詣リ致詞箋文表裏ヲ王大妃殿ニ上ル、寶齡望七ノ慶稱ヲ以テ也。	一オ－ウ
回甲誕辰		○王大妃回甲ノ誕辰ニ表裏ヲ上ル。	三オ
賭博流行	三月	○領議政ノ言。近日都下雜技（賭博）處トシテ無キハ無シ嚴加詰禁セザルベカラズ披屬兵丁各司徒隸班家ノ下屬モシ此犯アラハ贖ヲ許ス勿ク大ハ梟首小ハ刑配スベク刑漢兩司捕廳ヲ嚴飭スベシ。王之ヲ允ス。	一四オ
屠牛ノ禁	十月	○議政府啓。牛疫歲トシテ之無キハ無シ、牛耕ヲ人力ニ代ユル者アリ。自今正供進排ト貿易懸房外一ニ屠殺ヲ禁ズベシ。	三四オ－ウ
	二十九年（壬辰）	卷二十九	
祔廟祭	六月	○神貞王后ノ祔廟祭ヲ行フ。	三一オ・ウ
祈雨	閏六月	○初次ノ祈雨祭ヲ行フ。再次同上。	四四ウ・四六オ

事項	月	記事	出典
冠禮主人	七月	○義和宮冠禮ノ時主人ヲ宗正卿李根秀ト定ム。	五一ウ
冠禮		○義和宮（今ノ李堈公）ノ冠禮ヲ行フ。	五四ウ
巫佛耗財		○左議政ハ耗財ノ大ナル者ハ寺刹ノ供佛ト神祠ノ祈禱ナリト曰フ。	五五ウ
宴樂獻酌	九月	○王ハ勤政殿ニ御シ外進饌ヲ行フ。康寧殿ニ御シ內進饌ヲ行フ。（宴樂ノ獻酌次第詳記アリ）	六三オ－六四オ
賭博盛行	十二月	○右議政ノ言。都下雜技ノ禁飭何ノ時モ嚴ナラズ。挽近以來愈甚シク賭賽ノ錢ヲ作標（證文トシ）シ乃父、乃兄、私門ニ徵ス。	七一ウ
	三十年（癸巳）	卷三十	
誕辰賜饌 老人優遇	正月	○王世子誕辰。宗廟文廟ニ謁シ百官ニ賜饌ス。各國公使召見同上。士庶年八十以上ノ者ニ衣資ヲ題給ス。	七オ・ウ
妖術ノ徒	二月	○大司諫ノ疏。近日一種ノ左術怪鬼ノ徒アリ儒巾儒服ヲ着シ符呪眩幻誣惑ノ長技ヲ爲ス云々。王ハ廟堂ヲシテ稟處セシム。	一〇オ
東學邪教 天主邪教		○副司果ハ近日東學黨及西教ノ（天主教）信仰熾ニシテ其弊多キヲ上疏ス。同上ノ件。	一一ウ・一二オ・一二ウ－一三オ
老人優遇	三月	○王ハ勤政殿ニ御シ養老ノ外宴ヲ行フ。京鄕ノ耆老婦女闕下ニ來到ス。	一五ウ－一七オ
東學黨		○東學黨ニ關スル件。	一七ウ－二〇オ・ウ
右同	四月	○東學黨ニ關スル件。	二一ウ－二二オ－二三オ
右同	五月	○同上。	二七オ－ウ
處女揀擇 禁婚	八月	○義和君夫人ヲ揀擇。禁婚ス。	三六オ

見出	年月	記事	出典
右同	九月	○義和宮夫人揀擇決定ス處女ニ婚ヲ許ス。	四五ウ
婚姻諸禮 朝見ノ禮	十月	○義和宮夫人ノ納采ノ禮ヲ行フ。嘉禮ヲ行フ。同夫人朝見ノ禮ヲ行フ。	五〇ウ・五二オ・ウ
		卷三十一	
東學作亂	三十一年(甲午)二月	○東學黨蜂起ノ件。(教主崔濟愚ノ經歷行動ノ虛誕ナル記事アリ)	七ウ―八ウ
		卷三十二	
侍女ノ數	七月	○宮內府官制ヲ定ム大殿、大妃殿、中宮殿各侍女一〇〇人、世子宮六十人、世子嬪宮四十人、世孫宮五十人、世孫嬪宮三十人。	二六オ
君臣ノ禮 新舊服制	十二月	○詔ニ曰ク君臣相見ノ禮式參互改定簡ニ從フ。朝臣大禮服黑團領ヲ用ユ進宮通常禮服周衣搭護黑色ヲ用ユ。大小官員相見相稱ノ禮ヲ改定ス。	七〇ウ
		卷三十三	
百弊芟除	三十二年(乙未)三月	○內務衙門ハ各道ニ訓示ス。文明ノ域ニ進ムベク百弊芟除ニ付テ也。	一一ウ
四民平等		貴賤地位ニヨリ人民ヲ差別スベカラザルコト。	
東南學ノ禁		東學黨、南學黨禁防ノ事。	
訛言禁止		人民ヲ訛言ニヨリ煽動一切禁斷ノコト。	
墮胎ノ禁		婦女ノ墮胎ヲ禁ズル事。	
去勢ノ禁		富貴ヲ欲シ、(宦官タラシムル目的ニテ)子孫ノ腎囊ヲ腐割スルヲ禁ズル事。	
改嫁ノ禁		寡女ヲ威脅改嫁セシムベカラザルコト。	

淫女勒婢ノ禁		淫罪ヲ犯セル女ヲ家婢ニ没入スベカラザルコト。	
年少妓女ノ禁		破瓜ノ年ニ滿タザル女ヲ妓案ニ入ルベカラザルコト。	
早婚ノ禁 婚齢制定		幼年嫁娶禁止ノコト。男二十歳女十六歳以上ヲ婚姻年齢トス。	
病ニ巫卜ノ禁		疾病ニ巫瞽、呪咀ヲ用ユベカラザルコト。	
褓商ノ禁		褓商坐商ヲ禁斷ノコト。	
書堂暴行ノ禁		子孫ノ教育ニ強暴ノ行アルベカラザルコト。（書堂ノ教師ガ鞭打等ノコト）	
褓負商奪婦ノ禁 掘塚ノ禁		褓負商ガ婦ヲ奪フコト（主トシテ寡婦）。塚ヲ掘ル事ヲ嚴禁スルコト。	
墓地濫訴ノ禁		原典ニ載スル尺量外ノ山訴ハ受理セザルコト。	
田畑ニ埋葬ノ禁		田畓中ニ新葬ヲ爲サザルコト。	
阿片其他ノ禁		窩主煙主（阿片）ト賊魁ヲ治スルコト。私ニ通文ヲ發スベカラザルコト。巫女ノ混雜ヲ禁ズルコト。	
褓負商討飯ノ禁		褓負商鄉村ニ飯ヲ討索スル弊ヲ禁ズルコト。各洞里任頭民ハ雜技ヲ嚴禁ズルコト。	
賭博ノ禁 酒酗亂暴ノ禁		鬪錢骨牌雜技場該主贓ヲ受クルヲ嚴禁ノコト。酗酒毆打ヲ禁ズルコト。	
清國年號ノ禁		淸國ノ年號ヲ用フベカラザルコト。	
閔妃殂逝	八月	○二十日王后坤寧閣ニ崩逝ス。	七二オ
種痘	十月	○種痘規則ヲ發布ス。	七六ウ
王妃位號		○王后閔氏ノ位號ヲ復ス。（前ニ廢妃トス）（以下喪葬記事略ス）	七六ウ
服制		○宮內府ハ服制ノ儀註ヲ定ム。	七八オ
斷髮		○王ハ詔シ臣民ニ先ンジテ斷髮ス。	八〇ウ

事項	年月	記事	丁數
	建陽元年（丙申）	卷三十四	
斷髮反對	三月	○前都事ハ昨年八月ノ變神人ノ憤ル所又斷髮ヲ以テ一層ノ厲階ヲ添ユ云々上疏ス。	一二オ
祭制改正	八月	○宮内大臣ハ詔勅ヲ奉ジ大廟、殿、宮、各陵園ノ祭享ハ一ニ舊式ニ遵ヒ圜丘、社稷、諸山川諸廟ノ享・祀ヲ釐正別單ヲ上奏ス。	二七ウ
風水思想	十月	○閔妃ノ山陵ニ關スル件。	五八ウ―五九ウ
墳墓毀壞ノ禁	十二月	○議政府贊政ノ上疏。民有ノ田畓、室廬、墳墓ヲ毀壞侵犯スルコト。塚ヲ掘ル事等ニ付テ嚴禁スベキヲ曰フ。	六四ウ―六五ウ
風水思想		○閔妃ノ山陵各地ヲ看審シ淸凉里ヲ安康ノ地トシ定ム。	六九ウ―七〇オ
	建陽二年（丁酉）	卷三十五	
陵ノ構造	正月	○洪陵工事及尺度等ニ關スル件。	三オ
斷髮		○法部大臣ハ逆魁金宏集ノ罪ヲ奏ス。百方恐嚇直チニ臥内ニ入リ聖髮ヲ勒斷ス云々。僞詔斷髮ノ議ヲ急ニ頒ツ云々。	七オ―ウ
陵ノ工事 風水思想	四月	○洪陵工事順序、風水上ヨリノ觀點及葬日ニ關スル件。	二四オ―ウ
右同	五月	○右同上ノ件。	三二オ
祈雨	七月	○初次ノ雩祭ヲ三角、木覓、漢江ニ行フ。再次ノ同上。	三五ウ
	光武元年	卷三十六	
祈晴	八月	○禜祭ヲ行フ。	三オ

右同	九月	○右報謝祭ヲ行フ。	四オ
祭壇ノ制		○掌禮院卿ハ天地ノ祭、風雲雷雨壇壝ノ尺度位版等ニ付テ奏ス。	五ウ—六オ・七ウ—九オ
風水思想	十月	○掌禮院卿ハ相地官ヲ率キ圜丘壇處ヲ看審シ始役位版造成等ニ付テ奏ス。	一四オ
祭天地		○王ハ大極殿ニ詣リ告天地祭ノ誓戒ヲ受ク。	一八ウ
冊妃		○王ハ大極殿ニ詣リ明憲大后ノ冊寶ヲ上リ王太子妃閔氏ヲ皇太子妃ニ冊ス。	二二オ
		○宮人嚴氏王子ヲ誕生ス。	二四オ
風水思想	十一月	○洪陵ノ金井ヲ開ク。王ハ其土色ノ好キヲ見テ喜ブ。風水ノ說信ゼザルベカラズト曰フ。	二九オ
喪葬記事		○二十一日殯殿ニ解謝祭ヲ行ヒ遣奠ヲ行フ。二十二日辰時遷奠ヲ行ヒ玄宮ヲ下ス。立主奠、返虞ヲ行フ。(以下喪葬記事略ス)	三四ウ・三五オ
		卷三十七	
	光武二年(戊戌)		
右同	正月	○八日驪興府大夫人薨逝ス。(皇帝ノ生母)	五オ
右同	二月	○二十二日興宣大院君薨逝ス。(皇帝ノ實父)(以下ノ右二項ノ喪葬記事略ス)	一二ウ
虞祭止五	三月	○右虞祭ハ五虞ヲ定メトス。	一六ウ
		卷三十九	
	光武三年(己亥)		
服制	一月	○詔シテ朝臣ノ服章從前屢變通セリ時制ニヨリ簡ニ從フテ務ムベク掌禮院ヲシテ祭禮賀禮外ハ各國通行ノ規ニ倣ヒ磨練セシム。	一オ
散髮反對		○前都事ハ剃髮ノ禍作ツテ生民魚肉トナル云々。獨立協會ノ弊アルヲ上疏ス。	三オ—ウ

洋服反對		○宮內府特進官ハ、詔勅ヲ下シ朝官ノ服章ヲ變ズルハ古聖王ノ制ヲ變ズルモノトシテ憂憤痛哭天ヲ仰デ狂叫スト曰フ。	六七—七オ
關廟奉審	二月	○南關王廟失火。軍部大臣ヲ遣ハシ奉審セシム。	一〇ウ
祈雨	五月	○雩祭ヲ三角、木覓、漢江ニ行フ。三次同上ヲ雩祀壇、山川壇ニ行フ。	二四ウ—二七オ
右同	六月	○雩祭ヲ山川壇ニ行フ。同上ヲ三角、木覓、漢江ニ行キ虎頭ヲ漢江ニ沈ム。	三三オ・三四ウ
賭博類似	七月	○議政府議政ノ奏。彩會局ハ雜技ノ一也。警務之ガ禁斷ヲ擧行セズ警務使ヲ免官スベシト曰フ。	四一オ
鑾慶壇		○鑾慶壇（李氏ノ祖先ト稱セシ新羅司空公ノ祭祀地）ニ付テ奉審ノ宰臣ヲ召見シテ其狀ヲ聞ク。	四二オ・四三ウ
祔廟	十一月	○莊宗大王祔廟ノ禮ヲ中和殿ニ行フ。	八四ウ—八五ウ
廟號改定	十二月	○議政府ハ太祖以來ノ廟號改定ヲ奏ス。	八八ウ—八九オ
祭天地		○圜丘ニ詣リ展謁ス。太祖高皇帝ヲ天ニ配シ圜丘配天大祭ヲ行フ。	九三ウ
	光武四年（庚子）	卷四十	
勳章	四月	○勳章條例ヲ頒布ス。	一八ウ—二六オ
文官服制		○文官服裝規則、文官大禮服制式ヲ定ム。	二六オ
喪制不行		○陸軍參將ハ軍人起復ノ制ノ紊レタルヲ言フ。	四〇オ
祈雨	六月	○初次雩祭ヲ三角、木覓、漢江、龍山、楮子島ニ行フ。	六三オ・ウ
右同	七月	○再次雩祭ヲ龍山楮子島ニ行ヒ、三次同上ヲ雩祀壇、山川壇ニ行フ。四次ノ同上ヲ社稷、北郊ニ行フ。	六四オ・六五オ

事項	月	記事	丁數
皇子定名	八月	○皇三子ノ定名、親王ノ封號ヲ定ム。	七五オ・七八ウ
風水思想		○山陵看審摠護使以下ヲ召見ス。(洪陵風水上ノ論議)	七八オ―ウ・八〇ウ―八一オ
右同	十月	○同上ノ件。	九四オ―ウ・九五オ・九九オ―ウ
再嫁ノ禁ノ廢罷	十一月	○會計院卿ノ上疏。婦女ノ改嫁ヲ禁ゼルヲ罷メ之ヲ疏通スベキヲ言フ。政府樞院ニ稟處セシム。	一〇九オ―ウ
		卷四十一	
	光武五年(辛丑)		
日本勳章	一月	○日本天皇大勳位菊花大綬章ヲ皇太子ニ贈進ス。	二ウ
風水思想	三月	○摠護使ハ山陵各項擇日別單ヲ上奏ス。	一〇オ
右同	四月	○右同上ノ件。	二六オ―ウ・二六ウ―二七オ・二八オ―ウ
妖言	五月	○平理院裁判長ノ質稟書。被告金大雄ハ五年前陰神接身踪跡閃忽トシテ古今島ニ在リ天降ノ朝服ヲ得テ之ヲ着ル云々。(以下妄誕ノ陳述アリ)	三二ウ―三四ウ
祈雨	六月	○初次ノ雩祭ヲ三角、木覓、漢江ニ行フ。再次同上龍山楮子島ニ行フ。	四一オ
右同	七月	○宗廟ニ雩祭ヲ行フ。	四四ウ
右同	八月	○先農壇ニ別雩祭ヲ行フ。	四九オ
書院位版偸變	十二月	○掌禮院卿ノ奏。禮安陶山書院退溪先生ノ位版偸變ニ遭フ先ヅ往テ看審シ犯人ヲ詗捉シ位版改造スベキヲ曰フ。之ヲ允ス。	八四ウ―八五オ
		卷四十二	
	光武六年(壬寅)		
老人優遇	五月	○宮內府大臣ノ奏ニヨリ百五歲ノ通政、百二歲ノ幼學、百六歲ノ嘉善ヲ特ニ從一品	二四ウ

右　同		ニ陞ス。 ○耆老諸臣ニ宴ヲ賜フ。	二六オ－ウ
種　痘	十二月	○詔シテ醫學校長池錫永ハ種痘ノ術ヲ闡明セシニヨリ勳五等八卦章ヲ授ク。	七一ウ－七二オ
		卷四十三	
	光武七年（癸卯）		
賀壽慶稱	一月	○中和殿ニ御シ賀ヲ受ケ赦ヲ頒ツ。皇太子百官ヲ率ヰ致詞ヲ進ム。明憲太后母臨六十ノ稱慶也。	五ウ
山川祀典	三月	○掌禮院卿ハ天子ハ天下ノ名山大川ヲ祭ル。而シテ五嶽、五鎭、四海、四瀆ノ封尙今ニ祀典ヲ備フルニ遑アラズ云々ト其山川ヲ指定シ奏ス。	一三オ－ウ
鮮人辮髮	八月	○間島居住鮮人ノ事ニ付テ外部ト淸公使ト商辨ス。該地方附近ノ官員ニ文移シ薙髮（辮髮ノコト）ヲ勒加シ法外ノ虐待ヲ加フル勿ラシム。	三三オ
		卷四十四	
	光武八年（甲辰）		
疾病祈禱	一月	○明憲太后患候重シ。詔シテ圜丘、宗廟、永寧殿、社稷、諸山川ニ祈禱祭ヲ設行ス。	一オ
喪葬記事		○明憲太后壽仁殿ニ昇遐ス。（以下ノ喪葬記事略ス）	同
喪中粥食		○大醫院口奏。粥飲ヲ進ムルヲ請フ。批ニ曰ク罔極。（父母死シタルトキハ悲嘆ニ堪ヘズ飯ハ食フ能バストシ其死後數日粥ヲ啜ル一般ノ風習也）	三オ
風水思想		○山陵看審ノ件。	四ウ－五オ・五ウ－六オ・六ウ－七オ
入　葬	三月	○祖奠、遣奠ヲ行フ。遷奠ヲ行ヒ玄宮ヲ下ス。	二六ウ
風水思想	七月	○奉常寺副提調宋奎應ノ上疏。駐淸公使閔泳喆ノ西藩（平壤ノコト）ニ在ルヤ敢テ	五七ウ－六〇オ

宮庭内ノ左道妖術

妖詭ノ説ヲ引キ荒誕ノ説ニ煽惑シ君上ヲ欺キ壓伏ト稱シ西京ヲ創建ス。特進官李裕寅ハ幺麽術數ヲ以テ濫リニ恩寵ヲ荷ヒ宮庭ノ内ニ妖道雜術淆亂紛雜ス。卜筮、相術、陰陽、遁甲、巫祝、祈禱、力士神將等ノ左道妖術ノ類一切嚴飭警廳ヲシテ捉ヘテ正法ニ致シ宮禁ヲ淸ムベシ。

六六オ—六九ウ

宮中巫禱　改葬拘忌

九月

○議政府參政申箕善ノ上疏。委巷巫媼ノ流宮掖ニ攔入禱賽公行肆ニ禁密ニ祈禱ヲ行フ遍ニ名山ニ走ル。舍ヲ道傍ニ作ル。洪陵ノ遷奉期無ク拘忌風ヲ成ス云々。宮中ヲ肅淸スベキヲ曰フ。

發墓匿骸ノ賊

十月

○議政府參政申箕善ノ奏。近日墓ヲ發キ骸ヲ匿スノ賊アリ（而シテ匿名書ニテ脅迫金ヲ要求ス）卿宰ノ家亦此厄ニ罹ル者アリ。官詗捕シテ其骸ヲ還セバ其讎ヲ報ズルニヨリ暗ニ貨ヲ與ヘ憐ヲ乞ヒ骸ヲ還スヲ求ムト云フ。法部ヲシテ各道裁判所及各警察署ヲ嚴飭セシムベシ。

八四ウ—八五オ

救病祈禱　喪葬記事

十一月

○皇太子妃閔氏病篤シ詔シテ圜丘、宗廟、社稷、諸山川ニ祈禱祭ヲ設行ス。

八六オ

○皇太子妃閔氏薨ズ。（以下ノ喪葬記事略ス）

同

卷四十五

光武九年（乙巳）

入葬

一月

○祖奠遣奠ヲ行フ。遷奠ヲ行ヒ玄宮ヲ下ス。

一オ・ウ

巫卜雜術　妖言惑民

四月

○議政府參政大臣閔泳煥ノ奏。巫卜雜術ハ朝家ノ痛禁スル所輓近法綱解弛若輦京鄕ニ出沒妖言妖術民衆ヲ煽動ス。法部警務廳ヲシテ詗拿照律罪ヲ正スベシ。之ヲ允ス。同上ノ件。

四二ウ・四三ウ

事項	月	記事	出典
		卷四十六	
諺文訂正	七月	○醫學校長池錫永ノ疏ニヨリ諺文ヲ正ス。	一ウ―二オ・四オ―五オ
	光武十年（丙午）	卷四十七	
祔廟祭	二月	○孝定王后ヲ太廟ニ祔ス。	一一オ
陵域賣酒	三月	○禮式院卿ノ奏。東九陵齋室行閣ニ無賴ノ雜輩住接シ賣酒ノ説アリ。摘奸スレバ其實アリ。當該官ヲ減俸ニ處ス。	一四オ―一五オ
處女禁婚	四月	○東宮ノ嘉禮ヲ秋冬ノ間ニ行フ。詔シテ十三歲ヨリ二十歲ニ至ル處子ノ婚ヲ禁ズ。	一六ウ
處女揀擇		○右處子ノ捧單甚ダ少ナシ。內部ヲシテ嚴飭不日更ニ單子ヲ捧入セシム。	一九オ
王陵盜掘	六月	○麗朝成宗ノ康陵、定宗ノ安陵、元宗ノ昭陵、文宗ノ景陵、倶ニ掘變アリ地方官ヲシテ改修シ祕書丞ヲ遣ハシ致祭ス。（高麗王ノ陵發掘ノ事件ハ此時ノ前後ニ屢アリ。副葬品ノ高麗陶磁器ヲ得ン爲ノ盜掘也）	三三オ
處女揀擇	七月	○尹澤榮ノ女外六家ノ女再揀擇他ハ婚ヲ許ス。	三八オ
祈雨	八月	○初次ノ雩祭ヲ三角、木覓、漢江ニ行フ。再次同上龍山江楮子島ニ行フ。三次同上雩祀壇、山川壇ニ行フ。四次同上社稷、北郊ニ行フ。五次同上宗廟、社稷ニ別雩祭ヲ行フ。	四一オ・ウ・四二オ・ウ
苑遊會	九月	○苑遊會ヲ景福宮內ニ設ク。萬壽節（皇帝ノ誕辰）ヲ以テ也。	四六ウ
處女擇定 解禁婚		○皇太子妃ノ再揀擇ヲ行フ。尹澤榮外二家ノ女擇入其餘婚ヲ許ス。	四七ウ
新羅始祖殿宇	十二月	○掌禮院卿ノ奏ニヨリ新羅脫解王ノ殿宇宣額享祀ハ昔姓中ヨリ官ヲ設ケ擧行ノコト	六七オ

綱目	年月	本文	出典
		トス。	
		○王太子妃ヲ尹澤榮ノ女ニ定ム。	七一オ—ウ
		卷四十八	
	光武十一年（丁未）		
納吉納徵	一月	○詔シテ納吉納徵ノ禮ヲ權停ス。	一ウ
告期		○同告期ノ禮ヲ權停ス。	八オ
朝見冊禮 同牢ノ宴		○皇太子妃朝見ノ禮ヲ行フ。同冊禮ヲ行フ。同ジク同牢ノ宴ヲ行フ。	八ウ
廟見ノ禮		○同廟見ノ禮ヲ行フ。	九オ
妃ノ冠禮	二月	○皇太子妃ノ冠禮ヲ內殿ニ於テ行フ。	一〇ウ
禁婚範圍		○英親王夫人揀擇。國姓及當代異姓八寸親、貫籍同ノカラサル李氏及父母未ダ倶ニ全カラザル者ハ禁婚外トス。	一四オ
親王冠禮	三月	○英親王ノ冠禮ヲ行フ。	一六オ
處女揀擇		○英親王夫人初揀擇ヲ行フ。	同

（終）

實錄熟語解題

凡例

一、註釋ハ普通讀書人ノ解シ得ズト考ヘシ程度ヲ標準トス。

二、排列順序ハ五十音順トス。

三、索引ノ便ヲ計リ

(カウ)ハ　コウ。(エフ)ハ　ヨウ。(クワン)ハ　カン。(コウ)ハ　コウ。

(シヤウ)ハ　シヨウ。(セウ)(セフ)ハ　シヨウ。(タウ)ハ　トウ。

(チヤウ)ハ　チヨウ。(テフ)ハ　チヨウ。(タウ)ハ　トウ。

(ヘウ)ハ　ヒヨウ。(ワウ)ハ　オウ。

等等ノ如ク通俗的トス。

四、字側左右・・ノ符號ハ其熟字別ノ項ニ註釋アルヲ示ス。

ア

●**阿只** あーきート讀ム。(1)王女ノ幼少ナル時下ヨリ呼ブ敬稱。(2)宮中ニ仕フル乳母ノ稱。(3)宮中ニ仕フル幼女ノ稱本編ニ出デタルモノハ以上ノ三稱、時代ニ依リ相違アリ(4)上流社會ノ幼女ニ對シ敬稱トシテ用ユ。

●**壓禳** 普通ニハまじなゐノ事。玆ニハ邪術タル呪咀方法ヲ以テ人ヲ壓伏シ害スルコト。

●**壓勝** 同上。

●**安居**(コ) 夏行(ギョウ)ノ事ニシテ佛者四月十六日ヨリ七月十六日迄九旬ノ間禁足安居スルヲ云フ。之ヲ結夏(ケツゲ)ト云ヒ既ニ終ルヲ解夏(ケゲ)ト云フ。高麗時代ニ於テハ夏以外ニモ安居ガ行ハレタリ。

●**安行梁** 忠淸南道瑞山郡ノ東方安興ト萱島ノ間ノ海面。昔漕運ノ一大難所トセラル。行一ニ興ニ作ル。元ト難行梁ト稱ス、高麗時代難破多キニヨリ此名ニ改ム。

●**案山** 風水學上墓地又ハ宮殿ヲ中心トシ青龍、白虎、主山、案山ハ東西南北(南ヨリ北ニ向ツテ)ノ四要素也。卽案山トハ先方ノ山形又ハ丘形。景福宮ヲ以テ例示スレバ南山之ニ該ル。

●**安胎** 胎盤ヲ甕ニ納メ吉地ニ埋藏スルコト。

●**安胎使** 王子ノ胎盤ヲ胎峯ニ埋安スベク命ヲ承ケテ行ク使。外ニ育チ王トナリテ宮中ニ入リシ人及冊セラレテ王妃トナリシ人ガ各其實家ニ於テ埋メアル胎盤ヲ取出シ更ニ王家ノ胎峯ニ移埋スル時ノ使ニモ此名ヲ以テ稱ス。王女ニハ胎峯ナシ。

●**安陵奠** 棺ヲ壙中ニ入レ土ヲ掩ヒ葬ノ總テヲ終リシ後供ヘ物ヲ爲シ拜禮スル儀式。

●**安龕** 神主、卽位牌ヲ出シテ祭リシ後祭了リ元ノ箱ノ内ニ納ムルコト。

イ

ヰ

●**醫妓** 宮中ニ奉仕スル醫女ガ中期妓生ニ紛ハシキ行動卽容姿ヲ飾リ酒間斡旋シ媚態ヲ行フニ至リシ後ニ名ケラレシ稱呼。

●**醫女** 一ニ女醫トモ云フ。各道ヨリ選上シ簡易ナル醫術ヲ敎習シ今日ノ看護婦的ノ業ヲ以テ宮中ニ奉仕スルモノ。

●**一律** 死刑ノコト。

●**一資** 位階ノ一階。一資ヲ加フト言ヘバ例之ハ正四品奉正大夫ヲ從正三品中直大夫ニ陞ス如シ。又無品階ノ者ヲ從四位朔散大夫ニ敍爵スル如シ。

●**位田** 財團法人的基本財産トモ云フベキモノ。祭祀、書院等等ノ事業ノ爲田地ヲ買入或ハ寄附提供シ其收入ヲ以テ其事業ヲ經營スル其田地ヲ云フ。

●**位版** 木板ノ神位ニシテ祭祀ノ主體トシテノ目標物。祭祀ノ時神降リ來リ此ニ宿ルト爲スモノ。表面ニ其神名、祖考ハ敬稱ヲ墨書スルヲ普通トス。

●**懿廟** 李朝二十代ノ王景宗ノ薨後ニ於ケル敬稱。

●**懿陵** 景宗及其王妃魚氏ノ陵京畿高陽郡ニアリ。

●**伊陵** 穆祖ノ元ノ墓ノ傳説地。江原道江陵ノ邊ニアリ。

●**蔭** 父祖ノ功卽資蔭ニヨリ科擧ニ由ラズ官ニ補セラル、者ヲ蔭補又蔭子ト云フ。歐陽修ノ梅聖兪詩集ニ解アリ唐書李德裕傳ニモアリ。蔭ハ蔭補ノ略。

●**淫祠** 正式ニ祀ル神及一般ガ奉祀スルコトヲ社會的ニ公認セル神佛道教ノ神以外ニ巫女ノ祭ル神佛。土俗ノ祭ルモノ等筋目ノ正シカラザル祭祀主體ヲ指シ又其祭ルコト其行爲ヲ云フ。●**淫祀** 淫祠ニ同ジ。

●**印紙** 紙ニ印刷スルコト。●**淫瘡** 梅毒ノコト。●**院相** 王薨ジ王子新王トシテ即位スルモ喪中ナレバ卒哭迄ノ間攝政的ノ職任ニ在ル者ノ稱。衆望ヲ負ヘル原老宰相級（原任者ヨリモ取ル）ヲ以テ任ズ。

●**飲福宴** 祭祀終リ其神ニ供ヘタル酒ヲ用ヒ宴スルコト。斯クスレバ神ノ福ヲ受クルト唱ヘシニ基ク。書經顧命篇ニアリ。

ウ

●**雩祀** 雨ヲ祈リ天ヲ祭ルコト。國家ノ公式ノ祭祀ノ一。壇ハ東大門外ニ在リシ。殷ノ湯王ニ初マルト傳フ。周禮ニ龍見ヘテ之ヲ雩ストアリ。高宗實錄ニハ總テノ祈雨ヲ雩祀又雩祭ト記セリ。●**羽扇** 羽ニテ作リシウチハ。

●**盂蘭盆齋** 七月十五日ニ祖先ノ招魂供養ヲ行ヒ併セテ佛、僧、貧民ニ供養シ父母ノ長養慈愛ノ恩ニ報ズルヲ云フ。盂蘭盆經ニ基ク。●**雲臺** 後漢ノ顯宗前世ノ功臣ヲ追感シテ南宮ニ圖畫ス。以後功臣ノ畫像ヲ藏スル所ヲ云フ。玆ニハ天文ヲ觀測シ日ノ吉凶ヲ見ル等々ノ事ヲ掌リシ觀象監ノ詩的別名。

エ

ヱ

●**禜** 門ヲ祭ルコト、多ク祈晴ニ行フモ亦稀ニ祈雨ニモ行フ。●**衛護** 祖考ノ神ヲ巫覡ノ家ニ委ネ奴婢財物等ヲ給シ祭祀セシムルコト。一七八頁ニ詳シク出ヅ。●**榮親** 榮墳ト同一行爲ヲ以テ至親ニ共榮譽ヲ頒チ其一家ノ聲名ヲ誇示スルコト。●**影幀** 影像ヲ裝幀シタルモノ。●**影堂** 影像ノ畫ヲ奉安シアル堂宇。●**永寧殿** 李朝各代王位ニ即キシ人及王位ヲ追尊セラレシ人及前二者ノ配偶者即王妃ト王妃ヲ追尊セラレシ人ノ中宗廟ニ祀ラザルモノ及一旦宗廟ニ祀リシモ室ノ都合ニテ此殿ニ祧遷セラレシ人ノ神位ヲ奉安スル所。宗廟構內ニ在リ。●**營妓** 地方ノ妓生ニハ各所屬アリ、營名アル官廳軍門等ニ隷屬セル妓。

●**營婢** 官婢ニシテ監營、兵營、水營等々營名アル官廳軍門ニ使役スルモノ。●**榮墳** 科擧ニ及第セシ者ガ京城ヨリ其鄕ニ俳優等ヲ伴ヒ行キ祖先ノ墓前ニ其榮譽ヲ奉告スルコト。榮親ハ父祖ノ生ケル者ニ對シ榮墳ハ其死セル者ニ對シ行フ。●**英陵** (1)李朝四代世宗王ノ墓、京畿驪州郡ニ在リ。(2)世宗王ノ薨後ニ於ケル敬稱。●**睿陵** 李朝二十五代哲宗及王后金氏ノ陵。京畿高陽郡ニアリ。●**永陵** 李朝二十一代英祖ノ一子及其妃ノ陵。王位及王妃位追尊京畿坡州郡ニアリ。

●**役** 玆ニハ人民ガ工事ニ義務奉公トシテ出役スルコト。一般ニハ兵役其他ノ勞務及貢物ヲ負擔スルコトヲモ云フ。●**役軍** 夫役ニ使用スル人夫。

●**役僧** 僧ヲシテ國家ヘノ義務奉公トシテ築城架橋其他ノ工事ニ勞役セシムルコト。

●**謁聖** 文廟ニ至リ孔子ノ神位ニ御目見得シ禮スルコト。神位ハ元ハ塑像ナリシニ由リ此謁聖ナル語出デタリ。其神位カ木版トナリシ後モ此語ヲ用ユ。

●**燕** 北京ノコト、春秋戰國時代燕ノ國ノ地ニ當ルニヨリ斯ク稱ス。蒙古ガ都セシ以來燕京ト云フ。其略。

●**筵官** 筵臣ヲ見ヨ。

●**燕行** 國使トシテ朝鮮ヨリ北京ニ行クコト。其一行ヲモ斯ク云フ。

●**圓丘** 圓壇ヲ見ヨ。

●**掩壙奠** 棺ヲ穴中ニ降シ土ヲ掩ヒシ後ニ供ヘ物ヲ爲シ拜禮スル儀式。

●**厭勝** 玆ニハ咀呪ノ意味。一般ニハまじなゐノコト。

●**煙酒** たばこノコト。

●**筵臣** 經筵ニ關係アル官員。

●**閹人** 宦官ノ別名。周禮ニ閹人門ヲ守ルトアリ。刑餘去勢ノ人ヲ門番トセシニ基ク。

●**閹寺** 宦官ノコト。閹ハ前項說明ノ如シ。寺ハ周禮天官ニ寺人ハ王ノ内人及女官ノ戒令ヲ掌ルトアリ同ジク宦者ナリ。

●**燕褻服** 燕ハ燕居即安居、褻ハカサネル。ふだん着ノ意味。

●**圓壇** 圓一ニ圜ニ作ル。高麗時代ヨリ天ヲ祭リシモ太宗其僭越ニ憚リ之ヲ罷ム。後幾干モナク復興シテ圜丘ト稱シタルモ實錄ニハ圜丘又ハ圜壇ト記シアリ。李太王ノ時日淸戰爭ニヨリ獨立國トナリシニヨリ元ノ壇ヲ圜丘壇トシ增築シ天ヲ祭リタリ。保護政治後廢ス。其壇ハ今ノ朝鮮ホテル構内ニ在リタリ。

●**烟堗** おんどるノコト。

●**宴幣** 今ノポチ又ハ御祝儀ニ同ジ。妓生藝人其他宴ニ關セル小者ニ與フルモノ。李朝後期ニ至リ與ヘザル風ヲ爲ス。

●**園陵** 陵ハ王ト王妃及王ト王妃ヲ追尊セラレシ人ノ墓。園ハ王位ニ即キシ人ヲ生ミシ正妃外ノ嬪ノ墓及王世子、王世孫ヲ册封セラレテ後薨ゼシ人ノ墓。

オ　ヲ

●**押** かきばんノコト花押ノ略。

●**王氏** 高麗王家ノ姓其後裔ヲ指ス。

●**翁主** 王ノ正妃外ノ嬪媵（妾）ノ生ミシ女ノ子ノ敬稱。

●**王子君** 李朝ノ王子ハ正出ヲ何々大君ト稱シ庶出ヲ何々君ト敬稱セリ、李朝初期ニハ功勞アル大臣ニモ君號ヲ與ヘシニヨリ其二者ヲ別ツタメノ名稱。

●**王氏龍孫** 高麗太祖四代祖ハ龍宮ノ女ヲ妻トセシトノ傳說ニ基ク。

●**屋轎**又**屋轎子** 屋蓋ノアル輿。

●**橫竹** きせるノコト。

●**溫井** 溫泉ノコト。

●**溫陵** 中宗元妃ノ陵京畿楊州郡ニアリ。

カ

●**科** 科擧ノコト。

●**果** 宴饌トシテ用ユル菓子ノ如キモノ。油蜜果參照。

●**改嫁** 夫死シテ後更ニ他人ニ嫁スルコト。

●**外家** 母方ノ家。

●**改火** 火ヲ淸新ニス

ル主旨ヨリ三月ノ清明日（寒食三日前）ニ新シク楡柳ニテ火ヲ作リ一般ニ頒布スルコトヲ云フ、周官ノ出火唐宋ノ賜火ノ遺法ナリ。實錄ニヨレバ楡柳ノミナラズ種々ノ木ヲ別チ用ヒシコト記シアルモ實際行ハレザリシ如シ。

●外官 官員ヲ内官ト京官ト外官トニ三大別ス。一ハ宮中關係ノ官。二ハ一ノ外ノ在京城官廳及開城江華水原廣州等ノ留守（地方官）。三ハ留守外一般ノ地方官、地方長官及地方軍官。

●囘甲 還暦ノコト。

●囘坐 佛像ガ自動シタルコト。實ハ僧ノ奸計。

●怪疾 近代ハコレラニ此名稱ヲ用ユ。昔ハ急性傳染病ノ一ニ充テシモ何病カ不明。

●囘寺 女人ガ信仰ニヨリ一時山寺ニ寓スルコト。僧トノ關係ニ於テ風俗上ノ問題ヲ起シタリ。

●開城大井 高麗太祖四代ノ祖作帝建ガ妻タル龍宮ノ女ガ龍宮ニ往來セシトノ傳說アル井。旱ノ時雨ヲ禱リシ所也。

●華人 支那中央部ノ人ヲ指ス稱。

●海青 海東青ニ同ジ其略稱。

●開素 喪ニ居リ肉食ヲ絶チしよふじ食ヲ爲セシ者ガ之ヲヤメ肉食スルコト。

●該曹 其權限ヲ有スル吏、禮、戶、兵、刑、工ノ六曹ノ一ヲ指ス。例該曹ニ命ズト言ヘバ其事件外交ナレバ禮曹ヲ指ス。軍事ナレバ兵曹ヲ指スノ例。

●獬豸冠 獬豸ハ想像的神獸。獅子（石像ノ）ニ似頭上中央ニ一角アリ上ニ立ツ。此獸ハ人心ノ善惡ヲ知ルト稱セラレ宮殿ノ左右ニ石像トシテ建テ又ハ冠ノ一部ニ此形ヲ表ハス法官此冠ヲ用ユ。

●會直 宿直ノ人々ヲ會スルコト。

●海東青 鷹ノ支那名、朝鮮名松鶻鷹。鶻屬ノはやぶさ Manchurian Pevegrine Falcon 也。

●崖磨 岩石面ヲ磨リテ平カニシ之ニ紀念ノ人名又ハ詩句等ヲ刻スルコト。崖碑ト同ジ。

●艾俑 艾卽よもぎニテ作リシ人形ヲ端午ノ日門戶ニ掛ケ邪氣ヲ禳フモノ。或ハ下賜品トス。

●火印 ヤキバン。

●花冠 品階アル人ノ妻（大抵夫ノ品ニ應ジ僭稱アリ）及宮中奉仕ノ女官ガ禮裝ノ時頭上ニ冠スル小サキ冠、庶人ニテモ婚禮ノ時新婦ガ之ヲ用ユルコトハ默許セリ。

●蓋頭 髱ヲ多クシ頭上ニ堆ク卷ク婦人ノ頭樣。

●開土祭 陵墓ヲ作ルベク土ヲ掘ル前ニ土神ヲ祭ルコト。

●崖碑 石崖ヲ磨シ之ニ字ヲ刻ムコト。崖磨ニ同ジ。

●海尺 海邊ノ漁夫船夫等ノ賤メラレシ人々。

●外方 京城外ノ地方。

●囘榜 囘ハ囘甲榜ハ試驗ノコト。科擧ニ及第シテ六十年目。

●會盟 王ガ功臣ト血ヲススッテ天ヲ祭リ盟フコト。

●囘門ノ禮 新及第者ガ先輩ノ門ヲ歷訪シテ從前ノ指導ヲ謝スルノ行禮。

●改斂 改葬ノ時死者ノ着衣ヲ葬式ノ時ト同一ニシ改メルコト。

●瓦器 スヤキノ陶器。

●呵禁 大官等外出ノ時小者ガ先拂ヒシ聲ヲ出シテ行クコト。

●各官 地方各官ノ行政地域ノコト。

●角氏 一ニ閣氏ニ作ル上流女子ノ敬稱。オ孃サント意味大抵同シ。

●客人 日本ヨリ貿易ニ來ル特殊ノ待遇ヲ受クル人。

●學生 文科ニ登ルベキ兩班ノ家柄ノ子ニシテ未ダ科ニ赴カズ又ハ赴クモ及第セザル者ヲ幼學ト稱ス幼學死スレバ學生ト稱ス。

●角觝 内地ノ角力ニ似タル力ヲ較ブル技。衣類着用ノマ、行フコト、土俵無キコト、最初スネノ部分ニキレヲ括リ双方之ヲ執リ立上ル事等異ナル。

●各品 正一品ヨリ正九品迄品階ノ總稱。

●火戯 火藥ヲ用ヰテ爲ス仕カケ火花ノ如キモノ宮中ニ於テ主トシテ歲末年首ニ行フ。又支那國使ノ接待ニモ行フ火山臺、火棚ニ同ジ。

●花拱草拱 家屋構造もちおくリノ形式模樣。

●花妻 常賤民ガ本妻外ニ娶リタル妻ノ名稱。

●火山 風水學上五行ノ火山ニシテ實際ノ噴火山ニ非ズ。

●家山 其家ノ墓所山ハ墓ノコト。

●火山臺 宮庭ニ鰲山ト云フモノヲ作リ其上ニ舞臺樣ノモノヲ作リ之ニテ火藥ヲ用ヰ仕カケ花火ノ如キ技ヲナスモノ。

●下三道 忠淸、全羅、慶尚ヲ云フ。

●加資 一資ヲ見ヨ。

●火者 宦官ト爲ス候補者ノ青年。其既ニ去勢シタル者ニモ此稱ヲ用ユ。

●禾尺 柳細工ト屠牛ヲ事トスル特殊賤民ノ種族後ニ白丁ト改稱ス。

●果床 餞品ノ中油蜜果ヲ並ベル床。

●花席 ワングル（莞草）ト稱スル莎草科ノ學名たたみかやつりCyperus exaltatus, Retz ニテ作リンござノ色模樣アルモノ。

●華制 支那ノ制度唯ニ法制已ナラズ慣習好尚ヲモ云フ。

●火箭 大砲ノ簡易ナル如キモノ。

●過葬 一定ノ時期ヲ過ギテ葬ラザルコト。

●火賊 明火ノ賊ノ略。

●花朝 二月一日ノコト、特ニ此日ヲ名日トス。

●碣 墓側ニ建ツル碑石。

●活人院 今日ノ慈惠醫院ニ相當スルモノ。

●渴葬 士大夫ハ踰月葬、庶人ハ三日ヨリ九日迄ノ葬期ヲ待タズ其日限前ニ葬ヲ急ギ行フコト。多ク費用ノ節約ニ因ル。

●加髢（テイ） カモジヲ頭髮ニ加フルコト。此時甚ダ大ク頭ニ物ヲ冠リシ如ク髢ヲ用ユル風流行ス。

●火桶 木デ造リシ大砲ノ如キモノ。

●假農作 內農作ト同ジ。

●火棚（ハウ） 火山臺ニ同ジ。

●果盤 果床ト意味同ジ。

●家廟 一ニ祠堂ト云フ。朱子ノ家禮ニ準據シ四代ノ祖迄ノ祖考妣ノ神位及不祧ノ神位（祖先中有名ナル人）ヲ祭ル建物。邸內ニ設ク。祭ルベキ代數ハ時ニヨリ又階級ニヨリ、四、三、二等ノ差別アリタリ。

●過品 其人ニ與ヘタル品階ガ過當ナルコト。

●花柳 春三月山野ニ遊ブコト。

●家禮 朱子ノ定メタル一家ノ禮規。

●嘉禮色 王室ニ王又ハ王世子ノ婚禮ヲ行フ前ニ設ケラルル臨時委員トモ云フベキモノ。色ハ係リノ意。

●花郎 新羅時代ニハ女裝シテ神ニ仕フル青年（上流）ノノ名稱、後ニハ男巫ノ一種ニシテ遊藝ヲ爲ス者ノ稱。

●間（カン） 家ノ一ト間、家ノ廣サヲ示スニ何間ト云フ。約六七尺四方。

●轘刑 車裂ノ刑。二車上ニ各一足ヲ括リ付ケ置キ其車ノ牛ヲ强打シテ股ヨリ裂ク。

●圜丘、圜壇 圜丘ヲ見ヨ。

●觀光 儀式又ハ行列等ヲ見物スルコト。

●看山 墓地豫定地トシテノ風水學上ノ良地ヲ選擇スベク實地ニ審査スルコト。

●宦寺 宦官ノコト。閹寺ヲ見ヨ。

●慣習都監 音樂ヲ司ドル官廳。

●干尺白冠 干尺ハ別項ノ說明ノ如シ白冠ハ不明ナリ、冠ヲ爲サザルノ意?。

●干尺ト稱スル者 海ノ尺（漁師）。

水尺(居牛者)。禾尺(同上)。山尺(山住居ノ賤民)。鹽干(鹽タキ)。鮑作干(アハビトリ)等々ノ賤民。玆ニハ白丁ヲ指ス。

●**汗蒸** むしぶろノ事。土ニテネリ固メ圓形又ハ楕圓形ノむろ様ノモノヲ作リ中ニテ火ヲ焚キ後入口ヲ閉ヂ其中ニ入リ發汗ヲ促スモノ。

●**汗蒸幕** 前項ノこや。

●**寒食奠** 寒食日ニ祖神又ハ魂殿、殯殿等等供ヘ物ヲ爲シ禮拜スル儀式。

●**漢人** 中央支那人ノコト一ニ唐人トモ稱ス。

●**桓祖** 李朝太祖ノ父追尊ノ稱。

●**還葬** 他地ニテ死シタル人ヲ其故郷ニ歸シ葬ムルコト。

●**願堂** 其家ノ冥福ヲ祈ル爲メニ特ニ寺刹内ニ建テシ堂宇。王室宮家ノモノ多シ。又成均館ノニモ此種ノモノアリタリ。

●**觀燈** 正月十五日並ニ四月八日ニ紙ノとうろうヲ屋外ニ立テ連ヌル年中行事ノ光景ヲ見物スルコト。

●**關東北** 關東ハ江原道、關北ハ咸鏡道。

●**勸文** 佛教ノ事ニ關スル勸化文。

●**還本** 本居ニ還ラシムルコト。

●**冠禮** 男兒元服ノ禮。

●**甘露** 蚜蟲ノ分泌物ガ降下シ木葉等ニ附着セルモノニシテ味甘シ。昔ハ天ヨリ降ルモノトシ瑞祥トシタリ。

●**館倭** 東萊府下ノ(初釜山鎭後草梁)倭館即對馬ノ代官屋敷ニ居ル日本人。

●**閑良** 武科ニ出身スベキ兩班ノ家ノ男子ニシテ未タ科ニ及第セザル者ノ稱。

キ

●**祈恩** 儀仗ヲ嚴ニシ倡優巫現ヲ隨ヘ巫行坎繫鼓把シ咸興ノ濬源殿ニ王家ノ福ヲ禱ル行事。

●**鞫** 當該司法官ガ罪犯ヲ究問スルコト。

●**岐軒** 岐伯卽黃帝時代ノ醫祖ト黃帝軒轅氏。ノ二人此二者ハ古代ノ醫聖トモ云ハレシモノ。

●**妓工** 宮中ニテ音樂歌舞ヲ爲ス倡妓ト之ニ附隨セル男樂人。

●**歸厚署** 王室ノ棺材等ヲ取扱フ官廳。

●**祈穀祭** 地神タリ又農神タル社稷ニ其年ノ豐穰ヲ祈願スル祭。凶年ノ翌春ニハ必ズ行ヒシガ後毎年(正月)ノ例トナル。

●**期功ノ喪** (1)期親ノ喪ト(2)功親喪。(1)ハ別チテA齊衰杖期一年、嫁母、出母、庶母B不杖期一年、祖父母、妻、子、長子婦、嫡孫、伯叔父母、姑兄弟姉妹、姪、姪女、夫ノ父母、夫ノ姪、姪女、同居繼父、(2)ハ別チテC大功九月、衆子婦、衆孫、從兄弟姉妹、姪婦、夫ノ祖父母、夫ノ伯叔父母、夫ノ姪婦D小功五月、嫡孫婦、兄弟ノ妻、從祖父母、從祖姑、從孫、從孫女、從伯叔父母、從姑、從姪女、再從兄弟姉妹、外祖父母、同母異父兄弟姉妹、外叔父、姨母、甥姪、甥姪女、夫ノ兄弟姉妹、夫ノ兄弟ノ妻、夫ノ姑等。

●**棄兒** 乳兒ヲ委棄スルノ外七八歲迄ノ小兒ヲ他鄕ニ置去ニスルコトヲモ斯ク云フ。

●**忌辰齋** 其人ノ命日ニ佛式ノときを營ムコト。

●**忌晨祭** 尊族親ノ忌日ニ行フ儒式ノ祭祀。

●**箕聖** 殷ノ箕子ノコト。

●**吉穴** 風水學上墓地トスベク最モ吉キ地點。

●**結綵** 色ノ糸、紙、キレ地等ヲ以テ門、橋、道路ニ飾付ヲ爲スコト支那ヨリノ勅使ノ來ルトキ及國王ノ行幸ノ時ニ行ハル。

●**吉服** 喪服ヲ期畢リテ脫シ常服ヲ着ルコト。

●**吉禮**

婚禮、還曆、祔廟祭等々ヲ云フ。凶禮ニ對スル語。

●**窺峰** 先方ヨリ山（多クハ巖石ノ山）ガネラムト云フ即邪視ニヨリ禍ヲ受クルト云フ思想。其山ヲサス。果川ノ冠嶽山ガ京城ヲネラム爲メ景福宮ガ屢燒ケタリト傳說スル如シ。又高麗時代ニ於テハ北漢山ノ上部ガ僅カニ見エテ之ガ高麗朝ノ命數ニ關係アリトシテ歷代大ニ意ニ介シタル如シ。

●**鄉樂** 宮中ノ祭祀燕享ニ用ユル樂ニ唐樂鄉樂ノ二大別アリ。唐樂ハ支那ヨリ傳來ノ正シキ樂、鄉樂ハ地方色アル俗樂。

●**鄉賢祠** 其地方ニ於テ先賢ヲ祀レル祠。大抵學者多シ。

●**鄉校** 地方文廟ニ附屬セル學校。

●**鄉射** 鄉飲ノ時併セテ行フ射禮。

●**行狀** 生前ノ履歷。死後ニ於テ之ヲ作リ。賜諡ヲ請フ資料トシ、又之ヲ子孫ニ殘シ其人ノ文集等ヲ出版スル時中ニ加フ。

●**鄉戰** 地方ニ於テ石合戰又ハ綱引等ヲ農民ガ或ル時期ニ年中行事的ニ行フコト。多クハ甲部落ト乙部落ト相競ヒ負ケタル方ハ農作良カラズト稱セラレ死傷ヲ生ズルコトアリ。

●**魏徵** 唐ノ太宗ノ臣、諫議大夫トナリ硬直名アリ。後太子大傅トナル。朝鮮ニ於テ種々傳說中ノ人トシテ傳ヘラル。

●**驚蟄日** 二月中千歲曆ノ定メニヨル某日ヲ指ス此日地中蟄間ニ越冬セル小蟲ガ溫暖ニ蘇テ這ヒ出ヅル日トス。壁土塀等泥土事ヲ行フ日也。

●**敎軸** 王ノ敎旨ヲ書キテ表裝シタルモノ。

●**起復** 今日ノ除服出仕ニ同ジ。但私自起復ト云フ時ハ本人勝手ニ除服スルヲ云フ。

●**宮禁** 宮中ノコト。

●**丘人** 奴隷ノ一種・丘史ヲ見ヨ。

●**丘史** 驅使ニ同ジ官員ノ馬前轎前ヲ呵禁シテアルク奴。多ク其費用ヲ官給ス實ハ之ヲ使用セザルモノ多カリシ。

●**舊主埋安** 古キ位牌ノ祀リヲ止メタルモノヲ土中ニ埋ムルコト。

●**救食** 日蝕月蝕ハ日月ノ病ナリト考ヘ之ヲ救フベク諸種ノ手段ヲ行フコト。

●**吸草** 煙草ヲ吸ウコト。

●**鵂鶹** フクロウ。

●**及第** 文武科卽文武官任用試驗ニ合格シタル者。

●**宮中高髻四方一尺** 宮中ノ女がまげを高クスレバ民間ノ女之ニ倣ヒ更ニヨリ高クスルノ意。

●**宮樣** 宮中ニ於ケル樣式。

●**擧哀** 死者ニ對シ哀告ノ式ヲ行フコト。

●**鄉飮** 周代ヨリ行ハル。鄉學ニ於テ三年ノ學業ヲ終ヘ優等ノ成績ニテ京師ニ推薦セラレ送別宴ノ時併セテ長老賓客等ト親睦ヲ計ル會ヲ謂フ。朝鮮ニ於テハ鄉黨ヲ會シ長老ヨリ德行ヲ尙ビ相親和スベキ箇條ヲ讀聞カセ終テ飮酒スルヲ云フ。鄉約ト併セテ行ハレタルモノモアリ。

●**敎房** 唐宋ノ命稱ニ倣ヒ妓樂ノ總ヲ一圖ト見做シ斯ク命稱ス。高麗朝末ニ於テハ其妓生ヲ敎習スル市街地ノ一局ヲモ稱シタリ。

●**鄉約** 支那呂氏ノ鄉約ニ端ヲ發シ地方ニ於テ鄉黨相一團トナリ德行ヲ獎勵シ相親和シ傍ラ自衛團的ノ公務ヲ規約ヲ以テ定メ實行スルヲ云フ。

●**擧子** 文武科・生員・進士試其他ノ科擧ニ應ズベク推薦セラレタル者。

●**曲宴** 王旨ニヨリ特ニ臣下ニ賜宴スルヲ云フ。多ク九月九日ニ行ヒタリ。

●**局戲** すごろく。

●**麯子** 酒ヲ釀造スル麴ノモトニ丸ク固メ干シタルモノ。

●**炬子** タイマツ。

●**玉堂** (1)弘文館ノ雅稱(2)弘文館副提學以上官員ノ總稱。

●**許通** 法令ニテアル事項ノ制限シアルモノヲ解キテ許ス

ノ意。

●**擧動** 王ガ宮外ニ動駕スルヲ云フ。

●**漁箭** 定置漁業裝置ノ一種。

●**虛葬** 戰亡破船等ニヨリ死尸無キ時之レ有ル如クシテ葬式ヲ行フコト。或ハ衣類アリシモノハ之ヲ葬ル。

●**禧陵** 李朝十一代中宗王妃尹氏ノ墓京畿高陽郡ニ在リ。

●**義陵** 李朝太祖ノ曾父母度祖ト其妻ノ墓。成興南道成興郡ニアリ。

●**徽陵** 李朝十六代仁祖ノ繼妃ノ陵京畿楊州郡ニアリ。

●**宜陵** 李朝九代成宗及其王后尹氏ノ陵。京畿廣州郡ニアリ。

●**耆老** 國家ヨリ優遇サレ耆老所ニ入リシ一定上位ノ老人。

●**均役** 夫役ノ負擔ガ不公平ナルヨリ之ヲ均平スベク設ケラレタル均役廳ノコト。

●**金貫子** 從二品ノ官ガ冠ヲ着クル時其下ノ網巾（ハチマキノ如キ馬尾ニテ編ミタルモノ）ニ左右兩端ニ其紐ヲ通フシ飾トスル金具。

●**金吾** 義禁府ノ雅稱。

●**銀口魚** あゆノコト。

●**禁山** 國用ノ材木ヲ得ベク禁養セル山林。

●**近泮** 泮水ニ近キノ意即成均館ノ附近。

●**金府金潔** 風水學上ノ用語ナレド意味不明ナリ。

ク

●**虞** 虞祭ト同ジ。

●**狗衣** 狗ノ毛皮ヲ着ルコト。

●**空石** あきかます即米ヲ入レル藁ノタハラ様ノモノノ古物。

●**空唱** 空中ニ鬼神ノ聲アリトナスモノニシテ實ハ巫女ガ詐術ニテ斯ク他人ニ感ゼシムルモノナリ。

●**空名帳** 辭令書ヲ印刷シ任用者ノ姓名ノ所ヲ空トシ置キ之ヲ中央ヨリ地方官ニ配付シ地方官ハ官ヲ賣リ其辭令書ニ姓名ヲ記入シテ與フ。代價ハ穀物、布、銀、錢等ナリ。而シテ其官ハ實務ヲ執ラザル名前丈ノモノ也。之ヲ買フ目的ハ平民ヨリ一躍兩班ノ身分ヲ得ルニアリ。此方法ハ中央政府經費缺乏ノ時之ヲ得ベク窮策トシテ時々行ハレタリ。

●**虞祭** 葬式ノ翌日墓地ヨリ奉ジ來リシ虞主（假神位）ニ對シ祭ルヲ初虞祭トシ爾後七日每ニ二虞祭ヨリ七虞祭迄ヲ行フヲ云フ。後ニハ五虞トセシコトアリ、又一回限リトセルアリ。

●**虞主** 虞祭ノ項ヲ見ヨ。

●**驅儺** 惡鬼ニ粉裝セル者ヲ方相氏ノ驅逐スルシグサ朝鮮ニテハ歲末以外ノ日ニ於テモ行ヒタリ。

●**孔雀齋** 孔雀明王ノ爲メニスル孔雀經ヲ誦シ齋（トキ）ヲ設クルコト。

ケ

●**軍器寺** 造兵工廠ト軍器庫ヲ合セタル如キ官廳。

●**軍額** (1)豫定セラレアル兵士ノ數。(2)軍用ニ供スベキ穀物ノ量額。(3)國用ニ供スル人夫ノ額。

●**契** 一口何程カノ出資シ其資金ヲ運用スル諸種ノ目的ニテ作ラレタル組合。又王羲之ノ蘭亭帳ノ如キ稧飲ヲモ契ト之フ。

●**經筵** 官司ノ名。王前ニ於テ經書典籍ヲ講論スル職掌ヲ有ス。結局帝王學ノ參考トスルモノニシテ國王ノ學問所トモ謂フベキモノ。

●**啓下** 王ニ啓シタル事項ニ對シ王ガ之ヲ容レ下示スルコト又其命令シタル事項。

●**京外** 京城ト外方即朝鮮一體。

●**京妓** 京城ニ在住スル娼妓。

●**輕繫** 囚獄シアル輕キ罪ノ犯人。

●**經行** 僧徒ガ讀經シツツ信者ト共ニ市街ヲ巡行スル佛敎ノ修行ノ一。王ヨリモ此時命ジテ官ヲ派シ加ハル。

●**迎諡** (1)王ヨリ死者ニ諡號ヲ賜ハル使ヲ迎フルコト。(2)支那ノ帝ヨリ王、王后ニ死後諡號ヲ賜ハル使ヲ迎フルコト。

●**掛書** 宮門、城門、官廳ノ門等ニ匿名ノ書ヲ掛ケルコト。謀逆ノ變ヲ告ゲ或ハ之ニ假リテ人ヲ陷ル爲ニ行ハレタリ。

●**經師** 經文ヲ讀ム一種ノ僧。李朝ニハ經ノ讀メヌ僧モ多クアリシ。

●**經署** 王ニ差出ス書類ニシテ某ル官司ヲ經由スベキコトヲ定メタルモノノ其書面ニ同意シ署名スルコト。

●**迎贅** ムコヲ迎ヘルコト。

●**迎餞** 入リ來ル賓客、公ノ使等ヲ郊外ニ出デ迎ヘ酒饌ヲ設クルコト。

●**契軸** 有志ガ申合セ其人ノ何カ紀念スベキ事ニ小宴ヲ開キ詩賦等ヲ作リ之ヲ各書キタルモノヲ軸ニ表裝シタルモノ、コト。

●**京兆** 漢城判尹ノコト。

●**啓殯** 殯殿ヨリ葬送ニ移ストキノコト。

●**啓殯奠** 屍體ヲ殯殿ニ奉安シタル後收斂入棺スル前ニ行フ供物ヲ爲シ拜禮スル儀式。

●**敬陵** 世祖ノ第一子追尊德宗及其妻追尊明惠王后ノ陵。京畿高陽郡内ニアリ。

●**惠陵** 李朝二十代景宗王后沈氏ノ陵。京畿楊州郡ニアリ。

●**景陵** 李朝二十四代憲宗及王后金氏同洪氏ノ陵。京畿楊州郡ニアリ。

●**擊毬** 木毬ヲ七形ノ尖頭ニアル杖ニテ擊チ先方ニ作リアル門ノ上中央ニアル圓形ノ穴ヲクグラス技。二隊ニ分チ勝負ヲ爭フ。騎ト歩ノ二アリ歩ニハ毬門ナク地上ニ穴ヲ設ク。

●**擊棒** 棒一ニ棒ニ作ル棒ヲ以テ二人ガ闘フ武藝式ノ技。

●**戯子** 雑戯ヲ演スル藝人。

●**結案** 司法事件ノ處理結了セルコト。

●**月臺** 宮中正殿ノ前面石ダタミノ露臺。

●**孼産** 妾所出ノ子孫。

●**欠逋** 官物ノ費消ト租税其他上納物ノ怠納。

●**結幕** 小屋ガケ的ノ粗造ナル住家ヲ作ルコト。

●**月廊** 宮中正殿ノ左右ノ廊下。

●**峴** 道路市街ノ中、峠ガカリタル稍高キ地形ノ箇所ニ何々峴ト名ク。

●**軒架** 樂器ノ鍾ト磬ヲ懸ケル架臺。

●**獻官** 公式祭祀ノ時酒ヲ祠ニ獻ズル役目ノ官。

●**軒岐** 岐軒ニ同ジ。

●**涓吉** 吉日ヲ擇ブコト。

●**玄宮** 棺槨ノコト。但王王妃ノモノニノミ用ユル語。

●**諺敎** 王大妃ガ王幼冲ニシテ垂簾ノ政ヲ執ルトキ朝鮮がなニテ書キタル敎書。垂簾ノ政ヲ罷メタル後ニ於テモ下シタル書類ノかな書ノモノヲ諺敎ト云フ。之レハ當ラズ。

●**健元陵** 李朝太祖ノ陵京畿楊州郡ニ在リ。

●**諺札** 朝鮮かなヲ以テ記シタル書キ付ケ。

●**玄室** 王子王女ノ棺槨。

●**軒軺** 軺軒ニ同ジ。

●**顯親** 科擧ニ及第又ハ官途ニ就キ親ノ名マデモ顯ハスコト、孝行ノ意味アリ。

●**紋首** (1)巫女ニ附隨シ絃歌ヲ事トスル女。(2)民間ニテ音樂ニ從事スル女。

●**獻壽** 遐曆其他壽長キ慶祝ヲ(1)王ヨリ王大妃ニ對シ(2)臣下ヨリ王、王妃、王大妃ニ對シ(3)士庶ガ其親ニ對シ行フコトヲ言フ。(1)(2)ハ箋文ヲ呈シ宴樂ヲ獻ズ(3)ハ宴樂ヲ獻ズルコトモ、セザルコトモアリ。

●**減膳** 事ニ因リ王ガ謹愼ノ意ヲ表シ膳部ノ品ヲ減ズルコト。

●**捲草官** 王ノ子女出生ノ時子多ク皆健カニ成育シ夫婦共ニ存ジ所謂目出タキ家ノ高官ヲ特ニ此名ヲ以テ産前一二箇月中ニ任命ス。藥ヲ捲キテ産殿ノ門ニ懸クル等ノ役目也。

●**獻軸** 王ノメデタキ行幸ノ歸途儒生者老ガ詩歌ヲ獻ゼシヲ後略シテ其詩歌ヲ書シ表裝シテ獻ズルコトトナレリ其軸物。

●**諺傳** 俚俗間ノ傳承。

●**遺奠** 出棺直前ニ供ヘ物ヲ爲シ拜禮スル儀式。

●**懸燈** 正月上元及四月八日佛誕日ニ紙ノ燈籠ヲ屋外ニ連ネ懸ケル習俗。燃燈ニ同ジ。

●**捲堂** 成均館ニ在學中ノ儒生一同がすとらいき的ニ立去ルコト。上書數回容レザル場合等ニ行フ。一種ノ示威運動ナリ。

●**涓日** 涓一ニ涓ニ作ル。吉日ノコト。涓ハ淸淨ノ意。

●**獻納** 官名。司諫院正五品ノ官。

●**乾飯** 水飯ニ對スル語。王ガ謹愼ノ意ヲ表スル時水飯(かゆトめしニ水ヲカケタルモノト二ツノ意味ニ使用サルル語)ヲ攝ル餘リニ其期永クナルトキハ衰弱スベク臣下ヨリ乾飯トスベキヲ上言スルコトアリ。兩班モ親ノ死ノ直後一定期乾飯ヲ用ヒズ水飯ヲ用ユ。

●**原廟** 王ト王妃ノ神位ハ宗廟ニ祔スベキモノナルモ太宗太祖等々ノ如ク宗廟ニ祀リ且文昭殿ノ如ク別廟ヲ立テ祀レルモノアリ之ヲ稱ス。

●**獻陵** 李朝三代太宗及王后金氏ノ墓京畿廣州郡ニ在リ。

●**顯陵** 李朝五代文宗及王后權氏ノ墓京畿楊州郡ニ在リ。

●**元陵** 李朝二十一代英祖及其王后金氏ノ陵。京畿楊州郡東九陵内ニアリ。

●**健陵** 李朝二十二代正祖及王后金氏ノ陵。京畿水原郡ニアリ。

コ

●**羔** 本來此字ハ羊ノ子ノコトナレド朝鮮ニテハやぎ Carpa hircus, Linnaeus. ノ意ニ用ユ。

●**公家** 王家ノコト又國家ヲ意味スルトキニモ用字ス。

●**校宮** 地方文廟ノコト。

●**興役** 土木ノ役ヲ興スコト、役トハ夫役ヲ使用スルコト。

●**黃冠道服** 道敎ノ道士ノ服裝。黃冠ハ其頭ニカムル黃色ノ巾冠ノコト。

●**後吉** 喪了リ吉服ヲ着ルコト。

●**合巹** 婚成リ其式ニ夫婦杯ヲ交ユルコト。巹ハ一個ノひさごヲ中間ヨリ割キ二ツニ作リ之ヲ合スル支那ノ故事ニ基ク。朝鮮ニハ今ニ此古風ヲ傳フ。

●**廣興倉** 慶尙、全羅、忠淸ヨリ漕運シ來ル税米ノ中百官ノ俸祿ニ充ツルモノヲ儲藏スル倉、漢江畔臥牛山下ニ在リシ。

●**御押** (1)王ノ花押(カキバンノコト。(2)右(1)ヲ印トシタルモノ。

●**公差** 官又ハ宮家ヨリ命ジ派遣シタル人員。

●**降殺**(サイ)

等級ヲ降シテ取扱ヲ僞スヲ云フ。

●甲子丁卯丙子ノ亂　甲子ハ李适ノ亂アリシ仁祖二年。丁卯ハ同七年清兵ノ侵入。丙子ハ同十四年清大軍侵入王ハ南漢城ヨリ出デ降伏シタル年。

●剛日　甲丙戊庚壬ニ屬スル日此日ヲ陽ナリトス。禮記曲禮ニ外事ハ剛日ニ行フトアリ。

●公主　王ノ正出(正妃ノ出)ノ女子ノ敬稱。

●香祝　香ト祝(祭文)文ノコト。

●胡商　女眞人タル商人。

●庚申守夜　十二月中ノ庚申ニ當ル日ハ夜寢ズシテ守夜スベシトスル風習、道敎ヨリ出ヅ。

●校生　儒生ニ次グヘキ身分ノモノ鄕校ニ屬ス。

●興清　燕山王カ妓女ノ總名ヲ運平ト改メ後興清ト改ム。

●藁葬　藁ニテ屍體ヲ覆ヒ地上ニ置ク假葬。

●行臺　書狀官ノ別稱。

●皇壇　壬辰役後明ノ神宗ノ助戰ノ恩ヲ思ヒ築キテ之ヲ祀リシ壇。後ニ毅宗ヲ加エ、又後ニ太祖ヲ加フ。

●后土　水土ヲ司ル官ニ在リシ炎帝十一世ノ孫句龍ヲ祭リシモノ。社稷ノ社ト同ジ。

●香徒　半佛半サーマンノ信仰團體。

●江都　江華島ノコト。同地ハ京城開城、廣州ト共ニ四都ト稱ス。

●號牌　士庶一般ニ腰ニ佩ビシメ其本人タルコトヲ證明スル小札姓名年齡等(兩班ハ科擧及第入仕年月)ヲ記シ平民ノモノハ官ヨリ烙印ス。

●興販　物ヲ賣ル營利行爲ノコト。

●絞布　入棺ノ前麻衣ヲ死人ニ着セ其上ヲ衾ニテ包ミ麻布ニテ七箇所ヲ輪ナリニ絞縛スル其布。

●講武　王ノ臨ム陸軍ノ演習此時兼テ狩獵ヲ行フ。

●孝服　父母ノ喪ニ服シ喪服ヲ着スルコト。

●皐復　呼復ト同ジ。

●交朋　妓ニハ女ノ同性愛ノコト。

●紅門　紅箭門ノ略、文廟陵前等ニ建ツル紅ク塗リシ鳥居ニ似タル門。

●厚陵　李朝二代定宗及其妃定安王后ノ陵。京畿開城郡ニアリ。

●弘陵　李朝二十一代英祖ノ妃徐氏ノ陵。京畿高陽郡ニアリ。

●光陵　李朝七代世祖ト其王后尹氏ノ陵。京畿楊州郡ニ在リ。

●康陵　李朝十三代明宗及仁順王后ノ陵京畿廣州郡ニ在リ。

●孝陵　李朝十二代仁宗及仁順王后ノ陵。京畿開城郡ニ在リ。

●興利倭人　朝鮮ニ來リ商業的仕事ヲ營ム日本人。

●胡詭　胡坐ト詭坐。アグラト膝ヲ折リ坐スコト。

●五鬼　五窮鬼智、學、文、命、交ヲ謂フ韓愈ノ窮鬼ヲ送ル文ニアリ。

●五敎　五常ノ敎ヲ云フ書ノ舜典ニ出ヅ。

●誥祭文　誥ハ上ヨリ下ニ發スルヲ云フ、王ヨリ臣下ニ發スル祭文。

●哭後　卒哭祭後ノコト。

●告身　任官辭令書ノ如キモノ、在官セサル時ニテハ此ヲ褫奪セラルルトキハ終身任官權ヲ失フ。

●哭婢　死者アリシ時殯ニ哭シ又葬送ノ時上馬シ列ニ加ハリ哭シ行ク女。喪服ヲ着ス。職業的ノモノアリ。

●國恤　國喪ニ同ジ。

●國巫　宮中ニ出入シ勢力アル巫女ノ稱公稱ニハ非ズ。

●誥命　帝命又ハ王命ヲ告グルノ意。

●哭臨　哭聲ヲ發シ擧哀スル場所ニ臨ミ加ハルコト。

●國喪　國民ガ王室ノ喪ニ服スルコト。

●胡差　清國ヨリノ使節。賤メテ斯ク稱セシ也。

●後妻　一夫二妻アリシ時便宜

上過渡期ニ之ヲ認メ。後ニ娶リシ妻ヲ斯ク稱シタリ。

●**忤作** 一ニ忤作人。屍體ノ取片付ヲ專業トスル賤民。

●**胡使** 胡差ニ同ジ。

●**鶻** 鷹ノ一種ハヤブサ海東靑ノ項ヲ見ヨ。

●**虎頭** 虎ノ頭骨。

●**蠱毒** 咀呪的ノ方法ヲ以テ人ヲ殺スコト。其家柄アリト稱セラル。

●**湖南** 全羅道ノコト。

●**五部** 京城内ノ行政區劃ヲ東西南北中ノ五ニ分ツ。

●**五方土龍祭** 東(靑)西(白)南(赤)北(黑)中央(黃)ノ龍ヲ紙ニ描キ祭ル。多ク祈雨ノ時ニ此祭ヲ行フ。

●**壼法** 壼ハ宮中ノ奥深キ處ヲ云フ。即宮中後宮ノ規律。

●**呼復** 死者アリシ時死ノ直後屋上ニ登リ其人ノ着シタル衣ヲ上ニ向ツテ三回打振リ死者ノ名ヲ呼ブコト。斯クシテ一旦上天セシ魂ヲ一時呼返スノ意アリ。

●**五倫行實圖** 忠、孝、烈、長幼、朋友ノ模範的人物タル篤行者ノコトヲ圖トシタルモノ。正宗年代官撰。

●**五禮儀** 吉、凶、賓、軍、嘉ノ各禮ヲ稱ス之ヲ標準的ニ記シタル書物。世宗ノ時ヨリ編纂ニ着手シ成宗五年ニ完成ス。

●**魂殿** 王位ニ在リシ者及其配偶者ノ靈位ヲ返虞後ヨリ宗廟ニ祔スル迄奉安シテ奉祀スル所。宮中ノ一部ヲ充ツ。

サ

●**倅** 地方官即郡守牧使縣官等ノ總稱。

●**齋宿** 祭祀ノ前齋室ニ宿スルコト。

●**歲畵** 歲旦ニ門ノ扉又室壁ニ貼ル紙ニ描キ、シモノ新歲ヲ祝シ邪ヲ攘フ意味アリ。圖畫署ヨリ壽星、仙女、直日神將等ノ畫ヲ描キ進上スル例ナリ。

●**西學** (1)京城四學ノ一。(2)天主敎ノコト。

●**西學庫直** 四大學ノ中西大學ノ庫番。

●**崔瑩** 高麗末ノ武將。巫女ノ祭ル神ノ中ニアリ。

●**坐衙** 官廳ニ出勤シ居ルコト。

●**才人** 此名ハ演藝ヲナス男子ノ總稱ニシテ賤民トセラレシモノナレド玆ニハ白丁ヲ指ス。昔ハ白丁ノ一部ニジプシーノ如ク演藝シ又其中ノ女ハ賣春ヲモ行ヒアルキシ也。

●**歲饌** 正月元日ノ食品。

●**崔宣茂** 高麗末ノ人、火藥ヲ元人(一ニ宋人トモ云フ)ヨリ專習シ之ヲ創製セシ人。

●**衰服** 斬衰齊衰ノ喪服ノコト。

●**西北面** 初國ニ於ケル今ノ平安北道ノ總稱地名。

●**綵棚** 演藝ヲナシ又ハ作リ物ヲ置ク舞臺樣ノモノニ飾リヲ施セシモノ。

●**祭幕** 祭祀ヲ爲ストキ祭室無キ場合一時ニ假造スルこや。

●**齋沐** 齋戒沐浴ノコト。沐浴ハ冷水ニテ身體ヲ拭淨ス。

●**祭酹**(ライ) 祭祀ニ方リ神ニ酒ヲ獻ズル前ニ茶碗大ノ陶器ニ淨砂ヲ盛リ、之ニ長サ五寸位ノ茅ノ束ヲ立テ(中央ヲ紅絲ニテ結ブ)之ニ先ツ酒ヲ注グコト。意ハ先ヅ天地鬼神ニ供フルナリ。

●**齊陵** 李朝太祖ノ第一ノ后韓氏ノ陵京畿開豐郡ニ在リ。

●**坐衙** 官廳ニ出勤シテ其席ニ居ルコト。

●**作孽** わざわいヲナスエト。

●**朔奠** 月ノ一日ニ死者ニ物ヲ供ヘ禮拜

スルコト。朔祭トモ云フ。

●朔望奠又朔望祭 喪家ニテ喪中毎一日ト十五日ニ行フ祭。朝夕上食奠ヲ兼ネ行フ。

●朔料 一箇月分ノ給與。

●座首 地方自治ノかしらトモ云フベキモノ其位地郡守ノ次ニシテ副郡守トモ云ハレシモノ。

●冊 王妃、王世子、世子嬪、等ヲ立ツルヲ冊ト云フ。右ハ王ヨリ冊ス。又二重ニ支那朝廷ヨリモ冊ス王ハ支那朝廷ヨリ冊ス。

●雜戲 (1)假面劇、手品、輕業等々ノ如キ演技。(2)賭博。

●雜術 占卜等ニ關スル種々ノ術。

●察訪 驛ノ長ノ官名。

●左道 儒敎以外ノ敎ヘ又ハ宗敎類ノモノ。

●簪花 宴會ノ時頭髮(男子)ニ挿ス作リ花。

●三館 弘文館、藝文館、校書館ヲ云フ。

●攢宮 王ノ殯所ノコト。

●三穴 三穴銃ノコト。三ツノ穴アル小サキ銃器。

●山穴 墓穴トスベキ地點。

●三綱行實 君臣父子夫婦ノ三綱ニ付テ模範トナルベキ忠孝節婦ノ事實ヲ列敍セシモノ。世宗朝官撰中宗朝續編。光海君朝增補ス。

●三寅劍 寅ノ年寅ノ月、寅ノ日ニ造リタル劍、劍身ニ北斗七星ヲ刻ス。王ノ厄攘ヒノ爲ノモノ。

●斬衰 喪衣。粗麻生布、衣ノ下邊ヲ縫ハサルモノ。之ヲ服スルハ子ガ父ニ、妻ガ夫ニ、父ガ長子ニ、妾ガ夫ニ、嫡孫ガ(父死亡承重ノトキ)祖父ニ對シ。以上皆三年間服ス

●三司 弘文館、司憲府及司諫院。

●山色 山臺ノ品質。

●三尸 人體中ニ三尸蟲又ハ三尸鬼ト稱スル無形ノ鬼物入レハ死病ヲ起スモノト信セラレ之レカ病者死後他ニ傳ハルト信セラレシモノ。

●三日葬 葬期ニハ皇帝ハ七月諸侯ハ五月大夫ハ三月士庶踰月又庶民ハ三日、五日、七日、九日ノ四別アリ。三日葬ノ尤短期ノモノ。

●產室廳 王兒生レントスル前ニ設クル臨時ノ官司。產後ニ罷ム。

●山主 (1)墓地ノ所有權者。(2)山臺ノ主人。

●三聖祠 (1)檀君、桓雄、桓因、ヲ祀リシ黃海道ニ九月山ニ在リシ神祠(2)濟州島開國神話ニアル高、良、夫ノ三乙那ヲ祠リシ神祠、濟州島濟州邑ニ在リ。

●傘扇 王ノ外出ノ時儀仗ノ一ニシテ傘形ノキレニテ作リシモノヲサシカケ行ク器具。

●繖扇 (1)アフギ(?)王ノ行列ニサシカクル傘ノ如キモノ。

●斬草祭 陵墓ノ工事ヲ始ムル時土神タル後土ニ告ゲ後土祭ヲ行ヒ、猶其地面ニ生ヘシ草木ヲ伐ル時ニ爲ス祭。

●山臺 宮中ニ於テ宴會ノトキ又ハ年末歲首ノ行事トシテ山形ヲ作リ其上ニ演劇ヲ爲ス舞臺樣ノモノヲ作ル之ヲ云フ。

●三適 女ニシテ三度人ニ嫁セシ者。

●散髮 尊族親ノ死ノ直後其卑族親ガ披髮シテ髮ヲ假ニ束ヌルコト。

●散氷 冬貯藏シタル國家王室ノ氷ヲ氷庫ヲ開キ夏期頒氷スルコト。

●山棚 大體綵棚ト同ジキモ山形ヲ造リ其上ニ設ケシモノ。

●三名日 王ノ誕辰、元日、冬至ノ三。

●山脈 風水學上想像的ノ山ノ脈絡。

●山羊皮 カウライカモシカ Urotragus Taddeanus, Heude. ノ皮。

●山獺皮 シベリヤ、滿洲及朝鮮北方ニ產スル獸 學名 Mustela zibellina, Linnaeus. クロテンの毛皮。

シ

●**紫** 緋色。

●**試** 科擧ノコト。

●**紙位** 神位ヲ紙ニテ作リシ略式ノモノ祭畢ツテ燒却ス。

●**紙花** 紙ニテ作リシかざり花。多ク宴卓ヲ飾ルニ用ユ又宴會ノトキ頭冠ニモ揷ス。

●**賜花** 科擧及第優等者ニ王ヨリ賜ハル作リ花。冠ニ揷スモノ。

●**賜盖** 賜花ト同ジク之レト同時ニ賜ハル曲リタル半輪狀ノモノ所々ニ花ヲ取付ク。背後頭部ノ上ニカザス。

●**四學** 京城ニアリシ中央（成均館）及東西南ノ大學。

●**使喚** 官廳小使ノコト、私宅ニ使役スル者ニモ此名アリ。

●**司寒祭** 冬溫カニ過グル時寒カレト寒ヲ司ドル神ヲ祭ルコト。壇ハ漢江畔氷室ノ近ニアリタリ。藏氷ノ時ニモ祭ル。

●**司諫** 諫諍論駁ヲ掌ル司諫院ノ一職。

●**色吏** 其係リノ役人。

●**慈宮** 王大妃ノ敬稱。

●**柶戲** 木ヲカマボコ形ニ作リシモノ四個ヲ擲ゲ其上向下向ノ組合セニヨリ名數ヲ異ニス、一方紙ニ圓形ノ軌道アル圖ヲ畫ケルモノヲ置キ二人乃至四五人前ノ數ニヨリ前進シ早ク最終點ニ着セシヲ勝トスル遊戲。擲柶トモ云フ。

●**司憲** 司憲府ノ略、又其長官タル大司憲ノ略。

●**使行** 日本ト支那ニ赴ク國使ノ一行。玆ニハ支那ニ赴クモノ。

●**賜祭** 臣下又ハ王族ノ死ニ對シ祭具、祭資、賻物等ヲ下賜シ祭ラシムルコト。

●**賜諡** (1)支那皇帝ヨリ王、王后ニ薨後諡號ヲ賜ハルコト。(2)王ガ功臣ニ對シ死後諡號ヲ賜ハルコト。

●**恣女案** 品行不良又ハ三回以上改嫁シタル兩班ノ女ノ行爲ヲ記錄シ置ク臺帳。此ニ記入セラル、ハ一門ノ不名譽トス其子孫ノ科擧、任官ニ障礙アリ。

●**使星** 王命ヲ帶ビ地方ニ使スル官。

●**至日** 冬至ノ日。

●**誌石** 埋葬ノ時棺上ニ置ク方板形ノ石、之ニ本人官爵姓名諡名生死年月埋葬年月略歷等ヲ刻ス。同型ノ土ニ刻ミ磚ニヤキタルモノモ此名稱ヲ用ユ。

●**紙錢** 佛又ハ巫女ノ祭ル神ニ供フル紙ヲ以テ錢ニ擬シ作リタルモノ。葬式ノ時ニモ之ヲ用ユ。又錢形ニアラサル籤狀ノモノニモ此稱ヲ用ユ。紙錢一ニ紙籤トモ云フ。

●**私莊** 所有農作田地（比較的大面積ニシテ小作セシムルモノ）ノアル所ニ建テタル別宅。

●**窆葬** 棺ヲ用キザル藁ニテ包ミタル葬リ方。小兒ニ用ユ。又自己ノ家ノ葬ヲ上ハ目ノ人ニ卑下シテ窆葬セリト云フ。

●**士大夫** 正一品以下從四品迄ヲ大夫トシ、正五品以下從九品迄ヲ士トス。サレド普通ニ士大夫ト云フトキハ文、武兩班ノ總括的名稱ナリ。

●**貰戴** 貰ハ借ルノ意、即借リ物（自己ノ髮ニ非ザル）ヲ頭ニ戴セルノ意。カモジ又ハ木ニテ其カモジヲ戴セタル形ニ作リタル物ノ意。

●**四代ノ山陵** 北陵ト同ジ。

●**四柱** 人ノ生年、月、日、時ノ干支ヲ云フ。之ニヨリ婚姻ニ男女ノ合ヒ性ヲ見又其他、人ノ運命ヲ之ニヨリトスルニ用ユ。

●**執絞** 絞布ニテ尸ヲ縛ルコト。

●**室女** 在室女ノ意味ニシテ未ダ出嫁セサル女、はこいり娘ノ意味アリ。

●**實職** 借御ニ對スル語、借啣トハ買官ニヨリ任命セラレ唯官ノミアリ實際職務ヲ取ラザル者、實職ハ實務ニ當ル實際ノ其官。

シ

● 質明　夜アケガタ。

● 漆扇　骨ヲ漆ニテ塗リシ扇。

● 侈髢（テイ）　カモシノ奢侈ニ流ルルコト。

● 慈殿　王ヨリ云フトキハ大妃ノ敬稱。臣下ヨリ云フトキハ國母タル王妃ノ敬稱。

● 耳瑱　ミミワノコト。

● 私奴　私人ノ所有スル奴隷。

● 賜賻　喪賚ヲ王ヨリ賜ハルコト。

● 祠版　神ノ表號ヲ記セル位牌形ノ木版。

● 紙榜　(1)家廟ヲ建テザル家ニ於テハ神位ヲ奉安スル場所ナク家ノ一室中ニ之ヲ作ル者モアルモ、祭リ毎、神位ヲ紙ニテ作リ祭リ畢ッテ燒ク之ヲ紙榜ト云フ。(2)紙ノ札。

● 誌文　誌石ニ記刻スル文。

● 私夫　官妓ニハ夫有ルヲ許サズ然ルニ事實皆私カニ夫ヲ有シタリ之ヲ云フ。

● 嗣服　王ガ位ヲ嗣ギシコト。

● 時服　家ニ居ルトキ着ル略服。

● 司僕　司僕寺ノ略。王ノ乘馬等ヲ司ドル官廳。

● 私廟　私家ノ廟卽祠堂ノコト。

● 使命　王ノ命ニヨリ地方ニ赴ク官。

● 蛇醫　蜥蜴ノ別名ナリト埤雅ニ出ヅ、又同書ニ今之レヲ蠑虎ト謂フトアリやもりヲ指セル如シ玆ニ蛇醫トアルハ何ノ蟲カ不明。

● 釋褐　褐ハ賤服ナリ之ヲ脫シ官服ヲ着ルコト。則始メテ仕官スルコトヲ云フ。

● 沙器　陶器。

● 爵　(1)酒ヲ飲ム器又神ニ酒ヲ供スル器、共ニ古代ノモノ。稍鼎ニ似タル形ノモノ。(2)封爵ノ爵。

● 釋菜ノ禮　釋奠ニ同ジ。釋菜ハ釋奠ノ俗稱。

● 雀舌茶　上等ノ茶、雀舌ノ形ニ似タルヨリ名ケラル。

● 借吉　特別ニ早ク喪服ヲ脫シ吉服ニ着替エルコト。

● 爵牒　封爵ノ辭令書。

● 釋奠　文廟ノ祭祀二月八月上丁日ニ行フ。

● 釋服　喪期終リ喪服ヲ脫スルコト。

● 社稷　周禮ニ天神ハ日月ヲ司ドリ地神ハ社稷ヲ司ドルトアリ。此地神ヲ土神(社)ト穀神(稷)トニ別チ商以來列代ノ國家之ヲ祀ル。此祭壇京城ノモノハ府內社稷町ニ在リ。

● 莎草　シバ草ノコト、墓上ノマンヂュウガタノ墳形及其周圍ノ地面ニハ皆シバヲハル。玆ニハ其シバノ意。

● 莎臺　墓前ニ供ヘ物ヲ並ブル石ノ立方形ノ臺アリ、之ヲ上ニテ作リ芝草ヲハリシモノ。

● 莎土　莎草ニ同ジ。

● 舍利　佛骨ト稱セラレシモノ、大抵僞物也。

● 舍利分身　佛骨ガ自然ニ殖ヘシコト。多ク僧ノ詐術ナリ。

● 周衣　筒袖ニテ下部ノ長キ上衣日本ノ羽織ニ相當ス。

● 周甲　還暦ノコト。

● 周官六翼　書名高麗末金九容ノ著散佚シ傳ハラズ。

● 柔日　乙丁己辛癸ニ當ル日。

● 終制　正規ノ喪ヲ終ルコト。尊族親ノ死ヲ送ル意味ニモ用ユ。

● 秋夕　舊八月十五日、節日ノ一。

● 摺扇　アフギ。

● 秋曹　刑曹ノコト、易ニ秋霜ヲ見テ肅殺アリ雷電ヲ見テ威刑ヲ制ストアリ之ニ基キ裁判官ヲ秋官ト云フ。

● 椒　サンショ。

● 淑儀　內命婦ノ一、從二品、王ノ後宮。

● 宿齋　祭前齋戒沐浴ノ爲齋室ニ宿泊スルコト。

● 祝壽齋　誕生還暦等ニ佛式ノときヲ設クルコト

● 宿娼　妓ト同寢。

● 熟石　石工ガ手ヲ加エ面ヲ平滑ニ

一五

シタル石。

●椒水　泉出スル水ニシテ舌ヲサス味アルモノ炭酸水モ此中ニ入ル。

●椒井　椒水ノ出ヅル泉。

●熟馬　仔馬ニ對スル語、成長シタル馬。

●祝文　祭文。

●淑陵　李朝太祖ノ曾父翼祖ノ妃崔氏ノ陵咸鏡南道文川郡ニ在リ。

●守歳　(1)十二月除夜室内各所ニ燈ヲ點ジ夜ヲ徹シテ眠ラザルヲ云フ。(2)十二月中庚申ノ夜ニ於テモ右ト同ジ。

●主人　官廳ト人民トノ間ニ立チテ下請負ノ如キ業ヲ執ル者ヲ云フ。

●主山　風水學上宮殿又ハ陵ヲ中心トシ後方ニ比較的高キ山峰アルヲ必要トス。此山ヲ主山ト云フ例之ハ景福宮ノ主山ガ北嶽ニシテ京城ノ主山ガ北漢山ナル如シ。

●朱子家禮　朱熹ノ定メタル一家ノ儀禮典範。

●受職　外國人ガ名譽的ニ任官ノ辭令書ヲ受クルコト實務ニ就カズ。

●術者　卜占及日ヲ見ル人、墓地ヲ選ブ人等々。

●術數　術者ノ術ニ見ハレル理數。卽陰陽五行ノ理ニヨリ人事ヲ推知シ凶ヲ避ケ吉ニ向フヲ云フ。

●手搏戲　今ノ柔術ノ如キモノナランモ其戲ノ方法不明。

●酒母　酒ヲ賣ル家ノ主婦。

●主母　(1)婚禮ノ時新婦ニ附キテ其世話ヲ爲ス女。主母一ニ隨母ニ作ル。(2)一家ノ主婦(3)取締トモ云フヘキ女。

●主喪　喪主及喪主ニ代ル者。

●壽陵　王ガ生前ニ自己ノ陵地ヲ定メ置クモノ。

●受由　賜暇ヲ受クルコト。

●舟梁囘甲　婚姻シテヨリ六十年目。詩經大明章ニ文王迎妃ノ時渭水上ニテ造舟梁ヲ爲シ其光ヲ顯ハサズ云々トアルニ基ク。

●春帖　立春ノ日宮中各殿ノ柱楹門楣ニ貼ル白紙ニ書キシ迎祥的ノ詩。承政院堂下文臣等々ヨリ進上セシ者ヨリ選ビ用ユ。此日士民ノ家ニモ同樣ノコトヲ行フ。其紙キレヲ云フ。

●純陵　李朝太祖ノ祖父度祖ト妃朴氏ノ陵、追尊咸興郡ニアリ。

●順陵　成宗元妃韓氏ノ墓。京畿坡州郡ニ在リ。

●春幡　立春ノ日色絹ヲ以テ小旗ヲ作リ之ヲ人頭ニ掛ケ又ハ花枝ニ結ビ付ク。

●春盤　立春ノ日畿内ノ山峽ヨリ進上セル葱ノモヤシ、ウド等ヲ以テ作リシ食物、民間ニ於テモ艾餠ト野菜ヲ盤上ニ盛リ節日ノ食物トセリ。

●女醫　醫女ニ同ジ。

●書院　支那ノ白鹿洞書院ニ倣ヒ李朝ノ中世ニ起リシモノ。各地方ノ先賢ヲ祭リ書生ヲ養ヒ、儒生ノ一勢力團體ヲ形成シ横議遊食ノ互弊アリシモノ。

●書雲觀　天文ヲ見ル官司。

●獐　鹿族ノのろ學名 Capreolus pygargus, Pallas.。

●私鷹　(1)私人ノ飼ヘル鷹。(2)鷹牌卽鷹獵免許證無クシテ私ニ飼ヘル鷹。

●少艾　容色美麗ノ少年少女ヲ云フ茲ニハ小女ノコト孟子ニ「知好色則慕少艾」トアリ。

●醮戎　婚姻親迎ニ先チ父ガ新郎タル子ニ對シ酒ヲ酌ミ親迎ヲ命ズルト共ニ「往キテ爾ノ相ヲ迎ヘ我宗事（或ハ家事）ヲ承ケ勉メテ帥ユルニ敬ヲ以テスルコト則ノ如クアレ」ト云フ意味ヲ以テ之ヲ戒ムルコト。

●昭格殿　道教ノ神タル星辰ヲ具像化シタル神ヲ祭ル殿堂、道士之レニ當ル。

●小火者　火者トハ明廷ニ貢スル宦官ノ候補者、其少年ノ者。

●小官　地方行政區域ノ中資力ノ大ナラザル地方ノコト。

●常漢　賤民ナラザル常民ノ男。

●倡妓又娼妓　官妓、妓生ト同一。

●上妓 (1)地方ヨリ選上シタル妓、此選上ハ宮中大宴等ニヨリ京妓ニテ不足シタル時ニ行ハル。(2)地方ノ妓ヲ選上スルコトヲモ上妓ト云フ。上妓ハ色藝拔群ノ者ナリ宗室權臣占有シ妾トスル弊アリタリ。

●梓宮 本來ハ天子ノ柩ノ稱ナルモ朝鮮ニテハ王、王妃、王世子ノ柩ニ此稱ヲ用ユ。

●尙宮 宮人最上位ノ者（正五品ノ女官）

●梓室 王子女ノ棺槨。

●諸勳盟 國家ニ勳功アリ各種功臣ニ封セラレ功臣會盟錄ニ誓盟署名シタル者卽功臣ノコト。

●乘軒 軺軒ニ乘ルコト。

●上元 正月十五日。

●軺軒 椅子ノ如キ形ヲ取付ケタル輿[illegible]、數人ニテ舁クモノナレド下ニ小サキ一輪車ヲ付ス。

●城隍 支那道敎又シャーマンノ神。朝鮮ニテ國ガ祭ルモノニ、京城ニ一、地方ニハ各地方官ノ管轄ニ各一アリ。右ノ外土民又巫女ガ祭ルモノ多數ニ存在ス。

●橡實 クヌギノ實。數荒食物トシ又平時ニモ食用トス。

●上寺 (1)儒生及大官ノ子弟靑年等ガ勉學ノ爲寺刹ニ宿留スルコト。(2)婦女ガ信仰ノ爲メ寺刹ニ宿留スルコト。風俗上ノ弊害アリタリ。

●承襲君 王子ニシテ君號アルモノガ一家ヲ創立シ其死後相續者タル子ガ更ニ何々君號ヲ封セラレシ者。

●上壽 王、王妃、上王、王大妃等ノ壽ヲ賀シ（上王、王大妃ニハ王ヨリモ）臣下ヨリ箋文賀表、物品（表裏ト云フ疎ナル絹）ヲ上ルコト。

●上字 棺上ニ上字ヲ書スルコト。

●照剌赤 蒙古語、家內外ノ掃除等ヲ爲スモノ。

●上食 死後ヨリ大祥祭迄生時ト同様三度ノ食事ヲ上ルヲ云フ。

●小祥祭 死後十三箇月目ノ忌日ニ行フ祭。閏月ヲ計ラズ。

●升數 布ノタテ糸ノ數、一升ハ八十本也。升幅ヲ見ヨ。

●召對 王ヨリ召命アリ入內シテ王ノ問ニ答ヘ又王旨ヲ承ルコト。

●上典 奴婢ヨリ云フ主人ノ敬稱。

●祥禫 大祥、小祥、禫ノ三祭。

●詳定 或ル事項ヲ將來變更セザル意味ニテ審査決定スルヲ云フ。其中稅額、貢物額等々數字ニ關スルモノ多シ。

●上馬宴 支那ノ國使ガ出發ノトキ其タチギワノ宴、王ヨリ行フ。

●上番兵 地方ヨリ交代ニテ京城ニ來ル番兵。

●松都 開城ノコト、高麗太祖ノ延都傳說ニ關係アル松嶽山ニ因リ名ク。

●升幅 升ハ布ノタテ糸ノ數一升ハ八十本五升布ト云ヘバタテ糸四百本ノ布、幅ハ布ノハバ。

●乘馹 驛馬ニテ繼ギ馬シテ急ギテ目的地ニ行クコト。

●尙方貿易 宮中尙衣院ノ一員ガ北京ニ赴ク使節ノ中ニ加ハリ王室用ノ衣服ノ材料頭具等々ノ需用ヲ貿易スルヲ云フ。本來ノ職務外ニ王室ノ營利的貿易ヲモ行ヒタリ。

●橡葉之餠 クヌギノ葉ニテ餠ヲ包ミ蒸シタルモノ。

●章陵 宣祖ノ五子追尊元宗及其配具氏追尊王后ノ陵京畿金浦郡ニアリ。

●鍾樓 今ノ鍾路十字街ノ處ニ在リシ時ヲ報スル鍾ノヤグラ。

●昌陵 李朝八代睿宗及昭憲王后ノ陵京畿高陽郡ニアリ。

●小斂 人ノ死シタル時其翌日小斂衾ト稱スル布製ノ衾ヲ以テ屍ヲ包ムコト。

●處容舞 新羅孝憲王ノ時東海ノ龍八人ノ子ヲ連レテ王ノ前ニ現ハル其子ノ一人王ニ仕ヘ處容ト稱シタリト云フ傳說ヲ基トシ作リシ舞。

●署經 經署ノコト。

●**庶孽許通** 嫡子ト等シク庶子ニモ任官權ヲ與ヘントスル政策ノ意。

●**思陵** 李朝六代端宗王ノ妃宋氏ノ陵京畿楊州郡ニ在リ。

●**眞** 寫眞卽肖像畫ノコト。

●**震** 落雷。

●**新恩** 科擧及第者ノコト。此等ノ者其及第證トモ云フベキ牌ヲ受ケタル時闕ニ詣リ王ニ新ニ恩命ヲ蒙リシコトヲ奉謝ス。故ニ此名アリ。

●**新及第** 科擧ニ新タニ及第セル者。

●**眞魚** しにんノコト。

●**親迎** 婚姻六禮最後ノ式夫タル男ガ妻タル女家ニ往キ親ラ迎ヘ歸ル式ヲ云フ。然ルニ朝鮮ニハ男ガ女家ニ赴キ其所ニテ式ヲ擧ゲ宿泊滯留スル風アリ。之ヲ革メントカヲ用キシモ遂ニ行ハレザリシ。

●**讖言** 讖說ニ同ジ。

●**進獻色** 支那皇帝ニ某ルモノヲ進獻スル臨時ノ係。色ハ係ノ意。玆ニハ處女ヲ獻ズルコト。前ニ馬ヲ獻ジタルトキニモ此進獻色ヲ置キタリ。

●**親耕田** 王ノ親カラ耕スはた。一ニ籍田。

●**親蠶** 支那ノ制ニ倣ヒ王妃親カラ蠶蠶ヲ爲スコト。先蠶ノ祭ト關係アリ。

●**震死** 落雷死。

●**人日** 正月七日ノコト。一日ハ雞二日ハ狗三日ハ豕四日ハ羊五日ハ牛六日ハ馬七日ハ人八日ハ穀トス。東方朔占書ニ出ヅ。

●**讖書** 讖諱ノ書ノ略。將來ニ付テ無稽ノ豫言ヲ謎的文字ニテ記セルモノ。

●**讖說** 讖書ニ記サレタル說及新タニ唱ヘラルル同一ノ說。

●**神主** 木板いはいノコト。

●**疹疾** 痘瘡ノコト。

●**進上** (1)王ヨリ支那皇室ニ貢物以外或物ヲ獻上スルコト(2)朝鮮內各地方ヨリ貢物外ニ某ル物品ヲ王ニ獻ズルモノ租稅貢物ト同ジク義務負擔トナリ徵收シ貢物ト混同ス。

●**人勝** 銅人勝ノ略。正月人日ニ王ヨリ閣臣ニ頒チシ小圓鏡ノ如ク柄アリ仙人ヲ鏤メシモノ。支那ノ歲事ニ倣ヒシモノ。

●**蔘茶** 人蔘ヲ茶ノ代リニ飲用スルモノ及藥劑タル獨蔘湯ヲモ云フ。

●**壬辰** 宣祖二十五年（西紀一五九二年）秀吉軍ノ侵入セシ年。

●**人定** 今日ノ午後九時此時ノ鐘聲ニヨリ人ノ通行ヲ禁ズ。

●**眞殿** 王ノ眞像ヲ奉安シアル殿宇。

●**神奴** 巫ノ仕フル神ニ觀念的ニ奴隷トナリ仕フルコト。

●**申聞鼓** 人民ガ寃ヲ訴フル時ニ打ツ大鼓宮闕ノ門樓ニ懸ク。中頃止メテ錚ニ代ヘ後又鼓トス。

●**進排** 王、王妃諸宮等ヘ其需用物品ヲ戸曹其他當該官廳ヨリ進メ配ルヲ云フ。

●**新白丁** 才人禾尺ナル賤民族ヲ雜居同化セシムベク力メタリ。兵丁ニ編入シ新タニ白丁ナル名稱ヲ與ヘタリ、爾來白丁又ハ新白丁ト稱ス。

●**進豐呈** 豐呈ヲ御覽ニ入レルコト。大抵大妃ヲ慰ムル爲メ王ヨリスルモノ也。

●**針婢** 尙衣院勤務ノ針線婢ノコト。

●**心喪** 喪制外ノ人ガ緣故ニヨリ其人ノ死ヲ悼ミ喪中ニ在ルゴトク謹愼スルコト。

●**新來** 科擧ニ及第シ新ニ任官セシモノ。後ニハ此稱ヲ、總テ官廳ニ新ニ入來リシ下級者兵丁小使等ニ迄及ボセリ。

●**新來侵虐** 新任者ヲ來任ノ最初古參者一同ガ侮辱虐待ヲ加ヘ忍ブベカラザル耻辱ヲ與フルコト。一種ノ慣例トナレルモノ。後ニハ下級ノ軍人小使等ニ迄此風及ブ。

●**寢陵** 天子ノ陵前ニハ寢殿アリ故ニ寢陵ト稱ス。朝鮮ノ王陵ニハ寢殿ノ代リニ丁字閣アリ。故ニ此稱當ラザルモ僭稱シタリ。

ス

●**崇政** 正一品ノ官ノ階崇政大夫ノコト。

●**水刺** 食物調理ノコト。料理ト意味同ジ。蒙古語、其仕事ヲスル部屋ヲ水刺間ト云フ。

●**水賜** 水刺ニ同ジ。

●**水日** 五行ノ水ニ當ル日。

●**水尺** 楊水尺ノ略。

●**推刷** 人間ノ混雑セルモノ例之ハ夫役ヲ避忌シテ身分ヲ詐レル者。山間島嶼ニ逃入セル者。兵役ヲ逃レテ僧トナレル者。奴婢ノ子孫ガ他郷ニ住シ其義務ヲ盡サザル者等々ヲ洗ヒザラヒ調ベ上ゲテ正シ刷送スルコト。

●**衰経** 喪人ガ喪服ヲ着ルコト頭部（カムリモノノヒモ）及腰（衣服ノオビ）ニ使用スルヒモ。綱ニ掬フ。

●**水鐵** 今ノ銑鐵ニ相當スルモノ。

●**水飯** ヌクメシヲ匙ニテ掬ヒ水ニ漬ケ食フコト。

●**衰服** (1)狭義ニテハ斬衰齊衰ノ喪ニ服スルヲ云フモ廣義ニハ大功小功緦麻ノ各服喪ニ通シテ云フ(2)喪服ノ意味。

●**衰麻** 麻ノ喪服ヲ着ルコト。

●**水陸齋** 齋場ヲ作リ僧徒ニ施餓鬼ヲ行ハシムルコト水邊ニテ行フ時ハ或ハ船隻ヲ連繫シテ其上ニ齋場ヲ作ルコトモアリ。

セ

●**栍** 標木ノコト。クジニ使フ木札ニモ此字ヲ用ユ。

●**贅** 嗣子アルニモ不肖家女ニ壻ヲ迎フルコト、贅スト云フトキハ其壻トナルコトヲ云フ。史記滑稽傳ニ淳于髡ハ齊ノ贅壻ナリトアルニ由ル。

●**生員** 科擧ノ小科ニ初場終場ノ二アリ前者ハ詩、賦ヲ課ス之合格者、ヲ進士ト云フ後者ニハ經義ヲ課ス此合格者ヲ生員ト云フ。

●**勢家** 權勢ヲ有セル家。

●**靑衿** 成均館ニ在ル儒生ノ服裝ハ靑衿ナリ。此儒生ノコトヲ稱シ。廣メテ一般儒生ノ稱。

●**成才ノ妓** 技藝ノ一人前トナレル妓生。

●**生祠** 地方官ガ在任中德政アリトシ其管下ノ地方民ガ祠ヲ立テ其人ノ畫像ヲ奉安シ頌德的ニ祭ルモノ。實ニ副ハザル惡弊アリシモノナリ。

●**正至** 正月元日ト冬至。

●**成衆愛馬** 宿衛近侍ノ任ニ當ル者。內侍、茶房、司楯、司門、忠勇、司衣、司彜、透達赤、速古赤、別保等ノ職別アリ。愛馬一ニ阿幕蒙古語アイマツク。

●**齋宿** 宿齋ニ同ジ。

●**生進** 生員、進士ノ略。科擧ノ小科ノ詩賦ニ及第セルモノヲ生員、經義ニ及第セル者ヲ進士ト稱ス。後代二者ヲ皆進士ト稱ス。此及第者ハ唯其號ヲ得ルニ止マリ任官權ナシ。

●**成殯** 殯ヲ終リタルコト王ナラバ殯殿ニ奉安シ了リシコト。

●**成服** 死者ノ喪ニ服スベキ近親ガ屍體ノ斂襲ヲ終リタル後一同喪服ニ着替ユルヲ云フ。皆成服祭ヲ行フ。大抵死後ヨリ三日或ハ五日ナリ。

●**靖陵** 李朝十一代中宗王ノ陵。京畿廣州郡ニ在リ。

●**齊陵** 李朝太祖ノ二妃韓氏ノ陵。開城郡ニアリ。

●**成陵** 李朝九代成宗王ノ薨後ノ敬稱。

●**靑龍** 風水學上ノ語、墓

地又ハ宮殿ニ向ツテ（北ヨリ南ニ）右側ノ山脈形。

●**石案** 陵墓前方形ノ石床ヲ置ケルモノ供ヘ物ヲ置ク所。一ニ錢升石ト稱シ、俗ニ魂遊石トモ云ヒ、魂ガ夜出デ遊ブ所トモ云フ。

●**蜥蜴祈雨** 南濟ノ一部ニ土俗ノ風トシテ祈雨ノ時イモリヲ瓶ニ入レ之ニ強迫的禁厭ヲ行ヒ川ニ沈ムル風アリイモリハ龍ニ似タルニヨル。宋朝之ヲ採用シテ公式ノ祈雨ニ用ユ。朝鮮ハ李朝ノ初此宋ノ式ニ倣ヒ初ム。多ク景福宮慶會樓下ノ池慕華館ノ池ニ於テ行ヘル。青衣ノ童子四十人、或ハ六十人八十人、祈雨ノ詞ヲ唱ヘ蜥蜴ヲ池ニ放ツ。宋ニ於テハ此蟲ノ木形ノ物ヲ用ヒタリ。朝鮮ニテハ實物カ木形物ヲ用ヒシカハ不明。

●**戚畹** 王ノ外戚ノコト戚里ト大體同意味宋史ニ幸聊戚畹ノ者トアリ。

●**赤狐皮** 普通ノ色相ノ毛ノ狐ノ毛皮。

●**戚里** 王ノ外戚ノ人々ノ總稱又其居ル所ノ家。

●**石人石獸** 陵墓前ノ左右ニ建ツル文官武官型ノ石ト陵墓ノ周圍ニ置ク馬羊虎等ノ石像。

●**石戰** 石合戰ノ遊技。多ク端午ニ行ハル。

●**籍田** 籍ハ踏ムノ義天子親ラ田ヲ踏ミテ耕シ其米ヲ以テ上帝及先農ヲ祀ルノ禮ニ供フ。此支那ノ古式ニ倣ヒ王ノ親耕スルコトヲ云ヒ又其レニ充テアル田ヲ謂フ。

●**釋奠** 文廟ニ於テ行フ孔子ノ祭。二月八月上丁日ニ於テ行フ。

●**夕奠** 死日ヨリ葬送迄朝夕供ヘ物ヲシテ拜禮スル儀式ノ其夕ノモノ。

●**薛人貴** 唐將貞觀中遼東ノ征戰ニ大捷セシ人。

●**折受** 土地ノ使用權又ハ某ルモノノ徵收權、漁業權、鹽業權、某ル物ノ採取權等ヲ特定ノ人、團體等ニ文書ヲ以テ與フルコト。

●**節扇** 五月端午ノ節ニ產地ヨリ王室ニ扇ヲ進上スルノ風及同ジク產地ノ觀察使節度使ヨリ京城知巳ニ扇ヲ贈ル風アリ、之レニヨリ五月ノ節ト扇トノ關係ニヨリ此名アリ。

●**遷園** 園ノ改葬。園ハ王世子、王世孫、及卽位セシ王ヲ生ミシ生母（正妃外ノ妾）ノ墓ノ敬稱。

●**宣醞** 宮中ニテ造リシ酒ヲ下賜スルコト。

●**選妓** 王室ニ慶事アリ宴ヲ開ク時在京城ノ妓ニテハ足ラズ、地方ノ妓ヲ撰拔シテ上京セシムルコト。

●**薦禽** 宗廟及眞殿ニ獵シ得タル野禽ヲ供ヘルコト。

●**濬源殿** 李朝太祖ノ影像ヲ奉安セル建物、咸南永興ニ在リ。

●**璿源殿** 王室ノ系譜ヲ奉安スル建物、今昌德宮內ニアリ現在ハ歷代王ノ影像（存在セシモノダケ）ヲ奉安ス。

●**璿源錄** 王室ノ系譜ヲ記錄シ將來モ記錄スル臺帳。

●**宣糕** 宮中ニテ作リシふかしもちヲ配リ下サルルコト。

●**占山** 墓所アル他人ノ山及將來自己ノ墓地トスル目的ニテ他人ノ山ヲ權力的ニ占有スルコト。

●**先蠶壇** 始メテ養蠶セシト傳フ西陵氏ヲ祀ル壇。東大門外ニ在リ。王妃ノ親蠶ト關聯アリ。

●**全漆** 眞ノ漆、卽上等ノ漆。

●**賤娼** 妓生ヨリハ下等ノ賣笑婦。今日ノカルボーノ如キ者。

●**錢升石** 石案ニ同ジ其古名。

●**薦新** 宗廟家廟等ニ其年ノハツモノヲ供ヘルコト。一定ノ品種アリ。

●**先生** 自己ヨリ學德優レシ人ノ敬稱。成均館ノ教務職員ヲ先生ト云フ。先生案ト云フトキハ地方官歷代前任者ノコトヲ記セル帳面。

●**潛葬** 偸葬ニ同ジ。

●**遷葬** 位置ヲ變更スル改葬ノコト。風水說ニ惑ヒ上ハ王室ヨリ下庶人ニ至ル迄ヨク之ヲ行ヒタリ。此時葬式ニ準ジタル禮ヲ行フ。

●**善政碑** 官員ノ功績德業ニ對シ其部下ノ人民ヨリ碑ヲ立テ功業ヲ頌スルモノ中ニハ己ノ功ヲテラヒ密カニ勸メテ爲サシメ、又人民ガ苛政豫防ノ爲著任匆々ニ立テ、又有志ガ費用ヲ集メ酒食ノ爲メニ爲ス等々ノ惡弊アリシモノ也。

●**先朝** 前朝ヲ見ヨ。

●**前朝** 一ニ先朝ニ作ル(1)高麗朝ノコト。(2)前王ノ時代ノコト。

●**潛邸** 王ガ未ダ王位ニ卽カザル前ニ住居セシ家及其期間ヲモ指ス。龍ガ淵ニ潛メルニ喩フ。但此文字ハ王世子ヨリ嗣位シタルモノニハ使用セズ。

●**燃燈** (1)八關會ノコト(2)正月上元ノ夜燈ヲ掛ケルコト(3)四月八日佛誕日ノ夜燈ヲ掛ケルコト(4)以上ノ外佛事ニヨリ寺ニ燈ヲ掛ケルコト。以上四ヲ稱ス。

●**遷奠** 殯殿ヨリ葬地ニ運ブベク棺ヲ出ス直前ニ供ヘ物ヲ爲シ拜禮スル儀式。

●**線廛** 六矣廛ノ中絹物ノ店ヲ云フ。線一ニ縇又ハ立ニ作ル。

●**先農** 神農氏ト共工氏ノ子勾龍及神農ノ子柱ヲ祀ル祠無シ壇東大門外ニアリ。之ニ親耕ノ籍田ヲ附屬セシム。

●**箋文** (1)支那ノ皇后皇太子ニ對シ朝鮮國王ヨリ奉ル文。(2)國ノ吉凶アル際ニ臣下ヨリ國王ニ上ル文(3)王ガ王太妃ノ賀(多ク壽ノ)ニ上ル文。以上皆四六體ヲ用ユ。

●**先牧、馬社、馬步壇** 馬ヲ初メテ飼ヒシ人(先牧)。馬ニ初メテ乘ツタ人(馬社)馬ニ害ヲ與ヘル神(馬步)ヲ祀ル壇、東大門外ノ北ニ在リシ。

●**箭防** 陵墓前打チ運ラ搆作ヲ云フ。古代死屍ノ鬼トナッテ出ツルヲ防ギシ思想ノ遺風ナリ。

●**先壠** 祖先ノ墓域。

ソ

●**漕運** 國ノ稅穀ヲ船ニテ京城ニ運送スルコト。

●**漕運船** 主トシテ稅穀ヲ載積シ京城漢江ニ來ル船舶。

●**總角** チョンガート訓讀ス。未婚ノ男子ガ髮ヲ束ネ後頭部ニ編ミ下ゲタル頭髮。之ヲ未婚男子ノ代名詞トス。

●**臧獲** 奴婢ノコト。

●**草轎** 粗造ノカゴ屋根周邊等ヲ竹等ニテ編ミタルヨリ此稱アリ。

●**僧軍** (1)僧徒ニテ編成セシ軍隊。(2)僧徒ニテ編成セシ人夫隊多ク官ノ工事ニ使役ス。

●**宗系改正** 大明會典ニ朝鮮ノ太祖李成桂ヲ高麗ノ奸臣李仁任ノ後ナリト誤ッテ記載サレアリシヲ知リ國王ヨリ之ノ改訂方ヲ奏請セシコト。

●**摠護** 一ニ葬護ニ作ル葬儀執行委員長トモ云フベキモノ。

●**摠護使** 摠護ト同ジキモ使ノ字ヲ付スルハ王室ノ王、王妃、王大妃、大王大妃ノ葬ニ限ラル。

●**贈諡** 王ヨリ功臣ニ對シ死後諡名ヲ贈賜スルコト。

●**葬師** 地師ニ同ジ。

●**送終** 尊族親ノ葬式ヲ終ルコト。

●**藏主** 神主ヲ藏スルコト。

●**瘡疾** 梅毒。

●**宗室** 王ノ男系血族タル近親。

●**送神** 痘神タル江南護口別星ヲ痘ノ癒ヘタル十二日目頃ニ藁ノ馬形ヲ作リ供ヘ物ヲ爲シ江南ニ送リ還スコト。

●**翣扇** 葬式行列棺前ニ立テ行クとうちは形ノモノ。左右二アリ長キ柄ヲ付ス。

●**草葬** (1)棺ニ入レズ藁ニテ包ミ埋葬スルコト極貧者

ノ行フ葬。(2)一時ノ草殯ニモ之ヲ用ヒス。

●**草殯** (1)葬日又ハ墓地ノ都合ニヨリ一時藁ニテ覆ヒ置クコト。(2)瘟疫ノ死者ヲ同上ノ如クシ又樹ニ吊シ置クコトヲモ云フ。

●**象尊** 尊ハ酒器後祭器トス其象ノ形ヲ爲セルモノ。

●**造泡寺** 陵ニ附屬スル寺刹ニシテ泡ハ豆腐ノコト祭享用ノ豆腐ヲ造ル故ニ此名アリ。

●**騣帽**（ソウ） 騎兵ノ着ル帽其形ハ一般庶民ノ着クル笠（カツ）ト稱スルモノヨリ稍高シ、其上部筒形ノ横ニ羽毛等ヲ附着セルモノ。馬ノタテガミニ象ドリ此名アリ。

●**草廟** 草葺キノ廟、土俗的シヤーマン的信仰ノ神祠ニ如此モノアリ之ヲ指ス。

●**宗簿寺** 宗室ノ事ヲ司トル官司、宗秩寮ニ相當ス。

●**草幕** 藁屋根ノカリゴヤ。

●**髼笠、或ハ髼帽** 二者同一物。騣帽ニ同ジ。

●**莊陵** 李朝六代端宗ノ陵江原道寧越郡ニアリ。

●**足蠶** 步行過度ニヨリ足ニマメヲ踏ミダシタモノ。

●**俗節** 上巳端午秋夕重陽流頭日等ノ俗間ニ行フ節日。

●**續大典** 經國大典頒布後ニ於テ出タル教令ヲ集錄セル大典續錄大典後續錄受教輯錄等ヲ整理シテ頒布シダル法典。

●**簇頭里** 髻ノ一種、キレニテ作リ刺繍ヲ施シ女ノ（修レルモノハ金屬寶石等ヲ附着ス）頭部ニ被ルヅキンノ如キモノ。

●**素食** 肉食ヲ爲サヾルコト。

●**素膳** 表食ノ膳部。

●**卒哭祭** 葬後初虞再虞三虞（王室ハ七虞マデ）祭ヲ行ヒシ後ニ於テ行フ祭之ヨリ哭ヲ止ム或ハ朝夕外ノ哭ヲ止ム。

●**祖奠** 棺ガ其家ヨリ出發前ニ供ヘ物ヲシテ拜禮スル儀式。

●**疏薄** 夫妻關係ニ於テ夫ガ妻ヲ薄情ニ冷遇スルコト。斯ノ如クシテ離縁シタル女ヲ疏薄女ト云フ。

タ

●**太** 太豆ノコト。

●**胎** 胎盤ノコト。

●**打圍** 巻狩ノコト。

●**大閱** 大觀兵式。

●**大官** 管轄地ノ比較的大ナル（其地ノ豐盛ヲモ意味ス）地方（行政區劃）ノコト。

●**題給** 願書ノ餘白ニ指令（題辭）ヲ書キ出願者ニ給スルコト。

●**大擧動** 王ガ闕外ニ出ルトキ大ガカリノ行列ヲ以テスルモノ。

●**對講** 經筵ニ於テ講官ガ王ニ經義ヲ進講スルコト。

●**大口魚** タラノコト。

●**大祥祭** 死後二十五月目ノ忌日ニ行フ祭祀（閏月ヲ計ラズ）。

●**大歲** 星ノ名。

●**胎室** 胎盤ヲ壺ニ入レ山林中ニ奉安シアル所。

●**對食** 女子ガ同性愛ヲ行フコト。此語漢時代宮女ノ間ニ行ハレタル時ノ名稱。

●**大小除拜** 大小ノ官員ガ拜命スルコト。

●**太社** 太廟ト社稷。

●**太子巫** 巫女ノ一種ノ名稱。

●**代身之僧** 病厄等ニ付テ王ノ身代リノ僧。

●**太淸觀** 觀ハ道教ノ堂宇ニシテ佛教ノ寺ニ相當ス。太淸ハ天ノコト鵝冠子ニアリ。

●**太**

●一殿　道教ノ神ヲ祀ル建物。太一ハ天帝ノ在ス所楚辭ニアリ。

●大典　成宗年代ニ編輯セシ法典書經國大典ノコト。

●大殿　(1)王ノ居ル所ノ宮殿(2)王ノ敬稱。

●胎封　王、王妃王世子王世孫等ノ胎盤ヲ埋安シ禁養セル山。

●泰陵　李朝十一代中宗繼妃尹氏ノ陵京畿楊州郡ニアリ。

●大斂　死後第三日ニ大斂衾ヲ以テ屍ヲ包ミ棺ニ收ムルコト。

●大牢　祀ニ用ユル牲、牛羊豕ヲ具スルヲ云フ或ハ牛ヲ大牢ト云ヒ羊ヲ小牢ト云フ。轉ジテ美味ヲ大牢ト云フ。

●打毬　擊毬ニ同ジ。

●頉(タツ)　朝鮮ノ造字支那字ノ頉(シ)トハ異ナル。何事ニテモ不足故障ノアルコト。

●㺚子　韃靼ノ人ノ意味。李朝ニテ韃靼ト云ヒシハ蒙古人ノ一部ヲ指ス。

●脫衰　衰服ヲ脫スルコト。

●韃靼　白丁ノ一名、同稱族ハ韃靼ヨリ流入シ來リシニ由ル。

●壇壝　祭壇ノ周圍ノ土ノドテ様ノモノ。

●禫祭　死後二十七箇月目ノ忌日ニ行フ祭。(閏月ヲ計ラズ)。

●韂　馬ノアフリ。

●禫除　死後二十七ケ月目ノ忌日ノ祭此祭後喪服ヲ脫シ常服ヲ用ユ。

●單子　簡單ナル文書、紙ノ一片ノ書キ付ケ。

●丹兵　入寇シ來リシ契丹ノ兵。高麗時也。

●丹木　南洋産ノ植物ノ染料多ク對馬貿易ニヨリ輸入ス。

●堪輿學　風水學ニ同ジ。

●堪輿師　地師ト同ジ。

●團領　エリヲクリテ圓ルセル上衣。

チ

●重修　建物ノ修繕、又ハ改築ノコト。

●地官　(1)風水學上ノ任ニ在ル官員。(2)民間風水業者ヲモ斯ク稱ス。

●竹轎子　竹ニテ造リタルコシ。

●竹田　竹ヲ造成セル土地。即竹ヤブ。

●地方官　郡守、縣監、牧使等ヲ云フ。監察使ハ地方官ト稱セズ。

●致齋　祭祀前戒心淨身スルヲ云フ共十ケ日ノ中散齋七日致齋三日トス。

●地師　風水學上ノ良地ヲ占スル職業者。

●地脉　風水學上ノ語。地下ニ想像的ニ脉絡ノアルヲ指ス。

●茶啖　王ノ行幸ノ時地方ニ於テ供上スル飲食物其種類不明。

●着衰　衰服ヲ着スルコト。

●茶亭　臺ヲ作リ人獸等ノ像ヲ列ベ水ヲ像形ノ口ヨリ迸出スルモノ。

●茶湯　高麗崇佛ノ時ニ始メラレシト思ハルルモ不明。

●茶禮　(1)簡單ナル祖神ヘノ供ヘ物。(2)賓客ニ對スル簡易ナル饗應(1)(2)共ニ酒ヲ用ユ。

●杻　萩ノコト。

●中外　中央ト外方、即朝鮮一圓。

●中禁　宮中ノウチ王妃ノ居ラルル部分。

●中宮　王妃ヲ臣下ヨリスル敬稱。

●中宮殿　(1)王妃(2)王妃ノ居ラルル、宮殿。

●中使　宮中ヨリノ使者。

●中殿　王妃ノ敬稱。

●中風　風水學上ノ風ニ中ル處。

●黜鄕　社會制裁トシテ其鄕里ヨリ逐出スコト。

●朝會 百官ガ朝見會合スルコト。

●長坑 オンドルノ長方形ノ一室。

●杖哭 杖期アル齊衰一年ノ喪ニ當リ哭スルコト。

●杖殺 刑事被告人ヲ訊問中ナグリ殺スコト。一種ノ刑罰トシテ認容セラレタリ。殺意ナクシテ杖中斃レタル者ハ杖死又杖斃ト云フ。

●杖死 杖殺ヲ見ヨ。

●朝市 朝參ノ禮ト市井ノ商賣。

●長生殿 王室用竝臣下ニ下賜用ノ棺槨ヲ預藏シ置ク處。

●祧還 宗廟ノ室數ハ定マレル故新タニ王薨ジ其神位ヲ魂殿ヨリ祔廟スル時ニ方リテハ先王ノ神位ノ中（不遷ト定マレルモノヲ除キ）何レカノ神位ヲ永寧殿ニ遷奉スルヲ云フ。

●朝夕奠 夕奠ヲ見ヨ。

●朝祖 出棺ノ時死者ガ祖先ノ靈ニ告別ノ意味ノ儀式。

●長蟲 蛇ノコト。蛇ガ宮殿中ニ入リ、又陵墓域ニ出没スルコトヲ大ニ忌ム風アリ改葬ノ原因トモナル。

●朝奠 夕奠ヲ見ヨ。

●朝服 官員ガ朝拜ノ時ニ着スル制服、大禮服トモ云フベキモノ。

●朝報 今日ノ官報ノ簡單ナルモノ印行セシコトアリ筆寫頒布セシコトアリ。

●長明燈 陵前ニ建ツル石造ノ燈明臺。

●長陵 李朝十六代仁祖及王后韓氏ノ陵。京畿坡州郡ニアリ。

●朝路 臣下ガ入闕スル途中。

●苧布 苧麻ヲ見ヨ。

●苧麻 苧ト麻。苧ハカラムシト云フ麻ト別箇ノ植物ノ纖維ニテ織リタルモノナレド朝鮮ニテハ苧ノ字麻ノ粗ナル布ニモ宛ツ。

●持服 喪ノ定メヲ恪守服喪スルコト。

●地府十王 冥土ノ秦江、初江、宋帝、伍官、閻羅、變成、都市、轉輪ノ九王ト泰山府君ヲ云フ。

●地獺皮 テンノ一種 Charronia Korea, Mori. ノ毛皮。

●地理 風水學說。

●智陵 李朝太祖ノ曾祖父度祖ノ陵咸鏡南道文川郡ニ在リ。

●鎭山 國都各邑ノ後方大ナル一山ヲ鎭山トス、其都邑ヲ鎭護スルノ意時々之ヲ祀ル。書經舜典ニ每州之名山殊大者以爲其州之鎭アリ朝鮮一國ノ鎭山ハ別ニ幾ツカヲ以テ充ツ。

テ

●呈戲 大體呈才ニ同ジ其技ガ劇的ノモノ。

●呈才 俳優的ノ藝人ガ技ヲ演ズルコト。多ク宮中賀筵ニ行ハル。

●定字 冠禮シテ其時幼名ヲヤメ定名シテ本名ヲツクルヲ定名ト云又アザナヲツクルヲ定字ト云フ。

●丁字閣 皇帝ノ陵前ニ寢殿ヲ建ツ。朝鮮ハ王ナルヲ以テ丁字閣ヲ建ツ。其建物ノ下ノ石疊ミガ先方ニ向ツテ陵ヲ後ロトシ丁字形ヲ爲セルニヨリ名ク。此建物ニテ祭祀ヲ行フ。

●定鍾 人定ノ鍾ヲウチナラスコト、時ハ今日ノ午後七、八時ニ當ル。

●定親ノ禮 冠禮ヲ行ヒ名ヲ命ズルトキ、名ヅケオヤ日本ノ昔ノエボシ親ニ同ジク之ヲ定ムル禮。

●丁錢 (1)軍役ニ出ル義務アル者ニシテ之レニ出ヌ者ヨリ徵收スル錢。丁ハ十七歲ヨリ六十歲迄ヲ云フ。(2)僧侶トナリ度牒ヲ受クル時官ニ納ムル錢（正布三十匹ヲ定メトス相當スル錢）。

●停朝 臣下ノ朝見ヲ停ムルコト。

●定名 冠禮シテ其時幼名ヲヤメ本名ヲ

ツケルコト。

●定鼎 創業シテ都ヲ定ムルコトヲ云フ。

●貞陵 李朝太祖ノ第二妻康氏ノ陵。一王二妻ヲ認ムルヤ否ニ付テ議論紛々遂ニ後世ニ之ヲ認メ京城ヨリ移葬後不明トナリシヲ探シ求メ陵ヲ復興シ宗廟ニモ祭ル。京畿高陽郡ニ在リ。

●定和陵 定陵、和陵ノ略。定ハ李朝太祖ノ父桓祖ノ陵、和ハ桓祖ノ妻崔氏ノ陵。共ニ咸興郡内ニアリ。此陵ハ風水學上ヨリ見テ最モ佳良ナル地ナリ故ニ其子タル太祖ガ王位ニ登ルヲ得タリト傳說セラル。

●擲石軍 石戰ノ技ヲ爲ス者ヨリ選ンデ編成セシ軍隊。戰ノ時石ヲ擲テ敵ヲ惱マスモノナリ。

●摘奸 取締ヲ斷行シ又嚴重ナル臨時檢査ヲ行ヒ不正ヲ糺スコト。

●撤饌 祭ニ用ヒタル饌物ヲ祭果リシ後撤去シタルモノ及スルコト。

●典樂 祭樂ノコト。

●奠鴈 婚姻擧式ニ新郎ガ初メテ女家ニ行ク時從者（馬夫ト稱ス）ヲシテ生鴈或ハ木形鴈ヲ携行セシメ之ヲ先方ニ交付シ鴈ヲ卓上ニ置キ夫婦禮拜ス。

●田犬 獵犬。

●田口 田地ト奴婢。

●殿牌 地方官廳ノ客舍内ニ安置シアル殿字ヲ書シタル木牌。時ノ王ニ擬ス、出張官員及守令等ノ禮拜スベキモノ。

●天使 天朝ノ使、卽明ヨリ來ル國使。淸朝ノ使ニ對シテハ此名稱ヲ使用セズ。

●傳尸 人身ニ傳尸ト稱スル鬼蟲ガ宿リ之ガ傳尸病ト云フ病ヲ作シ人ヲ殺シ又次ノ人ヲ殺スト云フ迷信 今日ノ肺結核モ此中ニ含メタリ。

●殿試 殿中ニ於テ行フ科擧。

ト

●奴案 奴隷ノ臺帳。

●東關王廟 關羽ノ廟南關王廟ニ次デ東大門外ニ建立ス。國家ノ建立ニ係ル。風水學上厭勝ノ意味ヲ以テ建テラレタルモノ也。王室ヨリ祭ルコト南關王廟ニ同ジ。

●登筵 王前ニ於テ行フ經筵（經書ヲ講ズルモノ）ニ出席ノコト。

●道家 道敎ノ道士。

●堂叔 父ノ從兄弟。

●堂下 堂下官卽正三品文官ハ通訓大夫以下ノ官、武官ハ禦侮將軍以下ノ官。

●唐樂 支那ノ音樂、李朝ニテハ宋樂ニ明樂ヲ加ヘタルモノヲ用ヒタリ。

●唐官 明ヨリ朝鮮ニ來リシ官員。

●踏橋 正月上元ノ夜多クノ橋ヲ踏メバ其年中足健カナリト稱シテ之ヲ行事トシテ行フ（特ニ婦女子ガ）風アリ、之ヲ云フ。

●登極 王位ニ登ルコト。

●投壺 先方ニ磁器ノ細長キ壺ヲ置キ之ニ矢ヲ投ゲ其壺ノ中ニ入ル、入ラザルト等其位置ニヨリ得點ヲ與フル高等遊戲也。古昔ヨリ宴飮ノ時ニ行フ、禮記ニ投壺編アリ。

●搭護 禮服ノ下ニ着ルチョッキ形ノ下長キ衣類。

●踏山 墓地ノ風水學上ノ吉地ヲ相スベク實地踏査スルコト。

●桃枝 桃ハ鬼ヲ恐レシムル効アリトス山海經淮南子等ニアリ。此木ノ枝ヲ立テ鬼ヲ防ギ、又此枝ニテ病人ヲ打チ病鬼ヲ出デシム。

●唐雀舌 支那製上等ノ茶。

●堂上 堂上官ノコト正三品、文官ハ通政大夫以上武官ハ折衝將軍以上。

●**同色禁婚牌** 英宗王ハ黨爭ノ弊甚シキヲ憂ヒ此痼弊打破ニ力メタリ。同色トハ其同黨派ノコト。同派同士婚ヲ行フヲ禁ジタル札ヲ各戶ニ貼ラシメタリ。

●**唐人** 支那中央ノ人一ニ漢人トモ云フ。

●**道臣** 地方長官タル觀察使ノコト。

●**踏青** 三月三日山野ニ出テ遊ブコト薪下歲時記ニ唐人上巳曲江傾都禊飲踏青トアリ。

●**唐制** (1)明ノ制度ノコト(2)唐時代ノ制度ノコト、制度トハ法制ノミナラズ風習ヲモ含ム。

●**道詵記** 新羅末ノ名僧（風水ニ通ズ）ト稱セラレシ人、後人ノ作リタル讖緯ノ書ヲ此人ノ作ニ假托シタルモノアリ之ヲ道詵秘記トモ云フ。

●**偸葬** 風水學上ノ他人ノ良地ニ密カニ埋葬スルコト。多クハ墳形ヲ作ラズ。弱者ガ強者ニ對シテ行フモノナリ。・勒・葬トハ反對ナリ。

●**盜葬** 他人ノ良地ニ密カニ葬ムルコト。・偸・葬ト同ジ。

●**道場** (2/1)道敎ノ祭祀ノ場所。佛敎ノ修業場。

●**桃板** 桃枝ト同ジ意味ナルベキモ如何ナルモノカ不明。

●**東北面** 國初ノ地名稱、今ノ咸鏡北道及平安北道ノ北方ノ一部。

●**投畀** 南方ニ流刑スルコト、此語書經ニ出ヅ。

●**道袍** 通常ノ禮服ニ用ユル袖ヒロク背後ノ二重トナレル上衣。

●**陶匏** 匏形ヲ象トリ、陶器ニテ作リシ祭器。

●**道流** 道敎者流ノ略。道士及其亞流。

●**頭目** 支那ノ國使一行中ニ加ハリ來リシ北京ノ商人。貿易ヲ目的トシテ來ル。

●**道流ノ僧** 道敎道士ノコト。

●**桃茢** 桃枝ニテ作リシ箒様ノモノ。邪神ヲ禳フニ用ユ。

●**同牢** 婚禮ノ時ムコヨメ共ニ食フ式。禮記昏義ニ婿至ラバ婿ハ婦ヲ揖シ以テ入リ其牢ヲ共ニシテ食ヒ巹ヲ合シテ酳ストアリ。

●**堂郎** (1)堂上官ト(2)郎官。(1)ハ文官ハ正三品通政大夫以上武官ハ正三品折衝將軍以上。(2)ハ正五品通德郎以下從九品將仕郎ニ至ル正職官員ヲ云フ。

●**德安陵** 德陵、李朝太祖ノ高祖父穆祖ノ墓。安陵同上高祖父ノ配李氏ノ墓。共ニ咸鏡南道新興郡ニ在リ。

●**贖身** 奴婢及婢ノ所出タル者即賤民階級ニ在ル者ガ身ノシロ代ヲ出シ賤籍ヲ脫シ良民トナルコト。

●**纛神** 軍神トシテ蚩尤ヲ祀リシモノ祀ハ京城外纛島ニ在リシ。

●**贖放** 犯罪ニシテ罪ヲ贖シ得ルコトヲ法典ニ定メアル犯罪者ガ贖ヲ納メ放免セラルルコト。

●**贖良** ・贖・身ニ同ジ。

●**都憲** 司憲府ノカシラ大司憲ノコト。

●**杜鵑花** ツツジノ花。

●**圖書** 印章ノコト。

●**度牒** 僧侶トナル者ニ與フル僧侶免許證トモ謂フベキモノ。唐會要ニ天寶六載僧尼道士ニ祠部ヨリ牒ヲ給シ之ヲ度ストアリ。朝鮮ハ僧ノミナリ。

●**土豹** 咸鏡道ニ產スルオホヤマネコ。Felis lynx, Linnaeus.

●**土幕** 地ヲ掘リ室ヲ造リ上ニ蓋ノ藁屋根ヲ作リタル狹窄ナル住居。

●**遁甲** 身ヲ隱ス忍術ノ事ナレド茲ニハ祈禱又咀呪ノ一方法。

ナ

●儺 儺・禮儺・戲等總名。 ●內官 宦官ノコト。 ●內願 國祀ノ外宮中ヨリ人ヲ遣ハシ名山大川ヲ祀ルコト。 ●內願堂 願堂トハ一家ノ冥福ノ爲メニ佛寺中ニ特設セル堂宇。內願堂トハ宮中ヨリ某ル寺院中ニ設ケタルモノ。國初ニハ宮中ニモ願堂アリシ如シ。 ●內局 內醫院ノコト。 ●內人 宮中ニ仕フル女官。 ●癰疫 癩。 ●內地 京畿咸鏡平安二道、濟州鬱陵島等ノ諸島ヲ除キ其他ノ地ノ中都會地ヲ除キタル地方。 ●內地人 右地方ノ人。 ●內命婦 外命婦ヲ見ヨ。 ●儺戲 一種ノ演藝。其技ノ模樣ハ不明ナレド假面ヲ用ユルモノニシテ單ニ追儺（鬼ニ扮シタル者ヲ方相氏ガ驅逐スルモノ）ノミニ非ズ各樣アリシ如シ。 ●內農作 民間ノ習俗正月上元ノ日祈穀ノ行事ヲ宮中ニ採リ入レシ行事後ニハ左右二組トシ各意匠ヲ凝シ農事ノ假裝物ヲ作リ優劣ヲ競フニ至レリ。 ●內佛堂 內願堂ニ同ジ。 ●內鷹人 宮中ノ鷹獵ヲ爲ス人。 ●儺人 儺戲ヲ爲ス藝人。 ●儺禮 儺戲ノ中禮トシテ行フモノ。歲末ト支那ヨリ國使ノ來ルトキニ行ハレタリ。 ●南關王廟 文祿ノ役ニ神助アリトシテ明ノ將ガ南大門外ニ關羽ノ廟ヲ立ツ、之ヲ云フ、後王室ヨリ祭ルコト、ナル。今吉野町ニ現存ス。 ●南草 此言葉ハ煙草ノコト初日本ヨリ朝鮮南部ニ傳ハリシヨリ此稱アリ。 ●南壇 圜丘壇ノ名ヲ憚カリ後ニ斯ク稱ス。山川風雲雷雨城隍等ヲ祀リシ所。南大門附近ニ在リシニヨリ名ク。 ●汝乃我子也 汝ノ母ヲ吾奸シタリトノ意トナリ人ニ對スル惡口ノ中最極ノモノナリ。

ニ

●二館 成均館ト弘文館。 ●尼僧 (1)アマノコト(2)尼ト僧。 ●入學 成均館大學ニ入ルコト。 ●二罪以下 死刑ヲ一罪ト云フ。其次ノ流刑ヲ二罪ト云フ卽流刑以下ニ該ルモノ。 ●日官 日ノ吉凶ヲトスル事ヲ司ドル官員。一ニ諏吉官。 ●日者 日官ニ同ジキモ民間ノ業者ヲモ包含ス。 ●人情 賄賂ヨリハ輕キ意味ノツケトドケトモ云フヘキ其係リノ役人官吏等ヘノ贈物又贈錢。之レハ當然ノ收入又支出トシテ公認セリ。國內ノ關係ノミナラズ北京ニ赴ク國使一行ガ先方ニテ使用スル斯ル性質ノ金品ニ付テモ此稱ヲ用ヒタリ。

ネ

●涅 イレズミノコト。 ●寧陵 李朝十七代孝宗王竝后張氏ノ陵京畿驪州郡ニアリ。 ●年克 年マハリノ相剋ノコト。

ノ

●**納吉** 婚ヲ結ブ時吉トヲ得テ雁ヲ納ルルヲ云フト禮記昏儀注ニ出ヅ。

●**納采** 采ハ擇ナリ男女婚ヲ結ブ時物ヲ納レテ采擇ノ禮ヲ行フヲ云フ。禮記昏儀ニ出ヅ。

●**農作** 內農作ノ略。

●**納徵** 幣ヲ納レテ昏姻ノ證トスルヲ云フ。禮記昏儀ニ出ヅ。

●**納幣** 納徵ニ同ジ。但ダ納采ハ前ニ行ヒ納幣ハ當日行フ。

ハ

●**排果** 宴ノ時其饌品タル果盤卽菓子、シンコ細工ノ併等ヲ排列スルコト。

●**廢朝** 李朝十代王後廢燕山君在位ノ時ノコト。

●**拜掃** 父祖ノ墳墓ヲ掃除スルコト。

●**白虎** 風水學上ヨリ見テ宮殿又ハ墳墓ヲ中心トシ其向ッテ右方（多クハ西方）ノ山脈形ノ丘陵地形ヲ云フ。左東ノ青龍ニ對ス。

●**白丁** 韃靼ヨリ流入セシ特殊賤民種族。コリ柳細工ト居牛ヲ專占業トシ又一ニハ技藝ヲ演シ女ハ賣春ヲ爲セリ。前ニ禾尺才人等稱セシヲ後ニ官ヨリ此名ニ改ム。

●**馬祭** 一ニ禡祭ニ依ル師ヲ出ストキ其征スル所ニ至リ祭ル、詩經大雅ニ出ヅ注ニハ軍神タル蚩尤ヲ祭ルトアリ。壇ハ東大門外ノ北方ニ在リシ。

●**馬社** ニ馬害ヲ與フル神ヲ祭リシモノ。壇ハ東大門外ノ北ニ在リシ。

●**馬上才** 曲馬ヲ爲ス一種ノ藝人。元ハ騎兵ノ武藝ノ一。

●**馬祖** 周禮ノ注ニ天駟トアリ馬ノ祖先ノ天馬ヲ祭リシモノナリ。壇ハ東大門外ニアリシ。

●**馬牌** 略ボ圓形ノ經三四寸大ノ銅牌一面ニ馬ノ畫ヲ見ハシ他面ニ字號ト年月ヲ見ハス。馬ハ十ヨリ一迄ノ十種アリ尚瑞院ヨリ發行スルモノニシテ大小官員出張ノ時夫々身分ニ依リ其馬數ニ該當スル牌ヲ交付シ之レニヨリ驛馬徵用ノ信符トス。支那ヨリ來ル國使ニ交付スル馬牌ハ絹地ニ刺繡シタルモノヲ用ヒタリ。

●**八關會** 八關トハ(1)天靈、五嶽、名川、龍神ニ事フルヲ謂フ、又(2)盜、淫、等々ノ八罪惡ヲ禁閉スルヲ云フ。高麗太祖ガ始メ爾來傳統シ李朝ノ初期ニ迄及ヒダル八關會ノ起原ノ趣旨不明ナレド(1)ニ在ル如シ。王室及國家ノ祈福ニ目的セシコトハ確實ナリ。方法ハ高麗時代ハ王法王寺ニ幸シ佛事ヲ設行祈福僧ニ供養ス時期ハ十一月中ナルモ每年ニハ行ハズ此日輪燈ヲ設ケ綵棚ヲ作リ歌舞百戲ヲ作シ妓生優人參加シ觀光者多ク盛觀ヲ極メタリ。李朝トナリテハ其式ト餘興的ノ事物ヲ省略セラレタリ。

●**八關燃燈** 八關會ノ時其會場タル寺院及王ノ行幸ノ途中ニ紙燈籠ノ技巧ニ成ルモノヲ點ジタルコトヲ云フ。

●**八佾** 佾ハ舞列ナリ天子ハ八八六十四人諸侯ハ六六三十六人大夫ハ四四十六人士ハ二人四人ヲ以テス。孔子ハ帝ニ準ズルヲ以テ文廟祭祀ノトキハ八佾ヲ以テス其舞ハ八列トナリテ棒樣ノモノヲ持シ體ノ上部ヲ左右ニ傾ケ動カス。甚朴陋ナル動作ナリ。朝鮮ニ於テハ文廟ノ祭祀ノ外之ヲ用キタルコト無キ如シ。

●**八相成道** 佛陀ノ一生ヲ通ゼル八種ノ相。(1)降兜率相、降兜天ヨリ現世ニ降リシヨリ(2)託胎相、摩耶夫人ノ胎ニ宿ル。以下(3)出生相(4)出家相(5)降魔相(6)成道相(7)輪法輪相(8)入涅槃相ノ入寂迄ヲ云フ。

●**撥馬** 撥軍（急用重大ノ文書ヲ京ヨリ義州迄、同釜山迄急達スル使）ガ驛馬ニ乘用シテ行クコト。

●**馬步** 支那ノ古代始メテ馬ニ乘リシ人ヲ國

家ガ公式ニ祭ル其主體。壇ハ東大門外ノ北方ニ設ケアリシ。

●把門 兵士ノ門ヲ守ルコト。

●飯含 死者ノ口ニ飯ヲ含マセル式。米ヲ用ヒ又眞珠等ノ寶石ヲモ用ユ。

●泮宮 成均館内大聖殿ノコト。泮水ノ傍ニ在ルニアリ此名アリ。

●反虞 一ニ返虞ニ作ル。其項ヲ見ヨ。

●泮人 京城文廟ノ邊リニ流ル、小溝アリ之ヲ泮水ト稱ス、其下流畔ニ住居セシ賤民。仕事ハ文廟二八月ノ祭祀ニ其犧牲ノ牛羊ノ屠殺ヲ專占ス。

●泮水 成均館ノ横ヲ流ル、小川。

●反正 王ヲ廢シテ新王ヲ立テタル其行爲ヲ云フ。

●犯染 自家ニ死者アリ出産アリ或ハ喪家ニ出入シ、或ハ身ニ瘡疹アル等ケガレタル人ニシテ祭祀スルニ不適當ナル者。

●泮中 成均館中ノ意。泮宮ヲ見ヨ。

●頒氷 盛夏ノ期氷庫ヲ開キ王ヨリ宗室大臣ニ氷ヲ頒チ賜フコト。

ヒ

●百戲 種々ノ演藝、假面劇モアリ輕業手品火藝等等ノ總稱。

●廟見禮 (1)王世子及王世子ガ嬪ヲ迎ヘタル時嬪ガ宗廟ニ謁スルノ禮(2)士大夫ガ新婦ヲ迎ヘタル時家廟ニ謁スルノ禮。

●表裏 アラキ布、王ヨリ下賜品ニ用ユ。又王ニ獻上品ニモ用ユ。王ヨリ支那ノ皇帝ニ獻上品ニモ用ヒラレタリ。又王ヨリ王大妃大王大妃ニ儀式ノ時進上ニモ用ユ。

●罷漏 時刻ノ鍾。夜明ノ時刻。

●百玩盤 子女出生第一回ノ誕辰ニ衣服ヲ着飾ラセ其前ニ種々ノ物品ヲ入レタル器ヲ置キ子女ガ先ヅ最初ニ手ニ取リタル物品ニヨリ其子女未來ヲトシ慶ス。例之ハ男ナラバ矢ヲ取レバ武人、筆ヲ取レバ文人。女ナラバ針糸ヲ取レバ女工ニ巧ナランノ類。

●白虎 風水學上ノ語。宮殿又ハ墓地ニ向ツテ(北ヨリ)左方ノ山脈形。

●品官 正一品以下正九品迄品階アル官員。品階無キ官員ハ無キニヨリ總テノ官員ノ意味。

●殯 死後三日ニシテ大斂(棺ニ入ル)ノ後葬迄ノ間ヲ殯ト云フ。

●殯殿 王、王妃、王世子等王位繼承ノ系ニアル人其配偶者ノ薨シタル後大斂ヲ行ヒ葬日迄其棺ヲ奉安シ置ク殿宇。

●豳風七月篇 詩經ニアリ。農桑ノ事ヲ述ベタル詩也。

フ

●富局 局ハ風水學上ノ一地域。富局ハ其處ヲ用ユレバ後來福祉アルノ意。

●封爵 内命婦外命婦等ニ品階ヲ與ルコト。

●風水 後漢末ニ起リシ陰陽五行說ニ基ク宮殿家宅陵墓等ノ方位地形ガ禍福ニ關係アリトスル一種ノ學說。朝鮮ニハ新羅末ヨリ入リ之ニ心醉ス。

●風水學 (1)風水ノ學問。(2)其學者。

●赴燕 北京ニ使節ノ一行トシテ赴クコト。

●武科 武官任用ノ試驗。

●祓 フロシキ。

●服 喪服ヲ着ルコト即喪ニ服スルコト。本宗五服三父八母(此中乳母アリ)三殤服、外黨、妻黨妻カ夫黨ニスル服出家ノ女ガ本宗ニ、人ノ後ヲ繼ギシ者ガ本生ニ、及妾ノ服等アリ。

●復戶 租稅夫役ヲ減免スル優遇法ノ一。孝子節婦ヲ出シタル家、國家ノ公務ニヨリ死シタル者ノ家、等々ニ與フル特典。

●覆試 初試ニ及第シタル者ノ應ズル第二回ノ試驗。

●服衰 齊衰・斬衰ノ喪ニ服スルコト。

●福田諷經 祈福ノ爲メニ僧ヲシテ經ヲ讀マシムルコト。

●巫蠱 巫ノ手ニヨリ行フ咀呪ヲ以テ人ヲノロヒ殺スモノ。此蠱ハ普通ノ咀呪ヨリハ最手ノカカリタル殘忍ナル方法ヲ用キ(生物ノ目ヲエグルトカ人骨ヲ用ユル等)害深酷トセラル。

●缶鼓 瓴ヲ半截シテ乾シ掬水等ニ使用スル器具。之ヲ水ニ下向キニ泛バセ上ヨリ棒ニテ叩キツヅミノ如キ音ヲ出ス。巫女ガ祈禱ノトキニ用ユ。

●附根神 各官衙庭外ノ一隅ニ小サキ祠ヲ作リ小使等ガ祭リシ神、初メ性器崇拜ナリシモ後種々ノ神ノ位版トス。

●婦寺 宮中奉仕ノ女ト宦官ヲ併セタル稱。宦寺ヲ見ヨ。

●巫女案 巫女ノ臺帳。巫女ヨリ神布稅ヲ徵セシニヨリ。又活人院(慈惠病院)ニ所屬セシメニヨリ此帳面アリ。

●浮石 土木工事上餘リタル石材、不必要ナル石材、雜用ニ使フゴロ〳〵石等ノ稱。

●祔葬 配偶者ノ一方ガ死シ葬リシ傍ニ次ニ死シタル其一方ヲ葬ルコト。

●浮屠 僧侶。寺又塔。佛陀。佛教。佛法ノコト。

●駙馬 王女タル公主・翁主ノ婿、漢ニ於テ之ニ駙馬都尉ヲ授ケシヨリ此稱起ル。

●浮費 冗費。

●祔廟祔祭 魂殿ニ奉安奉祀セシ神位ヲ宗廟ニ移安スルヲ祔廟ト云ヒ其時ノ祭リヲ祔祭ト云フ。

●文益漸 高麗末ニ木綿ノ種ヲ持來リ其栽培ヲ廣メ且之ヲツムグ車ヲ創造セシ人。

●聞喜宴 科擧及第者ガ其榮譽ヲ自慶シテ知己ヲ招キ宴ヲ張ルコト。

●文公家禮 朱熹ガ定メタル一家ノ儀禮範則。

●焚黃祭 死者ニ對スル王ヨリ誥命文(黃色ノ紙ヲ用ユ)ノ副本(正本ト共ニ下付ス)本人ノ靈前ニ祭告スルヲ云フ。祭告ノ後此副本ヲ燒ク。

●分付 勞力又ハ物品ヲ某人ニ給付スベク上級官廳ヨリ當該官廳ニ書面ニテ命令スルコト。

ヘ

●平笠 竹ニテ編ミシ下緣ノ略ボ圓形ヲ爲セル笠。

●廟主 宗廟ノ神主。

●騸(ヘン) 馬ノ去勢セルモノ。

●病幕 病人ヲ屋外ニ小屋ヲ作リ隔離シ置ク其コヤ。主トシテ傳染病流行ノ時行ハレタリ。

●變ヲ告グ 王位變更、廢立等ノ陰謀ヲ密告スルコト。中ニハ黨爭ヨリ豫ジメ策謀シ誣告セシモノモアリタリ。

●返虞 埋葬後神主ニ書シ之ニ死者ノ魂ヲ移シ魂輴ニ安ンジ自宅ニ持チ歸ルヲ云フ。

●返魂 (1)呼・復ニヨリ死者ノ上天セシ魂ヲ一且呼ビ返スノ意。(2)反虞ニ對スル卑語。(3)國初僧又ハ巫ヲ迎ヘ行ヒシ祭リ。

●邊將 西北女眞境ノ地方及南邊日本ニ備フル地ノ兵使節度使等ノ稱。

●編鍾 鍾ト云フツリガネ形ノ平タキ金屬ノ樂器ヲ數個上下數列ニ懸ケタルモノ。各個音ヲ異ニス。

●便服 平常着用スル衣服。

ホ

●寶章 王ノ印章。

●牟 麥ノコト。

●帽 笠型ノ竹ニテ作リタルモノヲ除キ帽ト稱シ。又ボウシ型ノ冠リモノヲ云フ。

●袍衣 袖ノ廣キ寬カナル上衣。

●防衣 東北邊西邊等ニ衛戍ノ爲ニ勤務セル兵士ノ衣服。

●法衣 禮服。

●蔀屋春窮 春來リ既ニ秋收ノ穀物ヲ食ヒ盡シ小農ノ窮乏スルコト。蔀屋ハ小サキコヤ即小農ノ意。

●放火 (1)火箭火砲ヲ放ツコト。年末夜、歲旦及邪ヲ拂フトキ宮中ニテ之ヲ行フ。(2)火戲ヲ行フコト。

●帽花 帽ニ挿ム造花。科擧及第者ニ對シ王ヨリ下賜ス。

●望祈 遙拜。

●法宮 王ガ百官ノ朝、賀ヲ受クル宮殿。

●豐亭 (1)豐呈ニ用ユル宴享。(2)百姓共ガ行ヒシ豐年ノ前祝ヒ。

●棒戲 棒一ニ捧ニ作ル、木棒ニテ闘フ武技。兵士ヲシテ餘興的ニ行ハシメタリ。

●望闕禮 元旦其他明朝ノ皇室ニ慶事アル時王ハ百官ヲ率ヒ西、北京ニ向ヒ遙拜シタルコト。

●望五 五十ノ壽ヲ前ニシテ其二三年ニ慶賀スルコト。王、王妃、王大妃ニ對シ王室ニノミニ行ハル。

●望哭 入葬其他喪禮ノ哭スベキトキニ於テ隔リタル場所ヨリ哭辭ヲ出スコト。

●鳳山棘城 黃海道ニアリ此地原ト古戰場ニシテ多數戰死者ノ骸骨露出シ、其寃鬼ガ禍ヲ爲ストセラレシモノ。

●房子 王宮ニ使役スル下級ノ女。及誰ガ雇ヒタリトモ無ク何時ノ間ニカ王宮ニ入込使役ニ從事スル女。

●望七 望六。望七望五ヲ見ヨ。

●方相氏 古ヘ疫鬼ヲ逐フ神、此形相ヲ象トリ假面ヲ着矛ヲ携ヘ葬列ニ加ハル、周禮ニハ四目ヲ方相トシ兩目ヲ供トストアレド朝鮮ニテハ二目ノ者モ四目ノ者モ共ニ方相ト云フ唯品階ノ上ナル者ガ四目ノ者ヲ用ユ。葬式ノ外宮中歲末歲旦ノ式及王ノ行幸、支那使臣ノ來リシ時ニモ之ヲ用ヒタリ。皆惡鬼ヲ禳フノ意ニ出ヅ。

●望七 望六ヲ見ヨ。

●砲手 (1)小銃ヲ以テ戰フ兵卒。(2)特ニ山中野獸ノ獵ヲ免許シ其代リニ鹿茸(ナマヅノ)ノ上納ヲ負擔セシメシ獵人。

●奉審 陵又ハ影殿神祠等ノ異常ナキヤ否ヤヲ王命ニヨリ赴キ檢分スルコト。

●放出宮人 宮人即宮中ニ仕フル女ハ大抵長年奉仕スル例ナルモ中途出宮セル者アリ此名。此等ノ女人ニハ王ノ交關アリシト否トニ不拘情交スベカラサル慣例ナリ、特ニ前者ニハ絕對ニ觸接スベカラザルモノトシ冒ス者ハ罪トセラル。

●奉常寺 祭祀ト諡號ニ關スル事務ヲ取扱フ宮中關係ノ官廳。

●冒葬 風水上ノ吉地タル他人ノ所有地ヲ冒シテ葬ルコト。勒葬ト同ジク强者ガ弱者ニ對スル手段ナレド勒葬ヨリハ意味弱シ。

●捧足 奴婢ノ一種、特ニ給セラル、モノ。

●法席 佛前讀經ノ席。

●望柱石 陵墓前右橫ニ建ツル土地壓勝ノ爲ノ石柱。

●奉朝賀 從二品ノ官員ガ致仕ノ後ニ

任ゼラル、職務身祿ヲ受ケ儀式其他特別ノ場合ニノミ出仕ス。

●豐呈 (1)臣下ヨリ王、王妃ニ對シ、王、王妃ヨリ大妃ニ對シ、其本人ノ何事カ慶賀スベキ事態ニ付テ享上スルヲ云フ。此時妓生、優人等ヲ以テ歌舞雜戯ヲ演ズ。(2)女妓ノ偽ス一種ノ演藝。

●放燈日 燃燈日ニ同ジ。

●望八 望五、望六ヲ見ヨ。

●牟飯 麥飯。

●放砲 宣祖前日本ヨリ小銃ノ傳ハラザル前ノ用字放砲ハ大砲ヲ放ツコト。其後ハ大砲ヲ放ツコト、小銃ヲ放ツコト、ノ双方ニ用字ス。

●放榜後 科擧成績發表後。

●訪問 實地ニ就テ取調ベルコト。

●望燎 祭畢リ祝文ヲ燒キ灰トナル迄ヲ確メ見ルコト。

●方笠 竹ニテ編ミシ下邊略ボ圓形ナルモ四線ノカドアルカサ。

●望六 望五ト意味同ジ唯六十歳前ナリ。望七ハ七十歳ノ前。望八ハ八十歳ノ前也。望五ト異ナルハ望六以上ハ十年前ニ行フコトアル點ナリ。

●慕華館 支那ヨリ來ル國使ヲ迎フル入城直前ノ休息所。

●朴世堂 顯宗時代ノ人經書ノ解釋ニ新說ヲ創說シタル學者、宋時烈ノ說ヲ詆リ一般儒家ヨリ異端者トシテ紛々攻擊セラレシ人。

●穆祖 李朝太祖ノ高祖父ノ追尊名。

●幞頭 冠ノ一種法制上ニハ公服即中禮服トモ云フベキ服ノ時ノ冠ナレド後代ニハ科擧及第者ガ辭令書ヲ受クル時ニノミ着用セリ頭部二段ニナリ後方左右ニ翼アリ。

●穆陵 李朝十四代宣祖及王后朴氏同金氏ノ陵京畿楊州郡ニアリ。

●北平館 女眞人ヲ待遇シテ宿泊セシムル京城ノ館所。國初アリ後廢ス。

●北陵 李朝太祖ヨリ四代ノ祖迄追尊王、王妃ノ陵。陵名德安。智淑。義純。定、和ノ名アリ。

●脯祭 國ガ公式ニ行フ農作ノ害蟲ヲ禳フ祭。

●黼翣、黻翣 葬式ノトキ葬列トシテ棺前ニ建テ行ク楯ノ如キモノ。一ハ雲形二ハ弓字形ニヲ描ク。

●保放 保證人ヲ立テ捉囚中ノ者ヲ放ツコト。

●墓龍在塚 風水學上ヨリ見テ、龍來リテ塚内ニ居ル時。

●本官 (1)其官ノ管轄地ノコト。(2)所轄地方官（守令）。

●本宮 (1)咸興本宮李朝太祖前ヨリ五代祖ノ神位ヲ奉祀ス(2)永興本宮ニハ桓祖ト太祖ノ神位及太祖ノ眞像ヲ奉祀ス。此二宮ヲ本宮ト云フ。

●本命醮禮 某ル星ガ其人ノ本命ニ中リシトキ其厄ヲ禳フベク祭リヲナスコト。

●奔喪 他所ニ在ル者ガ親ノ死ヲ聞キ直チニ馳付ケ服喪スルノ意。

マ

●磨崖 崖碑ヲ見ヨ。

●幕 小サキこやヲ云フ。例墓幕ト云ヘバ墓番ノ小屋、酒幕ト云ヘバ酒ヲ賣ル小サキ家。土幕ト云ヘハ土室作リノこや。

●摩利山 江華島中ニ在ル小サキ山。一ニ摩尼山、山上ニ檀君ヲ祀リシト傳說スル壇アリ。此所ニテ星ヲ祭リ又雨ヲ祈リシ所。

●萬命、帝釋 巫女ノ务ル神ト佛。

ム

●**無時別祭** 別ニ時期ノ定マザル祭。

●**無學** 李朝太祖ノ即位前裏面ニ參劃シ即位後モ輔佐シ且其風水ノ學ヲ以テシテモ太祖ヲ助ケシ僧ノ名。

●**無㝵ノ戲** 瓠ヲ叩キ佛教ノ歌ヲ唱ヘアルク恰モ日本ノ空也念佛ノ如キモノ。新羅ノ僧元曉ニ初マリ。此風一ノ戲ヲ殺タルモノトナリ高麗ニ傳ハリ李朝ニ及ブ。

メ

●**明堂** 明堂トハ元來昔天子ノ諸侯ヲ朝參セシメシ殿堂ノ名ニシテ周禮考工記ニ其制ヲ記セリ。茲ニ云フハ風水學上ノ語ニシテ、王宮又ハ陵墓前方一點ノ平地域、風水學上ノ重要地點。

●**銘旌** 葬式ノ時ノ行列柩前ニ立テ行ク旗、死者ノ姓官名等ヲ記ス。

●**明火ノ賊** 炬火ヲ携ヘ深夜人家ヲ襲フ秘密結社的强盜團。國初ヨリ國末マデ存在ス。一ニ略シテ火賊ト云フ。

●**名器** 名ハ爵號ヲイヒ器ハ車服ヲ云フ一ニ名ハ尊卑ノ名器ハ禮樂ノ器ナリトモ云フ。

●**明器** 死ヲ送ル時死者ト共ニ埋ムル副葬品タル動物器物等ヲ特ニ造ル金屬ノモノト木ノモノトアリ。禮記檀弓ニ明器ハ鬼器ナリトアリ。

●**明陵** 李朝十九代肅宗ト王后閔氏ノ陵、京畿高陽郡ニアリ。

●**免新** 新タニ官ニ任命セラレシ者ニ對シ新來虐待ト稱シ種々ノ侮辱ヲ加ヘシ上宴會ヲ開カシメシ後ナカマ扱ヲ爲スコトヲ云フ。

●**命婦** 封爵ヲ有セル婦人。內外命婦ノ項ヲ見ヨ。

●**綿布廛** 鍾路六矣廛ノ一タル木綿ヲ賣ル商人組合。六矣廛ハ各其定メラレシ物品ノ專占取扱組合。

●**緬禮** 改葬ノコト。此時葬式ニ準ジタル禮ヲ行フ。

●**綿紬** 木綿織物ノ無地ノ織緯ノ細カキモノ。

モ

●**網巾** 馬尾ニテ編ミシ男子ノ額ニ卷ク頭具。

●**毛血祝幣瘞坎** 祭リニ用ユル犧牲ノ獸ノ毛ト血及祝文ト幣帛ハ祭畢リシ後淨地ニ穴ヲ掘リ皆埋却スルコト。

●**矇瞍** 盲目ノ者ニシテト占ヲ業トセルモノヲ指ス。

●**耗穀** 穀物ヲ人民ニ貸付タルトキ其返納ニ方リ取ル利息米。耗ハ目ベリ見込ノ意味ナレド事實ハ甚高率ノ利米ヲ徵シタリ。

●**毛扇** 一尺位ノ丸キ木ノ棒ヲ貂、狐等ノ毛皮ニテ包ミ之ヲ兩端トシ中央ニ棒ノ上部ヨリ八寸位迄下ニ幕ノ如ク長サ一尺位ノキレヲ取付ケタル防寒具。之ヲ擴ゲ額ニ充テ兩端ノ毛ノ部分ヲ提リ手ヲ溫ムルモノ。

●**蒙頭** 叛逆及綱常犯（尊族親殺傷）ニハ天日ヲ見ル勿ラシムベク頭

ニ蒙ラスモノ昔ハ鐵ノ惡形ノ物ヲ用ヒシト云フ實際ニハ金吾郎禁府都事ガ邏卒ヲ率ヒ其犯人ヲ捕ヘタル時本人ノ着セル道袍ノ袖ヲ斷取シ之ヲ蒙ラセタリト云フ但士類ノ罪人ニ限ル。

●**木禾** 木稼ニ同ジ。

●**木稼** 一稼ニ禾ニ作ル。水蒸氣ガ樹木禾草等ニ附着氷結シ笒ノ如クナリシモノ。

●**木子走肖** 李ト趙ト字。李氏ガ興ルベシナド趙氏ガ興ルベシナドノ讖言トシテ唱ヘラレタルモノ。

●**木鐸** 金口木舌ノ鈴天子政敎ヲ施ストキ之ヲ振テ衆ヲ鈴ム。禮記ニ出ヅ。

●**木覓** 京城南山ノ本名。

●**木布** (1)木綿ト麻布。(2)木綿織物。

●**木明器** 木ニテ作リタル明器。

●**問安** 人ノ安否ヲ訪問スルコト。

●**問安牌** 年若キ容貌ノ美シキ婢ヲ着飾ラセ先方ニ遣シ御喜嫁伺ヲ爲サシムルヲ云フ。正月其他事有ル時ニ用ユ。凶禮ニハ用キズ。

●**紋禁** 紋織アル絹物ヲ衣服ニ用ユルコトノ禁令。

●**紋緞** 紋織アルドンス。

●**問命** 卜占ヲ業トセル者ニ運命ノ吉凶ヲ判斷セシムルコト。

ヤ

●**夜禁** 京城ニ於テハ夜人定ノ鐘(午後八九時頃)ノ鳴リシ後人ノ通行ヲ禁ジタリ之ヲ云フ。

●**藥酒** 淸酒ノコト。

●**野祭** 疫死者アル時俗巫ヲ招キ祟ヲ解クタメ屋外ニ於テ行フ祭。

●**野人** 豆滿江及鴨綠江對岸ノ女眞人ノ稱。

ユ

●**遊街** 科擧及第者ガ乘馬シ俳優ヲ隨ヘ音樂ヲ奏シ劇ヲ演ジツヽ京城市中ヲネリアルコト、三日間之ヲ行フ例也。

●**邑宰** 地方官卽府使郡守縣令及縣監等。

●**邑倅** 邑宰ニ同ジ。

●**誘葬** 詐僞的行爲ヲ用ヒ他人ノ良地ニ埋葬スルコト。

●**有職者** 官職ニ就ケル者。

●**邑婢** 各邑(地方官ヲ置ク官廳卽各郡)ニ使役スル婢。勞働的ノモノモアレド中ニハ艷妖ナル妓生類似ノ者モアリタリ。

●**油扇** 紙地ニ油ヲヒキシ扇。

●**油蜜果** 小麥粉ニゴマ油、蜂蜜ヲ混ジ作リタル菓子。

●**有名日** 正旦、上元、冬至、臘、上巳、秋夕、重陽、流頭日等ノ節日。

ヨ

●**幼學** 學生ヲ見ヨ。

●**妖孽** 人ヲ咀呪シワザワヒヲ爲スコト。

●**養山** (1)山林ヲ禁養スルコト。(2)墓地ニ木ヲ植エ之ヲ禁養スルコト。

●**鷹子** タカノコト。

●庠謝禮 子供ノ學ブ師ニ對スル禮物。

●楊水尺 白丁ノ項ヲ見ヨ。

●輿臺 轎ヲ舁ク人夫ノコト。

●鷹牌 寅伺狴(獄ノ爲ニ)免許證ト云フベキ木札。

●翼祖 李朝太祖ノ曾祖父ノ追尊王名。

●翼陵 李朝十九代肅宗王后金氏ノ陵京畿高陽郡ニアリ。

●預婿 小兒ノ時ニ我家ノ女婿ニ預定シ養育スルモノ。

ラ

●雷斧雷劍 石器時代ノ斧又ハ劍形ヲ爲セル器具金石併用時代ノ同一金屬具ヲモ稱ス厭勝ノ効アリトセラレシモノ也。雷字ヲ付セルハ落雷ノ後地掘レテ發見セラル、コト多ク雷ガ之ヲ墜セシトセシニ由ル。

●雷變 宮殿廟祠等ニ落雷シタルコト。

●來脈 風水學上想像的ノ山脈ガ其重要地點ニ連繫セルヲ云フ。

●羅花 造花ノキヌニテ作リシモノ。

●裸禮 祭リノ時降神スルコト。先ツ一杯ノ酒ヲ茅砂ノ器中ニ灌ス。

●亂廛 京城鍾路ニ六矣廛ト稱スル御用商人ノ六組合團體アリ之ニ絹物布木綿等々賣ル物品ノ專賣權ヲ與ヘ其外ニモ銀廛帽廛ト云フ如ク六矣廛取扱以外ノ品目ニ付テ同上專賣權ヲ與フ。右以外ノ者ガ其品ヲ賣買シタルコトヲ亂廛ト稱シ。專賣權利者ガ糺明シ品物ヲ沒收シタリ。

●亂離 兵亂ニ由リ一家離散流亡セル荒凉ノ情ヲ云フ。

●蘭亭禊會 王羲之ガ會稽山陰ノ蘭亭ニ會シ禊事ヲ修シ曲水ノ宴ヲ開キ一觴一詠セシ故事。

リ

●狸 一ニ貍ニ作ル學名 Felis microtis, Milne-Edwards. ヤマネコナリ。

●離異 違法ナル夫妻ノ結合セルモノヲ法典ノ規定ニ據リ官命ニテ破棄別離セシムルコト。

●柳器 コリ柳ニテ製シタル器具此工作ハ白丁ノ特有也。

●流頭日 六月十五日ハ東流ノ水ニテ頭部ヲ洗ヒ後飲宴スル朝鮮獨特ノ節日。現今ハ稀ニ河邊ニテ飲宴スル外行ハズ但此日茶禮ヲ以テ祖先ヲ祭ル。

●笠子 かつト稱スル笠ト冠ヲ兼ネタル頭具ノ稱。

●笠 竹ノ纖緯、絲ハ馬尾ニテアミ黑漆ヲ引キシ冠樣ノモノ及カサ(竹其他植物ニテアミシ陽、雨ヲ防グモノ)ニ此字ヲ充ツ。

●立宗 本宗ノ絶家ヲ防グタメ支家ヨリ入ル相續スルコト。

●立主奠 埋葬ト共ニ虞主ニ字ヲ書シ(魂ヲ之ニ移スノ意)之ニ供物ヲ爲シ拜禮スル式。

●立廛 絹類ヲ一手專權的ニ取扱フ商人組合、鍾路六矣廛中ノ一。

●立廟 家廟卽祠堂ヲ建ツルコト。

●栗木封山 栗ノ木(神主及其箱ニ使用ノ目的ヲ以テ)ヲ山ニ栽植シ其山ヲ封禁シタルヲ云フ。

●閭閻 市井、又ハ市中ト同ジ意味。

●良家ノ女 賤民ニ非

ザル庶民ノ家ノ娘。

●龍虎内　青龍ト白虎ノ間ノ地域。

●兩西　湖西（忠清道）ト關西（黃海道）ノコト。

●良妻　賤妻即賤民ノ女ヲ妻トセル者ニ對スル語。良民ノ女ノ妻トナレル者。

●兩司　司諫院ト司憲府。

●良妾　妾ニ賤妾ト良妾ノ二アリ。一ハ妓生婢等。二ハ良民ノ娘。

●兩宗　佛教ノ禪宗教宗ノ二宗。

●龍湫　龍ガ居ル所ナリト言傳ヘラレシ瀧ツボ。

●良女　賤民ニ非ザル良家ノ女。

●良人　賤民トノ對立語庶民ヲ謂フ。

●穄尺　禾尺ノ一名。

●龍潛　潛邸ト同一意味。

●涼臺　笠（カッ）ノ下部ノヘリ（竹ノ纖維ニテ編ム）ヲ云フ。

●凌遲　死刑ノ最モ重キ慘酷ナルモノ、其支體ヲ切斷シ次ニ其屍ヲ斷ツ。此刑宋ノ熙寧年間初メテ設ク。

●兩都　京城ト開城ヲ云フ。

●龍灣館　義州ニ設ケアル支那ノ使臣ヲ接待スル館所。

●臨哭　死後埋葬迄死者ノ前ニ於テ期ヲ定メテ哭禮ヲ行フ、此席ニ加ハルコト。

●輪對　王前ニ於テ大臣宰相カ順次意見ヲ上陳スルコト、時ニ王ヨリ其人ヲ特命スルコトアリ。

●輪木擲戲　此遊戲ノ方法詳カナラザルモ今ノ柶戲ニ似タルモノナリシ如シ。

レ

●厲祭　厲ハ癘ニ作ル。疫癘流行ノ時ニ行フ祭。無祀ノ鬼神ヲ祭ル。又疫神ヲ祭ルコトモ厲祭ト云フ多ク京城又ハ各地方ニ在ル厲壇ニテ祀ル。

●禮葬　王女宗室大臣等ノ死ニ對シ國家ヨリ禮ヲ以テ葬送スルコト。

●厲壇　厲神ニハ祠堂ナシ此壇ニ於テ行フ。國祀トシテ祭ルモノノ壇ハ京城ニ一各邑ニ各一アリ。京城ノモノハ東大門外ニ在リシ。

●禮堂　禮曹判書ノコト。

●禮幣　納幣ニ同ジ。

●烈女圖　支那ノ烈女ヲ圖ニシタルモノ。以テ嬬節磨勵ニ資スルモノ。

●殮　殮ニ小殮大斂ノ二アリ小ハ襲衣ヲ齊セシムルコト死後直ニ行フ大ハ入棺ノトキ死後三日目ニ於テ行フ。

●練祭　小祥祭ノ一名古ヘノ喪服禮ニ於テ小祥祭ヲ行フ時ハ主喪ハ練冠ス故ニ名ク。母死シ父存ズル時ハ小祥ヲ繰上ケ十一ケ月目ノ忌日ニ行フ之モ練祭ト云フ。

●練主　練祭ノ時ノ神主。

ロ

●臘鼠捕捉別監　臘日鼠燻シト稱シ炬ヲ地ニ曳キ宦官等ガ小者ト共ニ數十人宮庭ヲアルキマワリ王ヨリ穀物ヲ煎ツテ褒ニ盛リシモノヲ宰相近侍ニ賜ハル。之レハ田鼠ノ害ヲ防クベク意味ニテ民間ニ行ハレシ年中行事ヲ宮中ニ採用セシモノナリ。一旦中絶セシヲ正宗ノ時再興シ時ヲ正月上子日トス。

●郎中　南鮮ニ在リシ男巫ノ一名。

●臘肉　冬至ノ後第三ノ未（ヒツジ）ノ日ヲ以テ臘日ト定メ此日獸肉ヲ供ヘ宗廟社稷ヲ祀

ル其獸ハ山猪兎獐等ヲ畿内ノ山郡ヨリ進貢セシモ正宗王其民弊ヲ慮リ之ヲ罷メ京城ノ砲手ヲ以テ獵スルコトニ改ム。臠肉ハ又王ノ食用ニモ用ヒ或ハ宰臣ニ下賜セラレシコトモアリシ。

●**六齋** 死後初齋ヨリ七齋即四十九日迄七日毎ニ死者ノ冥福ノ爲ニ設ケシ佛式ノとき。

●**勒葬** 權力的ニ他人所有地ニ埋葬スルコト。

●**六鎭** 世宗ノ代東北邊ノ女眞人ヲ驅逐シ會寧、慶源、鍾城、穩城、慶興、富寧ニ設置セル鎭六處。

●**路祭** 棺ノ葬所迄通過スル途中一定ノ地點ニ於テ行列ヲ休メ行フ祭。多クハ十字路ニ於テ行フ。死者ヲ鬼神ノ害ヨリ護ルノ意味アリ。民間ニテハ葬列ノ通過スル時沿道ニ居ル親戚故舊ガ特ニ祭文ヲ作リ供物ヲ備ヘ路邊ニ柩ヲ停メシメ祭ルコトアリ。

●**魯山君** 李朝六代ノ王、叔父世祖ニ位ヲ奪ハレ廢セラレ魯山君トス。後世復位端宗ト追尊ス。

●**盧次** 宮中ノ一部殯殿ノ邊リニ盧ヲ作リ王ガ尊族親ノ死シタル時ニ其所ニコモルコト。

●**呂氏鄕約** 支那藍田呂氏ガ擬メタル地方一鄕ノ人民ニ申合セヲ爲サメシメ德行ヲ奬勵セシモノ。

●**盧墓三年** 尊族親死セル時墓側ニコヤガケシテ三年間(滿二年)生ケルガ如ク仕ヘ悲ムコト。

ワ

●**倭寇** 來侵セル日本ノ海賊。宣祖後ハ侵入ノ秀吉軍ニモ此名ヲ用ユ。

●**倭扇** (1)日本側ノ贈物トシテ入來リシ扇。(2)宣祖前後ニハ其日本ノ扇ヲ模シテ朝鮮ニテ造リシモノニモ此名ヲ充ツ。

年表

年表

干支	朝鮮	支那	支那	日本	日本	日本	西曆紀元
壬申	太祖 元年	明太祖	洪武 二五年	北朝後小松天皇 南朝後龜山天皇	明德 三年	足利義滿	一三九二年
癸酉	二年		二六年	後小松天皇	四年		一三九三年
甲戌	三年		二七年		應永 元年		一三九四年
乙亥	四年		二八年		二年	足利義持	一三九五年
丙子	五年		二九年		三年		一三九六年
丁丑	六年		三〇年		四年		一三九七年
戊寅	七年		三一年		五年		一三九八年
己卯	定宗 元年	明惠帝	建文 元年		六年		一三九九年
庚辰	二年		二年		七年		一四〇〇年
辛巳	太宗 元年		三年		八年		一四〇一年
壬午	二年		四年		九年		一四〇二年
癸未	三年	明太宗	永樂 元年		一〇年		一四〇三年
甲申	四年		二年		一一年		一四〇四年
乙酉	五年		三年		一二年		一四〇五年
丙戌	六年		四年		一三年		一四〇六年
丁亥	七年		五年		一四年		一四〇七年
戊子	八年		六年		一五年		一四〇八年
己丑	九年		七年		一六年		一四〇九年

庚寅	太宗一〇年	明太宗	永樂八年	後小松天皇	應永一七年	足利義持	一四一〇年
辛卯	一一年		九年		一八年		一四一一年
壬辰	一二年		一〇年		一九年		一四一二年
癸巳	一三年		一一年	稱光天皇	二〇年		一四一三年
甲午	一四年		一二年		二一年		一四一四年
乙未	一五年		一三年		二二年		一四一五年
丙申	一六年		一四年		二三年		一四一六年
丁酉	一七年		一五年		二四年		一四一七年
戊戌	一八年		一六年		二五年		一四一八年
己亥	世宗元年		一七年		二六年		一四一九年
庚子	二年		一八年		二七年		一四二〇年
辛丑	三年		一九年		二八年		一四二一年
壬寅	四年		二〇年		二九年		一四二二年
癸卯	五年		二一年		三〇年	足利義量	一四二三年
甲辰	六年		二二年		三一年		一四二四年
乙巳	七年	明仁宗	洪熙元年		三二年	足利義持	一四二五年
丙午	八年	明宣宗	宣德元年	後花園天皇	三三年		一四二六年
丁未	九年		二年		三四年		一四二七年
戊申	一〇年		三年		正長元年	足利義教	一四二八年
己酉	一一年		四年		永享元年		一四二九年

年表

庚戌	一二年	五年	二年		一四三〇年
辛亥	一三年	六年	三年		一四三一年
壬子	一四年	七年	四年		一四三二年
癸丑	一五年	八年	五年		一四三三年
甲寅	一六年	九年	六年		一四三四年
乙卯	一七年	一〇年	七年		一四三五年
丙辰	一八年	明英宗 正統 元年	八年		一四三六年
丁巳	一九年	二年	九年		一四三七年
戊午	二〇年	三年	一〇年		一四三八年
己未	二一年	四年	一一年		一四三九年
庚申	二二年	五年	一二年		一四四〇年
辛酉	二三年	六年	嘉吉 元年	足利義勝	一四四一年
壬戌	二四年	七年	二年		一四四二年
癸亥	二五年	八年	三年		一四四三年
甲子	二六年	九年	文安 元年	足利義政	一四四四年
乙丑	二七年	一〇年	二年		一四四五年
丙寅	二八年	一一年	三年		一四四六年
丁卯	二九年	一二年	四年		一四四七年
戊辰	三〇年	一三年	五年		一四四八年
己巳	三一年	一四年	寶德 元年		一四四九年

三

年表　四

干支	朝鮮		明		日本			西曆
庚午	世宗	三二年	明景宗	景泰元年	後花園天皇	寶德	二年	一四五〇年
辛未	文宗	元年		二年			三年	一四五一年
壬申		二年		三年		享德	元年	一四五二年
癸酉	端宗	元年		四年			二年	一四五三年
甲戌		二年		五年			三年	一四五四年
乙亥	世祖	元年		六年		康正	元年	一四五五年
丙子		二年		七年			二年	一四五六年
丁丑		三年	明英宗	天順元年		長祿	元年	一四五七年
戊寅		四年		二年			二年	一四五八年
己卯		五年		三年			三年	一四五九年
庚辰		六年		四年		寬正、	元年	一四六〇年
辛巳		七年		五年			二年	一四六一年
壬午		八年		六年			三年	一四六二年
癸未		九年		七年			四年	一四六三年
甲申		一〇年		八年			五年	一四六四年
乙酉		一一年	明憲宗	成化元年	後土御門天皇		六年	一四六五年
丙戌		一二年		二年		文正	元年	一四六六年
丁亥		一三年		三年		應仁	元年	一四六七年
戊子		一四年		四年			二年	一四六八年
己丑	睿宗	元年		五年		文明	元年	一四六九年

足利義政（一四五〇年起）

干支	韓國	中國			日本		西紀
庚寅	成宗元年		六年		二年		一四七〇年
辛卯	二年		七年		三年		一四七一年
壬辰	三年		八年		四年		一四七二年
癸巳	四年		九年		五年		一四七三年
甲午	五年		一〇年		六年	足利義尙	一四七四年
乙未	六年		一一年		七年		一四七五年
丙申	七年		一二年		八年		一四七六年
丁酉	八年		一三年		九年		一四七七年
戊戌	九年		一四年		一〇年		一四七八年
己亥	一〇年		一五年		一一年		一四七九年
庚子	一一年		一六年		一二年		一四八〇年
辛丑	一二年		一七年		一三年		一四八一年
壬寅	一三年		一八年		一四年		一四八二年
癸卯	一四年		一九年		一五年		一四八三年
甲辰	一五年		二〇年		一六年		一四八四年
乙巳	一六年		二一年		一七年		一四八五年
丙午	一七年		二二年		一八年		一四八六年
丁未	一八年		二三年		長享元年		一四八七年
戊申	一九年	明孝宗	弘治元年		二年		一四八八年
己酉	二〇年		二年		延德元年		一四八九年

年表

庚戌	成宗 二一年	明孝宗 弘治 三年	後土御門天皇	延德 二年	足利義稙	一四九〇年
辛亥	二二年	四年		三年		一四九一年
壬子	二三年	五年		明應 元年		一四九二年
癸丑	二四年	六年		二年		一四九三年
甲寅	二五年	七年		三年		一四九四年
乙卯	燕山君 元年	八年		四年	足利義澄	一四九五年
丙辰	二年	九年		五年		一四九六年
丁巳	三年	一〇年		六年		一四九七年
戊午	四年	一一年		七年		一四九八年
己未	五年	一二年		八年		一四九九年
庚申	六年	一三年		九年		一五〇〇年
辛酉	七年	一四年	後柏原天皇	文龜 元年		一五〇一年
壬戌	八年	一五年		二年		一五〇二年
癸亥	九年	一六年		三年		一五〇三年
甲子	一〇年	一七年		永正 元年		一五〇四年
乙丑	一一年	一八年		二年		一五〇五年
丙寅	中宗 元年	明武宗 正德 元年		三年		一五〇六年
丁卯	二年	二年		四年		一五〇七年
戊辰	三年	三年		五年	足利義稙	一五〇八年
己巳	四年	四年		六年	(重任)	一五〇九年

六

庚午	五年		五年		七年		一五一〇年
辛未	六年		六年		八年		一五一一年
壬申	七年		七年		九年		一五一二年
癸酉	八年		八年		一〇年		一五一三年
甲戌	九年		九年		一一年		一五一四年
乙亥	一〇年		一〇年		一二年		一五一五年
丙子	一一年		一一年		一三年		一五一六年
丁丑	一二年		一二年		一四年		一五一七年
戊寅	一三年		一三年		一五年		一五一八年
己卯	一四年		一四年		一六年		一五一九年
庚辰	一五年		一五年		一七年		一五二〇年
辛巳	一六年		一六年		大永元年		一五二一年
壬午	一七年	明世宗	嘉靖元年		二年	足利義晴	一五二二年
癸未	一八年		二年		三年		一五二三年
甲申	一九年		三年		四年		一五二四年
乙酉	二〇年		四年		五年		一五二五年
丙戌	二一年		五年		六年		一五二六年
丁亥	二二年		六年	後奈良天皇	七年		一五二七年
戊子	二三年		七年		享祿元年		一五二八年
己丑	二四年		八年		二年		一五二九年

年表

		明世宗	後奈良天皇		
庚寅	中宗 二五年	嘉靖 九年	享祿 三年	足利義晴	一五三〇年
辛卯	二六年	一〇年	四年		一五三一年
壬辰	二七年	一一年	天文 元年		一五三二年
癸巳	二八年	一二年	二年		一五三三年
甲午	二九年	一三年	三年		一五三四年
乙未	三〇年	一四年	四年		一五三五年
丙申	三一年	一五年	五年		一五三六年
丁酉	三二年	一六年	六年		一五三七年
戊戌	三三年	一七年	七年		一五三八年
己亥	三四年	一八年	八年		一五三九年
庚子	三五年	一九年	九年		一五四〇年
辛丑	三六年	二〇年	一〇年		一五四一年
壬寅	三七年	二一年	一一年		一五四二年
癸卯	三八年	二二年	一二年		一五四三年
甲辰	三九年	二三年	一三年		一五四四年
乙巳	仁宗 元年	二四年	一四年		一五四五年
丙午	明宗 元年	二五年	一五年	足利義輝	一五四六年
丁未	二年	二六年	一六年		一五四七年
戊申	三年	二七年	一七年		一五四八年
己酉	四年	二八年	一八年		一五四九年

干支	庚戌	辛亥	壬子	癸丑	甲寅	乙卯	丙辰	丁巳	戊午	己未	庚申	辛酉	壬戌	癸亥	甲子	乙丑	丙寅	丁卯	戊辰	己巳
韓國	五年	六年	七年	八年	九年	一〇年	一一年	一二年	一三年	一四年	一五年	一六年	一七年	一八年	一九年	二〇年	二一年	二二年	宣祖 元年	二年
中國	二九年	三〇年	三一年	三二年	三三年	三四年	三五年	三六年	三七年	三八年	三九年	四〇年	四一年	四二年	四三年	四四年	四五年	明穆宗 隆慶 元年	二年	三年
日本	一九年	二〇年	二一年	二二年	二三年	弘治 元年	二年	三年	正親町天皇 永祿 元年	二年	三年	四年	五年	六年	七年	八年	九年	一〇年	一一年	一二年
將軍																			足利義榮	足利義昭
西紀	一五五〇年	一五五一年	一五五二年	一五五三年	一五五四年	一五五五年	一五五六年	一五五七年	一五五八年	一五五九年	一五六〇年	一五六一年	一五六二年	一五六三年	一五六四年	一五六五年	一五六六年	一五六七年	一五六八年	一五六九年

年表

干支	朝鮮	明		日本			西紀
庚午	宣祖三年	明穆宗	隆慶四年	正親町天皇	元龜元年	足利義昭	一五七〇年
辛未	四年		五年		二年		一五七一年
壬申	五年		六年		三年		一五七二年
癸酉	六年	明神宗	萬曆元年		天正元年		一五七三年
甲戌	七年		二年		二年	織田信長	一五七四年
乙亥	八年		三年		三年		一五七五年
丙子	九年		四年		四年		一五七六年
丁丑	一〇年		五年		五年		一五七七年
戊寅	一一年		六年		六年		一五七八年
己卯	一二年		七年		七年		一五七九年
庚辰	一三年		八年		八年		一五八〇年
辛巳	一四年		九年		九年		一五八一年
壬午	一五年		一〇年		一〇年		一五八二年
癸未	一六年		一一年		一一年		一五八三年
甲申	一七年		一二年		一二年		一五八四年
乙酉	一八年		一三年		一三年	關白（以下同）豐臣秀吉	一五八五年
丙戌	一九年		一四年		一四年		一五八六年
丁亥	二〇年		一五年	後陽成天皇	一五年		一五八七年
戊子	二一年		一六年		一六年		一五八八年
己丑	二二年		一七年		一七年		一五八九年

年表

庚寅	二三年		一八年		一八年		一五九〇年
辛卯	二四年		一九年		一九年		一五九一年
壬辰	二五年		二〇年		文祿元年	豐臣秀次	一五九二年
癸巳	二六年		二一年		二年		一五九三年
甲午	二七年		二二年		三年		一五九四年
乙未	二八年		二三年		四年	豐臣秀吉	一五九五年
丙申	二九年		二四年		慶長元年		一五九六年
丁酉	三〇年		二五年		二年		一五九七年
戊戌	三一年		二六年		三年		一五九八年
己亥	三二年		二七年		四年		一五九九年
庚子	三三年		二八年		五年		一六〇〇年
辛丑	三四年		二九年		六年		一六〇一年
壬寅	三五年		三〇年		七年		一六〇二年
癸卯	三六年		三一年		八年	將軍(以下同)德川家康	一六〇三年
甲辰	三七年		三二年		九年		一六〇四年
乙巳	三八年		三三年		一〇年	德川秀忠	一六〇五年
丙午	三九年		三四年		一一年		一六〇六年
丁未	四〇年		三五年		一二年		一六〇七年
戊申	四一年		三六年		一三年		一六〇八年
己酉	光海君元年		三七年		一四年		一六〇九年

年表

干支	朝鮮	明	清	天皇	年號	將軍	西曆
庚戌	光海君 二年	明神宗 萬曆 三八年		後陽成天皇	慶長 一五年	德川秀忠	一六一〇年
辛亥	三年	三九年			一六年		一六一一年
壬子	四年	四〇年		後水尾天皇	一七年		一六一二年
癸丑	五年	四一年			一八年		一六一三年
甲寅	六年	四二年			一九年		一六一四年
乙卯	七年	四三年			元和 元年		一六一五年
丙辰	八年	四四年			二年		一六一六年
丁巳	九年	四五年			三年		一六一七年
戊午	一〇年	明神宗 萬曆 四六年	清太祖 天命 元年		四年		一六一八年
己未	一一年	四七年	二年		五年		一六一九年
庚申	一二年	四八年	三年		六年		一六二〇年
辛酉	一三年	明熹宗 天啓 元年	四年		七年		一六二一年
壬戌	一四年	二年	五年		八年	德川家光	一六二二年
癸亥	仁祖 元年	三年	六年		九年		一六二三年
甲子	二年	四年	七年		寛永 元年		一六二四年
乙丑	三年	五年	八年		二年		一六二五年
丙寅	四年	六年	九年		三年		一六二六年
丁卯	五年	七年	清太宗 天聰 元年		四年		一六二七年
戊辰	六年	明毅宗 崇禎 元年	二年		五年		一六二八年
己巳	七年	二年	三年		六年		一六二九年

一二

年表

干支	朝鮮	明	清	日本	西紀
庚午	八年	三年	四年	明正天皇 七年	一六三〇年
辛未	九年	四年	五年	八年	一六三一年
壬申	一〇年	五年	六年	九年	一六三二年
癸酉	一一年	六年	七年	一〇年	一六三三年
甲戌	一二年	七年	八年	一一年	一六三四年
乙亥	一三年	八年	九年	一二年	一六三五年
丙子	一四年	九年	崇德元年	一三年	一六三六年
丁丑	一五年	一〇年	二年	一四年	一六三七年
戊寅	一六年	一一年	三年	一五年	一六三八年
己卯	一七年	一二年	四年	一六年	一六三九年
庚辰	一八年	一三年	五年	一七年	一六四〇年
辛巳	一九年	一四年	六年	一八年	一六四一年
壬午	二〇年	一五年	七年	一九年	一六四二年
癸未	二一年	一六年	八年	二〇年	一六四三年
甲申	二二年	一七年	清世祖 順治元年	後光明天皇 正保元年	一六四四年
乙酉	二三年	明福王 弘光元年	二年	二年	一六四五年
丙戌	二四年	明唐王 隆武元年	三年	三年	一六四六年
丁亥	二五年	明永明王 永曆元年	四年	四年	一六四七年
戊子	二六年	二年	五年	慶安元年	一六四八年
己丑	二七年	三年	六年	二年	一六四九年

一三

年表

干支	朝鮮	明	清	日本	年號	將軍	西紀
庚寅	孝宗元年	明永明王 永曆四年	清世祖 七年	後光明天皇	慶安三年	德川家光	一六五〇年
辛卯	二年	五年	八年		四年	德川家綱	一六五一年
壬辰	三年	六年	九年		承應元年		一六五二年
癸巳	四年	七年	一〇年		二年		一六五三年
甲午	五年	八年	一一年		三年		一六五四年
乙未	六年	九年	一二年	後西院天皇	明曆元年		一六五五年
丙申	七年	一〇年	一三年		二年		一六五六年
丁酉	八年	一一年	一四年		三年		一六五七年
戊戌	九年	一二年	一五年		萬治元年		一六五八年
己亥	一〇年	一三年	一六年		二年		一六五九年
庚子	顯宗元年	一四年	一七年		三年		一六六〇年
辛丑	二年		清世祖 順治一八年		寛文元年		一六六一年
壬寅	三年		聖祖 康熙元年		二年		一六六二年
癸卯	四年		二年	靈元天皇	三年		一六六三年
甲辰	五年		三年		四年		一六六四年
乙巳	六年		四年		五年		一六六五年
丙午	七年		五年		六年		一六六六年
丁未	八年		六年		七年		一六六七年
戊申	九年		七年		八年		一六六八年
己酉	一〇年		八年		九年		一六六九年

一四

年表

庚戌	一一年		九年		一〇年		一六七〇年
辛亥	一二年		一〇年		一一年		一六七一年
壬子	一三年		一一年		一二年		一六七二年
癸丑	一四年		一二年		延寶元年		一六七三年
甲寅	一五年		一三年		二年		一六七四年
乙卯	肅宗元年		一四年		三年		一六七五年
丙辰	二年		一五年		四年		一六七六年
丁巳	三年		一六年		五年		一六七七年
戊午	四年		一七年		六年		一六七八年
己未	五年		一八年		七年		一六七九年
庚申	六年		一九年		八年	德川綱吉	一六八〇年
辛酉	七年		二〇年		天和元年		一六八一年
壬戌	八年		二一年		二年		一六八二年
癸亥	九年		二二年		三年		一六八三年
甲子	一〇年		二三年		貞享元年		一六八四年
乙丑	一一年		二四年		二年		一六八五年
丙寅	一二年		二五年		三年		一六八六年
丁卯	一三年		二六年	東山天皇	四年		一六八七年
戊辰	一四年		二七年		元祿元年		一六八八年
己巳	一五年		二八年		二年		一六八九年

年表

干支	肅宗	清聖祖 康熙	東山天皇	德川	西曆
庚午	肅宗一六年	康熙二九年	元祿三年	德川綱吉	一六九〇年
辛未	一七年	三〇年	四年		一六九一年
壬申	一八年	三一年	五年		一六九二年
癸酉	一九年	三二年	六年		一六九三年
甲戌	二〇年	三三年	七年		一六九四年
乙亥	二一年	三四年	八年		一六九五年
丙子	二二年	三五年	九年		一六九六年
丁丑	二三年	三六年	一〇年		一六九七年
戊寅	二四年	三七年	一一年		一六九八年
己卯	二五年	三八年	一二年		一六九九年
庚辰	二六年	三九年	一三年		一七〇〇年
辛巳	二七年	四〇年	一四年		一七〇一年
壬午	二八年	四一年	一五年		一七〇二年
癸未	二九年	四二年	一六年		一七〇三年
甲申	三〇年	四三年	寶永元年		一七〇四年
乙酉	三一年	四四年	二年		一七〇五年
丙戌	三二年	四五年	三年		一七〇六年
丁亥	三三年	四六年	四年		一七〇七年
戊子	三四年	四七年	五年		一七〇八年
己丑	三五年	四八年	六年	德川家宣	一七〇九年

一六

干支	朝鮮	清	清年號	日本天皇	日本年號	將軍	西紀
庚寅	肅宗 三六年		四九年	中御門天皇	七年		一七一〇年
辛卯	三七年		五〇年		正德 元年		一七一一年
壬辰	三八年		五一年		二年		一七一二年
癸巳	三九年		五二年		三年	德川家繼	一七一三年
甲午	四〇年		五三年		四年		一七一四年
乙未	四一年		五四年		五年		一七一五年
丙申	四二年		五五年		享保 元年	德川吉宗	一七一六年
丁酉	四三年		五六年		二年		一七一七年
戊戌	四四年		五七年		三年		一七一八年
己亥	四五年		五八年		四年		一七一九年
庚子	四六年		五九年		五年		一七二〇年
辛丑	景宗 元年		六〇年		六年		一七二一年
壬寅	二年		六一年		七年		一七二二年
癸卯	三年	清世宗	雍正 元年		八年		一七二三年
甲辰	四年		二年		九年		一七二四年
乙巳	英宗 元年		三年		一〇年		一七二五年
丙午	二年		四年		一一年		一七二六年
丁未	三年		五年		一二年		一七二七年
戊申	四年		六年		一三年		一七二八年
己酉	五年		七年		一四年		一七二九年

庚戌	英宗六年	清世祖	雍正八年	中御門天皇	享保一五年	德川吉宗	一七三〇年
辛亥	七年		九年		一六年		一七三一年
壬子	八年		一〇年		一七年		一七三二年
癸丑	九年		一一年		一八年		一七三三年
甲寅	一〇年		一二年		一九年		一七三四年
乙卯	一一年		一三年		二〇年		一七三五年
丙辰	一二年	清高宗	乾隆元年	櫻町天皇	元文元年		一七三六年
丁巳	一三年		二年		二年		一七三七年
戊午	一四年		三年		三年		一七三八年
己未	一五年		四年		四年		一七三九年
庚申	一六年		五年		五年		一七四〇年
辛酉	一七年		六年		寬保元年		一七四一年
壬戌	一八年		七年		二年		一七四二年
癸亥	一九年		八年		三年		一七四三年
甲子	二〇年		九年		延享元年		一七四四年
乙丑	二一年		一〇年		二年	德川家重	一七四五年
丙寅	二二年		一一年		三年		一七四六年
丁卯	二三年		一二年	桃園天皇	四年		一七四七年
戊辰	二四年		一三年		寬延元年		一七四八年
己巳	二五年		一四年		二年		一七四九年

年表

庚午	二六年		一五年		三年		一七五〇年
辛未	二七年		一六年		寶曆 元年		一七五一年
壬申	二八年		一七年		二年		一七五二年
癸酉	二九年		一八年		三年		一七五三年
甲戌	三〇年		一九年		四年		一七五四年
乙亥	三一年		二〇年		五年		一七五五年
丙子	三二年		二一年		六年		一七五六年
丁丑	三三年		二二年		七年		一七五七年
戊寅	三四年		二三年		八年		一七五八年
己卯	三五年		二四年		九年		一七五九年
庚辰	三六年		二五年		一〇年	德川家治	一七六〇年
辛巳	三七年		二六年		一一年		一七六一年
壬午	三八年		二七年		一二年		一七六二年
癸未	三九年		二八年	後櫻町天皇	一三年		一七六三年
甲申	四〇年		二九年		明和 元年		一七六四年
乙酉	四一年		三〇年		二年		一七六五年
丙戌	四二年		三一年		三年		一七六六年
丁亥	四三年		三二年		四年		一七六七年
戊子	四四年		三三年		五年		一七六八年
己丑	四五年		三四年		六年		一七六九年

庚寅	英宗四六年	清高宗乾隆三五年	後櫻町天皇	明和七年	徳川家治	一七七〇年
辛卯	四七年	三六年	後桃園天皇	八年		一七七一年
壬辰	四八年	三七年		安永元年		一七七二年
癸巳	四九年	三八年		二年		一七七三年
甲午	五〇年	三九年		三年		一七七四年
乙未	五一年	四〇年		四年		一七七五年
丙申	五二年	四一年		五年		一七七六年
丁酉	正宗元年	四二年		六年		一七七七年
戊戌	二年	四三年		七年		一七七八年
己亥	三年	四四年		八年		一七七九年
庚子	四年	四五年	光格天皇	九年		一七八〇年
辛丑	五年	四六年		天明元年		一七八一年
壬寅	六年	四七年		二年		一七八二年
癸卯	七年	四八年		三年		一七八三年
甲辰	八年	四九年		四年		一七八四年
乙巳	九年	五〇年		五年		一七八五年
丙午	一〇年	五一年		六年		一七八六年
丁未	一一年	五二年		七年	徳川家齊	一七八七年
戊申	一二年	五三年		八年		一七八八年
己酉	一三年	五四年		寛政元年		一七八九年

干支	朝鮮	中國		日本	西紀
庚戌	一四年		五五年	二年	一七九〇年
辛亥	一五年		五六年	三年	一七九一年
壬子	一六年		五七年	四年	一七九二年
癸丑	一七年		五八年	五年	一七九三年
甲寅	一八年		五九年	六年	一七九四年
乙卯	一九年		六〇年	七年	一七九五年
丙辰	二〇年	淸仁宗	嘉慶元年	八年	一七九六年
丁巳	二一年		二年	九年	一七九七年
戊午	二二年		三年	一〇年	一七九八年
己未	二三年		四年	一一年	一七九九年
庚申	二四年		五年	一二年	一八〇〇年
辛酉	純祖元年		六年	享和元年	一八〇一年
壬戌	二年		七年	二年	一八〇二年
癸亥	三年		八年	三年	一八〇三年
甲子	四年		九年	文化元年	一八〇四年
乙丑	五年		一〇年	二年	一八〇五年
丙寅	六年		一一年	三年	一八〇六年
丁卯	七年		一二年	四年	一八〇七年
戊辰	八年		一三年	五年	一八〇八年
己巳	九年		一四年	六年	一八〇九年

干支	朝鮮	清	日本	將軍	西曆
庚午	純祖一〇年	清仁宗嘉慶一五年	光格天皇文化七年	德川家齊	一八一〇年
辛未	一一年	一六年	八年		一八一一年
壬申	一二年	一七年	九年		一八一二年
癸酉	一三年	一八年	一〇年		一八一三年
甲戌	一四年	一九年	一一年		一八一四年
乙亥	一五年	二〇年	一二年		一八一五年
丙子	一六年	二一年	一三年		一八一六年
丁丑	一七年	二二年	仁孝天皇一四年		一八一七年
戊寅	一八年	二三年	文政元年		一八一八年
己卯	一九年	二四年	二年		一八一九年
庚辰	二〇年	二五年	三年		一八二〇年
辛巳	二一年	清宣宗道光元年	四年		一八二一年
壬午	二二年	二年	五年		一八二二年
癸未	二三年	三年	六年		一八二三年
甲申	二四年	四年	七年		一八二四年
乙酉	二五年	五年	八年		一八二五年
丙戌	二六年	六年	九年		一八二六年
丁亥	二七年	七年	一〇年		一八二七年
戊子	二八年	八年	一一年		一八二八年
己丑	二九年	九年	一二年		一八二九年

干支							
庚寅	三〇年		一〇年		天保元年		一八三〇年
辛卯	三一年		一一年		二年		一八三一年
壬辰	三二年		一二年		三年		一八三二年
癸巳	三三年		一三年		四年		一八三三年
甲午	三四年		一四年		五年		一八三四年
乙未	憲宗元年		一五年		六年		一八三五年
丙申	二年		一六年		七年		一八三六年
丁酉	三年		一七年		八年	德川家慶	一八三七年
戊戌	四年		一八年		九年		一八三八年
己亥	五年		一九年		一〇年		一八三九年
庚子	六年		二〇年		一一年		一八四〇年
辛丑	七年		二一年		一二年		一八四一年
壬寅	八年		二二年		一三年		一八四二年
癸卯	九年		二三年		一四年		一八四三年
甲辰	一〇年		二四年		弘化元年		一八四四年
乙巳	一一年		二五年		二年		一八四五年
丙午	一二年		二六年		三年		一八四六年
丁未	一三年		二七年	孝明天皇	四年		一八四七年
戊申	一四年		二八年		嘉永元年		一八四八年
己酉	一五年		二九年		二年		一八四九年

年表

西紀	干支	朝鮮	清	清年號	日本	日本年號	將軍
一八五〇年	庚戌	哲宗元年	清宣宗	道光三〇年	孝明天皇	嘉永三年	德川家慶
一八五一年	辛亥	二年	清文宗	咸豐元年		四年	
一八五二年	壬子	三年		二年		五年	
一八五三年	癸丑	四年		三年		六年	德川家定
一八五四年	甲寅	五年		四年		安政元年	
一八五五年	乙卯	六年		五年		二年	
一八五六年	丙辰	七年		六年		三年	
一八五七年	丁巳	八年		七年		四年	
一八五八年	戊午	九年		八年		五年	德川家茂
一八五九年	己未	一〇年		九年		六年	
一八六〇年	庚申	一一年		一〇年		萬延元年	
一八六一年	辛酉	一二年		一一年		文久元年	
一八六二年	壬戌	一三年	清穆宗	同治元年		二年	
一八六三年	癸亥	一四年		二年		三年	
一八六四年	甲子	李太王元年		三年		元治元年	
一八六五年	乙丑	二年		四年		慶應元年	
一八六六年	丙寅	三年		五年		二年	德川慶喜
一八六七年	丁卯	四年		六年		三年	
一八六八年	戊辰	五年		七年	明治天皇	明治元年	
一八六九年	己巳	六年		八年		二年	

庚午	七年	九年	三年	一八七〇年
辛未	八年	一〇年	四年	一八七一年
壬申	九年	一一年	五年	一八七二年
癸酉	一〇年	一二年	六年	一八七三年
甲戌	一一年	一三年	七年	一八七四年
乙亥	一二年	清德宗 光緖 元年	八年	一八七五年
丙子	一三年	二年	九年	一八七六年
丁丑	一四年	三年	一〇年	一八七七年
戊寅	一五年	四年	一一年	一八七八年
己卯	一六年	五年	一二年	一八七九年
庚辰	一七年	六年	一三年	一八八〇年
辛巳	一八年	七年	一四年	一八八一年
壬午	一九年	八年	一五年	一八八二年
癸未	二〇年	九年	一六年	一八八三年
甲申	二一年	一〇年	一七年	一八八四年
乙酉	二二年	一一年	一八年	一八八五年
丙戌	二三年	一二年	一九年	一八八六年
丁亥	二四年	一三年	二〇年	一八八七年
戊子	二五年	一四年	二一年	一八八八年
己丑	二六年	一五年	二二年	一八八九年

年表

庚寅	李太王二七年	清德宗	光緒一六年	明治天皇	明治二三年	一八九〇年
辛卯	二八年		一七年		二四年	一八九一年
壬辰	二九年		一八年		二五年	一八九二年
癸巳	三〇年		一九年		二六年	一八九三年
甲午	三一年		二〇年		二七年	一八九四年
乙未	三二年		二一年		二八年	一八九五年
丙申	建陽元年		二二年		二九年	一八九六年
丁酉	光武元年		二三年		三〇年	一八九七年
戊戌	二年		二四年		三一年	一八九八年
己亥	三年		二五年		三二年	一八九九年
庚子	四年		二六年		三三年	一九〇〇年
辛丑	五年		二七年		三四年	一九〇一年
壬寅	六年		二八年		三五年	一九〇二年
癸卯	七年		二九年		三六年	一九〇三年
甲辰	八年		三〇年		三七年	一九〇四年
乙巳	九年		三一年		三八年	一九〇五年
丙午	李王一〇年		三二年		三九年	一九〇六年
丁未	隆熙元年		三三年		四〇年	一九〇七年
戊申	二年		三四年		四一年	一九〇八年
己酉	三年	宣統帝	宣統元年		四二年	一九〇九年
庚戌	四年		二年		四三年（韓國併合）	一九一〇年

國家圖書館出版品預行編目(CIP)資料

東亞民俗學稀見文獻彙編. 第一輯,
韓國漢籍民俗叢書 / 陳滿銘總編
輯.
-- 初版. -- 臺北市 : 萬卷樓, 2012.06
12 冊 ; 19(寬)x26(高)公分
ISBN 978-957-739-756-0(全套:精裝)

1.民俗 2.叢書 3.韓國

538.83208 101012484

東亞民俗學稀見文獻彙編 第一輯

韓國漢籍民俗叢書

ISBN 978-957-739-756-0

策 畫 萬卷樓叢書編輯委員會
出 版 萬卷樓圖書股份有限公司
總編輯 陳滿銘
發 行 萬卷樓圖書股份有限公司
發行人 陳滿銘
聯 絡 電話 02-23216565 傳真 02-23944113
網址 www.wanjuan.com.tw 郵箱 service@wanjuan.com.tw
地 址 106 臺北市羅斯福路二段 41 號 6 樓之三
印 刷 百通科技股份有限公司
初 版 2012 年 6 月
定 價 新臺幣 24000 元 全套十二冊精裝 不分售

原任東權 李元植 婁子匡主編 據東方文化書局本景印整理

新聞局出版事業登記證號局版臺業字第 5655 號